"十三五"国家重点图书出版规划项目

智能制造
系｜列｜丛｜书

智慧物流
与智慧供应链

霍艳芳　齐二石　编著

INTRODUCTION TO SMART LOGISTICS
AND SMART SUPPLY CHAIN MANAGEMENT

U0360627

清華大学出版社
北京

图书在版编目（CIP）数据

智慧物流与智慧供应链 / 霍艳芳，齐二石编著 . —北京：清华大学出版社，2020.11（2025.5重印）
（智能制造系列丛书）
ISBN 978-7-302-54680-1

Ⅰ . ①智… Ⅱ . ①霍… ②齐… Ⅲ . ①互联网络—应用—物流管理 ②智能技术—应用—物流管理
③互联网络—应用—供应链管理 ④智能技术—应用—供应链管理 Ⅳ . ① F252-39

中国版本图书馆 CIP 数据核字（2019）第 295759 号

责任编辑：冯　昕　赵从棉
封面设计：李召霞
责任校对：赵丽敏
责任印制：丛怀宇

出版发行：清华大学出版社
　　　　　网　　址：https://www.tup.com.cn, https://www.wqxuetang.com
　　　　　地　　址：北京清华大学学研大厦 A 座　　　　邮　　编：100084
　　　　　社 总 机：010-83470000　　　　　　　　　　邮　　购：010-62786544
　　　　　投稿与读者服务：010-62776969，c-service@tup.tsinghua.edu.cn
　　　　　质量反馈：010-62772015，zhiliang@tup.tsinghua.edu.cn
印 装 者：涿州市般润文化传播有限公司
经　　销：全国新华书店
开　　本：170mm×240mm　　　印　　张：22.75　　　字　　数：393 千字
版　　次：2020 年 11 月第 1 版　　　　　　　　　　　印　　次：2025 年 5 月第 5 次印刷
定　　价：69.00 元

产品编号：078293-01

智能制造系列丛书编委会名单

主　任:

　　周　济

副主任:

　　谭建荣　　李培根

委　员（按姓氏笔画排序）:

王　雪	王飞跃	王立平	王建民
尤　政	尹周平	田　锋	史玉升
冯毅雄	朱海平	庄红权	刘　宏
刘志峰	刘洪伟	齐二石	江平宇
江志斌	李　晖	李伯虎	李德群
宋天虎	张　洁	张代理	张秋玲
张彦敏	陆大明	陈立平	陈吉红
陈超志	邵新宇	周华民	周彦东
郑　力	宗俊峰	赵　波	赵　罡
钟诗胜	袁　勇	高　亮	郭　楠
陶　飞	霍艳芳	戴　红	

丛书编委会办公室

主　任:

　　陈超志　　张秋玲

成　员:

郭英玲	冯　昕	罗丹青	赵范心
权淑静	袁　琦	许　龙	钟永刚
刘　杨			

制造业是国民经济的主体，是立国之本、兴国之器、强国之基。习近平总书记在党的十九大报告中号召："加快建设制造强国，加快发展先进制造业。"他指出："要以智能制造为主攻方向推动产业技术变革和优化升级，推动制造业产业模式和企业形态根本性转变，以'鼎新'带动'革故'，以增量带动存量，促进我国产业迈向全球价值链中高端。"

智能制造——制造业数字化、网络化、智能化，是我国制造业创新发展的主要抓手，是我国制造业转型升级的主要路径，是加快建设制造强国的主攻方向。

当前，新一轮工业革命方兴未艾，其根本动力在于新一轮科技革命。21世纪以来，互联网、云计算、大数据等新一代信息技术飞速发展。这些历史性的技术进步，集中汇聚在新一代人工智能技术的战略性突破，新一代人工智能已经成为新一轮科技革命的核心技术。

新一代人工智能技术与先进制造技术的深度融合，形成了新一代智能制造技术，成为新一轮工业革命的核心驱动力。新一代智能制造的突破和广泛应用将重塑制造业的技术体系、生产模式、产业形态，实现第四次工业革命。

新一轮科技革命和产业变革与我国加快转变经济发展方式形成历史性交汇，智能制造是一个关键的交汇点。中国制造业要抓住这个历史机遇，创新引领高质量发展，实现向世界产业链中高端的跨越发展。

智能制造是一个"大系统"，贯穿于产品、制造、服务全生命周期的各个环节，由智能产品、智能生产及智能服务三大功能系统以及工业智联网和智能制造云两大支撑系统集合而成。其中，智能产品是主体，智能生产是主线，以智能服务为中心的产业模式变革是主题，工业智联网和智能制造云是支撑，系统集成将智能制造各功能系统和支撑系统集成为新一代智能制造系统。

智能制造是一个"大概念"，是信息技术与制造技术的深度融合。从 20 世纪中叶到 90 年代中期，以计算、感知、通信和控制为主要特征的信息化催生了数字化制造；从 90 年代中期开始，以互联网为主要特征的信息化催生了"互联网 + 制造"；当前，以新一代人工智能为主要特征的信息化开创了新一代智能制造的新阶段。这就形成了智能制造的三种基本范式，即：数字化制造（digital manufacturing）——第一代智能制造；数字化网络化制造（smart manufacturing）——"互联网 + 制造"或第二代智能制造，本质上是"互联网 + 数字化制造"；数字化网络化智能化制造（intelligent manufacturing）——新一代智能制造，本质上是"智能 + 互联网 + 数字化制造"。这三个基本范式次第展开又相互交织，体现了智能制造的"大概念"特征。

对中国而言，不必走西方发达国家顺序发展的老路，应发挥后发优势，采取三个基本范式"并行推进、融合发展"的技术路线。一方面，我们必须实事求是，因企制宜、循序渐进地推进企业的技术改造、智能升级，我国制造企业特别是广大中小企业还远远没有实现"数字化制造"，必须扎扎实实完成数字化"补课"，打好数字化基础；另一方面，我们必须坚持"创新引领"，可直接利用互联网、大数据、人工智能等先进技术，"以高打低"，走出一条并行推进智能制造的新路。企业是推进智能制造的主体，每个企业要根据自身实际，总体规划、分步实施、重点突破、全面推进，产学研协调创新，实现企业的技术改造、智能升级。

未来 20 年，我国智能制造的发展总体将分成两个阶段。第一阶段：到 2025 年，"互联网 + 制造"——数字化网络化制造在全国得到大规模推广应用；同时，新一代智能制造试点示范取得显著成果。第二阶段：到 2035 年，新一代智能制造在全国制造业实现大规模推广应用，实现中国制造业的智能升级。

推进智能制造，最根本的要靠"人"，动员千军万马、组织精兵强将，必须以人为本。智能制造技术的教育和培训，已经成为推进智能制造的当务之急，也是实现智能制造的最重要的保证。

为推动我国智能制造人才培养，中国机械工程学会和清华大学出版社组织国内知名专家，经过三年的扎实工作，编著了"智能制造系列丛书"。这套丛书是编著者多年研究成果与工作经验的总结，具有很高的学术前瞻性与工程实践性。丛书主要面向从事智能制造的工程技术人员，亦可作为研究生或本科生的教材。

在智能制造急需人才的关键时刻，及时出版这样一套丛书具有重要意义，为推动我国智能制造发展作出了突出贡献。我们衷心感谢各位作者付出的心血和劳动，感谢编委会全体同志的不懈努力，感谢中国机械工程学会与清华大学出版社的精心策划和鼎力投入。

衷心希望这套丛书在工程实践中不断进步、更精更好，衷心希望广大读者喜欢这套丛书、支持这套丛书。

让我们大家共同努力，为实现建设制造强国的中国梦而奋斗。

周济

2019 年 3 月

技术进展之快，市场竞争之烈，大国较劲之剧，在今天这个时代体现得淋漓尽致。

世界各国都在积极采取行动，美国的"先进制造伙伴计划"、德国的"工业 4.0 战略计划"、英国的"工业 2050 战略"、法国的"新工业法国计划"、日本的"超智能社会 5.0 战略"、韩国的"制造业创新 3.0 计划"，都将发展智能制造作为本国构建制造业竞争优势的关键举措。

中国自然不能成为这个时代的旁观者，我们无意较劲，只想通过合作竞争实现国家崛起。大国崛起离不开制造业的强大，所以中国希望建成制造强国、以制造而强国，实乃情理之中。制造强国战略之主攻方向和关键举措是智能制造，这一点已经成为中国政府、工业界和学术界的共识。

制造企业普遍面临着提高质量、增加效率、降低成本和敏捷适应广大用户不断增长的个性化消费需求，同时还需要应对进一步加大的资源、能源和环境等约束之挑战。然而，现有制造体系和制造水平已经难以满足高端化、个性化、智能化产品与服务的需求，制造业进一步发展所面临的瓶颈和困难迫切需要制造业的技术创新和智能升级。

作为先进信息技术与先进制造技术的深度融合，智能制造的理念和技术贯穿于产品设计、制造、服务等全生命周期的各个环节及相应系统，旨在不断提升企业的产品质量、效益、服务水平，减少资源消耗，推动制造业创新、绿色、协调、开放、共享发展。总之，面临新一轮工业革命，中国要以信息技术与制造业深度融合为主线，以智能制造为主攻方向，推进制造业的高质量发展。

尽管智能制造的大潮在中国滚滚而来，尽管政府、工业界和学术界都认识到智能制造的重要性，但是不得不承认，关注智能制造的大多数人（本人自然也在其中）对智能制造的认识还是片面的、肤浅的。政府勾画的蓝图虽气势磅礴、宏伟壮观，但仍有很多实施者感到无从下手；学者们高谈阔论的宏观理念或基本概念虽至关重要，但如何见诸实践，许多人依然不得要领；企业的实践者们侃侃而谈的多是当年制造业信息化时代的陈年酒酿，尽管依旧散发清香，却还是少了一点智能制造的气息。有些人看到"百万工业企业上云，实施百万工业 APP 培育工程"时劲头十足，可真准备大干一场的时候，又仿佛云里雾里。常常听学者们言，信息－物理系统（cyber-physical systems，CPS）是工业 4.0 和智能制造的核心要素，CPS 万不能离开数字孪生体（digital twin）。可数字孪生体到底如何构建？学者也好，工程师也好，少有人能够清晰道来。又如，大数据之重要性日渐为人们所知，可有了数据后，又如何分析？如何从中提炼知识？企业人士鲜有知其个中究竟的。至于关键词"智能"，什么样的制造真正是"智能"制造？未来制造将"智能"到何种程度？解读纷纷，莫衷一是。我的一位老师，也是真正的智者，他说："智能制造有几分能说清楚？还有几分是糊里又糊涂。"

所以，今天中国散见的学者高论和专家见解还远不能满足智能制造相关的研究者和实践者们之所需。人们既需要微观的深刻认识，也需要宏观的系统把握；既需要实实在在的智能传感器、控制器，也需要看起来虚无缥缈的"云"；既需要对理念和本质的体悟，也需要对可操作性的明晰；既需要互联的快捷，也需要互联的标准；既需要数据的通达，也需要数据的安全；既需要对未来的前瞻和追求，也需要对当下的实事求是……如此等等。满足多方位的需求，从多视角看智能制造，正是这套丛书的初衷。

为助力中国制造业高质量发展，推动我国走向新一代智能制造，中国机械工程学会和清华大学出版社组织国内知名的院士和专家编写了"智能制造系列丛书"。本丛书以智能制造为主线，考虑智能制造"新四基"［即"一硬"（自动控制和感知硬件）、"一软"（工业核心软件）、"一网"（工业互联网）、"一台"（工业云和智能服务平台）］的要求，由 30 个分册组成。除《智能制造：技术前沿与探索应用》《智能制造标准化》《智能制造实践》三个分册外，其余包含了以下五大板块：智能制造模式、智能设计、智能传感与装备、智能制造使能技术以及智能制造管理技术。

本丛书编写者包括高校、工业界拔尖的带头人和奋战在一线的科研人员，有着丰富的智能制造相关技术的科研和实践经验。虽然每一位作者未必对智能制造有全面认识，但这个作者群体的知识对于试图全面认识智能制造或深刻理解某方面技术的人而言，无疑能有莫大的帮助。丛书面向从事智能制造工作的工程师、科研人员、教师和研究生，兼顾学术前瞻性和对企业的指导意义，既有对理论和方法的描述，也有实际应用案例。编写者经过反复研讨、修订和论证，终于完成了本丛书的编写工作。必须指出，这套丛书肯定不是完美的，或许完美本身就不存在，更何况智能制造大潮中学界和业界的急迫需求也不能等待对完美的寻求。当然，这也不能成为掩盖丛书存在缺陷的理由。我们深知，疏漏和错误在所难免，在这里也希望同行专家和读者对本丛书批评指正，不吝赐教。

在"智能制造系列丛书"编写的基础上，我们还开发了智能制造资源库及知识服务平台，该平台以用户需求为中心，以专业知识内容和互联网信息搜索查询为基础，为用户提供有用的信息和知识，打造智能制造领域"共创、共享、共赢"的学术生态圈和教育教学系统。

我非常荣幸为本丛书写序，更乐意向全国广大读者推荐这套丛书。相信这套丛书的出版能够促进中国制造业高质量发展，对中国的制造强国战略能有特别的意义。丛书编写过程中，我有幸认识了很多朋友，向他们学到很多东西，在此向他们表示衷心感谢。

需要特别指出，智能制造技术是不断发展的。因此，"智能制造系列丛书"今后还需要不断更新。衷心希望，此丛书的作者们及其他的智能制造研究者和实践者们贡献他们的才智，不断丰富这套丛书的内容，使其始终贴近智能制造实践的需求，始终跟随智能制造的发展趋势。

2019 年 3 月

物流与供应链产业作为融合运输、仓储、货代、信息的复合型服务业，不仅是国民经济的重要组成部分，更是智能制造的血液和发动机，将整个制造系统以及其他系统连为一体，为智能制造系统提供能量和动力。随着制造业向智能制造和工业4.0的快速发展，作为制造服务的重要支撑的物流业面临着新的需求与挑战。新一代信息技术如云计算、大数据、物联网等也在深刻地改变着物流业的运作模式，物流业的运行平台和企业的经营环境已进入"互联网+"时代。在这种大背景下，新兴的智慧物流与物联网技术正在重塑物流与供应链行业。面向全产业链整合的智慧化变革正在引领3.0智慧型降本增效新时代的来临。用现代信息技术搭建新的物流与供应链商务模式、全面提升物流与供应链管理的智慧化水平已是大势所趋。

本书作为"智能制造系列丛书"的组成部分，主要站在管理视角探寻作为智能制造系统连接器的物流与供应链系统领域的最新进展与成果。在系统介绍物流与供应链理论体系的基础上，进一步反映新兴技术对物流与供应链管理的影响与应用。按照"智能制造系列丛书"的主题精神和具体要求，深入阐述智慧物流与供应链的体系架构，以及物联网、云计算、感知技术、卫星定位跟踪技术、网络与通信技术等新一代信息技术在物流各主要职能领域的应用，通过理论和案例的结合为读者全面了解智慧物流与智慧供应链提供参考。

本书具有以下特点。

（1）视角创新。现有智慧物流与供应链的著作更多关注智慧技术层面，强调工程技术与平台的作用。本书力图在重视物流与供应链管理工程属性的同时，强调其作为管理学科的经营、运作和控制等管理属性，在物流与供应链管理的知识框架体系内，站在服务智能制造的角度上，探讨新一代信息技术对物流与供应链领域带来的新挑战、新技术与新应用，系统说明这些新兴技术如何重塑物流与供应链系统，共同支撑物流与供应链智慧化目标的实现，使读者对智慧物流与供应链的原理、技术、方法与应用有一个系统、全面的认知，为智能制造和物流发展提供系统支持。

（2）内容完整。智慧物流与智慧供应链管理作为物流与供应链管理的高级形式，其管理对象仍旧是物流与供应链系统。本书在考虑新的智慧物流与供应链特征的基础上，遵循物流与供应链管理的体系架构，从总体架构、智慧技术、功能应用、系统实施与评价等方面设计了相对完整的内容体系。在对智慧物流系统的原理、结构和新支撑技术等内容全面阐释的基础上，详细论述了设施规划与设计、运输与配送管理、仓储管理、库存管理、供应链管理等物流与供应链管理的关键模块的技术进展，尤其对新兴技术带来的影响与变化进行了重点介绍。之后站在物流与供应链整体系统运营管理的角度，从客户服务管理、质量管理、成本管理、绩效评估等方面为物流和供应链的管控提供全面支持，以此作为全书的总结。

（3）图文并茂，实用性强。物流与供应链管理学科具有极强的理论与实践相结合的特点。本书在内容体系的设计上注重强调实用性，通过大量的实例和案例帮助读者了解业界实践，加深其对理论的理解和思考，深化学习内容。

本书是作者与其同事及学生共同劳动的成果。刘亮、刘伟华、彭岩、高举红等多位老师对本书的编写提供了大力支持，完成了其中多个章节的内容。天津大学物流工程系 2017、2018 届的同学们全面参与了资料收集、案例编写及企业调研等工作，为本书的编写提供了大量的一手素材。特别感谢刘晓阳、张卓、张帆、窦梦頔、张晓彤、玉昊飞、张亚雯、甄紫嫣、王哲、刘备等同学付出的大量努力和得到的高水平成果。感谢中国机械工程学会为我们提供的机会，让我们能够与众多机械工程领域的专家学者共同探讨智能制造的相关技术与问题，从物流与供应链管理角度为制造强国的战略推进提供支持。特别感谢中国机械工程学会的郭英玲、清华大学出版社的冯昕、赵从棉两位编辑在全书编写过程中所做的大量组织、协调工作，这为本书的顺利完成提供了全面细致的保障。

我国现代物流与供应链发展非常迅速，智慧物流与智慧供应链更是处于快速发展时期，呈现出一种喷薄涌现的景象，各种创新活动层出不穷、快速更迭。由于作者水平有限，难免挂一漏万，不妥之处在所难免，敬请读者批评指正。

作者

2019 年 5 月

Contents | **目录**

第 1 章　物流与供应链管理基本理论　001

1.1　物流与供应链管理的内涵　001
　　1.1.1　物流与物流活动　001
　　1.1.2　供应链概念与供应链管理　003
　　1.1.3　物流管理与供应链管理的关系　005
1.2　物流与供应链管理的意义　006
1.3　研究方法与技术　008
　　1.3.1　研究方法　008
　　1.3.2　基本技术　008
　　1.3.3　企业集成的系统化方法　010
1.4　物流与供应链管理的演化　010
　　1.4.1　从物流到供应链　010
　　1.4.2　中国物流的发展历程　012
　　1.4.3　当前我国物流业的发展特点　013
1.5　现代物流与供应链管理的发展趋势　015
1.6　本书主要内容与结构安排　018
参考文献　019

第 2 章　智慧物流系统　020

2.1　智慧物流概述　020
　　2.1.1　智慧物流的概念　020
　　2.1.2　智慧物流的特征　021
　　2.1.3　发展智慧物流的意义　023

2.1.4 智能制造与物流系统智慧化 024

2.2 智慧物流系统的机理与架构 026

2.2.1 智慧物流系统的智能机理 026

2.2.2 智慧物流系统的技术架构 027

2.2.3 智慧物流系统的神经系统 029

2.2.4 智慧物流系统的业务体系 033

2.2.5 智慧物流系统的应用 037

2.3 智慧物流信息平台系统 039

2.3.1 智慧物流信息平台的设计原则与目标 040

2.3.2 智慧物流信息平台业务体系设计 042

2.4 智慧物流的组织与实施 049

2.4.1 智慧物流系统的组织 049

2.4.2 我国智慧物流的应用及实践 050

2.4.3 推进我国智慧物流发展的对策建议 052

参考文献 053

第 3 章 智慧物流信息技术 056

3.1 概述 056

3.2 标签与自动识别技术 060

3.2.1 条形码技术 060

3.2.2 标签技术 063

3.2.3 光学字符识别技术 065

3.3 定位跟踪技术 067

3.3.1 全球定位系统 067

3.3.2 地理信息系统 068

3.4 数据处理技术 070

3.4.1 电子数据交换 070

3.4.2 云计算 072

3.4.3 大数据 076

3.4.4 人工智能 080

3.5 网络与通信技术 081

3.5.1 移动互联网 081

3.5.2 物联网 082

3.6 物流系统仿真技术 088
  3.6.1 系统仿真 088
  3.6.2 物流系统仿真 090
参考文献 094

第 4 章 设施规划与设计 096

4.1 设施规划与设计的基本理论 096
  4.1.1 设施规划与设计的定义 096
  4.1.2 设施规划与设计的范围 098
4.2 设施选址 098
  4.2.1 设施选址的内容 098
  4.2.2 设施选址的原则 099
  4.2.3 设施选址的影响因素 100
  4.2.4 设施选址的步骤 104
  4.2.5 设施选址的方法 105
4.3 设施布置 114
  4.3.1 设施布置设计的含义 114
  4.3.2 设施布置决策的依据 115
  4.3.3 设施布置的基本形式 116
  4.3.4 设施布置分析的基本要素 117
  4.3.5 工艺原则布置方法 119
  4.3.6 产品原则布置方法 122
4.4 全生命周期精益设计 126
  4.4.1 全生命周期精益设计的提出 126
  4.4.2 全生命周期精益设计的内涵 127
  4.4.3 工厂精益设计流程 128
4.5 计算机辅助设施布置设计 130
  4.5.1 计算机辅助设施布置概述 130
  4.5.2 计算机辅助设施布置技术 CRAFT 简介 131
  4.5.3 FACTORY FLOW 133
参考文献 134

第 5 章　运输与配送管理　　　　136

5.1　运输与配送的基础知识　　　　136
5.1.1　运输与配送的概念辨析　　　　136
5.1.2　从供应链视角看企业运输与配送的组合　　　　137
5.1.3　运输与配送的价值　　　　137

5.2　运输与配送服务方式　　　　139
5.2.1　常见的运输方式　　　　139
5.2.2　各种运输方式之间的比较　　　　142
5.2.3　多式联运　　　　143
5.2.4　配送服务的特点与流程　　　　146

5.3　运输管理与决策　　　　147
5.3.1　运输方式选择　　　　147
5.3.2　路线规划与选择　　　　153
5.3.3　运输与配送合理化　　　　156

5.4　智能运输管理　　　　163
5.4.1　智能运输系统　　　　163
5.4.2　国内外研究现状　　　　164
5.4.3　智慧运输系统关键技术　　　　165

5.5　智能配送系统　　　　172
5.5.1　智能配送的意义　　　　172
5.5.2　智能配送相关设施设备　　　　172
5.5.3　智能配送数据管理技术　　　　176

参考文献　　　　179

第 6 章　仓储管理　　　　181

6.1　仓储管理的一般理论　　　　181
6.1.1　仓储与仓储管理的基本概念　　　　181
6.1.2　仓储的功能　　　　182
6.1.3　仓储规划　　　　183

6.1.4 进货入库管理 193

6.1.5 储存保管管理 196

6.1.6 交货出库管理 199

6.2 自动化仓储系统 202

6.2.1 自动化仓库的发展历程 202

6.2.2 自动化仓储系统的构成 202

6.2.3 自动化仓库的分类 204

6.2.4 自动化仓储系统的优缺点 205

6.3 智慧仓储 205

6.3.1 智慧仓储概念的产生 205

6.3.2 智慧仓储的特征 207

6.3.3 智慧仓储管理系统的发展现状 208

6.3.4 智慧仓储系统的功能与结构 209

6.3.5 智慧仓储案例 209

6.3.6 智慧仓储在中国发展的制约因素 217

6.3.7 智慧仓储未来发展预测 219

参考文献 221

第 7 章　库存管理 223

7.1 库存与库存控制 223

7.1.1 库存的概念与类型 223

7.1.2 库存的两重性 224

7.1.3 库存管理的目标 225

7.1.4 库存管理的基本问题 225

7.2 库存管理技术 225

7.2.1 ABC 分析 225

7.2.2 基本订购模型 228

7.2.3 物料需求计划 231

7.2.4 配送需求计划 234

7.2.5 从 MRP 到 ERP 235

7.3 供应链环境下的库存控制策略 239

7.3.1 供应链库存管理概述 239

　　　7.3.2　供应商管理库存　　　　　　　　　　　　　　　　　　240

　　　7.3.3　联合管理库存　　　　　　　　　　　　　　　　　　　249

　　　7.3.4　多级库存优化与控制　　　　　　　　　　　　　　　　250

　　　7.3.5　协同计划、预测与补货　　　　　　　　　　　　　　　254

　　参考文献　　　　　　　　　　　　　　　　　　　　　　　　　256

第 8 章　供应链管理　　　　　　　　　　　　　　　　　257

　　8.1　供应链管理概述　　　　　　　　　　　　　　　　　　　　257

　　　8.1.1　供应链与供应链管理　　　　　　　　　　　　　　　　257

　　　8.1.2　供应链管理的关键问题　　　　　　　　　　　　　　　259

　　　8.1.3　供应链结构模型与流程　　　　　　　　　　　　　　　261

　　8.2　供应链合作伙伴关系　　　　　　　　　　　　　　　　　　267

　　　8.2.1　建立供应链合作伙伴关系的意义　　　　　　　　　　　267

　　　8.2.2　供应链战略合作伙伴关系的形成　　　　　　　　　　　268

　　　8.2.3　选择合适的供应链合作伙伴　　　　　　　　　　　　　269

　　8.3　供应链信息管理方法　　　　　　　　　　　　　　　　　　272

　　　8.3.1　快速反应　　　　　　　　　　　　　　　　　　　　　272

　　　8.3.2　有效客户响应　　　　　　　　　　　　　　　　　　　274

　　　8.3.3　协同计划、预测与补货　　　　　　　　　　　　　　　276

　　8.4　智慧供应链管理　　　　　　　　　　　　　　　　　　　　277

　　　8.4.1　智慧供应链的概念与作用　　　　　　　　　　　　　　277

　　　8.4.2　智慧供应链的特点　　　　　　　　　　　　　　　　　278

　　　8.4.3　智慧供应链流程　　　　　　　　　　　　　　　　　　281

　　　8.4.4　智慧供应链管理体系　　　　　　　　　　　　　　　　283

　　　8.4.5　智慧供应链管理的关键支撑技术　　　　　　　　　　　285

　　8.5　智慧供应链建设　　　　　　　　　　　　　　　　　　　　291

　　参考文献　　　　　　　　　　　　　　　　　　　　　　　　　294

第 9 章　物流与供应链绩效管理　　　　　　　　　　296

　　9.1　物流客户服务管理　　　　　　　　　　　　　　　　　　　296

9.1.1　物流客户服务的内容　296

9.1.2　物流客户服务要素　298

9.1.3　物流客户服务的衡量标准　300

9.1.4　物流客户服务水平评价　301

9.1.5　物流客户服务战略制定　303

9.2　物流质量管理　305

9.2.1　物流质量的概念　305

9.2.2　物流质量管理的原则　306

9.2.3　评价物流质量的主要指标　309

9.2.4　物流质量管理的统计分析方法　309

9.3　物流成本管理　310

9.3.1　物流成本的基本概念与特点　310

9.3.2　物流成本构成与分类　313

9.3.3　物流作业成本管理　315

9.3.4　物流成本控制　318

9.4　物流系统绩效评估　322

9.4.1　物流系统绩效评估指标的选择　322

9.4.2　物流绩效评估模型　324

9.4.3　CSCC 物流绩效评价指标　327

9.5　基于 CMM 的智慧供应链能力成熟度评价　329

9.5.1　智慧供应链能力成熟度等级　329

9.5.2　关键过程域 KPA　331

9.5.3　评价方法　338

参考文献　339

第 1 章

物流与供应链管理基本理论

1.1 物流与供应链管理的内涵

1.1.1 物流与物流活动

根据美国供应链管理专业协会（Council of Supply Chain Management Professionals，CSCMP）的定义：物流是供应链管理的一部分，旨在有效地计划、实施和控制正向物流与逆向物流，以及起始点和消费点之间的物品储存、服务和相关信息，最终达到满足顾客需求的目的。

这一定义明确了物流活动的基本目标或主要结果是满足顾客需求。通过物品的移动（go）和储存（stop）等关键物流活动，保证在合适的时间和地点向顾客提供需要的商品。这里的物品移动是指商品被移动或运输至顾客或者在逆向物流中返回起点，这是一个时间概念。而物品的储存则包括商品在加工或其他运作过程中的储存，或者是等待一段时间后交付给顾客过程中的停留，这是一个空间概念。按照经济学领域的效用理论可以解释为物流为顾客提供的时间效用和空间效用。

中华人民共和国国家标准《物流术语》（GB/T 18354—2006），将物流定义为：物品从供应地向接收地的实体流动过程。根据实际需要，将运输、储存、装卸、搬运、包装、流通加工、配送、信息处理等基本功能实现有机结合。从中可以看出，我国对物流的定义是对物流基本功能的简单叠加，体现的是字面的直接表述，未涉及物流结果产生的社会效益及经济效益。国际上普遍采用的是美国供应链管理专业协会对物流的定义，它不仅涉及货物，而且涉及服务及相关信息，并且重在"以人（消费者）为本"的管理理念，是对上述活动的计划、实施与控制的过程。

一个物流系统通常分为物流运作系统和物流信息系统两部分。其中，物流运作系统的功能是在包装、仓储、运输、搬运、流通加工等操作中运用各种先进技术将生产商与需求者联结起来，使整个物流活动网络化，进一步提高效率。物流信息系统的功能是运用各种先进沟通技术保障与物流运作相关信息的流畅，提高整个物流系统的效率。将物流运作与物流信息组成一个物流系统的目的就是要以最有效的途径提供最满意的服务。

1. 包装

包装可以减少物品在运输途中的损缺。一般来说，包装分为单个包装、内包装和外包装三种。单个包装是物品使用者拿到物品时的包装，一般属于商业包装。内包装是将物品或单个包装放在一起或放于中间容器中的包装形式，以便对物品或单个包装起到保护作用。外包装是以方便运输、装卸，以及保护物品、进行标识为目的的一种包装形式。包装材料通常有纸质、塑料、木质、金属等几种。另外还有一些固定用的辅助材料，比如黏结剂、包装用的材料（如胶带）等。随着物流技术的成熟与发展，包装逐渐趋向标准化、机械化、简便化等。

2. 仓储

仓储是物流中的一个重要环节，可以起到缓冲和调节作用，包括储存、管理、维护等活动。现代仓库除了具有上述传统功能以外，已经逐步转向流通中心型的仓库，即在上述活动的基础上还负责物品的包装、流通加工、配送、信息处理等活动。随着科学与管理技术的成熟与飞速发展，仓储的管理技术也在不断丰富，大量仓储业已经运用 ABC 分类管理、预测等技术科学地管理仓储、控制库存，以达到整体效益的优化。

3. 运输与搬运

运输是为了尽量消除空间的差异，它也是物流系统的重要环节之一。运输方式有陆路、空运和海运三种，这三种运输方式各有特点。随着物流的发展，对各种运输的基础设施建设的要求越来越高，要想更高效地完成运输，就要形成一套成熟的运输网络体系，经济、合理、快速、及时、零缺陷地将物品送抵目的地。优化运输方式，多式联运、越库等提高运输效率的新型运输模式正在得到广泛采用。

搬运与运输既相似又有不同，一般来说，搬运是指物料在系统工艺范围内的移动，或说在制造企业内部，物料还未成为商品之前，在加工、生产系统内的移动活动。搬运涉及搬运路线、搬运设备与搬运器具，及搬运信息管理等。

4. 装卸

装卸一般包括装上、卸下、搬运、分拣、堆垛、入库、出库等活动。要运用各种技术和工具消除无效装卸、提高装卸效率。

5. 流通加工

顾名思义，流通加工就是在流通过程中进行的辅助性加工。流通加工是生产领域的延伸，或流通领域的扩张。流通加工可以实现整个供应网络成本的降低，同时能满足多样化的市场需求。

6. 物流信息

上述各种物流运作活动都要在物流信息的引导下进行，否则各项活动就是盲目的，无法达到预期效果。物流信息系统也是物流系统的重要环节之一，是物流系统的基础。物流信息系统从纵向可以分为管理层、控制层和作业层三种，从横向考虑，物流信息系统可以贯穿于供应、生产、营销、回收各环节的物流运作中。

总之，物流信息系统的存在使生产者与使用者之间实现了无缝连接，物流信息系统要追求的就是完美服务，以及快速、及时、准确、节约、规模化、调节库存等目标。

1.1.2　供应链概念与供应链管理

1. 供应链

中华人民共和国国家标准《物流术语》（GB/T 18354—2006）对供应链（supply chain）的定义为：生产及流通过程中，涉及将产品或服务提供给最终用户所形成的网链结构。

图 1-1 所示为一条非常典型的完整供应链。它从供应商向制造工厂供货开始，每个工厂负责不同的部分，即不同区域的工厂生产不同型号的产品，或者生产产品的某一个部分，最后汇集到制造总部。制造总部完成之后，转给行销总部，行销总部把产品送到分公司，分公司经过经销商再卖给客户。

由于供应链管理还是一个新兴学科，目前对供应链有多种不同理解，本书采纳如下观点：供应链是指围绕核心企业，通过对信息流、物流、资金流的控制，从采购原材料开始，制成中间产品以及最终产品，最后由销售网络把产品送到消费者手中的将供应商、制造商、分销商、零售商、最终用户连成一个整体的功能网链结构模式。它是范围更广的企业结构模式，包含所有

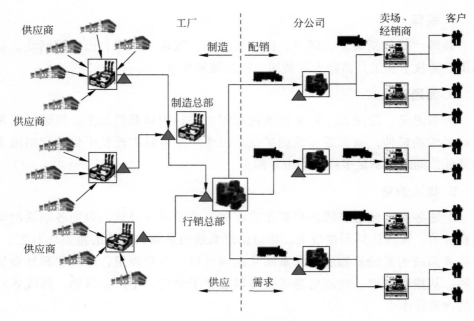

图 1-1　一条典型的完整供应链

加盟的节点企业，从原材料的供应开始，经过链中不同企业的制造加工、组装、分销等过程直到最终用户。它不仅是一条连接供应商和用户的物料链、信息链、资金链，而且是一条增值链，物料在供应链上因加工、包装、运输等过程而增加其价值，给企业带来收益。

2. 供应链管理

一旦企业积极致力于与供应商、顾客和其他利益相关者进行合作，其物流活动就会从企业内部扩展到外部更大的整体供应链之中。这些合作活动的出现需要更加详细的计划和额外的管理，于是供应链管理应运而生。供应链管理（supply chain management，SCM）是一种集成的管理思想和方法，它执行供应链中从供应商到最终用户的物流计划和控制等职能。美国供应链管理专业协会（CSCMP）对供应链管理的定义是：对包括采购、购买以及转换等在内的所有活动的计划、管理活动及所有物流管理活动。重要的是，它还包括与渠道合作伙伴的协调与配合，可能包括供应商、中间商、第三方服务提供商以及客户。从本质上讲，供应链管理集成了企业内部和企业之间的供应和需求管理。根据供应链运作参考模型（SCOR 模型），典型的供应链管理通常包括计划、采购、制造、配送、退货五大基本内容。

在当前环境下，利用互联网将企业的上下游企业进行整合，以中心制造厂商为核心，将产业上游原材料和零配件供应商、产业下游经销商、物流运输商及产品服务商以及往来银行结合为一体，构成一个面向最终顾客的完整电子商务供应链正在成为供应链管理发展的新趋势。通过这种整合，可以显著降低采购成本和物流成本，提高对市场和最终顾客需求的响应速度，从而提高企业产品的市场竞争力。研究表明，有效的供应链管理总是能够使供应链上的企业获得并保持稳定持久的竞争优势，进而提高供应链的整体竞争力。统计数据显示，供应链管理的有效实施可以使企业总成本下降 20% 左右，供应链上的节点企业按时交货率提高 15% 以上，订货到生产的周期时间缩短 20%~30%，供应链上的节点企业生产率增值提高 15% 以上。越来越多的企业已经认识到实施供应链管理所带来的巨大好处，比如 HP、IBM、DELL 等在供应链管理实践中取得的显著成绩就是明证。

1.1.3　物流管理与供应链管理的关系

供应链管理（SCM）的概念于 20 世纪 80 年代首次出现，它扩展了物流活动的范围以适应快速发展的全球经济。在学术界和产业界有许多关于 SCM 范围以及 SCM 与已有物流概念关系的讨论，并且这种讨论还在继续。图 1-2 显示了三种典型的观点。

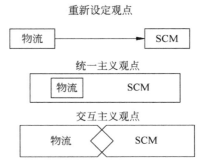

图 1-2　物流与供应链管理的比较

资料来源：Larson and Halldorsson，2010

这三种观点表现出在学术研究中不同学者对于物流和供应链管理之间的关系所持有的不同观点。有些人认为供应链管理仅仅是由于学术和业界人士缺乏针对"供应链是什么"和"供应链管理人员具体干什么"的理解而产生的对物流的另一种说法。随着供应链管理在学术界和企业界的不断发展，这种看法正在逐渐消失。另外一些人则认为，物流与供应链管理之间存在交集，供应链管理在企业和整体供应链条中代表一种更广阔的政策，贯穿商业流程的各个方面。然而，到目前为止，这种观点的集成和实施还是理论性的，缺少实证研究的支持。统一主义观点从 SCM 的更广阔供应链和业务流程视角出发，认为物流是供应链管理的一个子集。实际上，CSCMP 的 SCM 概念就代表了一种统一主义的观点。

与大多数现有研究一样，本书中我们也采纳统一主义观点，认为物流管理是供应链管理的一个子集或子系统。从各种关于物流管理和供应链管理的定义来看，有一点是一致的，即物流管理承担了为满足客户需求而对货物、服务从起源地到消费地的流动和储存进行计划与控制的过程。它包含了内向、外向和内部、外部流动，物料回收以及原材料、产成品的流动等物流活动的管理。而供应链管理的对象涵盖了产品从产地到消费地传递过程中的所有活动，包括原材料和零部件供应、制造与装配、仓储与库存跟踪、订单录入与订货处理、分销管理、客户交付、客户关系管理、需求管理、产品设计与预测，以及相关的信息系统等。它连接了所有的供应链成员企业。从这个意义上讲，物流管理是供应链管理的一种执行职能，即对供应链上物品实体流动的计划、组织、协调与控制。也就是说，物流管理与供应链管理所涉及的管理范畴有很大不同，物流管理是供应链管理的一个子集或子系统，供应链管理将许多物流管理以外的功能跨越企业间的界限整合起来。

1.2 物流与供应链管理的意义

现代物流的出现，是世界经济和科学技术发展的必然结果。当前物流业正在向全球化、信息化、一体化发展。一个国家的市场开放与发展必将要求物流的开放与发展。随着世界商品市场的形成，从各个市场到最终市场的物流日趋全球化；信息技术的发展，使信息系统得以贯穿于不同的企业之间，并且物流功用的质变大大提高了物流效率，同时也为物流一体化创造了条件。一体化意味着需求、配送和库存管理的一体化，所有这些已成为国际物流业的发展方向。

物流涉及信息、运输、存货、仓储、物料搬运和包装等的集成。经过物流，原材料流入企业制造设施中，再通过营销把产品送到顾客手中。统计资料表明，就单个企业而言，根据业务的类型、企业的地理区域以及产品和材料的质量/价值比率，物流成本一般占销售额的 5%~35%。由此可见，现代物流水平的提高对优化企业管理、提高经济效益具有重要作用，以至于国外许多企业称物流工程为创造效益的"第三利润源泉"。

提高现代物流管理水平对企业管理的重要意义主要表现在如下几个方面。

（1）降低成本，缩短生产周期，提高利润。现代物流主要通过物流系统的合理规划降低库存，改善业务流程，减少无效物流活动，从而降低物流与运营成本，缩短生产周期，提高库存周转速度和资金回笼率，获取收益，增强企业的竞争力。海尔集团从 1999 年就开始创新物流管理模式的探索，经过物流重组、供应链管理和物流产业化三个阶段，已经建立起强大的物流与供应链系统。高水平的物流能力成为海尔超常规发展的利器。仅统一仓储一项，就实现呆滞物资降低 90%，库存资金减少 63%，仓库面积减少 20 万 m²。

（2）改善供应链协调能力，降低经营风险。企业加强现代物流管理，能有效地降低经营风险。现代物流管理使用信息技术实现了数据的快速、准确传递，提高了仓库管理、装卸运输、采购、订货、配送发运、订单处理的自动化水平，使分装、包装、保管、运输、流通加工实现一体化，生产厂家可以方便地使用信息技术与物流企业进行交流和协作，企业间的协调和合作有可能在短时间内迅速完成。这样一来，可以在很短的时间内满足客户的个性化需求，实现准时制生产。

（3）减少资金占用，提高竞争力。企业加强现代物流管理，能有效地提高竞争力。在现代物流管理模式下，企业可以根据消费者特定的需求进行商品生产。通过对产品交付期、质量及价格的预测，利用互联网在全球范围内获取所需的原材料和零部件资源。由于采用需求管理和柔性生产技术，以批量产品的价格完成生产过程，所以无须占用流动资金，便可实现无本获利。

（4）减少工作量，减轻工人的劳动强度。搬运储存是仓库中最重要的活动，长期以来一直被人们认为是劳动密集型作业。在机械制造企业中，一般地，从事搬运储存的工作人员占全部工人的 15%~20%，加工 1t 产品平均搬运量为 60 吨次以上。所以合理规划、设计物流系统，对企业降低制造成本关系重大。

（5）改善产品质量。产品在搬运、储存过程中，因搬运手段不当，造成磕、碰、伤，从而影响产品质量的现象非常严重，而企业的管理者往往忽视这个问题。湖北某汽车传动轴制造厂的统计表明，该厂机床加工能力可保证质量合格率为 98%，而运到装配线上后合格零件只剩下 60%，搬运中损坏 35% 以上。此后，他们加强工位器具研制和运输过程管理，使得零件到达装配线上后合格率达 95% 以上，质量得到大幅提高。

（6）提高物流管理水平，实现生产管理现代化。当今人类已进入电子与信息时代，计算机的广泛应用以及自动化、柔性化的管理是提高企业竞争力的技术关键，只有提高物流系统的现代化管理水平，才能实现生产管理现代化。世界上各发达国家的高水平的生产系统都具有高水平的设施设计和物流系统的自动化、柔性化、信息化条件做保障。

1.3 研究方法与技术

1.3.1 研究方法

物流与供应链管理的研究方法集经济学、管理学、工学、理学、社会学等的研究方法之大成，其使用依研究内容而定。主要包含四大类：

（1）经济学与管理学研究方法。侧重应用实证分析、规范研究、案例分析、经济计量、系统分析、建模与优化等方法，发掘物流与供应链系统设计与运行中的基本规律，建立管理理论、提供解决方法、形成管理启示。

（2）工学与理学研究方法。传统上物流与供应链管理中的设计，尤其是工程设计、设施设备的设计与改进问题，甚至流程的优化等，多采用工程技术方法。近年来，随着研究的深入，对以人为中心的管理系统也开始应用工程技术方法进行研究，应用模拟、试验、观察观测、定理公理等方法提供解决方案。系统工程、工业工程、建模与仿真、实验设计等是其中常用的工程方法与技术。

（3）社会学方法。如马克思主义唯物辩证法、分析与综合、归纳与演绎等方法也通常用于物流与供应链研究领域。

（4）统计学与数据分析。随着供应链与信息技术发展，在物流与供应链管理领域同样需要借助统计学与大数据分析的研究方法，去全面变革企业运营模式、业务组合、商业模式等，提高资源获取能力、需求预测水平、组织协同创新能力，实现库存优化、改善物流效率等。数据正在发挥越来越重要的作用。

1.3.2 基本技术

物流技术是物流与供应链管理研究的重要内容之一。物流的基本技术是实现物流系统目标的手段和装备。物流与供应链管理将物流技术研究作为重要内容也符合人类的认识规律，对于促进物流与供应链产业的进步与发展的作用显而易见。物流技术常常被认为是生产技术、流通技术的一个部分，但是随着物流的发展，物流自身的技术特征越来越明显，物流技术除了要符合生产和流通等环节的技术要求外，它本身也应该形成完整的技术体系。物流工程与管理研究的物流技术体系应该包括以下几个组成部分。

1. 物流技术标准

从现代供应链的角度来分析，物流是跨原材料供应、商品生产、流通和消费过程的复杂系统，是被动地让物流系统来适应原材料供应、生产、流通和消费过程的技术要求，还是先制定出物流的技术标准，然后让其他各个环节来适应物流的技术要求，或者是两者兼有，是物流实践中遇到的很普遍的问题。今后的发展趋势可能是，由国际组织（例如，国际标准化组织）或有影响力的国家或大型跨国公司根据原材料供应、生产、流通、消费各环节现有的物流状况，制定出国家、行业或产品的物流标准，再通过物流业务合作促进或迫使与该国或该公司合作的国家、行业、企业去应用和执行这些标准，使该标准成为事实上的物流标准。在计算机行业、信息行业、电信行业、家电行业、汽车行业，标准都是按照这种模式建立起来的。技术标准推广以后可以大幅提高物流效率、降低物流成本。

物流技术标准应该包括以下几类：物流基础设施标准、物流设备标准、物流信息交换标准、物流作业标准和物流管理标准，详见表1-1。

表1-1　物流技术标准的类别

标 准 类 别	标准的主要方面
物流基础设施标准	公路、铁路、水路、航空、港口、站台、堆场
物流设备标准	卡车车厢、托盘、集装箱、包装箱、货架等尺寸
物流信息交换标准	条形码、单证、标识、数据库、计算机网络
物流作业标准	作业环节、流程、岗位、动作规范与评估指标
物流管理标准	服务方式、质量、价格、经营业绩与考核指标

2. 物流技术手段与装备

物流技术手段与装备的状况可以在一定程度上反映一个国家物流现代化的水平，提高物流技术手段与装备的现代化水平是实现物流现代化的必由之路，但是需要进行大量的投入。

典型的现代物流技术手段和装备包括计算机、互联网、信息数据库技术、条形码技术、语音技术，还有电子数据交换（electronic data interchange，EDI）、射频识别（radio frequency identification，RFID）、全球卫星定位系统（global positioning system，GPS）、地理信息系统（geography information system，GIS）、自动数据采集（automated data collection，ADC）、电子订货系统（electronic ordering system，EOS）、增值网（value-added network，VAN）、电子货币转账（electronic fund transfer，EFT）、自动存取系统（automated storage and retrieval system，AS/RS）、手持终端（handy terminal，HT）、IC卡（integrated card，IC）等。

3. 物流技术应用方案

物流技术重在应用。物流技术应用于具体的物流活动时会产生具体的物流技术应用方案，这些方案也是物流技术的组成部分。典型的物流技术应用方案包括：运输或配送中的路线规划技术、库存控制技术、物流过程中的可视化技术，以及供应商管理库存技术（vendor-managed inventory，VMI）、连续补货计划（continuous replenishment program，CRP）、供应链管理（supply chain management，SCM）、客户关系管理（customer relationship management，CRM）、仓储管理系统（warehouse management system，WMS）、快速反应（quick response）、准时制（just in time，JIT）、ABC库存分析法、作业成本法（activity-based costing，ABC）、直接产品盈利性分析（direct-product profitability，DPP）、配送资源计划（distribution resource planning，DRP）、物流流程重组（logistics process reengineering，LPR）等。

1.3.3　企业集成的系统化方法

物流管理是公司内部的一项集成性职能——物流活动必须调整、优化，并与包括营销、销售、制造、财务、人力资源以及信息技术在内的企业其他职能领域整合在一起。与此同时，供应链管理则是一种超越公司的集成化职能，它将公司自身与企业的其他主要业务职能和过程进行整合，最终形成一种整体和高绩效表现的商业模式。

这种集成功能要求物流管理和供应链管理本质上是一种"系统"，因此那些系统思考的要素在物流和供应链管理情境下十分必要和有用。系统视角能够帮助企业从事物的表面深入观察其背后的行为结构和态度，以实现通过专注于某一方面改变而不容易获得的结构性改变的影响和竞争优势。

系统思考方法能够让一家公司通过从根本上识别结构困境以思考其"原型"问题，这反过来又能够从其员工那里获得合适响应。进一步地，逆向物流和供应链管理的出现表明了系统可以形成一个闭环并且进行自我维持。

1.4　物流与供应链管理的演化

1.4.1　从物流到供应链

对物流一词的理解，主要有两种观点：一是美国市场营销学者阿奇·萧

（Arch W. Shaw）于 1915 年提出的 Physical Distribution，从市场分销角度认为物流就是实物配送，实际上就是如何把企业的产品分送到客户手中的活动；另一种观点则源于美国少校琼西·贝克（Chauncey B.Baker）于 1905 年提出的 Logistics，从军事后勤角度对物流的内涵进行定义，主要是指物资的供应保障、运输储存等。两种不同的概念之所以能分别存续下来，是因为它们都分别在各自的专业领域中得到了一定程度的响应、应用和发展，二者之间没有发生冲突，也没有一个统一的物流学派来进行统一规范，也不需要得到社会广泛一致的公认。

随着时代的进步与发展，物流的定义也在不断地变化完善。如今，国际上最普遍采用的是美国物流管理协会（National Council of Physical Distribution Management，NCPDM）的定义。该协会 1986 年改名为 CLM（The Council of Logistics Management），此后美国物流管理协会对物流的定义几经调整，以适应时代和需求的变化。表 1-2 给出了物流定义的调整过程，从中可以看出人们对物流内涵的认识不断深入。2005 年 1 月 1 日，CLM 正式更名为供应链管理专业协会（CSCMP），标志着全球物流进入供应链时代的开始。这一变化从某种意义上揭示了 21 世纪国际物流发展的主流趋势：供应链整合管理。

表 1-2　美国物流管理协会物流定义演绎表

时　间	内　容
1986 年	物流是对货物、服务及相关信息从起源地到消费地的有效率、有效益的流动和储存进行计划、执行和控制，以满足顾客要求的过程。该过程包括进向、去向、内部和外部的移动以及以环境保护为目的的物料回收
1992 年	物流是为满足消费者需求而进行的对货物、服务及相关信息从起始地到消费地的有效率与效益的流动与存储的计划、实施与控制的过程
1998 年	物流是供应链活动的一部分，是为满足顾客需要，对商品、服务以及相关信息从生产地到消费地高效、低成本流动和储存而进行的规划、实施、控制过程。这次物流的定义中使用了供应链的概念
2001 年	物流是供应链运作中，以满足客户要求为目的，对货物、服务和相关信息在产出地和销售地之间实现高效率和低成本的正向和反向地流动和储存所进行的计划、实施与控制的过程
2003 年	物流是供应链管理的一部分，旨在有效地计划、实施和控制正向物流与逆向物流，以及起始点和消费点之间的物品储存、服务和相关信息，最终达到满足顾客需求的目的

1.4.2　中国物流的发展历程

自中华人民共和国成立至 2000 年，物流业经过半个多世纪的发展，有了一定基础。2000 年之后，随着制造业和电子商务的快速成长，以及信息技术的发展和普及，更是进入了一个突飞猛进的快车道。总体而言，自 1979 年"物流"概念引入我国，我国物流理论和实践大致可划分为四个发展阶段。

第一阶段：1979—1991 年，是物流业的恢复与初期发展阶段。改革开放和四个现代化建设使得我国国内商品流通和国际贸易不断扩大，物流业也有了进一步的发展。不仅流通部门专业性物流企业的数量在增加，生产部门也开始重视物流问题，并设立了物流研究室、物流技术部等。有关物流的学术团体相继成立，并积极有效地组织开展了国内外物流学术交流活动，以了解和学习国外先进的物流管理经验。

第二阶段：1992—1999 年，是物流业转型阶段。在这一阶段，物流业面临着机遇和挑战，一些老的储运企业通过实施改革、改造、重组等，转型为综合物流企业，以适应电子商务的发展和经济一体化的需要。在这种情况下，一些生产、零售企业开始退出物流领域，不再新建仓库，而转向市场寻求合格的物流代理商。另一方面，部分地区建设了一批现代物流企业，以迎接国外物流企业的挑战。这标志着我国现代物流业已经开始起步。

第三阶段：2000—2015 年，是物流业大发展阶段。新世纪开始，我国现代物流大踏步进入发展期。我国开始致力于现代物流的普遍发展。第一，物流政策环境得到改善。我国政府采取了一系列的政策以推动物流业的发展，为物流业的发展创造了良好的政策环境。第二，物流规划工作井然有序。物流产业得到了国家和各级政府的高度重视，国家加强了对物流业发展的规划。2000 年，我国"十五"物流发展总目标正式确立。各省、市、自治区纷纷制定物流发展规划，物流园区、物流中心、配送会广泛成立。第三，物流平台建设取得重大进展。受惠于国家的信息化建设，我国的信息基础网络和实用技术已经能够支持现代物流的信息运作要求。铁路、公路网络的建设，在我国的东部发达地区已经完成了基本布局，而且在国家的大力支持下，平台建设开始向中西部演进。第四，物流技术日益先进，应用日趋广泛。互联网信息平台、电子数据交换、全球卫星定位系统、射频识别技术和条形码等现代信息技术手段在物流管理和物流技术中的广泛应用，使现代化物流达到一个新的水平。第五，物流逐步得到全社会的关注。物流业成为全社会广泛关注的焦点，物流企业大量成立，有 100 多所高校开设了物流专业。物流真正进入发展的快车道，并且进入物流资源整合与供应链管理时期。

第四阶段：2016 年至今，是物流服务全面转型升级阶段。经过多年的快速发展，我国物流业不论从基础设施还是经营方式上都实现了显著提升，为物流业的全面转型升级奠定了良好基础。截至 2018 年底，我国铁路里程达到 13.1 万 km，其中高速铁路运营里程 2.9 万 km，居世界第一；公路总里程 485 万 km，其中高速公路总里程超过 14 万 km，居世界第一；内河航道通航里程 12.7 万 km，航道网络进一步完善。此外我国还拥有 235 个民航机场，定期航班航线通达港澳台地区以及 60 个国家和地区的 158 个城市。交通线路和园区节点等物流基础设施编织成互联互通的物流网络。跨境电商高速发展带动国际快递和海外仓储建设布局，国际物流网络主推中国企业走出去。随着物联网、云计算、大数据等信息基础设施逐步成熟，信息互联网带动物流基础设施的虚拟化联网和智能化升级。在企业方面，随着信息技术的广泛引用，大多数企业建立了管理信息系统，物流信息平台建设快速推进。物联网、云计算等现代信息技术开始应用，装卸搬运、分拣包装、加工配送等专用物流装备和智能标签、跟踪追溯、路径优化等技术迅速推广。以产业融合为主，互联网与物流业深度融合将改变传统产业的运营模式，为消费者、客户以及企业自身创造增量价值。数据代替库存、数据驱动流程、数据重塑组织成为智慧物流的重要驱动力，终将形成智慧物流的生态体系。

1.4.3　当前我国物流业的发展特点

1. 当前我国物流业的总体状况

虽然跳过了美国、日本物流行业的平稳发展阶段，但与发达国家相比，目前我国在基础设施、经营管理、理论研究、物流技术、信息技术等方面还比较落后。但市场规模巨大，前景广阔。近年来我国经济平稳较快增长，为实现物流及供应链管理外包服务行业的快速发展提供了良好的宏观环境。

物流业前景指数（LPI）反映物流业经济发展的总体变化情况，以 50% 作为经济强弱分界点，高于 50% 时反映物流业经济扩张，低于 50% 则反映物流业经济收缩。我国物流业前景指数从 2014 年 1 月以来均保持在 50% 以上，反映出我国物流业总体仍处在平稳较快发展时期。

与此同时，我国物流业近年来虽保持较快增长势头，但整体运行效率仍然较低。物流费用占国内生产总值（GDP）的比重是衡量物流业总体运行效率的重要指标之一。我国该指标从 1991 年的 23.79% 下降到 2018 年的

14.8%，美国、日本物流费用占 GDP 的比重稳定在 8% 左右，我国该指标与美国、日本相差超过 6%。我国物流业仍有较大潜力可挖。

2. 我国物流业的发展特点

具体到物流行业的运作层面，目前我国物流行业的发展主要呈现以下特点。

（1）物流企业加大并购力度，行业整合提速。进入门槛低导致物流业集中度低，进一步导致市场竞争激烈，呈现出以降低服务价格为主要竞争手段的特点，行业整体缺乏差异化的产品和服务。近年来集中度虽不断提升，但行业仍缺乏具有定价权的龙头型公司。规模较大的物流公司可利用规模经济，在网络覆盖、运力配置等方面发挥及时、安全、低成本等优势。小企业服务功能少，综合化程度低，管理能力弱，竞争能力弱，信息能力弱，经济秩序不规范，不具备适应现代物流追求动态运作、快速响应的要求。

（2）服务范围不断向供应链两端延伸。目前我国物流企业与制造业的联动深入发展，建立起了深度合作关系，物流服务范围不断向供应链两端延伸。一些物流企业从只承担少量简单物流功能外包的第三方物流，拓展到全面介入制造企业供应链的第四方物流。在供应链上游为制造企业提供原材料与零部件采购服务、原材料入场物流服务、原材料库存管理服务等，在供应链下游为制造企业提供生产线后端物流加工服务、产成品销售物流服务、零部件售后物流服务等，物流专业化服务水平和效益显著提高。自 2014 年以来，业内形成一批具有一定规模、富有国际竞争力的领先供应链管理企业，与此同时，国家政策大力支持、鼓动和引导更多的物流企业向供应链两端延伸服务范围。

（3）通用物流与专业物流分化。近年来物流行业内的通用与专业分化趋势日益明显，专业化逐渐成为物流企业的发展方向。物流向专业化发展的趋势是由需求来决定的，企业对降低物流成本的需求越来越大，通过优化内部物流管理节约成本可增加企业利润，但通过优化供应链管理来降低成本对专业能力要求很高，要求物流服务的专业化。通用物流与专业物流相比，对于客户依赖度较小，市场规模更大，但竞争相对更激烈。对一些企业在物流环节中特殊要求较少的，通用物流相比专业物流具备客户门槛较低、对自身资源要求较少、更具成本优势的特点。通用物流与专业物流的分化，有利于为不同物流需求的企业提供更适合的自身发展服务。

3. 我国物流行业的发展趋势

供应链管理行业是典型的轻资产、高技术含量的现代服务产业，供应链管理企业通过对不同行业运行模式的深入研究，利用综合专业能力和自身的整合能力，为客户量身定制集成解决方案，将单一、分散的报关、运输、仓储、贸易、结算服务等组合为供应链管理服务产品，实现商流、资金流、信息流、物流"四流"合一，为客户节约成本，提升价值。供应链管理行业特有的经营模式要求供应链管理企业具备以下能力。

（1）跨领域、跨区域、跨行业的专业能力。跨领域能力，即纵向贯穿经营活动的商流、资金流、信息流、物流多个层次，具备在每个单一层次都能提供解决方案的专业能力。跨区域能力，即横向跨越区域乃至不同国度、不同制度和不同法律框架，具备在不同区域扫除障碍并执行既定方案的专业能力。跨行业能力，即深刻掌握不同行业、同行业不同客户、不同类型商业模式，并具备针对客户个性化需求量身定做解决方案的能力。

（2）整合与运营能力。供应链管理服务与普通物流服务不同，供应链管理企业只对供应链上的关键节点进行投资，不依赖大规模固定资产投入谋求产出，而是强调整合各层级现有资源，在供应链管理解决方案的指导下为客户提供全方位服务，这就要求从业企业具备较强的整合与运营能力。

（3）信息系统支持能力。供应链管理集成服务具有大范围、跨领域、多层次立体全方位整合的特点。信息传递也会表现出多边、交叉、同步等特性，信息流是供应链管理中的关键要素。要求企业配备的信息系统技术架构先进、功能层次分明、高效协同以满足业务需求。供应链管理的价值创造体现在缩短客户交易时间，降低交易成本，提升企业供、产、销的整体运行效率等方面，有助于企业在应对频繁变化的市场需求和激烈的市场竞争时提升响应速度。

1.5　现代物流与供应链管理的发展趋势

随着经济全球化步伐的加快，科学技术尤其是以互联网、物联网、大数据、云计算、人工智能为代表的新一代信息技术、通信技术的快速发展和采用，不但强化了物流与供应链管理的全球化、集成化、敏捷化步伐，也促进了供应链电子化、智能化、绿色化的新趋势，新的物流与供应链管理模式不断涌现，如电子商务物流、绿色供应链、智慧供应链等，现代物流与供应链管理呈现出强劲的发展态势。

1. 电子商务物流与供应链电子化

电子商务的迅速发展促使了电子物流的兴起。通过互联网加强企业内部、企业与供应商、企业与消费者、企业与政府部门的联系沟通、相互协调、相互合作，消费者可以直接在网上获取有关产品或服务的信息，实现网上购物。这种网上的"直通方式"使企业能迅速、准确、全面地了解需求信息，实现基于客户订货的生产模式（build to order，BTO）和物流服务。此外，电子物流可以在线跟踪发出的货物，联机实现投递路线规划、物流调度以及货品检查等。可以说，电子物流已成为 21 世纪我国物流发展的大趋势。据统计，通过互联网进行企业间的电子商务交易额，2018 年营收规模达 600 亿元。

电子商务也带来了供应链管理的变革。它运用供应链管理思想，整合上下游产业，以中心制造厂商为核心，将产业上游供应商、产业下游经销商、客户、物流运输商及服务商、零售商，以及往来银行进行垂直一体化的整合，构成一个电子商务供应链网络，消除了整个供应链网络上不必要的运作和消耗，促进了供应链向动态、虚拟、全球网络化的方向发展。它运用供应链管理的核心技术客户关系管理（CRM），使需求方自动作业来预计需求，以便更好地了解客户，提供个性化的产品和服务，使资源在供应链网络上合理流动来缩短交货周期、降低库存，并且通过提供自助交易等自助式服务以降低成本，更重要的是提高了企业对市场和最终顾客需求的响应速度，在整个供应链网络的每一个过程实现最合理的增值，提高了企业的市场竞争力。

同样地，现代物流也是电子商务发展的先决条件，更是电子商务运作过程的重要组成部分，并为实现电子商务提供基础和保障。现代物流配送效率决定着电子商务快速、便捷优势的发挥，是客户对电子商务满意程度的重要评价指标之一。因此，现代物流是电子商务发展的基础和保障，是电子商务发展的先决条件。

2. 低碳物流与绿色供应链

降低碳排放、保持可持续发展已经成为全球性重大议题。随着低碳技术的发展和低碳理念的推进，以"低碳"为标志的绿色行动将彻底改变人类社会的生产方式和生活方式。物流作为重要的经济活动，在发展低碳经济的过程中扮演着重要角色。低碳物流与绿色供应链是以低碳为主要特征的生态产业体系。采用流程管理提高物流效率，采用科技手段降低整个物流过程的碳排放，形成环境友好、可持续发展的绿色产业体系，是企业的社会责任，也应该是政府建立低碳经济的政策选择。

众所周知，物流是通过有机整合运输、储存、装卸、搬运、包装、配送、流通加工、信息处理等基本功能，实现物品有目的的、经济的流动。在流动过程中会产生一定的成本耗费，如何将耗费降到最低一直是物流业关注的重点。新的环境时代对全球范围内制造和生产型企业提出了一个新的挑战，即如何使工业生产和环境保护能够得到协调共同发展。目前，公众不仅要求企业对产生的废物进行处理，更要求企业减少产生污染环境的废物，而且要求企业进行绿色管理，生产绿色产品。政府的法令和日益强大的公众压力迫使企业开始重视环境问题。面对这种挑战，第一步就是重新定义供应链管理，调整供应链流程，把环境问题（如最少化废物和最少化能源使用）融于整个供应链——绿色供应链管理。绿色供应链管理又称环境意识供应链管理，它考虑了供应链中各个环节的环境问题，注重对于环境的保护，促进经济与环境的协调发展，把"无废无污"和"无任何不良成分"及"无任何副作用"贯穿于整个供应链中。一些知名的跨国公司，如福特汽车公司、惠普公司、宝洁集团和通用电气公司等，把绿色供应链管理作为企业文化渗透到各个环节、各个部门乃至各个员工。

3. 基于新一代信息技术的智慧物流

新一代信息技术（物联网、互联网、大数据、云计算、人工智能）的发展及在物流与供应链领域的使用，显著地改变了物流与供应链产业的经营模式，使得物流与供应链管理开始呈现出显著的智慧化特征。如智能化网络集成器能检测未来供应和需求的不匹配，识别多层供应商中的潜在问题，对相应的公司提出问题警告，并为问题的解决提出可行计划或途径，通过智能化推进有效的供应链管理。同样，在充分了解供应链成本的基础上，如何优化其产品和服务的价格及相关的税收，如何按不同的产品类型和顾客划分收入是企业精细化管理的重要表现之一，智能将成为沟通价格和供应链管理的桥梁，为企业定价和税收管理提供全面、智能、动态的支持。智能化应当容许供应链管理技术进行自动设计协作。设计思想、新产品概念、设计和制造接口、新材料使用、可选物料清单和市场接收等都可以通过电子市场来帮助交易。

4. 供应链集成与整合

集成是人们为达到某种目的把若干个单元集合在一起，使之成为具有某种功能的系统。供应链是以核心企业为中心、包括上游企业和下游企业在内的多个企业组成的系统，具有集合性和相关性特征。供应链集成化管理的目的在于通过合作伙伴之间的有效合作与支持，提高整个供应链中物流、工作流、信息流和资金流的通畅性和快速响应性，提高价值流的增值性，使所有与企业经营活动相关的人、技术、组织、信息以及其他资源有效集成，形成整体竞争优势。在市场竞争中，各成员把主要精力用在凝聚自身的核心竞争力上。

从这个方面来讲,供应链管理是一种基于核心能力集成的竞争手段。在竞争中,各成员都可以从整体的竞争优势中获得风险分担、利益共享的好处。

集成化供应链管理面临的转变主要有:从功能管理向过程管理转变;从利润管理向营利性管理转变;从产品管理向顾客管理转变;从简单管理向关系管理转变;从库存管理向信息管理转变。

5. 敏捷供应链

敏捷是美国学者于 20 世纪 90 年代初提出的一种新型战略思想,是一种面向 21 世纪的制造战略和现代生产模式。敏捷化是供应链和管理科学面向制造活动的必然趋势。基于 Internet/Intranet 的全球动态联盟、虚拟企业和敏捷制造已成为制造业变革的大趋势,敏捷供应链(agile supply chain)以企业增强对变化莫测的市场需求的适应能力为向导,以动态联盟的重构为基本着眼点,以促进企业间的合作和企业生产模式的转变、提高大型企业集团的综合管理水平和经济效益为主要目标,致力于支持供应链的迅速结盟、优化联盟运行和保障联盟平稳解体。供应的敏捷性强调从整个供应链的角度综合考虑、决策和进行绩效评价,使生产企业与合作者共同降低产品的市场价格,快速了解市场变化锁定客户需求,快速安排生产满足客户需求,并加速物流的实施过程,提高供应链各环节的边际效益,实现利益共享的双赢目标。所以,实现供应链敏捷性的关键技术——基于网络的集成信息系统、科学管理决策方法、高效的决策支持系统将成为值得深入研究的课题。

1.6 本书主要内容与结构安排

智慧物流与智慧供应链管理作为物流与供应链管理的高级形式,其管理对象仍旧是物流与供应链系统。本书在考虑新的智慧物流与供应链特征的基础上,仍沿用传统物流与供应链管理的体系架构,在对智慧物流系统(第 2 章)的原理、结构等内容进行阐述的基础上,第 3 章主要介绍了面向智慧物流与智慧供应链的现代信息技术。之后,从第 4 章开始到第 8 章,按照物流与供应链管理的基本体系结构,就物流与供应链管理的关键模块进行编写,主要包括:设施规划与设计(第 4 章)、运输与配送管理(第 5 章)、仓储管理(第 6 章)、库存管理(第 7 章),以及供应链管理(第 8 章)。第 9 章介绍了物流与供应链绩效管理问题,站在物流与供应链整体系统角度,从客户服务管理、质量管理、成本管理、绩效评估等方面为物流和供应链的管控提供全面支持,以此作为全书的总结。

参考文献

[1] 齐二石，霍艳芳，等 . 物流工程与管理 [M]. 北京：科学出版社，2016.

[2] [英] 格兰特 . 物流管理 [M]. 霍艳芳，刘亮，译 . 北京：中国人民大学出版社，2016.

[3] LARSON P D, HALLDORSSON A. What is SCM? And, Where is it?[J]. Journal of Supply Chain Management, 2010, 38（4）：36-44.

[4] 王爱虎 . 物流与供应链管理的国内外发展现状评述 [J]. 华南理工大学学报（社会科学版），2009，11（2）：36-42.

[5] 郑秀恋 . 物流管理和供应链管理的辨析 [J]. 上海物流，2005，23（2）：21-23.

[6] 金真 . 物流与供应链管理的整合 [J]. 物流技术，2000（3）：33-36.

[7] ROODBERGEN K J. Storage Assignment for Order Picking in Multiple-Block Warehouses[M]// Warehousing in the Global Supply Chain., London Springer，2012: 139-155.

[8] 汪智勇 . 现代供应链管理与物流管理的关系探讨 [J]. 经贸实践，2017（3）：177.

[9] 李洁 . 供应链管理的发展及运行机制探讨 [J]. 中国管理信息化，2015，18（6）：114-117.

[10] 黎继子，刘春玲，张念 . "互联网 +"下众包供应链运作模式分析——以海尔和苏宁为案例 [J]. 科技进步与对策，2016，33（21）：24-31.

[11] 王念新，贾昱，葛世伦，等 . 企业多层次信息技术与业务匹配的动态性——基于海尔的案例研究 [J]. 管理评论，2016，28（7）：261-272.

[12] 王迅，陈金贤 . 供应链管理在不同历史时期的演化过程和未来趋势分析 [J]. 科技管理研究，2008，28（10）：194-195，+193.

[13] 王国华 . 我国物流行业的发展特点与趋势 [J]. 经济，2018（8）：102-103.

[14] 李汉卿，姜彩良 . 大数据时代的智慧物流 [M]. 北京：人民交通出版社，2018.

[15] 谭要 . 物流理论演变史：观察新视角 [J]. 物流科技，2014，37（1）：88-94.

[16] 冯耕中，刘伟华 . 物流与供应链管理 [M].2 版 . 北京：中国人民大学出版社，2014.

[17] 全国物流标准化技术委员会 . 物流术语：GB/T 18354—2006[S]. 北京：中国标准出版社，2007.

第 2 章

智慧物流
系统

2.1　智慧物流概述

2.1.1　智慧物流的概念

智慧物流是一种先进的物流运作模式，它集成应用先进的物联网技术、大数据技术、传感技术、控制技术、人工智能技术于物流活动的各个环节和主体，在有效感知和高效学习的基础上实现整个物流系统的智能化、自动化运作和高效率优化管理，从而降低成本，减少自然资源和社会资源消耗。

具体来讲就是，智慧物流综合利用射频识别、传感器、全球定位系统等先进的物联网技术，通过信息处理和网络通信技术平台广泛应用于物流业运输、仓储、配送、包装、装卸等基本活动环节，结合大数据、云计算、智能硬件等智慧化技术与手段，提高物流系统的思维、感知、学习、分析决策和智能执行能力，实现整个物流系统的智能化、自动化运作和高效率优化管理，降低成本，减少自然资源和社会资源消耗。物流过程数据智慧化、网络协同化和决策智慧化是智慧物流区别于传统物流的基本特征。

物联网是智慧物流的基础，其核心理念是将各种感知技术、现代网络技术、人工智能与自动化技术聚合与集成应用，使人与物智慧对话，创造一个智慧的世界。物联网先进技术的兴起和发展显著推进了物流业的信息化进程，支持物流系统的信息化、智能化、自动化、透明化、系统化的运作模式，初步实现了物流的网络化和智能化，为其向"智慧化"发展提供了良好的契机。

2008 年，国际商业机器公司（IBM）提出了"智慧地球"的设想。2009年，温家宝总理在无锡提出了"感知中国"的概念。不论"智慧地球"还是"感知中国"都是以物联网为基础的。在这一大背景下，2009 年 12 月，中国物流技术协会信息中心联合华夏物联网、《物流技术与应用》编辑部率先提出"智慧物流"的概念。这一概念一经提出便引起业内专家、学者及从业人员的普遍关注。2012 年 7 月，宁波市将智慧物流作为智慧城市建设首批启动的重点项目之一，该项目也被列入"智慧浙江"的 13 个示范试点项目。《2016 年智能制造综合标准化与新模式应用项目指南》中首次将"智能物流与仓储系统"作为五大核心智能制造装备之一。2017 年 10 月 13 日，国务院办公厅印发的《国务院办公厅关于积极推进供应链创新与应用的指导意见》中明确提出，到 2020 年要形成一批适合我国国情的供应链发展新技术和新模式，基本形成覆盖我国重点产业的智慧供应链体系，使我国成为全球供应链创新与应用的重要中心。由此，有关智慧供应链的政策风口正式形成。

当前，物联网、云计算、移动互联网等新一代信息技术的蓬勃发展，正推动着我国智慧物流的变革。可以说，智慧物流将是信息化物流的下一站。

2.1.2 智慧物流的特征

智慧物流的产生是物流业发展的必然结果，智慧物流理念的出现顺应历史潮流，也符合现代物流业发展的自动化、网络化、可视化、实时化跟踪和智能监控的发展新需求，符合物联网、大数据、互联网和云计算等发展的趋势。智慧物流是在物联网、大数据、互联网和云计算等的发展背景下，满足物流业自身发展的内在要求而产生的物流智慧化结果。

中国仓储与配送协会副会长、物流产品网 CEO 王继祥认为：链接进化是推动智慧物流变革的根本原因，链接从智慧的人类和虚拟的网络延伸到线下物品，就让货物觉醒，让物流世界产生了智慧。因此，智慧物流不单单是智能设备的简单应用，不等于物流自动化，从运作形态上看，它必须具有如下特征。

（1）互联互通，数据驱动。所有物流要素实现互联互通，一切业务数字化，实现物流系统全过程透明可追溯；一切数据业务化，以"数据"驱动决策与执行，为物流生态系统赋能。

（2）深度协同，高效执行。跨集团、跨企业、跨组织之间深度协同，基于物流系统全局优化的智能算法，调度整个物流系统中各参与方高效分工协作。

（3）自主决策，学习提升。软件驱动物流过程实现自主决策，推动物流系统程控化和自动化发展；通过大数据、云计算与人工智能构建物流大脑，在感知中决策，在执行中学习，在学习中优化，在物流实际运作中不断升级，学习提升。

基于以上的运作方式，智慧物流系统在服务水平上必然表现出与传统物流系统完全不同的服务特征，包括：

（1）柔性化。这本来是为实现"以顾客为中心"的理念而在生产领域提出的，即真正地根据消费者需求的变化来灵活调节生产工艺。物流的发展也是如此，必须按照客户的需要提供高度可靠的、特殊的、额外的服务，"以顾客为中心"服务的内容将不断增多，服务的重要性也将越来越大，如果没有智慧物流系统，那么柔性化的目的是不可能达到的。

（2）社会化。随着物流设施的国际化、物流技术的全球化和物流服务的全面化，物流活动并不仅仅局限于一个企业、一个地区或一个国家。为实现货物在国际间的流动和交换，以促进区域经济的发展和世界资源优化配置，一个社会化的智慧物流体系正在逐渐形成。构建智慧物流体系对于降低商品流通成本将起到决定性的作用，并成为智能型社会发展的基础。

（3）一体化。智慧物流活动既包括企业内部生产过程中的全部物流活动，也包括企业与企业、企业与个人之间的全部物流活动。智慧物流的一体化是指智慧物流活动的整体化和系统化，它以智慧物流管理为核心，将物流过程中运输、存储、包装、装卸等诸环节集合成一体化系统，以最低的成本向客户提供最满意的物流服务。

（4）智能化。这是物流发展的必然趋势，是智慧物流的典型特征，它贯穿于物流活动的全过程，随着人工智能技术、自动化技术、信息技术的发展，其程度将不断提高。它不仅仅限于库存水平的确定、运输道路的选择、自动跟踪的控制、自动分拣的运行、物流配送中心的管理等问题，随着时代的发展，也将不断地被赋予新的内容。

而作为基本保证，从技术应用角度来看，智慧物流的特征主要体现在以下三个方面：

（1）运用现代信息和传感等技术，利用物联网进行信息交换与通信，实现对货物仓储、配送等流程的有效控制，从而降低成本、提高效益、优化服务；

（2）通过应用物联网技术和完善的配送网络，构建面向生产企业、流通企业和消费者的社会化共同配送体系；

（3）将自动化、可视化、可控化、智能化、系统化、网络化、电子化的发展成果运用到物流系统。

显然，智慧物流与智能物流是完全不同的概念。智能物流强调构建一个虚拟的物流动态信息化的互联网管理体系，而智慧物流更重视将物联网、传感网与现有的互联网整合起来，通过精细、动态、科学的管理，构建一个自动化、可视化、可控化、智能化、系统化、网络化的社会物流配送体系，从而提高资源利用率和生产力水平。显然，智慧物流具有更丰富的社会内涵。

2.1.3 发展智慧物流的意义

智慧物流能得到快速发展归因于两方面：一方面主要是现代信息技术的完备和互联网时代的生活背景为智慧物流的发展奠定了坚实的基础；另一方面，物流过程的信息化、网络化、智能化、可视化使得物流系统的完善不断升级改进，为智慧物流创立了高水平的平台。因此，物流信息化成长的下一个阶段就是智慧物流。发展智慧物流具有以下意义。

（1）智慧物流将促使企业物流成本降低。当前，我国物流企业中已经全面或部分实施信息化的仅占 21%，全面实施信息化的仅占 10%，这就导致企业与上下游企业之间的信息不能得到有效沟通，流通环节过多致使流通成本过高，一件物品有 30% 的成本花在物流上，而国际上物流成本只占 10%。智慧物流的开发和使用将有助于解决这个瓶颈问题，实现流通、管理与决策的最优化，降低企业物流成本。

（2）智慧物流有利于提高物流企业竞争力。智慧物流的实施有利于加快企业物流运作与管理方式的转变，提高物流运作效率与产业链协同效率。以往低效的物流供应链消耗了更多燃料动力，造成了大量的碳排放，污染环境，损害产品竞争力，而智慧物流的实施有利于促进供应链一体化进程，有利于解决物流领域信息沟通不畅、市场响应慢、专业化水平低、规模效益差、成本高等问题，同时降低环境污染，实现可持续发展，有助于提高物流企业和物流产业的国际竞争力，构筑企业新的经济增长点。

（3）智慧物流有助于降低消费成本，提升消费体验。智慧物流通过提供货物源头自助查询和跟踪等多种服务，增加消费者的购买信心，促进消费，最终对整体市场产生良性影响。

（4）智慧物流可以带动整个经济的转型升级，提升综合竞争力。物流不仅是生产、分配、交换、消费的纽带，而且紧密衔接着进口与出口、原料采购与加工等经济运行环节，智慧物流可以提供高效、优质、低廉的物流服务，有利于与相关产业联动发展，与制造业、商贸业进行业务运作上的紧密对接，促进多产业的协同发展，实现物流和信息流快速、高效、通畅地运转，降低社会成本，提高生产效率，整合社会资源，从而带动传统制造业和传统消费的转型升级，最终带动整个经济的转型升级。

（5）智慧物流能够提高政府部门的工作效率，有助于政治体制改革。以食品加工业为例，智慧物流可全方位、全程监管食品的生产、运输、销售，大大节省相关政府部门的工作压力，同时使监管更彻底、更透明。通过计算机和网络的应用，政府部门的工作效率将大大提高，有助于我国政治体制改革，精简政府机构，裁汰冗员，削减政府开支。

（6）智慧物流是未来智慧城市、智慧地球发展的基石。IBM 于 2008 年提出了"智慧地球"的设想。2009 年，为应对金融危机，美国总统奥巴马提出要将"智慧的地球"作为美国国家战略。同年，温家宝总理在江苏无锡提出了"感知中国"的概念，即在各行业中充分应用新一代 IT 技术，把感应器嵌入和装备到电网、铁路、桥梁、隧道、公路、建筑、供水系统、大坝、油气管道等各种物体中，并被普遍链接，形成所谓的物联网，然后将物联网与现有的互联网整合起来，实现人类社会与物理系统的整合。随后，又有学者提出了智慧城市的概念，而物联网技术和智慧物流的发展，为智慧城市与智慧地球的实现奠定了基础。

从全球范围看，物联网正处于快速发展阶段，并在部分领域取得了明显进展，从技术发展到产业应用已显现了广阔的前景。至此，物联网技术将大力促进物流过程透明化，主要表现在车辆调度、货物追溯、全程冷链、驾驶安全和供应链协同五个方面。

不过，就目前来看，智慧物流仍处于快速起步阶段。智慧物流面临的瓶颈包括跨境数据链路衔接不足、末端智能程度有待加强、数据基础设施建设仍是挑战。要想让产业不断提升和满足核心竞争力以及产业价值诉求，智慧物流确实是物流业转型升级的必由之路。

2.1.4　智能制造与物流系统智慧化

在智能制造大环境下，作为智慧供应链必不可少的重要组成部分，智能物流正在成为制造业物流新的发展方向。即通过互联网和物联网，整合物流资源，最终实现生产者和消费者的直连状态。《2016 年智能制造综合标准化与新模式应用项目指南》中首次将"智能物流与仓储系统"作为五大核心智能制造装备之一，智能物流被赋予了更重要的使命，也对物流系统提出了新要求。

1. 高度智能化

智能化是智能物流系统最显著的特征。与人们常说的自动化物流系统有所不同的是，智能物流系统不局限于存储、输送、分拣等单一作业环节的自动化，而是大量应用机器人、激光扫描器、射频识别、制造执行系统（manufacturing execution system，MES）、仓储管理系统等智能化设备与软件，融入物联网技术、人工智能技术、计算机技术、信息技术等，实现整个物流流程的自动化与智能化，进而实现智能制造与智能物流的有效融合。

2. 全流程数字化

在智能制造的框架体系内，智能物流系统能够将制造企业内外部的全部物流流程智能地连接在一起，实现物流网络全透明的实时控制。而实现这一目标的关键在于数字化。只有做到全流程数字化，才能使物流系统具有智能化的功能。

北京伍强科技有限公司总裁尹军琪对此表示，个性化、高端化、参与感、快速响应是工业 4.0 背景下物流的重要特点。未来物流的发展方向是智能的、联通的、透明的、快速的和有效的，而所有物流活动的实现都需要全流程的数字化作支撑。在这个过程中，大数据、云计算技术将发挥重要作用。

3. 信息系统互联互通

智能制造对物流信息系统也提出了更多的要求：一方面，物流信息系统要与更多的设备、更多的系统互联互通，相互融合，如 WMS 与 MES 的无缝对接，这样才能保障供应链的流畅；另一方面，物流信息系统需要更多依托互联网、信息-物理系统（CPS）、人工智能、大数据等技术，实现网络全透明和实时控制，保证数据的安全性和准确性，使整个智能物流系统正常运转。

4. 网络化布局

这里所讲的网络化，主要是强调物流系统中各物流资源的无缝连接，做到从原材料开始直到产品最终交付到客户的整个过程的智能化。

德国弗劳恩霍夫物流研究院中国首席科学家房殿军分析认为，智能物流系统中的各种设备不再是单独孤立地运行，它们通过物联网和互联网技术智能地连接在一起，构成一个全方位的网状结构，可以快速地进行信息交换和自主决策。这样的网状结构不仅保证了整个系统的高效率和透明性，同时也能最大限度地发挥每台设备的作用。

5. 满足柔性化生产需要

对于智能制造来说，还有一个极为显著的特征就是"大规模定制"，即由用户来决定生产什么、生产多少。客户需求高度个性化，产品创新周期持续缩短，生产节拍不断加快，这些是智能物流系统必须迎接的挑战。因此，智能物流系统需要保证生产制造企业的高度柔性化生产，根据市场及消费者个性化需求变化来灵活调节生产，提高效率，降低成本。

2.2 智慧物流系统的机理与架构

2.2.1 智慧物流系统的智能机理

智慧物流系统将物联网、传感网与现有的互联网整合起来，通过智能获取、智能传递、智能处理、智能利用实现对物流全过程的精细、动态、科学的管理，最终实现智慧化决策与运行的目标。

1. 智能获取

智能获取技术主要有条形码技术、传感器技术、射频识别技术、卫星定位技术、视频技术、图像识别技术、文字识别技术、语音识别技术、机器人视觉技术等，这些技术目前已在智慧物流系统中得到广泛应用。智能获取技术能够使物流从被动走向主动，实现物流过程中的主动获取信息，主动监控车辆与货物，主动分析信息，使商品从源头开始被实时跟踪与管理，实现信息流快于实物流。

2. 智能传递

智能传递技术用于实现企业内部、外部的数据传递功能。智慧物流的发展趋势是实现整个供应链管理的一体化、柔性化，这离不开数据的交换与传递。智慧物流系统的智能传递技术主要包括通信基础网络、智慧物流信息网络两个方面。通信基础网络的智能传递技术主要是智能网技术、智能化网络管理与控制技术及智能网络信息搜索技术等智能通信技术，采用智能 Agent 技术及计算智能技术（如神经网络、遗传算法、蚁群算法等）进行网络的优化管理与实时控制，如 QoS 路由优化等。在面向服务的架构（service-oriented architecture，SOA）技术环境下，智慧物流信息网络的智能传递技术主要是基于 Web Service 的物流信息服务搜索与发现技术、物流信息服务组合技术、消息中间件技术等。

3. 智能处理

智慧物流系统的智能化水平在很大程度上取决于它代替或部分代替人进行决策的能力。而智能处理技术是智能物流系统进行"决策"的核心技术。通过对大数据进行分析与处理，建立优化、预测、评价、诊断、数据挖掘模型，为企业和政府的物流决策提供支持。这方面的技术主要有系统优化、系统预测、系统诊断、大数据技术、专家系统、数据挖掘、智能决策支持系统、计算智能技术、智能体技术等。

4. 智能利用

智能利用主要体现在两个方面。①智慧物流系统是一个人机系统，人是智慧物流系统的重要组成部分，在智能处理的基础上，物流管理人员基于决策支持信息，作用于物流系统，体现的是人的智能。②物流自动控制。智能控制技术是将智能理论应用于控制技术而不断发展起来的一种新型控制技术，它主要用来解决那些用传统的方法难以解决的复杂系统的控制问题，通常这些控制问题具有复杂性、随机性、模糊性等特点，利用数学方法难以精确描述。智能控制技术目前主要有模糊控制技术、神经网络控制技术、学习控制技术、专家控制技术等。目前，智能控制技术在智慧物流系统中的应用还比较少。Allen 和 Helferich 的研究表明，人工智能在物流领域的 105 项应用中，只有 5 项与控制有关。虽然目前应用偏少，但随着社会经济的发展，物流系统中的控制问题，如物流作业领域中的物流设备的监控、自动搬运机器人、自动分拣机器人、自动化仓库的计算机控制等将变得越来越复杂，并且这些问题解决得好坏将极大地影响系统的效率和反应速度。

2.2.2　智慧物流系统的技术架构

智慧物流系统是基于物联网技术在物流业的应用而被提出的，根据物联网技术架构，智慧物流系统也有三层技术架构，如图 2-1 所示。

1. 感知层

感知层是智慧物流系统的"神经末梢"，是智慧物流系统实现对货物感知的基础，是智慧物流的起点。其主要作用在于识别物体、采集信息。感知层通过多种感知技术实现对物品的感知，常用的感知技术有：条形码自动识别技术、RFID 感知技术、GPS 移动感知技术、传感器感知技术、红外感知技术、语音感知技术、机器视觉感知技术、无线传感网技术等。所有能够用于物品感知的各类技术都可以在物流系统中得到应用，具体应用中需要平衡系统需求与技术成本等因素。

2. 网络层

网络层是智慧物流的神经网络与虚拟空间，主要由各种私有网络、互联网、有线和无线通信网、传感网等组成，用于链接智慧物流系统的"神经末梢"与"神经中枢"，并实现多个"神经中枢"之间的信息交互。具体功能包括寻址和路由选择、连接的建立、保持和终止等，并利用大数据、云计算、人工智能等技术分析处理感知信息，产生决策指令，再通过感知通信技术向执行系统下达指令。

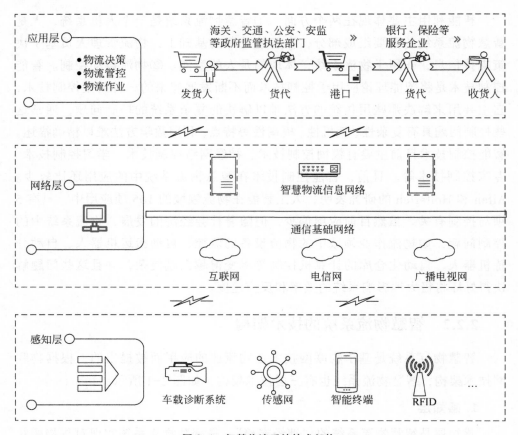

图 2-1　智慧物流系统技术架构

3. 应用层

应用层是智慧物流系统的"神经中枢"，是用户（包括人、组织和其他系统）的接口，它充分利用平台层数据，与行业需求相结合，实现物流的智能应用，具有物流作业、物流管理与控制、物流决策支持三个功能。

（1）物流作业：通过物流感知，实现物流自动化作业，如自动化立体仓库、货物自动分拣、仓库自动通风等。

（2）物流管理与控制：通过物流感知，以及与其他信息应用系统之间的互联，实现物流的可视化跟踪与预警，实现物流全过程的有效管控。

（3）物流决策支持：通过数据的集聚，建立数据中心，运用大数据处理技术，对物流进行优化、预测、诊断、评价、分类、聚类、影响分析、关联规则分析、回归分析等，为物流运营提供决策支持。

2.2.3　智慧物流系统的神经系统

智慧物流系统的神经系统自上而下体现在三个层面：智慧化平台、数字化运营、智能化作业（图 2-2）。形象地说，如果把智慧物流看作"人"，智慧化平台就是"大脑"，数字化运营就是"中枢"，智能化作业就是"四肢"。"大脑"负责开放整合、共享协同，通过综合市场关系、商业模式、技术创新等因素进行全局性的战略规划与决策，输出行业解决方案，统筹协同各参与方；"中枢"负责串联调度，依托云化的信息系统和智能算法，连接、调度各参与方进行分工协作；"四肢"负责作业执行，依托互联互通、自主控制的智能设施设备，实现物流作业高效率、低成本。

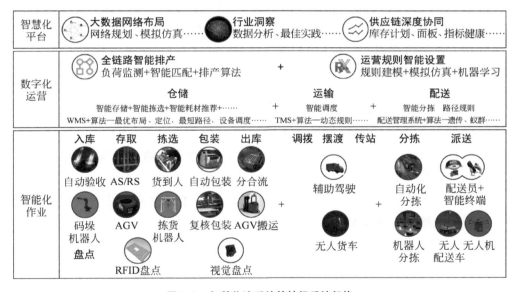

图 2-2　智慧物流系统的神经系统架构

1. 智慧化平台

随着商品交易品类越来越多，物流交付时效要求越来越高，物流服务范围越来越广，物流网络布局及供应链上下游的协同面临巨大挑战，这迫切需要依托智慧化平台，通过数据驱动网络的智慧布局，实现上下游协同和共赢。

1）数据驱动，智慧布局

网络布局是一个多目标决策问题，需要统筹兼顾覆盖范围、库存成本、运营成本、交付时效等指标。智慧化物流平台采用大数据及模拟仿真等技术来研究确定如何实现最优的仓储、运输、配送网络布局的能力，基于历史运营数据及预测数据的建模分析、求解与仿真运行，更加科学、合理地确定每类商品的库存部署，以及每个分拣中心、配送站的选址和产能大小等一系列相关联的问题，显著提高了决策的效率与效果。

2）开放协同，增值共赢

当前，我国物流业信息化程度整体不高，物流业各方的协同成本仍然过高。全国 7000 万家中小企业和个体工商户之间缺乏信息互联互通，"信息孤岛"现象突出。供求信息不匹配，信息交换不顺畅，供应链传导不及时，势必增加企业成本、降低效率，严重影响服务质量。只有打通信息联通的渠道，推进信息开放共享，智慧物流才具备成长的基础。未来将统一行业标准、共享基础数据，基于大数据分析洞察各行业、各环节的物流运行规律，形成最佳实践，明确各参与方在智慧物流体系中最适合承担的角色。在此基础上，上下游各方在销售计划、预测等层面进行共享，指导生产、物流等各环节的运营，实现供应链的深度协同。

案例：智慧化物流平台——菜鸟联盟

2016 年 3 月，菜鸟网络联合多家快递企业成立"菜鸟联盟"，运用大数据赋能合作伙伴，为消费者提供当日达、次日达等高效的快递服务；9 月，菜鸟网络联合网商银行，正式上线物流供应链金融产品，从销售端向生产端延伸，从物流业向金融业拓展，通过大数据算法，打通了存货与销售的授信，真正实现了全链路覆盖的金融解决方案。

2018 菜鸟全球智慧物流峰会于 2018 年 5 月 31 日在杭州举行，马云临时决定到现场做了一个主旨发言。在发言中，马云设想，智慧物流的发展在未来将使得早上在挪威捕的三文鱼到晚上就能运达杭州。具体而言，阿里巴巴和菜鸟将投资上千亿元建设国家智能物流骨干网，这个网络将沿着"一带一路"让包裹在 72h 之内全球必达，在中国任何一个地方做到 24h 必达。

在国家智能物流骨干网络的建设中，菜鸟扮演的更多的是一个赋能者的角色，主要任务是创造出更多赋能整个物流行业的产品和技术，帮助菜鸟平台上的所有物流公司完成数字化转型，进而让整个物流行业的效率发生本质变化。

马云 5 月 31 日也表示，"以前我讲过，阿里巴巴不会自己做快递服务，但我们会支持快递服务。阿里巴巴必须有一个物流的框架思考，必须为全国乃至全世界的物流行业的提升做别人不愿做、做不到的事情。这就是菜鸟要打造的。菜鸟如果有一天能成功，肯定不是简单做物流，而是建立物流网络。"

过去几年，围绕快递、仓配、国际、末端、农村五张物流网络，菜鸟已经进行了大量的投资布局。中国电子商务研究中心相关研究报告显示，阿里巴巴和菜鸟网络在快递领域已经投资了圆通、百世、苏宁物流 + 天天快递、全峰等；即时配送领域投资了饿了么、点我达等；落地配送领域投资了万象物流、晟邦物流等；车货匹配领域投资了运满满等；仓储自动化领域投资了心怡科技、快仓、北领科技等；智能快递柜领域投资了中邮速递易；家居物流领域投资了日日顺；国际物流领域投资了新加坡邮政；跨境物流领域投资了递四方。

正是由于这些投资，让菜鸟构建了一个巨大的、高效的物流管理平台，实现物流从大型区域仓到城市仓，再到大型商超和万千小店的快速配送，打通了物流的最后一公里，重塑了"一盘货"供应链，实现了新物流驱动新零售创新。

资料来源：作者根据相关资料整理

2. 数字化运营

物流需求正在变得更加多样化、个性化，通过数字化技术，在横向的仓储、运输、配送等业务全流程，纵向的决策、计划、执行、监控、反馈的运营全过程中，根据实时需求进行动态化决策，根据具有自学习、自适应能力的运营规则进行自主管理，并在信息系统中落地实现。数字化运营的技术要求为：动态决策，自主管理；软化灵动，智能调度。

案例：7-Eleven 采用信息采集 + 供应链管理成就霸主地位

在互联网无情冲击实体店的今天，具有 44 年历史的 7-Eleven 一直保持着强劲的增长。因为对数据天然敏感，铃木创造出著名的 7-Eleven 数据驱动的单品管理模式和基于数据分析的"假设—执行—验证"的工作模式。即日复一日地对每个单品进行假设和验证，在门店备足顾客所需的畅销品，剔除滞销品，提高订货准确度。比如，每天看数据经营和数据分析：什么样的商品销量不高，利润又不高，必须立刻拿掉；什么样的商品销量高，利润又高，就加大部署；什么样的商品虽然销量不高，但是利润很高，属于利润型产品；什么样的商品利润不高，但是销量很高，属于导流型产品。每一款产品都有它强大的功能，用这种方式把每一平米的绩效都做到极致。一品一功能，一品一市场，一品一客户。

7-Eleven 还是日本首家引入 POS 信息系统的公司。POS 系统的引入，也让 7-Eleven 在整体把控产品动态、平衡收支情况等方面做得比同行好得多。很多人理解的信息系统只是一套管理软件。但实际上，在整个链条中，这套信息系统打通了从终端门店到上游厂商的每一个环节。所有的加盟店都被信息系统所覆盖，没有中间环节，采购直接对接厂商，没有任何加价。如此一来，便实现了整个供应链体系的最强竞争力。信息系统的覆盖不仅可以提升效率，也有利于获取大数据信息，提升整体经营效益。例如，7-Eleven 门店人员会将来店消费者特征输入到 POS 机中，建立消费者数据库，作为日后调整经营策略、进行商品开发的参考数据。

秉承着为顾客在"需要的时间"提供"需要的数量"的"需要的商品"这一目标，7-Eleven 在数字化和信息化方面进行了持续的投入，以便在各个环节（订货、商品政策、物流等）中能够进行支援。与网络化供应链模式类似，7-Eleven 通过专用的硬件和软件构建了以数据中心进行数据交互和整合的信息系统，将门店、供应商、共配中心、总部等各个节点进行链接。

由于 7-Eleven 数字化体系的支持，店铺可以按照自己的销售状况直接订货，有效防止了店铺和共配中心的库存过度积压；同时将店铺的订货、销售数据用于独创的商品开发流程和物流配送流程。

7-Eleven 没有构建自有的物流中心，而是通过与既存批发商的合作关系，针对不同类型的商品，进行分类多次小规模配送。通过共同配送（多个厂商的商品由 1 台配送车辆配送），把单店铺 70 次左右的配送车次减少到 9 次。

精细化的管理机制、数据化的后台支撑、强大的物流体系和供应链能力、以用户思维开发商品、用共享思维打造利益共同体等，是 7-Eleven 成功的关键所在。

资料来源：日本和中国便利店企业数字化运营探索 [Z/OL]. [2017–09–01].http://blog.sina.cn/s/blog.557ac8690102xfky.html.

3. 智能化作业

智能化作业的核心是依托一系列互联互通、自主控制的智能设施设备，在WMS（仓储管理系统）、WCS（仓储控制系统）、TMS（运输管理系统）等业务运作系统的智能调度下，实现仓储、运输、配送环节各项作业的智能化执行，在满足客户需求的前提下，实现物流作业高效率、低成本。由于商品属性差异很大，物流企业要结合自身的实际情况，选择最适合的智能化作业实现方式。

图 2-3 显示的是德国海蒂诗物流中心的智能化仓储作业模块。目前基于多层穿梭车技术的货到人拣选已经实现，未来将会应用拣选效率更高的货到机器人拣选方式，以及取货 + 拣选一体化的机器人拣选方式。

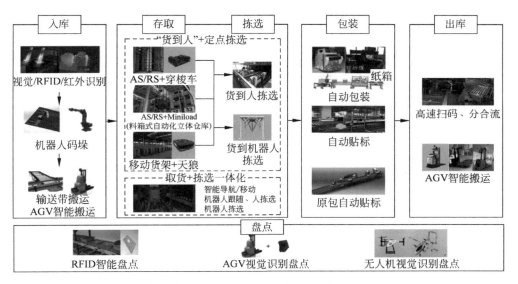

图 2-3　德国海蒂诗物流中心智能化仓储作业

图 2-4 所示为该中心的智能化运输与配送作业模块。目前，运输、分拣和派送环节的辅助驾驶、编队运输、自动化及机器人分拣、智能终端已经实现应用。随着购物场景的碎片化以及交付地点的动态化，未来在实现无人化作业的同时，会基于实时定位的应用，在消费者日常的某个动态节点实现交付，与消费者的工作和生活完美融合。

2.2.4　智慧物流系统的业务体系

智慧物流系统是对传统物流系统的改良，是对传统信息平台的更新换代。在技术定位上，采用云计算、物联网、三网融合等新一代信息技术打造的智慧物流体系的物流平台。

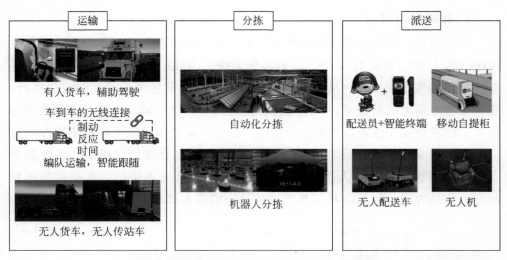

图 2-4　德国海蒂诗物流中心智能化运输及配送作业

传统物流业务体系如图 2-5 所示。

图 2-5　传统物流业务体系

基于物联网的智慧物流业务体系框架如图 2-6 所示。

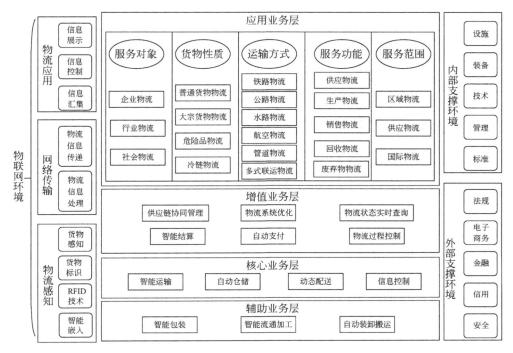

图 2-6　基于物联网的智慧物流业务体系

从物流业务体系框架可以看出智慧物流与传统物流的区别。智慧物流主要通过在各个业务层次运用先进的信息化技术、设备，并进行有效的物流信息获取、传递、处理、控制和展示，提高整个系统的智能化水平，从而提高整个系统的运行效率。下面简单介绍一下智慧物流业务体系框架中的物流感知层和核心业务层。

1.物流感知层

射频识别（RFID）技术、传感器技术、纳米技术、智能嵌入技术为感知层的关键技术。射频识别系统通常由电子标签和阅读器组成。电子标签内存有一定格式的标示物体信息的电子数据，是未来几年代替条形码走进物联网时代的关键技术之一。该技术具有一定的优势：能够轻易嵌入或附着，并对所附着的物体进行追踪定位；读取距离更远，存取数据时间更短；标签的数据存取有密码保护，安全性更高。RFID 目前有很多频段，目前最为常见的频段主要集中在 13.56MHz 频段和 900MHz 频段。短距离应用方面通常采用 13.56MHz HF 频段；而 900MHz 频段多用于远距离识别，如车辆管理、产品防伪等领域。阅读器与电子标签可按通信协议互传信息，即阅读器向电子标签发送命令，电子标签根据命令将内存的标志性数据回传给阅读器。

RFID 技术与互联网、通信等技术相结合，可实现全球范围内物品跟踪与信息共享。但其技术发展过程中也遇到了一些问题，主要是芯片成本，其他方面如 RFID 防碰撞、防冲突、RFID 天线研究、工作频率的选择及安全隐私等问题，也一定程度上制约了该技术的发展。

传感技术、计算机技术与通信技术被称为信息技术的三大支柱。传感技术作为信息技术三大支柱之一，主要是关于如何从自然信息源获取信息，并对之进行处理（变换）和识别的一门多学科交叉的现代科学与工程技术。传感技术的核心即传感器，它是实现物联网中物与物、物与人信息交互的必要组成部分。目前无线传感器网络的大部分应用集中在简单、低复杂度的信息获取上，只能获取和处理物理世界的标量信息。然而这些标量信息无法刻画丰富多彩的物理世界，难以实现真正意义上的人与物理世界的沟通。为了克服这一缺陷，既能获取标量信息，又能获取视频、音频和图像等矢量信息的无线多媒体传感器网络应运而生。作为一种全新的信息获取和处理技术，无线多媒体传感器网络利用压缩、识别、融合和重建等多种方法来处理信息，以满足无线多媒体传感器网络多样化应用的需求。

嵌入式系统是以应用为中心，以计算机技术为基础，并且软硬件可裁剪，适用于对功能、可靠性、成本、体积、功耗有严格要求的专用计算机系统。它一般由嵌入式微处理器、外围硬件设备、嵌入式操作系统及用户应用程序 4 个部分组成，用于实现对其他设备的控制、监视或管理等功能。

2. 核心业务层

1）智能运输

智能运输是指根据物联网感知到的货物信息、物流环境信息、基础设施信息、设备信息确定运输路线和运输时间的运输方式。智能运输在物流中的应用主要集中在运输管理和车 / 货集中动态控制两方面，可实现实时运输路线追踪、货物在途状态控制和自动缴费等功能。智能运输用到的主要技术有移动信息技术、车辆定位技术、车辆识别技术、通信与网络技术等。

2）自动仓储

自动仓储是指利用物联网技术实现自动存储和取出物料。自动仓储系统由感知货架、智能托盘、自动搬运机构、堆垛机的自动控制和自动仓库管理系统等部分构成，通过物联网提供的货物信息进行仓库存货战略的确定。仓储业务中的货物验收、入库、定期盘点和出库等环节可实现自动化及实时监控货物状态。

3）动态配送

动态配送即利用物联网技术及时获得交通条件、价格因素、用户数量及分布、用户需求等因素的变化，对以上各因素进行分析，制定动态配送方案，在提高配送效率的同时提高服务品质。

4）信息控制

物联网对物流信息的全面感知、安全传输和智能控制可实现从物流信息管理到物流信息控制的飞跃。物联网可利用其技术优势通过信息集成实现物对物的控制，信息控制的应用可进一步提高整个物流的反应速度和准确度。

2.2.5 智慧物流系统的应用

目前，智慧物流系统的应用主要集中在如下几个方面。

1. 产品智慧可追溯系统

产品智慧可追溯系统在食品、钢铁、农产品、医药、烟草等行业发挥着巨大作用，可实现对产品的追踪、识别、查询，以及信息采集与管理等，强化了生产经营者的安全责任意识，为消费者提供尽可能全面的信息。产品智慧可追溯系统可实现产品从原料、加工到成品运输等全过程的追溯，通过射频识别技术，对标签卡实现了读/写内部数据信息的功能，并通过无线电波将产品状态和定位信息实时传输到产品的智慧可追溯系统。用户可以通过登录系统查找相应的产品安全追溯信息。食品安全生产管理者，也可以通过登录系统在出现产品安全问题时迅速发现、识别并召回有害产品，防止问题产品的流散。从这种意义上讲，产品智慧可追溯系统能够解决生活中的产品质量安全问题，增强消费者信心。

2. 可视化智慧物流调度管理系统

可视化智慧物流调度管理系统基于计算机、网络、GPS、GIS、RFID 等多种技术和智慧物流理念，结合有效的管理方式，在物流过程中实现车辆定位、运输物品监控、车辆实时调度、可视化监控管理等功能，使整个物流供应链更加透明化，实现对物流资源的有效配置，从而提供高效、准确的物流服务。物流公司在每辆配送车辆上安装 GPS 或带独立系统电源的 RFID 钢质电子锁，在每件货物的包装中嵌入 RFID 芯片，从而建立起信息的定位与采集系统。物流公司和客户都能通过登录可视化智慧物流调度管理系统，了解车辆和货物所处的位置和环境。在运输过程中，可根据客户的要求，对货物进行及时的调整和调配，实现货物的全程实时监控，防止货物遗失、误送等。利用系统积累的数据，通过建立物流业务的数学模型，对历史数据进行分析、挖掘，为用户在评估货物配送方案、预估货物配送时间、优化物流运输路线、减少中间环节、缩短运输时间等方面提供决策支持。通过货物上的 RFID 芯片，在货物装卸时自动收集货物装卸信息，实现货物的自动放置，缩短物流作业时间，提高物流运营效率，降低物流成本。

3. 智慧物流配送中心

智慧物流配送中心采用先进的计算机通信技术、RFID 技术、GPS 技术、GIS 技术等，通过科学化、合理化的科学管理制度，采用现代化的管理方法和手段，借助配送中心智能控制、自动化操作的网络，在基本实现机器自动堆垛、货物自动搬运、产品自动分拣、堆垛机自动出 / 入库等功能的基础上，实现整个物流作业与生产制造的自动化、智能化与网络化，并最终实现物流配送功能集成化、配送作业规范化、配送服务系列化、配送目标系统化、配送手段现代化、配送组织网络化、配送经营市场化、配送管理法制化。智慧物流配送中心可实现对整个物流配送过程的实时监控和实时决策，实现商流、物流、信息流、资金流的全面协同，充分发挥其基本功能，保障相关企业和用户整体效益的实现。

下面以仓储监控业务为例，具体说明智慧物流系统的应用模式。

在仓储监控业务中，智能物流系统依靠比较成熟的 RFID 技术，采用远距离识别方式，利用网络信息技术对出 / 入库及在库商品进行智能化、信息化管理，实现自动记录货品出 / 入库信息、智能盘点、记录及发布货品的状态信息、车辆配载、卸货盘点等功能。其活动过程如图 2-7 所示。

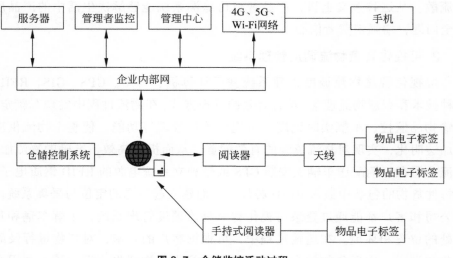

图 2-7　仓储监控活动过程

从图 2-7 中可以看出，智能仓储监控系统集成了 RFID 技术、无线通信技术、网络技术及计算机技术。硬件部分有各种阅读器、天线、电子标签等。阅读器接收通过天线传递的电子标签信息，然后通过局域网将其传到信息管理系统中，对数据库中的数据进行处理。

系统正常工作的前提是仓库的自动识别系统能够有效地识读物品电子标签，并安全识读电子标签内存储的数据，保证信息的准确性。因此在系统构建时，要充分考虑标签与通信系统的标准化问题，考虑信息加密技术的可行性问题，还要考虑和 GPS、BC（区块链）等系统的配合问题。

案例：顺丰速运快递管理方案

2.3　智慧物流信息平台系统

我国物流信息平台的研发与建设缺乏统一设计，系统功能建设重复，没有统一标准的数据格式，且各地区、各企业各自为政，从而导致物流信息无法互连互通，难以实现信息共享。同时，物流行业的快速发展对物流信息化服务提出了更高要求，只有通过推进物流信息化建设，才能实现物流行业的系统化和现代化。

物流信息平台是支持和提供物流服务供需信息的交互网站，随着智慧物流的快速发展，传统的物流信息平台已不能满足智慧物流智能化、敏捷化的要求。智慧物流信息平台很好地解决了这一问题。智慧物流信息平台是沟通物流活动各环节的桥梁，借助集成化技术，利用大数据、物联网、云计算及先进的信息技术将各层面的物流信息进行整合，可引导供应链结构的变动和物流布局的优化，支持物流各业务运行及服务质量的管理控制，协调商物结构，促进商物供需平衡，协调人、财、物等物流资源的配置，促进物流资源的整合和合理利用。

本节基于我国智慧物流的实际情况和发展需求，利用大数据技术及先进的信息技术，通过整合各参与机构的信息及物流服务，构建包括智慧物流商物管理平台、智慧物流供应链管理平台及智慧物流业务综合管控平台在内的智慧物流信息平台。该平台可为物流运作提供有力支撑，解决长期存在的物流业务彼此独立运作、缺乏整合、物流业务之间难以无缝连接的问题，从而达到降低物流成本、提高效率、提升管理和服务水平的目的。

智慧物流信息平台利用现代化信息技术与管理理念提高物流作业效率，扩大物流业务范围，降低物流成本，实现综合监管、提高企业内部管理水平，提高相关企业服务水平，带动区域经济发展。

2.3.1 智慧物流信息平台的设计原则与目标

1. 智慧物流信息平台的设计原则

智慧物流信息平台是一个庞大而复杂的系统，因此在平台建设上要采用先进的建设思想，不仅要满足用户当前的需求，而且要能够随着需求的增加而扩展。平台设计采取的技术路线是：采用成熟的软硬件技术，努力开拓建设智慧物流信息平台的新技术。因此平台在保证经济实用的前提下，还要遵循如下原则。

1）规范性

智慧物流信息平台必须支持各种开放的标准，不论是操作系统、数据库管理系统、开发工具、应用开发平台等系统软件，还是工作站、服务器、网络等硬件都要符合当前主流的国家标准、行业标准。

2）先进性

在平台构建过程中应尽可能地利用一些成熟的、先进的技术手段，使系统具有更强的生命力。

3）可扩展性

智慧物流信息平台的规划设计在充分考虑与现有系统无缝对接的基础上，要考虑未来新技术的发展对平台的影响，保证平台改造与升级的便利性，以适应新的技术与新的应用功能的要求。

4）开放性

智慧物流信息平台应充分考虑与外界信息系统之间的信息交换，因为它是一个开放的系统，需要通过接口与外界的其他平台或系统相连接，因此智慧物流信息平台的规划设计要充分考虑平台与外界系统的信息交换。

5）安全可靠性

智慧物流信息平台的业务系统直接面向广大用户，在业务系统上流动的信息直接关系到用户的经济利益，并且这些信息都是高度共享的，因此只有保证系统的高度安全，才能保证信息传输的安全性，才能为用户的利益提供保障。

6）合作性

智慧物流信息平台需要整合不同部门的信息，需要政府、企业、商家和信息系统开发商等多方参与系统的开发、维护和使用，只有各方统一规则、通力合作、积极参与，才会取得良好的效益。

2. 智慧物流信息平台的设计目标

智慧物流信息平台将智慧物流理念贯穿于整个平台的规划和运营中，通过大数据、云计算、物联网等新技术，建立开放、透明、共享的物流信息平台，为物流企业、电子商务企业、仓储企业、第三方/第四方物流服务商、供应链服务商等各类企业提供一体化的物流服务解决方案，从而达到物流服务一体化、物流过程可视化、物流交易电子化、物流资源集成化、物流运作标准化、客户服务个性化的目标。

1）物流服务一体化

智慧物流信息平台对主要物流业务进行整合，以消除物流业务之间不能无缝对接的情况，提高不同业务的协同和整合能力，提高物流服务整体效率。

2）物流过程可视化

智慧物流信息平台通过应用大数据技术、物联网技术、云计算技术、全球卫星定位系统等技术，使物流活动的整个过程透明、可追溯，对物流运营进行全面管控和规范化管理，从而提高物流运作效率。

3）物流交易电子化

智慧物流信息平台的物流电子商务功能可提升物流服务交易效率，提高客户和物流企业的互动效率，降低物流服务的搜寻和交易成本，提高客户满意度。

4）物流资源集成化

智慧物流信息平台通过整合各类物流资源，对其进行合理化分类管理和调度，将更有效地调度更多的社会物流资源，实现物流活动的智慧化。

5）物流运作标准化

智慧物流信息平台对物流运作方案实行全面标准化管理，可实现标准化信息管理和物流业务运作，提高管理效率和防范风险能力。

6）客户服务个性化

智慧物流信息平台以客户需求为目标，能满足不同客户的多样化需求，为客户提供更加专业、细致、多样化的个性化智慧物流服务，提升企业服务水平及服务效率，从而提高客户满意度。

2.3.2 智慧物流信息平台业务体系设计

本节中的智慧物流信息平台业务主要指智慧物流商物管理、智慧物流供应链管理及智慧物流业务综合管控三个层面的物流业务。智慧物流商物管理业务主要是对商物的品类、流量流向、供需及商物协同等方面的管理；智慧物流供应链管理从供应链的角度出发，主要对采购物流、生产物流、销售物流等业务进行管理；智慧物流业务综合管控以仓储、配送、运输为核心业务，除此之外还包括货物信息发布、物流过程控制等一些增值业务。

从宏观的物流商物管理到中观的物流供应链管理，再到微观的物流业务综合管控，各层面的物流业务有所不同。针对我国智慧物流的发展现状及相关企业对智慧物流信息平台的需求，智慧物流信息平台根据各层面的业务特点将其合理科学地按一定层次组织在一起，形成智慧物流信息平台业务体系，如图 2-8 所示。

根据图 2-8，智慧物流信息平台从宏观物流、中观物流、微观物流三个角度出发，分别对智慧物流商物管理、智慧物流供应链管理、智慧物流业务综合管控三个层面的业务进行了详细设计。

1）智慧物流商物管理

智慧物流商物管理是按照商品类别、货物性质、产品类型等不同分类标准和规则，将商物分为不同品类。在物品分类的基础上，根据不同商物品类的特点和性质对商物进行相关业务管理，主要包括商物品类管理、商物流量流向管理、商物供需管理、商物协同管理等，从而满足客户的多样化需求，提高企业服务水平。

2）智慧物流供应链管理

智慧物流供应链管理是从供应链角度出发，对整个供应链过程进行管理监督，主要包括采购物流管理、生产物流管理、销售物流管理及一体化物流管理等业务。通过对供应链相关业务的管理监控，实现供应链的协同一体化。

3）智慧物流业务综合管控

智慧物流业务综合管控主要是对仓储、配送、运输等物流核心业务进行管理，主要包括自动仓储管理、动态配送管理、智能运输管理、物流过程控制管理、分析与优化决策管理、货物信息发布管理、增值服务管理等业务。通过对物流各业务过程的管理，实现物流业务操作的可视化及智能化。

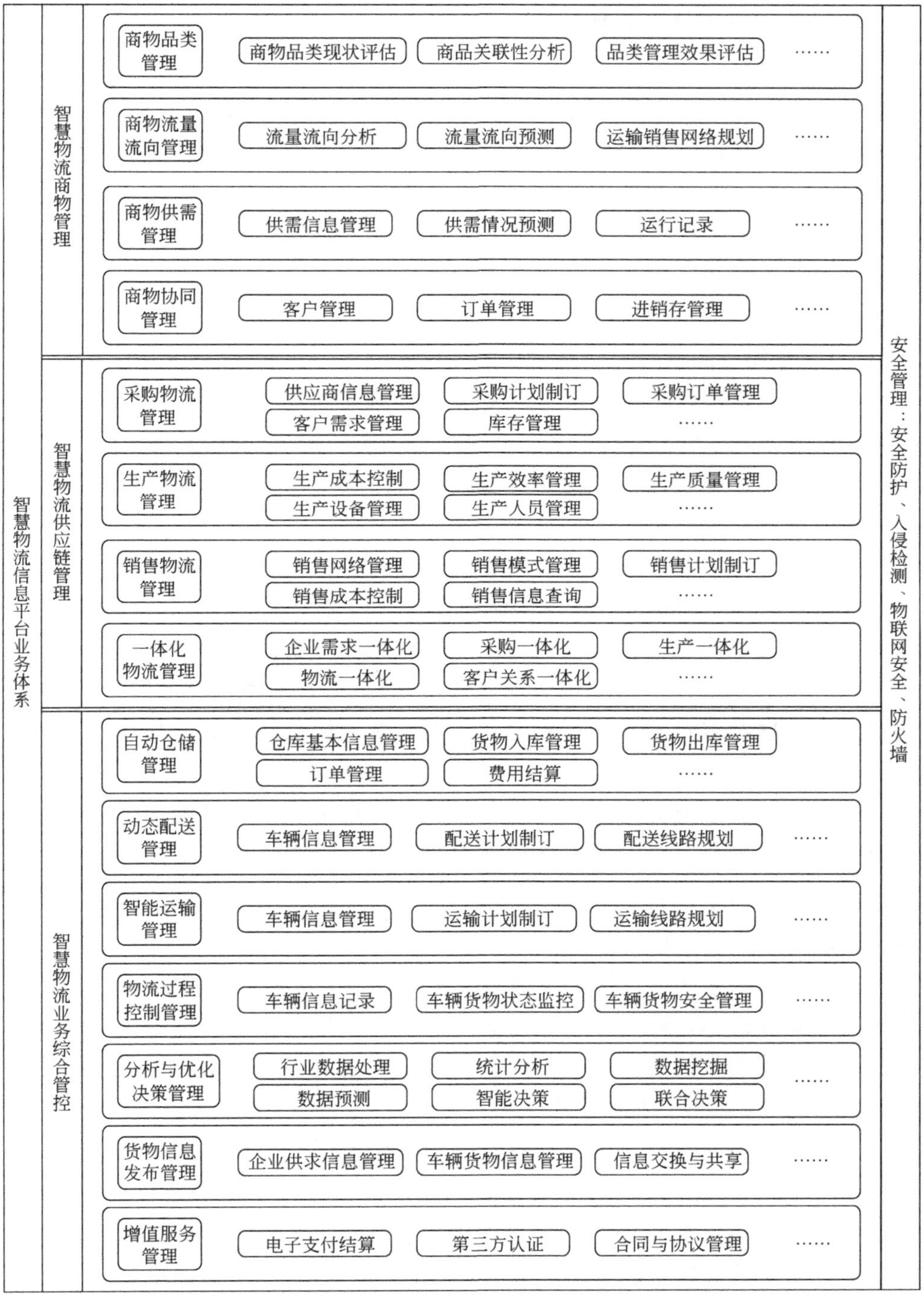

智慧物流信息平台业务体系	智慧物流商物管理	商物品类管理	商物品类现状评估	商品关联性分析	品类管理效果评估	……
		商物流量流向管理	流量流向分析	流量流向预测	运输销售网络规划	……
		商物供需管理	供需信息管理	供需情况预测	运行记录	……
		商物协同管理	客户管理	订单管理	进销存管理	
	智慧物流供应链管理	采购物流管理	供应商信息管理 / 客户需求管理	采购计划制订 / 库存管理	采购订单管理 / ……	
		生产物流管理	生产成本控制 / 生产设备管理	生产效率管理 / 生产人员管理	生产质量管理	
		销售物流管理	销售网络管理 / 销售成本控制	销售模式管理 / 销售信息查询	销售计划制订	
		一体化物流管理	企业需求一体化 / 物流一体化	采购一体化 / 客户关系一体化	生产一体化 / ……	
	智慧物流业务综合管控	自动仓储管理	仓库基本信息管理 / 订单管理	货物入库管理 / 费用结算	货物出库管理	
		动态配送管理	车辆信息管理	配送计划制订	配送线路规划	……
		智能运输管理	车辆信息管理	运输计划制订	运输线路规划	……
		物流过程控制管理	车辆信息记录	车辆货物状态监控	车辆货物安全管理	……
		分析与优化决策管理	行业数据处理 / 数据预测	统计分析 / 智能决策	数据挖掘 / 联合决策	……
		货物信息发布管理	企业供求信息管理	车辆货物信息管理	信息交换与共享	……
		增值服务管理	电子支付结算	第三方认证	合同与协议管理	……

安全管理：安全防护、入侵检测、物联网安全、防火墙

图 2-8 智慧物流信息平台业务体系

2. 智慧物流信息平台功能体系设计

物流信息平台可实现对物流各业务的管理监控、物流各业务信息的交互共享，从而方便相关企业的物流工作，提高企业的服务质量及客户的满意度。本节中的智慧物流信息平台的主要功能是对前面提到的三个层面的业务进行管理监督，使得各项业务能够顺利、快速地完成，同时对各物流业务信息进行实时更新，实现各用户之间的物流信息共享，从而达到合理配置物流资源、提高物流服务水平、提高整个物流系统效率的目的。下面我们具体介绍相关的业务功能。

1）智慧物流商物管理信息平台的功能

智慧物流商物管理信息平台从商品货物流通的角度出发，对商品货物的品类、流量流向、供需管理及协同管理进行智能管控。

（1）商物品类管理。商物品类管理是指按照不同分类标准对商物进行分类，其中按商品类别不同，可将商物分为食品类、五金类、化工类等；按货物性质不同，可将商物分为普通货物和特殊货物；按产品类型不同，可将商物分为农产品和工业品等。智慧物流商物管理信息平台在商物分类的基础上，利用大数据及智能处理技术，系统地收集、存储货物品类信息、进出历史记录、货物进出状况、生产地及消费地等数据，掌握客户对不同商品的消费情况，利用历史数据对客户需求进行预测，从而向客户提供超值的产品或服务来提高企业的营运效果。

（2）商物流量流向管理。智慧物流商物管理信息平台可对不同商物流通过程中商物的流量、流向进行量化处理，根据某类商品在不同区域的生产消费结构和客户需求，科学合理地规划商品销售网络，从而实现社会资源的合理配置，提高资源的利用水平。

（3）商物供需管理。智慧物流商物管理信息平台利用大数据捕捉、处理、分析、预测等技术，通过对各种商品货物供需数据的收集及分析，可掌握商品在不同区域的供需情况。根据商物实际供需情况，对商物的供需市场进行调节，从而实现商物的供需平衡。

（4）商物协同管理。智慧物流商物管理信息平台可对不同品类商品的采购、生产、销售整个过程进行协同管理，从而实现商品流通过程的可视化、智慧化监管，优化企业商物综合管理体系，节省人力资源开支，提高企业运营效率。同时，商物协同管理还可对商物的核心节点和主要通道进行管理控制，保证商物在整个运输网络中的顺畅流通。

2）智慧物流供应链管理信息平台的功能

基于大数据所形成的智慧物流供应链强调供应链的数据智慧性、网络协同化、决策系统化。智慧物流供应链管理信息平台利用大数据等先进技术，从供应链角度出发，可实现对整个供应链管理业务的智能监控管理。

（1）采购物流管理。采购物流管理是指对包括原材料等在内的一切生产物资的采购、进货运输、仓储、库存、用料和供应活动的管理。智慧物流供应链管理信息平台可对采购物流整个过程中涉及的供应商、库存情况、采购计划、采购渠道、采购订单、客户需求等进行管理，对采购过程进行严密的跟踪、监督，从而实现企业对采购活动执行过程的科学智能管理。

（2）生产物流管理。生产物流是在生产过程中的物流活动，指从原材料购进开始直到产成品发送为止的全过程的物流活动。智慧物流供应链管理信息平台可对企业生产物流全过程进行全程监管跟踪，科学管理生产物料及生产设备、有效控制生产成本，从而使企业可以全面、快速、有效地控制整个生产过程。

（3）销售物流管理。销售物流是指生产企业、流通企业在出售商品时，物品在供方与需方之间的实体流动，它是企业物流系统的最后一个环节。智慧物流供应链管理信息平台可对企业销售物流业务进行综合管控，对商品的包装、储存、运输配送、流通加工等整个销售过程进行管理，同时可对企业销售物流网络进行规划与设计，实现企业销售过程的自动化、可视化和智能化。

（4）一体化物流管理。智慧物流供应链管理信息平台以一体化机制为前提，以一体化技术为支撑，以信息共享为基础，从系统的全局观出发，通过整合供应链上下游各个企业的信息，通过高质量的信息传递与共享，实现供应链节点企业的战略协同、技术协同和信息协同。

3）智慧物流业务综合管控信息平台的功能

智慧物流业务综合管控信息平台从物流的基本业务角度出发，对货物的仓储、运输、配送等基本物流业务进行管控。

（1）自动仓储管理。智慧物流业务综合管控信息平台可利用大数据相关技术对企业货物仓储、出入库、客户统计等活动进行全方位管理，从而提高仓储效率，降低仓储成本。

（2）动态配送管理。智慧物流业务综合管控信息平台在利用调度优化模型生成智能配送计划的基础上，采用多种先进技术对物流配送过程进行智能化管理，可有效降低物流配送的管理成本，提高配送过程中的服务质量，保障车辆和货品的安全，并对物流配送环节进行可视化管理。

（3）智能运输管理。智慧物流业务综合管控信息平台通过综合考虑货物种类、数量、特点，制订合理的货物运输计划，智能生成运输路线，对货物运输过程进行全程监管，以保证货物在被安全、快速地送达目的地的同时，节省运输资源，提高运输质量及运输效率。

（4）物流过程控制管理。智慧物流业务综合管控信息平台可利用物联网技术对在途车辆及货物进行实时跟踪监控，当发现车辆或货物存在安全隐患时，及时向车辆及司机发出警告，保证车辆和货物在运输配送过程中的安全，实现货物运输配送过程的可视化监管。

（5）分析与优化决策管理。智慧物流业务综合管控信息平台可利用物流过程中产生的各种数据，通过大数据分析预测技术，对海量数据进行处理分析，挖掘客户与物流规律，为企业决策者做出正确的决策提供依据。

（6）货物信息发布管理。智慧物流业务综合管控信息平台可对生产企业、物流企业、商贸企业的各类货物信息、物流资源进行整合分类，通过信息交换技术实现各企业之间的信息共享，保证货运相关信息的实时发布，从而帮助企业获得更多的行业动态信息，提高企业的运营效率。

（7）增值服务管理。智慧物流业务综合管控信息平台除了提供一些基本的物流服务外，还可为用户提供包括电子支付结算、第三方认证、合同与协议管理和违约处理等各种延伸增值服务，从而提高企业的服务质量及运营管理效率。

案例：一达通——智慧供应链中的信息治理方式

随着互联网技术的快速发展，及其在企业间的不断渗透，企业的竞争对手和边界都在变得日益模糊，企业的市场竞争已经从单个企业与企业之间的竞争转化为供应链与供应链之间的竞争。通过有效应用金融工具和财务杠杆来提升供应链的生产力和竞争力，正在成为现代企业竞争的关键。

成立于2001年的深圳市一达通企业服务有限公司，就是金融机构与供应链企业之间进行"产融结合"的一个典型案例。一达通的智慧供应链信息服务平台是中国第一家中小企业外贸综合服务平台（图2-9），该平台通过互联网为中小企业和个人提供金融、通关、物流、退税、外汇等所有外贸交易所需的进出口环节一站式服务，改变了传统外贸经营模式集约分散的外贸交易服务资源，为广大中小企业和个人减轻外贸经营压力、降低外贸交易成本、解决贸易融资难题。公司于2010年11月加入阿里巴巴，成为阿里巴巴集团跨境B2B业务的重要平台。目前，已有3万多家外贸企业以一达通的名义出口。

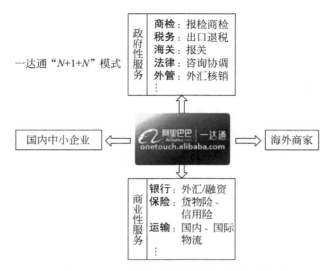

图 2-9　一达通的智慧供应链信息服务平台

阿里巴巴一达通的主要服务对象是中国经济的中坚力量——中小微企业，这些企业占我国企业总数的 90% 以上，贡献了近 60% 的经济总量。在企业面临出口压力、全球竞争和产业转型升级困境的当下，如何解决中小微企业融资难问题，成了多年来全国经济领域谈论的热门话题。特别是金融危机后，中小微企业即便能获得优质大额海外订单，也会面临赊销带来的巨大资金压力。解决这一问题的难点在于，中小微企业业务分散、规模小、产业链地位低、管理不规范。阿里巴巴一达通看准这一情势，针对中小微企业的困境提供了赊销宝（为企业赊销提供资金融通）、信融宝（对应信用证贸易提供的融资服务）等服务。这些服务得以顺利开展的基础是什么？如何把控业务过程中有可能产生的各类风险？这就涉及该企业的信息治理。具体来讲，阿里巴巴一达通供应链运营的核心在于以下方面。

一是依托信息集成平台的活动服务化。

该企业引以为豪的一直是其打造的综合信息系统，即 1-TIEPM System（在线进出口服务系统）、在线外贸成交数据认证系统，以及报关管理系统、客户关系管理系统、外汇管理系统、物流管理系统、退税管理系统、人事薪资管理系统、融资管理系统等。正是借助于这些不同参与主体间集成化的信息系统，阿里巴巴一达通实现了为中小微外贸企业提供通关、物流、退税、外汇、融资等外贸交易环节服务的目标。在系统中，中小微企业不仅能顺利地寻找到海外买家，保证交易安全，而且能随时监控、掌握货物的流转。同时海外买家也能掌握卖家的资讯以及产品物流、通报关情况，使得交易的过程变得更加透明、有效。而阿里巴巴一达通作为交易平台的搭建者和管理员，介入买卖双方整个交易环节，得以掌握企业真实的业务信息，及时获取中小微企业的海关交易记录、信用状态以及税务信息，从而将集约碎片需求"化零为整"，把中小微企业的需求打包给银行，由银行审核统一授信给阿里巴巴一达通，然后再由其零售给中小微企业。

二是借助线上系统及其规则的确立，实现流程的标准化。

中小微企业融资难的一个原因在于其经营活动具有复杂性、分散性和不规则性的特点，其业务流程往往很难标准化，而非标就容易产生管理上的困难（即信息的不稳定、不一致和不可使用）。阿里巴巴一达通的解决方法是利用互联网/IT技术将复杂的进出口业务逻辑标准化、在线化、规模化，在此基础上开展金融性业务。

三是业务活动的数据化。

阿里巴巴一达通业务的另一个特点便是业务数据化基础上的产品化。其平台深入到中小微企业对外贸易的各个关键环节，采集最真实、全面的交易信息和数据。随着企业交易的重复进行，这些信息、数据得以不断累积和完善，从而建立起一套动态可监控、全生命周期的商业信息系统。以此为基础，就能够较准确评估中小微企业的商业信用水平。在此基础上，阿里巴巴一达通可以根据中小微企业的现实需求不断推出新的融资产品。例如，2014年7月该公司推出的网商贷高级版，根据出口企业在平台上最近6个月的出口记录，一美元贷款一元人民币，最高可贷款1000万元，随借随还，申请、放款、还款全部在线上完成。

四是根据信息获得的代价和成本决定网络平台的参与者。

阿里巴巴一达通平台运营的另一个特点是信息、数据驱动的网络建构。为了掌握供应链运营全过程的交易细节和信息，其平台的合作者包括商检、税务、海关、银行、保险、物流等机构，而且随着环境的不断变化，对参与者网络不断进行动态调整。例如，原来阿里巴巴一达通的海外客户都是优质大额订单客户，其信用调查基本委托中信保完成，而最近一年海外买家越来越碎片化、小型化，中信保无法对其实现有效征信。在这种状况下，2015年该公司在美国与 Lending Club、在欧洲与 Iwoca 和 Ezbob 形成合作，实现对海外客户的征信，以保障供应链服务能随时根据环境的变化而具柔性。

资料来源：宋华.一达通：智慧供应链中的信息治理方式[Z/OL].（2015-8-20）[2019-09-20].http://www.100ec.cn/detail-6272122.html.

2.4　智慧物流的组织与实施

2.4.1　智慧物流系统的组织

智慧物流的实施涉及企业、行业（或区域）及国家三个层面。因此，从参与主体和服务范围角度看，智慧物流体系包含企业智慧物流、行业或区域智慧物流、国家智慧物流三个层次，其在智慧物流信息平台基础上协同运作，以支持智慧物流目标的实现，如图 2-10 所示。

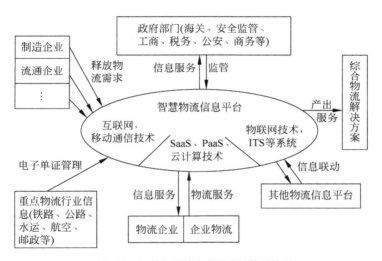

图 2-10　智慧物流信息化平台总体结构图

1. 企业智慧物流层面

加强信息技术在物流企业的推广和普及，用先进的信息技术武装和升级企业。培育一批信息化水平高、示范带动作用强的智慧物流示范企业。促进包括物联网、互联网，以及各种信息采集和处理技术的应用，建设覆盖仓储、运输、装卸、搬运、包装、配送以及整个供应链的全方位智慧化物流与供应链管理系统，以全面提升我国物流管理水平。

2. 行业（或区域）智慧物流层面

主要包括智慧区域物流中心、区域智慧物流行业，以及预警和协调机制的建设三个方面。从行业层面协调物流企业及相关方，尤其是与物流需求方的运营与管理活动，提升物流服务的效率与效果。

（1）智慧区域物流中心。智慧区域物流中心建立的关键首先是搭建区域物流信息平台，这是区域物流活动的神经中枢，连接着物流系统的各个层次、各个方面，将原本分离的商流、物流、信息流和采购、运输、仓储、代理、配送等环节紧密联系起来，形成一条完整的供应链。其次，要建设若干智慧物流园区。智慧物流园区指加入了信息平台的先进性、供应链管理的完整性、电子商务的安全性的物流园区，其基本特征是商流、信息流、资金流的快速安全运转，以满足企业信息系统对相关信息的需求，通过共享信息支撑政府部门监督行业管理与市场规范化管理方面协同工作机制的建立，确保物流信息正确、及时、高效、通畅。智慧技术的运用使得运输合理化、仓储自动化、包装标准化、装卸机械化、加工配送一体化、信息管理网络化。

（2）区域智慧物流行业。在行业中加强先进技术的应用，重视各种能提升行业智慧化水平的新技术的开发与利用。以快递行业为例，建立自动报单、自动分拣、自动跟踪等系统，搭建信息主干网，建设无线通信和移动数据交换系统等。这些投资能够使运件的实时跟踪变得轻而易举，在提升客户满意度的同时，更大幅度地降低了服务成本。

（3）预警和协调机制。做好深入研究，加强监测，对一些基础数据进行开拓和挖掘，做好统计数据和相关信息的收集，及时反映相关问题，建立相应的协调和预警机制。

3. 国家智慧物流层面

这一层面旨在打造一体化的交通同制、规划同网、铁路同轨、乘车同卡的现代物流支持平台，以制度协调、资源互补和需求放大效应为目标，以物流一体化推动整个经济的快速增长。与此同时，着眼于实现功能互补、错位发展。着力构建运输服务网络，基本建成以国际物流网、区域物流网和城市配送网为主体的快速公路货运网络，"水陆配套、多式联运"的港口集疏运网络，"客货并举、以货为主"的航空运输网，"干支直达、通江达海"的内河货运网络。同时打造若干物流节点。智慧物流网络中的物流节点对优化整个物流网络起着重要作用，从发展来看，它不仅执行一般的物流职能，而且越来越多地执行指挥调度、信息等神经中枢的职能。

2.4.2　我国智慧物流的应用及实践

智慧物流是物流现代化发展的高级别阶段，具有参与主体多、涉及领域广和跨行业等特点，其发展既需要政府引导和企业参与，更离不开物流基础设施、技术及管理和服务的现代化。可喜的是，目前我国智慧物流在物流公共信息平台、数据交换与集成、智能分析与优化等方面的建设已初见成效，其规模化发展带来的便利与效益将会更加惊人，形成了一系列具有标志性意义的典型成果。

1. 智慧物流公共信息平台的发展

运用物联网、云计算和互联网等技术建立起来的智慧物流信息平台，可提供实时货物配送、智能追溯和客户查询等信息，信息平台兼具信息发布、产品展示等功能。位于大西南的成都意欲领跑中国智慧物流发展，四川物流公共信息平台已经全面建成，成都物流公共信息平台也已经投入运行。另外，正在建设的湖南省物流公共信息平台，采取"政府主导、行业引领、科研院所牵头、市场运作"的建设和运作模式，将相关物流信息整合在统一的信息平台上，并将其与其他省市物流信息平台进行对接融合，试图打造内联外通的物流信息与数据交换的平台体系，进而形成全国性的公共信息平台。同时，山东省物流协会倡导打破区域界限，共同搭建"大物流、大产业"的省际物流平台，积极组建涵盖 13 个省市的物流联盟"蓝色直通车"。该构想的实施将是一次跨区域、跨行业的尝试，不仅实现了不同行业和领域的互联互通，而且其物流信息和数据的整合与共享，必将促进智慧物流的规模应用与发展。

2. 智慧物流云平台的建设

2012 年 6 月，IBM 宁波智慧物流中心对外展示了智慧物流云平台，这是 IBM 中国开发中心（宁波）在智慧物流应用领域的又一成果。通过智慧物流云平台，可以实时监控物流动态信息。在这里，每一运输工具都安装了定位系统，监视画面每 5s 自动更新一次。通过智慧物流云平台，只要输入订单号、司机号、车号等任意一个信息，就可以实时查看货物、车辆等的状态信息。宁波是继北京、上海和西安之后 IBM 在中国的第四个智慧物流研发基地，宁波与 IBM 共同参与组建的智慧物流中心和智慧物流产业联盟是一个跨行业的产业链整合。联盟初期成员分别来自物流、金融、制造、科技等不同行业领域的 10 多家企业。该联盟的成立迈出了智慧物流融合不同行业领域的重大一步。跨行业、跨区域产业链整合与合作也必将是未来智慧物流发展的趋势。

无独有偶，2012 年 5 月，江苏无锡智能化物流大厦启动并上线运营的"智慧物流宝"是我国第一个商用物联网配载信息平台，是物联网技术产业化应用和构建"江苏虚拟物流园"的又一成果。"智慧物流宝"使用物联网信息技术,通过温湿度感知、侵入系统感知,感知并传递物流运营过程中各环节信息和数据,为各方提供实时物流过程中的动态信息。客户通过"智慧物流宝"公共信息平台即可动态查询商品、订单、仓储和配送等物流环节的信息与数据。

3.智慧物流企业的发展

2013年5月,电商出身的阿里巴巴集团牵头组建菜鸟网络科技有限公司,计划投资亿元建立能够支撑日均亿元网络零售额和全国任何两个城市之间购物小时必达的智能骨干网络(CSN)。菜鸟网络科技有限公司将利用先进的互联网技术,建立开放、透明、共享的数据应用平台,为电子商务企业、物流公司、仓储企业、第三方物流服务商、供应链服务商等各类企业提供优质服务,支持物流行业向高附加值领域发展和向智慧物流模式升级,最终促使建立社会化资源高效协同机制,提升中国社会化物流服务品质。

2.4.3 推进我国智慧物流发展的对策建议

建议从如下几方面着手,推进我国智慧物流建设有规划、有步骤合理实施。

(1)制定物流发展规划,建立健全相关政策法规。要出台物流产业发展政策,应用新的传感技术、移动计算技术、无线网络传输技术等,建立产品智能可追溯网络系统、物流过程可视化智能管理网络体系、智能化企业物流配送中心和企业智慧供应链,培育一批信息化水平高、示范带动作用强的智慧物流示范企业。在财政政策方面,要把智慧物流项目作为重点扶持项目,建立动态有效的政府财力保障支持机制,推动财政专项资金和税收减免政策向智慧物流应用试点、智慧物流技术和产品研发、智慧物流产业基地建设倾斜,以促进智慧物流快速发展。

(2)加快物流信息化标准规范体系建设。智慧物流通过信息技术手段将供应链上的各环节连接成一个整体,实现智能化协同与管理,这就需要在相关方面实现标准化,相关软件也需要在融入格式、流程等方面采用国家标准、行业标准等,以消除不同企业之间的信息沟通障碍,为智能物流建设创造条件。具体来说,包括加快研究和制定物流信息技术、编码、安全、管理和服务标准;研究推广条形码、射频识别等技术在仓储、配送、集装箱、冷链等业务中的应用标准;促进数据层、应用层、交换层等物流信息化标准的衔接,推动物流信息化标准体系建设。

(3)突破核心信息技术,建立物流信息化平台。智慧物流建设的核心问题之一就是对重要共性关键技术的研发。要集中力量部署一批技术研发重大专项，制定技术发展路线图，对现代物流关键技术进行研究开发，包括信息采集、快速反应、管理监控及双向通信等技术，降低关键技术普遍适用的整体成本，只有通过自主研制开发，才能拥有自主知识产权，才能保护物流信息安全。智慧物流的运作离不开信息平台的支持。运用物联网、云计算、互联网等技术建立起来的智慧物流信息平台，实时提供货物配送、智能追溯、客户查询等信息服务，信息平台兼具信息发布、产品展示等功能于一体，能解决传统物流平台存在的技术问题，让平台扎实落地，为企业和用户创造实实在在的价值，其重要的示范和带动作用将加速现代物流业发展。

案例：怡亚通服务供应链的四流整合　　　　　案例：海尔集团智慧物流体系建设

参考文献

[1] 齐二石，霍艳芳，等 . 物流工程与管理 [M]. 北京：科学出版社，2016.

[2] 王成林，任亚男，王小亮，等 . 北京发展智慧物流产业的思路分析 [J]. 中国物流与采购，2013（19）：66-67.

[3] 王继祥 . 智慧物流概念、技术架构与发展演进方向 [EB/OL].（2018-05-31）.https://www.sohu.com/a/233697060_473276.

[4] 王继祥 . 智慧物流三大核心系统及发展趋势 [EB/OL].（2017-09-25）.https://www.sohu.com/a/194326983_757817.

[5] 张宇，王义民，黄大雷，等 . 智慧物流与供应链 [M]. 北京：电子工业出版社，2016.

[6] 王喜富，高泽 . 智慧物流物联化关键技术 [M]. 北京：电子工业出版社，2016.

[7] 于胜英，郭剑彪 . 智慧物流信息网络 [M]. 北京：电子工业出版社，2016.

[8] 王喜富 . 大数据与智慧物流 [M]. 北京：北京交通大学出版社，2016.

[9] 章合杰 . 智慧物流的基本内涵和实施框架研究 [J]. 商场现代化，2011（8）（中旬刊）：44-46.

[10] 张宇 . 智慧物流与供应链 [M]. 北京：电子工业出版社，2016.

[11] 赵惟，张文瀛 . 智慧物流与感知技术 [M]. 北京：电子工业出版社，2016.

[12] 罗人述 . 智慧物流信息平台的构建 [J]. 物流工程与管理，2014（1）：80-81.

[13] 张春霞，彭东华. 我国智慧物流发展对策 [J]. 中国流通经济，2013（10）：35-39.

[14] 张琨，刘春梅，彭景. 打造物联网时代的智慧物流 [J]. 移动通信，2014（16）：77-78.

[15] 曹巨江，杨玮，党培. 智慧城市下的智能冷链物流体系构建 [C]// 全国地方机械工程学会. 学术年会暨中国制造 2025 发展论坛，2015.

[16] 李刚. 智慧物流行业发展方向透析 [EB/OL].（2017-02-06）. http://news.rfidworld.com.cn/2017_02/379cdc2333a726d6.html.

[17] 龚关. 信息技术视角——构筑智慧物流公共信息平台　开启智慧物流新时代 [J]. 物流技术，2013（18）：87-90.

[18] 刘央. 智慧物流大数据：越偏远配送改善越明显 [EB/OL]（2017-04-12）. http://www.ebrun.com/20170412/225779.shtml.

[19] SCHUMACHER J, RIEDER M, GSCHWEIDL M, et al. Intelligent Cargo—Using Internet of Things Concepts to Provide High Interoperability for Logistics Systems[M]//Architecting the Internet of Things. Berlin: Springer, 2011: 317-347.

[20] 李远远. 智慧物流信息平台规划研究 [J]. 学术论坛，2013，36（5）：140-143.

[21] NAIM M M, GOSLING J. On leanness, agility and leagile supply chains[J]. International Journal of Production Economics, 2011, 131（1）: 342-354.

[22] HÜLSMANN M，WINDT D I K. Understanding Autonomous Cooperation and Control in Logistics[M]. Berlin: Springer, 2007.

[23] SANCHEZ-RODRIGUES V, Potter A, Naim M M. Evaluating the causes of uncertainty in logistics operations[J]. International Journal of Logistics Management, 2010, 21（1）: 45-64.

[24] LARGE R O, KRAMER N, HARTMANN R K. Procurement of logistics services and sustainable development in Europe：Fields of activity and empirical results[J]. Journal of Purchasing & Supply Management, 2013, 19（3）: 122-133.

[25] MCFARLANE D, GIANNIKAS V, LU W. Intelligent logistics：Involving the customer[J]. Computers in Industry, 2016, 81: 105-115.

[26] KOSTER R D，LE-DUC T，ROODBERGEN K J. Design and control of warehouse order picking：A literature review[J]. European Journal of Operational Research, 2007, 182（2）: 481-501.

[27] 王献美. 基于大数据的智慧云物流理论、方法及其应用研究 [D]. 杭州：浙江理工大学，2015.

[28] 章合杰. 智慧物流的基本内涵和实施框架研究 [J]. 商场现代化，2011（21）：44-46.

[29] 于山山，王斯锋. 基于物联网的智能物流系统分析与设计 [J]. 软件，2012（05）：6-8.

[30] 学术堂. 智能物流的主要支撑技术 [EB/OL].（2014-12-13）. http://www.educity.cn/wulianwang/435535.html.

[31] 孙佳然. 智慧物流公共服务平台规划研究 [D]. 南京：东南大学，2016.

[32] 车哲. "一带一路" 新战略下我国智慧物流发展策略研究 [J]. 物流科技，2016，39（10）：112-114.

[33] 木马童年 . 智慧物流驱动装备业升级的四大趋势 [EB/OL].（2019-01-09）.http://www.gkzhan.com/news/Detail/100275.html.

[34] 秦璐 . 智慧物流构架和发展趋势 [EB/OL].（2016-05-17）. http://iot.ofweek.com/2016-05/ART-132216-812029097246_4.html.

[35] 胡安安，黄丽华，张成洪 . 解读"智慧物流"[J]. 上海信息化，2014（3）：44-47.

[36] 邵广利 . 宁波市智慧物流发展对策研究 [J]. 物流科技，2012（11）：80-82.

第 3 章

智慧物流信息技术

3.1 概述

智慧物流是一种拥有一定智慧能力的现代物流系统，它通过传感网、互联网、物联网、大数据等智慧化技术与手段，提高物流系统分析决策和智能执行的能力，提升整个物流系统的智能化、自动化水平。智慧物流集多种技术和服务功能于一体，体现了现代经济运作的需求，即强调信息流与实物流快速、高效、通畅地运转，从而实现降低社会成本、提高生产效率、整合社会资源的目的。

商业模式、物流运作模式、大数据等技术的发展促使智慧物流迅速发展。在物流自动化技术基础之上，诸如物联网、大数据、人工智能、云计算等新一代信息技术也开始广泛应用。这些技术的应用赋予物流系统以智慧，从而显著提高效率，降低成本。根据智慧物流的技术架构，智慧物流信息技术主要包括感知技术、数据处理技术、数据计算技术、网络通信技术、自动化技术等。

1. 感知技术

感知技术是物联网的核心技术，是实现物品自动感知与联网的基础，主要技术有：①编码技术，根据国家商贸物流标准化试点示范要求，推荐采用GS1 编码体系作为智慧物流编码体系，实现全球自动识别、状态感知、透明管理和追踪追溯；②自动识别技术，包括条码识别技术、射频识别（RFID）技术等；③传感技术，包括位置、距离、温度、湿度等各类传感设备与技术；④追踪定位技术，包括 GPS、北斗卫星导航系统、室内导航与定位技术等。此外，红外、激光、近场通信（near field communication，NFC）、物与物、人与机器或机器与人（machine-to-machine 或 man-to-machine or machine-to-man，M2M）、机器视觉等各类感知技术也在智慧物流领域有一定的应用。

2. 数据处理技术

数据处理技术主要有：①大数据存储技术，包括数据记录、数据存储、数据验证、数据共享等；②大数据处理技术，包括数据统计、数据可视化、数据挖掘等；③机器学习技术，包括经验归纳、分析学习、类比学习、遗传算法、增强学习等。区块链技术目前发展很快，也将被纳入智慧物流数据链技术。

3. 数据计算技术

数据计算技术主要以云计算为核心，结合实际的应用场景，在智慧物流系统的层级常常应用雾计算技术，在智慧物流独立硬件应用场景常采用边缘计算技术。之所以出现新的云计算创新模式，主要是为了更加适应实际的智慧物流不同的场景，实现更快速的反应和智能物联实时的操作，达到统筹资源、快速响应的目的。

4. 网络通信技术

网络通信是智慧物流的神经网络，是智慧物流信息传输的关键。网络通信技术在局部应用的场景，如智慧物流仓，常采用现场总线、无线局域网等技术；在实现状态感知、物物联网、物物通信时，常采用物联网技术；在全国或全球智慧物流网络大系统的链接中，主要采用物联网技术。目前，集网络、信息、计算、控制功能为一体的虚实融合网络系统——信息物理系统（CPS）技术架构正在发展之中。2017 年中国正式发布《信息物理系统白皮书》，随着信息物理系统技术的发展，这一技术体系有望成为智慧物流底层的基础技术体系。

5. 自动化技术

自动化技术是智慧物流系统应用层的执行操作技术，主要有：①自动分拣技术，包括各类机器人拣选、自动输送分拣、语音拣选、货到人拣选等各类自动分拣技术；②智能搬运技术，主要指通过自主控制技术，进行智能搬运及自主导航，使整个物流作业系统具有高度的柔性和扩展性，例如搬运机器人、自动导引车（automation guided vehical，AGV）、无人叉车、无人牵引车等物料搬运技术；③自动立体库技术，指通过货架系统、控制系统、自动分拣系统、自动传输系统等技术装备集成的自动存储系统，实现货物自动存取、拣选、搬运、分拣等环节的机械化与自动化；④智能货运与配送技术，包括货运车联网、智能卡车、无人机系统、配送机器人系统等。这些技术相互支持、相互耦合，完成不同的业务功能。

按照其应用领域，德勤公司将这些物流信息技术进一步归类为仓内技术、干线技术、最后一公里技术、末端技术、智慧数据底盘技术等，如图3-1所示。

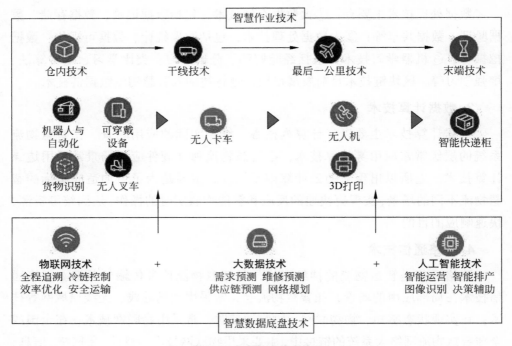

图 3-1　智慧物流技术体系

这些新兴信息技术的主要作用是实现真实世界与信息世界的紧密连接。很显然，技术越复杂，两个世界的匹配程度越高，如图3-2所示。

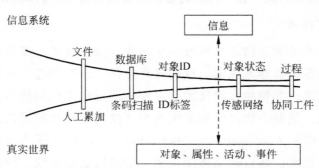

图 3-2　物流信息技术在信息世界与真实世界匹配中的作用

进一步地，不同的智慧物流信息技术对物流智慧化目标与职能领域的支持能力也各不相同，组织可以根据管理需求和投资能力进行选择。以感知技术为例，条形码、RFID 和无线传感网络是三种典型的数据采集手段，它们在识别能力和覆盖领域的差异决定了物流系统绩效水平与顾客满意程度，如图 3-3 所示。

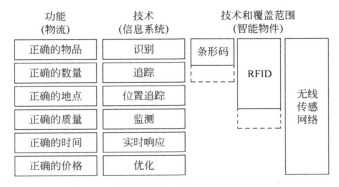

图 3-3　物流信息技术与物流职能和绩效

　　条形码是最基本的感知设备。条形码标签附着在货物上，然后由条形码读取器进行光学检测。读取器读取、打印标签信息，并将其发送到信息系统以更新货物信息。条形码只能部分支持跟踪。无遮挡读取方式使得条形码无法同时读取托盘内每个物品的信息，不支持通过式检查（in-transit inspection）。

　　RFID 是一种基于无线电的识别技术。RFID 能够在一箱货物中识别单个项目的标签。合理部署 RFID 读取器，能够进行位置跟踪。在移动设施（如基于 GSM 的读取设备）支持下，甚至允许在货物运输途中进行远程识别和跟踪。新型 RFID 转发器可在运输过程中获取货物的传感器信息，例如温度、压力或冲击，并能够监控货物状态，不过这些传感能力目前还非常有限。

　　无线传感网络是面向物流过程的先进智能项目技术。传感器节点是微型、嵌入式传感和计算系统，在网络中协同工作。特别地，它们可以根据运输货物的要求进行定制。不同于之前系统需要传输数据到信息系统进行处理的方式，传感器网络可以在现场直接对物品执行信息系统的部分过程。商品变成了嵌入式物流信息系统的一部分。例如，丹麦哥本哈根生物科技园给出了一个化工产品应用传感器网络存储和管理场内物流的例子，其中就包含了所有的识别、跟踪、定位、监控和实时响应功能。

　　由于自动化技术属于专用技术，本书不作赘述，请读者参阅相关书籍。本章将主要对智能感知技术、数据处理技术、数据计算技术、网络与通信技术和物流系统仿真技术进行论述。

3.2 标签与自动识别技术

现代物流信息系统离不开自动识别与数据采集技术，这些技术是现代物流信息系统的重要组成部分。这些技术包括条形码技术、标签技术、磁条磁卡技术、射频识别和数据传递技术、光学字符识别技术、生物统计识别方法等。这里对其中的部分技术进行介绍。

3.2.1 条形码技术

1. 条形码概述

条形码技术是自动识别与数据采集技术最典型和最普及的应用技术之一。条形码是一种信息代码，用特殊的图形来表示数字、字母信息和某些符号，由一组宽度不同、反射率不同的条和空按规定的编码规则组合起来，用以表示一组数据。每一组完整的条形码由下列几部分组成，如图 3-4 所示。

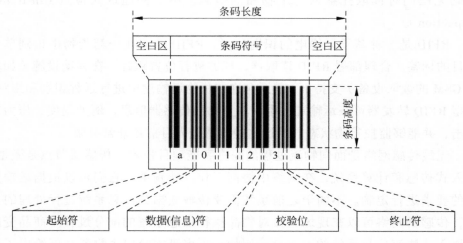

图 3-4 典型一维条形码

（1）起始符。这是一组特定的条形码，一般位于完整条形码的头部。阅读时，首先扫过起始符，表示该组条形码开始读入。起始符可以避免连续阅读时几组条形码互相混淆，或由于阅读不当丢失前面的条形码。

（2）终止符。它与起始符作用类似，是条形码终止的标志。

（3）数据（信息）符。紧接着起始符的是数据符，它用来表示一定的数据。这是条形码的核心，是所要传递的主要信息。

（4）校验位。数据符之后是校验位。它通过对数据字符的一种算术运算，对所译出的条形码进行校验，以确认所阅读信息的正确性。

（5）头、尾空白区。为了保证条形码扫描器的光束到达第一个条纹之前能够达到较稳定的速度，黑白相间条纹的头部与尾部画有一空白区域是必要的。条形码一般可以双向阅读，因此，尾部空白区的作用与头部空白区相同。

常见的条形码有一维条形码和二维条形码。

一维条形码（图 3-5（a））是由一组规则排列的条、空以及对应的字符组成的标记，"条"指对光线反射率较低的部分，"空"指对光线反射率较高的部分，这些条、空组成的数据表达一定的信息，并能够用特定的设备识读，转换成与计算机兼容的二进制和十进制信息。

随着现代高新技术的发展，要求条形码技术做到在有限的几何空间内表示更多的信息，从而满足千变万化的信息需求。其中二维条形码（图 3-5（b））就是一种充分利用一维条形码在垂直方向上的冗余，向二维方向扩展而形成的新的条形码。二维条形码用某种特定的几何图形按一定规律在平面（二维方向）上分布的条、空相间的图形来记录数据符号信息，它具有条形码技术的共性，即每种码制有其特定字符集，每个字符占有一定的宽度，具有一定的校验功能等。二维条形码分为层排式二维条形码（stacked bar code）和矩阵式二维条形码（dot matrix bar code）两大类型。

图 3-5　条形码实例

（a）一维条形码实例；（b）二维条形码实例

二维条形码是各种证件及卡片等大容量、高可靠性信息实现存储、携带并自动识读的最理想的方法。其应用水平和应用领域都比一维条形码有更大的优越性。美国 Symbol 公司于 1991 年正式推出名为 PDF417 的二维条形码，简称为 PDF417 条形码，它是一种层排式二维条形码，是目前技术比较成熟，应用比较广泛的二维条形码。

2. 物流条码

目前的条形码码制有许多，物流条码是用于标识物流领域中具体实物的一种特殊代码，是在整个物流过程中，包括生产厂家、分销业、运输业、消费者等环节的共享数据。它贯穿整个贸易过程，并通过物流条码数据的采集、反馈，使信息的传递更加方便、快捷、准确，从而提高整个物流系统的经济效益。

与商品条码相比较，物流条码有以下特点：

（1）是储运单元的唯一标识；

（2）服务于物流的整个过程；

（3）信息量大；

（4）可变性强。

物流条码是由 EAN（国际物品编码协会）和 UCC（美国统一代码委员会）制定的用于贸易单元标识的条码，包括商品条码（EAN/UPC）、储运单元条码（ITF-14）、贸易单元 128 条码（UCC/EAN-128）、位置码等。国际上通用的和公认的物流条码码制主要有三种：EAN-13 条码、ITF-14 条码和 UCC/EAN-128 条码。

根据货物的不同和商品包装的不同，应采用不同的条码码制。单个大件商品，如电视机、电冰箱、洗衣机等商品的包装箱往往采用 EAN-13 条码。储运包装箱常常采用 ITF-14 条码或 UCC/EAN-128 条码。包装箱内可以是单一商品，也可以是不同的商品或多件商品小包装。

其中，EAN-13 为通用商品条形码。其组成如下。

前缀码：第 1~3 位，标识国家或地区，赋码权在国际物品编码协会，如 00~09 代表美国、加拿大，690~695 代表中国大陆。

制造厂商代码：第 4~8 位，赋码权在各个国家或地区的物品编码组织。

商品代码：第 9~12 位，标识商品的代码，赋码权在生产企业。

商品校验码：第 13 位，用来校验商品条形码中左起第 1~12 数字代码的正确性。

在物流领域，条形码技术就像一条纽带，把产品生命周期各阶段产生的信息连接在一起，可跟踪产品从生产到销售的全过程。通过手持式条形码终端，可以实现数据采集、数据传送、数据删除和系统管理等功能。其主要应用领域有：①仓储及配送中心中的应用，包括商品的入库验收、出库发货和库存盘点等；②商品卖场中的应用，包括自动补充订货、到货确认和盘点管理等。

3.2.2 标签技术

1. 有线电子标签技术

电子标签系统是指装置于货架上的信号转换器、完成器、电子标签、订单显示器、现场操作计算机和服务器等一系列设备构成的网络化计算机辅助拣货系统。电子标签具有弹性控制拣货流程、即时现场控制、紧急订单处理功能，并能降低拣货错误率，加快拣货速度，免除表单作业，节省人力资源。

电子标签系统的主要功能可以归纳为：①拣货资料的上传与下载；②拣货资料即时监控；③硬件自我监测；④跳跃式拣货；⑤提早离开；⑥紧急插单；⑦货号与标签对应维护；⑧缺货通知；⑨查询作业；⑩报表作业。

电子标签辅助拣货系统的拣货流程如图 3-6 所示。

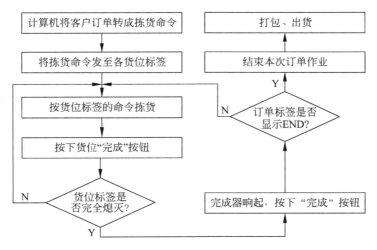

图 3-6 电子标签作业流程图

2. 射频识别技术

1）射频识别技术概述

射频识别（RFID）技术是自动识别技术的一种，也称为无线追踪系统，是从 20 世纪 90 年代开始兴起的。它利用无线射频方式进行非接触双向通信，以达到识别并交换数据的目的。与条形码、IC 卡等接触式识别技术不同，RFID 是非接触式的自动识别技术，它能够识别单品，具有防水、防磁、耐高温、使用寿命长、读取距离远、信息量大等优点。RFID 可实现多目标识别与运动目标识别，可在更广泛的场合中应用。

使用 RFID 技术，顾客可以迅速结账，商店可以实时知道商品情况，可实时快速补货、防窃，供应商可以知道自己商品的销售情况，有助于使用第三方物流。沃尔玛从 2004 年就开始 RFID 试验。2006 年年初，沃尔玛有 130 家主要供应商向分销中心发送带有 RFID 标签的产品，取代条形码。通过采用 RFID 技术，沃尔玛 2006 年库存下降了 16%，贴有 RFID 标签的商品进货量超过条形码商品进货量的 3 倍。2007 年 1 月，又有 200 家供应商提供 RFID 标签产品，用于沃尔玛 1000 家超市和仓库。沃尔玛集团宣称 RFID 帮助其在仓储、物流、货品管理等环节发掘出新的商业潜能。

当前 RFID 技术存在的问题主要有三点：一是成本相对较高，二是隐私问题，三是安全问题。此外，还有人担心会受到电磁波的冲击。

2）RFID 在供应链管理中的应用

现代供应链管理的关键是供应链中产品、集装箱、车辆和人员的自动识别，识别出的所有信息都应在企业管理信息系统（MIS）或者企业资源计划（ERP）系统中得到实时的传递和反映。下面列举 RFID 技术在供应链管理领域的应用案例。

（1）煤气罐等危险物品的跟踪与管理

储气罐的跟踪管理包括煤气罐等危险物品容器的跟踪管理。在煤气罐的跟踪管理上，可以用特殊的环形标签来标示煤气罐，而不管煤气罐是单个的、整车的，还是用托盘运输的。煤气罐依靠 RFID 实施全过程管理，从气体灌装厂通过配送，送到用户手中，实行实时信息反馈管理。

在煤气罐的瓶颈处加装环形的 RFID 标签。实际上，新的煤气罐在制造时就可以内置 RFID 标签。在装运煤气罐的卡车或叉车出入口的顶部设置悬空读头，或者用 RF 手持机来实现煤气罐的长距离识别。读头和中心数据库相连，以实现煤气罐的信息处理。

（2）RFID 在集装箱跟踪管理上的应用

超高频 RFID 技术具有识别距离长、识别速度高、系统成本低等特点，因此成为集装箱和托盘跟踪的最理想手段。

在集装箱的运输和使用过程中，最关键的环节就是集装箱的跟踪管理，以及如何防止集装箱的丢失、被盗和损坏，提高集装箱的周转率，从而提高资源的使用效率。为了实现以上目的，集装箱运营公司需要在整个供应链过程中对其集装箱进行跟踪，以减少丢失、被盗和损坏的风险，提高企业的效益。

RFID 系统在集装箱管理上的应用是将标签粘贴或镶嵌在集装箱或托盘上，伴随集装箱或托盘走过集装箱的整个生命周期。通过入口处的悬空读头、安装在叉车上的读头，或者手持机来读取标签，实时信息显示在显示器上或直接进入数据库。集装箱 RFID 系统可以同时识别 40 个托盘和 80 个塑料集装箱。

（3）仓库管理

将 RFID 系统用于智能仓库货物管理，完全有效地解决了仓库中与货物流动有关的信息的管理，不但大大提高了仓库的货物处理能力，也大大提高了处理货物的信息量。

读头和天线设置在货物所通过的仓库大门边上，每个货物单元都贴有 RFID 标签，所有标签的信息都被存储在仓库管理中心的计算机中。管理中心可以实时了解到已经生产了多少产品和发送了多少产品，并可自动识别货物，确定货物的位置，从而对货物进行跟踪管理。

3.2.3　光学字符识别技术

1. 光学字符识别技术概述

光学字符识别（optical character recognition，OCR）是指电子设备（例如扫描仪或数码相机）检查纸上打印的字符，通过检测暗、亮的模式确定其形状，然后用字符识别方法将形状翻译成计算机文字的过程。即针对印刷体字符，采用光学的方式将纸质文档中的文字转换成为黑白点阵的图像文件，并通过识别软件将图像中的文字转换成文本格式，供文字处理软件进一步编辑加工。OCR 的步骤通常可以分为两步：文本检测（text detection）和文本识别（text recognition）。通过文本检测从图片中提取文字，再通过文本识别将图像中的文字转换成文本格式。

OCR 技术可以自动判断、拆分、识别和还原各种通用型印刷体表格，在表格理解上做出令人满意的实用结果，能够自动分析文稿的版面布局，自动分栏，判断出标题、横栏、图像、表格等属性，并判定识别顺序，将识别结果还原成与扫描文稿版面布局一致的新文本。表格自动录入技术，可自动识别特定表格的印刷或打印汉字、字母、数字，可识别手写体汉字、手写体字母、数字及多种手写符号，并按表格格式输出，提高了表格录入效率，可节省大量人力。同时支持将表格识别直接还原成 PTF、PDF、HTML 等格式文档，并可以对图像嵌入横排文本和竖排文本、表格文本进行自动排版分析。

OCR 技术可应用于大量文字资料、档案卷宗、文案、银行票据的录入和处理领域,适合于银行、税务等行业大量票据表格的自动扫描识别及长期存储。对一般文本,通常以最终识别率、识别速度、版面理解正确率、版面还原满意度 4 个方面作为 OCR 技术的评测依据;对于表格及票据,通常以识别率或整张通过率及识别速度为测定 OCR 技术的实用标准。

2. OCR 技术发展

OCR 技术的发展经过了两个阶段:平板扫描仪时期和自然场景文字识别时期。

第一个阶段始于 20 世纪 50 年代,IBM 开始使用 OCR 技术对各类文档进行数字化,标志着 OCR 技术的初始阶段。但是由于早期 OCR 设备庞大复杂,所以只能处理干净背景下的印刷字体。到 80 年代,平板扫描仪的产生使得 OCR 技术进入商用阶段,设备更轻巧便捷,可处理的字体数量增多,但对文字的背景、成像质量依旧有很高要求。90 年代以后,比较好的平板扫描仪对印刷体文本的识别率已经达到 99%,迎来 OCR 技术应用的第一个高潮。同时手写字体的识别也并行发展,在邮件分拣、支票分类、手写表格数字化等领域被广泛应用。

第二个阶段始于 21 世纪初。从 2004 年 300 万像素的智能手机出现后,情况发生了改变。更多人愿意随手拿起手机拍摄所看到的事物,而对于这类自然场景的文字识别难度远远高于平板扫描仪时期,即使是对于印刷字体也很难实现很高的识别率。同时,随着云计算、大数据以及通信网络的快速发展,智能手机实现了 24 小时在线,前端用手机摄像头进行文字捕捉,后端进行实时的分析和处理,二者结合让 OCR 技术的未来应用模式充满想象。OCR 技术开始进入自然场景下的文字识别阶段。

自然场景图像中的文字识别难度大于扫描仪图像,因为它具有极大的多样性和不确定性。微软亚洲研究院团队对相关算法、技术进行了针对性的优化和创新,通过在文字检测阶段采用新算法,实现检测准确高效。同时,在文本识别阶段进行创新分类,使得检测更高质。2014 年 8 月,在瑞典首都斯德哥尔摩举办的国际模式识别大会(ICPR)上,微软亚洲研究院团队公布的自然场景文字检测研究成果实现了在标准数据集(ICDAR-2013 测试集)上 92.1% 的检测精度和 92.3% 的召回率。此前业界能达到的最高水平分别是 88.5% 和 66.5%,微软的技术让自然场景图像中的文字检测实现了突破。

3.3　定位跟踪技术

3.3.1　全球定位系统

1. 全球定位系统概述

全球定位系统（Global Positioning System，GPS）是美国继阿波罗登月计划、航天飞机之后的第三大航天工程，是一种全球性、全天候、连续的卫星无线电导航系统，可提供实时的三维位置、三维速度和高精度的时间信息。美国从 20 世纪 70 年代开始研制 GPS，历时 20 年，耗资 200 亿美元，于 1994 年全面建成，它是具备在海、陆、空同时进行全方位实时三维导航和定位能力的新一代卫星导航与定位系统。

GPS 是美国第二代卫星导航系统，它是在子午仪卫星导航系统的基础上发展起来的，并采纳了子午仪系统的成功经验。与子午仪系统相同，GPS 系统包括 3 大部分：空间部分——GPS 卫星星座，地面控制部分——地面监控系统，用户设备部分——GPS 信号接收机，如图 3-7 所示。

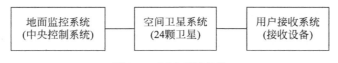

图 3-7　GPS 系统结构

1）空间部分

GPS 的空间部分由 24 颗工作卫星组成，它位于距地表 20200km 的上空，均匀分布在 6 个轨道面上（每个轨道面 4 颗），轨道倾角 55°。此外，还有 4 颗有源备份卫星在轨运行。卫星的分布保证了在全球任何地方、任何时间都可观测到 4 颗以上的卫星，并能保持得到具有良好定位解算精度的几何图像，提供在时间上连续的全球导航能力。

2）地面控制部分

地面控制部分由 1 个主控站、5 个全球监测站和 3 个地面控制站组成。监测站均配装有精密的铯钟以及能够连续测量到所有可见卫星的接收机。监测站将收到的卫星观测数据（包括电离层和气象数据）经过初步处理后传送到主控站。主控站从各监测站收集跟踪数据，计算出卫星的轨道和时钟参数，然后将结果送到 3 个地面控制站。地面控制站在每颗卫星运行至上空时，把这些导航数据及主控站指令注入卫星。每天对每颗 GPS 卫星进行一次注入，并在卫星离开注入站作用范围之前进行最后的注入。如果某地面站发生故障，那么在卫星中预存的导航信息还可用一段时间，但导航精度会逐渐降低。

3）用户设备部分

用户设备部分即 GPS 信号接收机。其主要功能是捕获按一定卫星截止角所选择的待测卫星的信号，并跟踪这些卫星的运行。当接收机捕获到跟踪的卫星信号后，即可测量出接收天线至卫星的伪距离和距离的变化率，解调出卫星轨道参数等数据。根据这些数据，接收机中的微处理计算机就可按定位解算方法进行定位计算，计算出用户所在地理位置的经纬度、高度、速度、时间等信息。

接收机硬件和机内软件以及 GPS 数据的后处理软件包构成完整的 GPS 用户设备。GPS 接收机分为天线单元和接收单元两部分。接收机一般采用机内和机外两种直流电源。设置机内电源的目的在于更换外电源时不中断连续观测。在用机外电源时机内电池自动充电。关机后，机内电池为 RAM 存储器供电，以防止数据丢失。目前各种类型的接收机体积越来越小，质量越来越轻，便于野外观测使用。

2. GPS 在物流领域的应用

在物流领域 GPS 可以实时监控车辆等移动目标的位置，根据道路交通状况向移动目标发出实时调度指令。GIS、GPS 和无线通信技术有效结合，再辅以车辆路线模型、最短路径模型、网络物流模型、分配集合模型和设施定位模型等，可以建立功能强大的物流信息系统，使物流变得实时并且成本最优。GPS 在物流配送中的应用主要有精确导航、城市交通疏导、车辆跟踪、货物配送路线规划、固定点的定位测量、信息查询、紧急援助，以及 GPS/GIS 在物流领域的集成应用等。

3.3.2　地理信息系统

1. 地理信息系统概述

地理信息系统（GIS）萌芽于 20 世纪 60 年代初。当计算机技术广泛应用于数据自动采集、数据分析和显示技术等分支领域时，最终导致了 GIS 的产生。

GIS 可定义为由计算机系统、地理数据和用户组成的，通过对地理数据的继承、存储、检索、操作和分析，生成并输入各种地理信息，从而为土地利用、资源管理、环境监测、交通运输、经济建设、城市规划以及政府各部门行政管理提供新的知识，为工程设计和规划、决策服务的系统。也可定义为用于采集、模拟、处理、检索、分析和表达地理空间数据的计算机信息系统。它是进行空间数据管理和空间信息分析的计算机系统。

　　一个典型的 GIS 应包括三个部分：计算机系统（硬件、软件）、地理数据库系统、应用人员与组织机构。

　　（1）计算机系统可分为硬件系统、软件系统、GIS 的开发工具、硬件和网络平台的选择标准体系。

　　（2）地理数据库系统由数据库和数据库管理系统组成。地理数据库系统（database mangement system，DBMS）主要用于操作、数据维护和查询检索。

　　（3）GIS 的人员配置有系统项目经理、技术组、数据库经理、数字化操作员、系统操作员、应用分析软件经理和程序编写员。按照不同的分类标准，GIS 可以分成不同的类别。例如，按照功能划分，GIS 可分为专题 GIS（thematic GIS）、区域 GIS（regional GIS）和 GIS 工具（GIS tool）；按功能划分，可分为城市信息系统、自然资源查询信息系统、规划与评估信息系统、土地管理信息系统等；依据其应用领域可分为土地信息系统、资源管理信息系统、地学信息系统等；按照其使用的数据模型，可分为矢量、栅格和混合型信息系统。其主要功能如下：

　　（1）数据采集、检验与编辑；

　　（2）数据格式化、转换，通常称为数据操作；

　　（3）数据的组织与存储；

　　（4）查询、检索、统计、计算；

　　（5）空间分析，这是 GIS 的核心功能。

2. GIS 在物流领域的应用

　　GIS 在物流领域的应用主要有车辆路线模型、网络物流模型、配送区域划分模型、设施定位模型、空间查询模型等。

　　GIS 应用于物流信息系统，可以通过客户的邮编和详细地址字符串，自动确定客户的地理位置（经纬度）和客户所在的中心站和分站。通过基于 GIS 的查询、地图表现辅助决策，实现对物流配送、投递路线的合理调度，以及客户投递排序的安排。其工作顺序是按照客户地址定位、机构区域划分、站点选址、投递排序、投递路线依次进行的。

3.4 数据处理技术

3.4.1 电子数据交换

1. 电子数据交换的概念

电子数据交换（electronic data interchange，EDI）是将贸易、运输、保险、银行和海关等行业或部门的信息，用一种国际公认的标准格式形成结构化的事务处理报文数据格式，通过计算机通信网络，使各有关部门、公司与企业之间进行数据交换与处理，并完成以贸易为中心的全部业务过程。EDI 包括买卖双方数据交换、企业内部数据交换等。

对 EDI 可以从以下 5 个方面进行理解：

（1）EDI 是计算机系统之间所进行的电子信息传输。

（2）EDI 是标准格式和结构化的电子数据的交换。

（3）EDI 是按发送和接收者达成一致的标准和结构所进行的电子数据的交换。

（4）EDI 是由计算机自动读取而无须人工干预的电子数据的交换。

（5）EDI 是为了满足商业用途的电子数据的交换。

从一般技术角度，我们可以将 EDI 的概念概括为：EDI 是参加商业运作的双方或多方按照协议，对具有一定结构的标准商业信息，通过数据通信网络，在参与方计算机之间所进行的传输和自动处理。其优势主要有以下两点。

（1）降低了纸张的消耗（无纸贸易）。根据联合国组织的调查，进行一次进出口贸易，双方约需交换近 200 份文件和表格，其纸张、行文、打印及差错可能引起的总开销大约为货物价格的 7%。使用 EDI 可以大幅降低交易成本。据统计，美国通用汽车公司采用 EDI 后，每生产一辆汽车可节约成本 250 美元，按每年生产 500 万辆汽车计算，每年可以节约 12.5 亿美元的成本。

（2）减少了重复劳动，提高了工作效率。如果没有 EDI 系统，即使是高度信息化的公司，也需要经常将外来的资料重新输入本公司的计算机。调查表明，从一台计算机输出的资料中有多达 70% 的数据需要再输入其他的计算机，既费时又容易出错。美国数字设备公司（DEC）应用 EDI 后，存货期由 5d 缩短为 3d，每笔订单费用从 125 美元降到 32 美元。新加坡采用 EDI 贸易网络之后，贸易的海关手续从原来的 3~4d 缩短到 10~15min。

2. EDI 的组成及工作流程

数据标准、EDI 软件及硬件和通信网络是构成 EDI 系统的三要素。

1）数据标准

EDI 标准是由各企业、各地区代表共同讨论、制定的电子数据交换共同标准，可以使各组织通过共同的标准，达到彼此之间文件交换的目的。

2）EDI 软件及硬件

实现 EDI 需要配备相应的 EDI 软件和硬件。EDI 软件具有将用户数据库系统中的信息译成 EDI 的标准格式，以供传输交换的能力。当需要发送 EDI 电文时，必须用某些方法从公司的专有数据库中提取信息，并把它翻译成 EDI 的标准格式进行传输，这就需要有 EDI 相关软件的帮助。

（1）转换软件（mapper）。转换软件可以帮助用户将原有计算机系统的文件转换成翻译软件能够理解的平面文件（flatfile），或是将从翻译软件接收来的平面文件转换成原计算机系统中的文件。

（2）翻译软件（translator）。将平面文件翻译成 EDI 标准格式，或将接收到的 EDI 标准格式文件翻译成平面文件。

（3）通信软件。将 EDI 标准格式的文件外层加上通信信封（envelope），再送到 EDI 系统交换中心的邮箱（mailbox），或由 EDI 系统交换中心，将接收到的文件取回。

EDI 所需的硬件设备大致有：计算机、调制解调器（modem）及电话线。

3）通信网络

通信网络是实现 EDI 的手段。EDI 的通信方式有多种，如下所述。

（1）点对点（PTP）方式。点对点方式即 EDI 按照约定的格式，通过通信网络进行信息的传递和终端处理，完成相互的业务交往。早期的 EDI 通信一般都采用该方式。但它有许多缺点，如当 EDI 用户的贸易伙伴不再是几个而是几十个甚至几百个时，这种方式很费时间，需要许多重复发送。同时这种通信方式是同步的，不适于跨国家、跨行业之间的应用。

（2）增值网（VAN）方式。它是那些增值数据业务（VADS）公司利用已有的计算机与通信网络设备，除完成一般的通信任务外，还增加 EDI 的服务功能。VADS 公司提供给 EDI 用户的服务主要是租用信箱及协议转换，后者对用户是透明的。信箱的引入，实现了 EDI 通信的异步性，提高了效率，降低了通信费用。另外，EDI 报文在 VADS 公司自己的系统（即 VAN）中的传递也是异步的，即先存储再转发。

EDI 将所有贸易单证的传送由 EDI 通信网络实现，并且买卖双方单证的处理全部（或大部分）由计算机自动完成。EDI 的工作流程可以划分为三个步骤。

（1）文件的结构化和标准化处理。用户首先将原始的纸面商业或行政文件经计算机处理，形成符合 EDI 标准的、具有标准格式的 EDI 数据文件。

（2）传输和交换。用户用本地计算机系统将形成的标准数据文件经过 EDI 数据通信和交换网传送到登录的 EDI 服务中心，继而转发到对方用户的计算机系统。

（3）文件的接收和自动处理。对方用户计算机系统收到发来的报文之后，立即按照特定的程序自动处理。

对于一个生产企业来说，其 EDI 系统的工作过程可以描述为：企业收到一份 EDI 订单，则系统自动处理该订单，检查订单是否符合要求；然后通知企业内部管理系统安排生产；向零配件供应商订购零配件；向交通运输部门预订货运集装箱；向海关、商检等部门报关、报检；通知银行并给订货方开 EDI 发票；向保险公司申请保险单等。从而使整个商贸活动在最短时间内准确完成。

3. EDI 在物流业中的应用

案例：美的集团 EDI
应用案例

现代物流是建立在互联网和 EDI 等众多现代信息技术平台基础上的物流资讯和电子商务服务。在企业物流活动中，货主、承运业主以及其他相关的单位之间通过 EDI 系统进行物流数据交换，并以此为基础实施物流作业活动。EDI 系统把货物运输企业、加工贸易企业、流通领域企业，以及海关、检验检疫、税务、环保、边检和银行等部门有效地连接起来，使整个供应链上及相关的各个环节协调同步，从而促进现代物流管理效率的提高。

3.4.2 云计算

1. 云计算的概念

"云计算"概念最早由 Google 首席执行官埃里克·施密特（Eric Schmidt）在 2006 年的搜索引擎战略大会上首次提出，随后微软、亚马逊、IBM、思科、惠普、甲骨文、EMC 等众多巨头企业全部跟进，IT 巨头们也把它看作未来的"决战之地"。

云计算是一种基于互联网的超级计算模式，在远程的数据中心中，成千上万台电脑和服务器连接成一片电脑云，用户可以通过计算机、笔记本电脑、手机等方式接入数据中心，体验每秒超过 10 万亿次的运算能力。云计算系统的结构如图 3-8 所示。

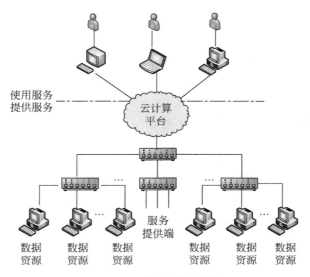

图 3-8　云计算系统的结构

2. 云计算的优势

将云服务应用于物流领域的优势在于以下方面。

（1）成本：企业不需要大量投资于内网连接、计算机服务器和支持等相关费用，节省了成本，且安全计算能力以租赁的方式提供，无须资金成本。它通常以服务形式为企业提供复杂技术支持，会很大程度吸引创新企业和中小企业。

（2）接入速度和可用性：能提供一种弹性，允许企业快速地开发新市场或者新产品，使得企业能够在最短的时间以最少的投资实现扩张。通过云计算方式企业可以快速实施和运行安全且经济的应用程序，并且享受低 IT 维护和升级成本。

（3）可靠性和容错性：将企业内部信息系统中存储的数据上传到云端，便于使用者进行安全的远程访问、审查和存储。

（4）服务器与网络的运营支持和升级：供应商提供运营和网络的支持和升级服务。

例如位于英格兰赫尔的云和 IT 提供商 Keyfort 公司开发了一个云应用环境下的物流管理信息系统，称作 Keyfort 数据交换服务（KDIS）。利用它可以获取和存储数据，并利用数据生成报告、进行数据分析、按需查询信息等。任何公司都可以应用 KDIS 系统。同时该公司也开发了一种特定的可选应用 KeyPOD，通过监测执行配送任务的司机手中的智能手机实现对产品状态、位置等信息的追踪，提高产品的可追踪性。使用 KeyPOD，配送中心和承运人能够有效地一起工作，共享实时交付信息。

总而言之，移动技术和云计算的应用为公司提供了线上且实时的收益。在物流供应链环境下，系统的及时性和可靠性对企业的发展至关重要，因此这种收益就更加显著。

3．云计算技术在现代物流中的应用

1）基于云计算的物流信息平台

由于云计算具有上述多项优点，应用云计算提升物流服务能力就成为物流企业的首选，而用云计算构建物流信息平台服务物流企业自然也成为云服务提供商的重要选择。在物流企业云计算的物流信息平台中，云服务提供商提供的服务，按照其服务层次，分别包括应用层、平台层、基础设施层和虚拟化层，如图 3-9 所示。

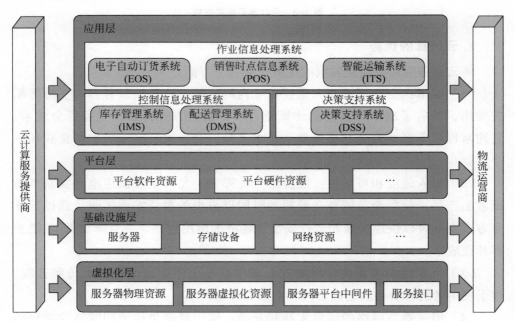

图 3-9　基于云计算的物流信息平台

（1）应用层。在云计算信息平台的构建中，应用层主要提供物流企业的应用。物流企业从自己的实际需要出发，考虑在运营过程中需要哪些软件服务，然后按软件服务的时间和方式支付给云计算服务提供商相应的费用，而不必另外购买、维护这些应用程序软件，软件的管理、维护交由服务提供商来解决。

（2）平台层。在云计算信息平台的构建中，平台层是用来提供服务的开发环境。服务器平台的软件和服务中所需要的硬件资源通过平台层提供给物流企业，而物流服务企业在此平台层的基础上，通过建立次级互联网服务系统来提供客户服务。

（3）基础设施层。在云计算信息平台的基础设施层，将 IT 基础设施以服务形式提供给客户，包括服务器、存储和网络设备等资源。

（4）虚拟化层。这个层次是云计算信息平台构建的关键，可进行服务器集群及硬件检测等服务，以及负责硬件的维护管理。该层包括服务器的物理资源、虚拟化资源、服务平台的中间件管理部分和提供给物流企业连接的服务接口。

云计算物流信息平台正是通过应用层、平台层、基础设施层、虚拟化层的层层构建和设置，搭建起一个信息化的物流服务平台，提供安全的服务环境，为物流企业提供快速、安全、可靠的信息服务。

2）应用模式

（1）基于云计算模式的业务平台。物流企业利用经过分析处理的感知数据，通过 Web 浏览器为其客户提供丰富的特定应用与服务，包括监控型服务（物流监控、污染监控）、查询型服务（智能检索、信息查询）、扫描型服务（信息码扫描、物品的运输传递扫描）等。

（2）基于云计算模式的数据存储中心。提供物流企业所需要的具体数据服务，包括数据的海量存储、查询、分析，实现资源完全共享，资源自动部署、分配和动态调整。

（3）基于云计算模式的基础服务平台。在传统数据中心的基础上引入云计算模式，能够为物流企业提供各种互联网应用所需的服务器，这样物流企业便在数据存储及网络资源利用方面具备了优越性。云计算服务平台的服务价格更具优势，能够减少物流企业的经营成本；还可在应用时实现动态资源调配，自动安装部署，提供给用户按需响应、按使用收费和高质量的基础设施服务。

3.4.3 大数据

根据 Gartner 的定义，"大数据"是需要新处理模式才能具有更强的决策力、洞察发现力和流程优化能力的海量、高增长率和多样化的信息资产。大数据技术的意义并不是掌握和拥有大量数据，而是通过专业化的处理获得所需要的信息从而实现数据的价值。目前大数据领域已经涌现出大量新技术，这些新技术正在成为大数据采集、存储、处理和呈现的有力武器。

物流大数据指的是在运输、仓储、装卸搬运、包装、配送及流通加工等物流环节中涉及的数据和信息。虽然大数据技术在各种领域都存在广泛的使用价值，但是物流领域是大数据的主要应用领域之一。这是因为条形码等技术的发展，使得物流部门可以利用前端 PC 系统收集、存储大量的数据，如货物进出历史记录、货物进出状况和服务记录等。物流业同其他数据密集型企业一样积累了大量的数据，这些数据正是大数据的基础。大数据技术有助于识别运输行为，发现配送新模式和趋势，改进运输效率，从而取得更高的核心竞争力，减少物流成本。

从目前的研究看，大数据对于智慧物流发展的助力作用主要表现在以下几个方面。

（1）促进物流企业竞争观念的转变。大数据时代改变了企业的竞争环境，实现了信息数据等多种资源的共享，同时大数据技术对信息价值的最大程度的挖掘提高了企业的决策等方面的能力，从环境、资源和能力等方面影响企业的竞争力。

（2）优化物流企业的资源和能力。大数据不仅实现了对物流运输中的人力、物力资源的充分开发利用，如借助大数据信息技术进行人才甄选等活动，并且可以提升物流企业对环境的适应能力，同时使得企业能够获取有价值的资源。

（3）在物流活动中应用大数据技术，能够使物流活动变得更加"智慧"和"智能"，随之也会提升企业的竞争能力。

具体来讲，大数据技术在物流业领域中的典型应用主要有以下几个方面。

（1）需求预测。通过收集用户消费特征、商家历史销售等大数据，利用算法提前预测需求，前置仓储与运输环节。这方面目前已经有了一些应用，但在预测精度上仍有很大提升空间，需要扩充数据量，优化算法。

（2）设备维护预测。通过物联网的应用，在设备上安装芯片，可实时监控设备运行数据，并通过大数据分析做到预先维护，增加设备使用寿命。随着机器人在物流环节的使用，这将是未来应用非常广泛的一个方向。

（3）供应链风险预测。通过对异常数据的收集，可以对诸如贸易风险、不可抗力引起的货物损坏等供应链风险进行预测。

（4）供应链系统管理。供应商和生产商在建立 VMI（vender managed inventory，供应商管理库存）运作机制以及实现库存与需求信息共享的情况下，可以实现更好的供给配合，减少因缺货而造成的损失。此外，在供应商数据、质量数据、交易数据、资源数据等数据的支持下构建供应链管理系统，可以对供应链系统的成本以及效率进行跟踪和掌控，在此基础上实现对质量与可靠性的控制。

（5）网络及路线规划。利用历史数据、时效、覆盖范围等构建分析模型，对仓储、运输、配送网络进行优化布局，如通过对消费者数据的分析，提前在离消费者最近的仓库进行备货。甚至可实现实时路由优化，指导车辆采用最佳路由线路进行跨城运输与同城配送。

此外，大数据技术在了解运输全局、优化库存管理、客户细分等方面也具有广阔的应用前景。

当前中国的网络购物规模空前扩大，这对物流提出了很高的要求，信息需求量也越来越大。而借助物流大数据分析，可以提高运输与配送效率、降低物流成本并且提高客户满意度，更有效地满足客户服务要求。以借助大数据和云计算所进行的京东平台"双十一"精准营销为例：根据大量的历史销售商品数据信息，结合气候、促销条件等因素，选取火爆商品，同时对火爆商品在各个城市的销量进行预测，从而提前将商品转移到距离消费者最近的前置仓；根据对用户相关大数据进行分析，可以实现对核心城市的各个区域的主流商品需求量的较准确的预测，提前在物流分站发货；根据历史销售数据以及对未来市场的预测，在制订精准生产计划方面为商家提供帮助，帮助他们进行合理的区域分仓等。大数据在此智慧化物流活动中起到的作用是至关重要的。合理地运用大数据可以为企业带来更多创新机遇，这将对物流企业的管理与决策、维护客户关系、配置资源等起到相当大的推动作用。

案例：顺丰的"秘密武器"——数据灯塔

1. 数据灯塔的概念

数据灯塔是顺丰服务于电商客户的一款数据产品，它基于顺丰快递数据，融合外部数据，通过合理披露供应链、市场、品牌、产品、用户和快递服务等信息，为电商客户提供市场开发、供应链解决方案等方面的决策支持，使客户了解所处行业状况，明确自身行业定位，从而及时响应市场，调整市场策略，发现潜在商机，优化仓储物流。

2. 数据灯塔产生的背景

近年来，多种来源的数据、不同的数据分析模型及快速发展的分布式计算使得海量数据处理成为可能。随着互联网的不断普及与物联网技术的不断发展，未来大数据的应用场景将不断丰富，应用价值将不断提高，在数据服务中占的比重也将越来越大。尤其进入数字技术（digital technology，DT）时代，大数据应用和智能化已成为企业掘金新方向，基于解决企业客户日益增长的智能多维分析需求，数据灯塔应运而生。

3. 数据灯塔产品亮点

顺丰数据灯塔凭借自身的海量物流数据和商业数据，通过实时监控快件状态、智能分析仓储数据、消费者画像研究、各行业动态洞察，将智慧物流和智慧商业有力地执行下去。

1）智慧物流

（1）实时快递监控。提供快递揽收、在途、派送、签收全流程状态，帮助快递实时跟踪、监控，及时发现问题快件并处理。

（2）个性化预警。支持不同地域的自定义设置快递服务质量、件量下滑预警，用户关注的问题系统提前预警，方便客户基于自身情况定制。

（3）智能工具——智慧云仓。①件量预测：结合内、外部影响因素，利用数据挖掘方法，批量化精准预测商品库存量单位（stock keeping unit，SKU）的未来订单走势，助力商家提前备货。②分仓模拟：模拟分仓运作场景，提供基于时效和成本的最优解决方案，指导商家合理分仓，提升时效、降低成本，实现"单未下，货先行"。③库存健康：帮助商家即时了解当前库存状况，缺货、呆滞 SKU 各个击破，进行有效的库存管理，节约成本。

2）智慧商业

（1）洞察同行。第一时间掌握市场行情，关注同行动态，轻松应对件量高峰和低谷；了解哪些属性商品畅销，关注竞争对手品牌销售动态及用户口碑情况，助力商家优化产品运营，调整营销策略。

（2）洞察消费者。融合顺丰精准全面的运单数据和外部地址信息，通过挖掘顺丰海量的"最后一公里"地址数据，利用大数据技术基于地理位置分析商业环境，结合小区的属性特征，让商家更清楚地掌握消费者的购买偏好及人群画像信息，提供完整的商业落地方案，协助商家更好地进行 O2O 运营、精准营销，定位目标客户。

（3）洞察供应链。供应链分析立足于揭开行业"黑匣子"，揭露行业内部交流密度，洞悉供应链上游（分销商、代理商、生产企业、原料供应商）活跃程度与下游市场动态（流行趋势、购物偏好、商品热点），帮助商家在生产、采购、销售活动中及时把握市场潮流，及早调整，有效应对，规避供应链风险。

4. 发展历程

2015 年 6 月，手机行业数据灯塔正式上线，功能涵盖行业、用户、产品、品牌、快递、仓储等六大分析模块。随后女装、男装、鞋靴行业也于 8 月、9 月上线。

2016 年 4 月，数据灯塔已覆盖手机、女装、男装、鞋靴、美妆、母婴、箱包、家用电器、家居用品、运动户外、休闲零食、生鲜等 12 个行业。

2016 年 5 月，数据灯塔正式对外推出，6 月实现 PC 端改版上线，7 月推出智慧物流功能，9 月推出同行分析、供应链分析等功能，10 月推出智慧商圈、实时直播、促销作战室等功能，功能可谓越来越细，日渐齐全。同时，数据灯塔先后亮相 2016 深圳国际物流博览会、杭州电商博览会。2016 年 11 月，数据灯塔移动端也实现上线。

5. 总结

可以说，数据灯塔在门户上已实现 PC+微信端两端联动；在数据内容上，拥有顺丰基础快递、仓储类数据，用户收寄件行为数据、用户属性数据，外部公共数据等；在产品形态上，以数据分析为主，为客户提供优化物流、拓展生意的数据服务，已经完成了智能供应链的相关布局。

如今，数据灯塔的企业用户可以直接登录数据灯塔门户，轻松获取相关的数据分析在线服务，也可方便了解其数据灯塔功能架构：首页，基于物流实时数据，提供物流看板及常见功能的聚合入口；我的分析，对用户自身的物流情况进行实时和汇总分析；我与行业，通过对同行、消费者、供应链等维度的分析，帮助用户优化物流、拓展生意；定制工具，包括自助取数、智慧云仓、作战大屏等定制化数据应用及展现工具；帮助中心，提供产品的功能引导、数据答疑解惑等内容。

由于能够为企业提供强有力的数据服务，实现智慧物流、智慧商业，数据灯塔如今在行业具有广泛的影响力。物流行业主流媒体"物流沙龙"就曾说道，"作为一款大数据服务产品，顺丰以稳定物流品质服务，成功捕获了绝大多数注重服务品质、品牌的中产阶级群体。在其 5 亿用户中，具有小资情调的中产阶级占据相当比例，这恰恰又是最具有消费力的群体。数据灯塔依托用户社会属性、生活习惯和消费行为等信息对用户进行画像，再结合丰富的物流数据，进一步描绘出了小区画像，这对于'最后一公里'的营销而言，岂不是最佳拍档？"

资料来源：①顺丰数据灯塔——物流行业首款大数据产品服务 [EB/OL].（2016-10-17）. http://www.sohu.com/a/116372873_465938.

②顺丰力推数据灯塔. 发力智慧物流 [EB/OL].（2017-02-08）. http://science.china.com. cn/2017–02/08/content_9324389.htm.

3.4.4　人工智能

人工智能（artificial intelligence，AI）是研究、开发用于模拟、延伸和扩展人的智能的理论、方法、技术及应用系统的一门技术科学。而其他关于动物或人造系统的智能也普遍被认为是其相关的研究课题。

我们经常说互联网构建了地球村，那么人工智能的发展可以说是点亮了智慧地球村。人工智能是新一轮科技与产业变革的核心驱动力，它可以看成是正在积累历次科技与企业变革的能量，并将其叠加释放，从而快速催生一系列的物流领域新型产品、服务与业态结构。在其创新驱动作用下，出现了很多引发新一轮物流智慧化行业变革的新型技术，如自动货物分拣系统、智能配送机器人、智能客服等。人工智能技术将成为未来物流行业极具竞争力的技术领域。之所以"人工智能＋物流"可以被业界快速接受和吸收，是因为人工智能能够实现物流行业的降本增效，这可以有效解决我国社会物流成本过高的问题，智慧物流 2.0 时代正全面开启。

人工智能技术主要有以下 5 个物流应用场景。

（1）智能运营规则管理。未来将会通过机器学习，使运营规则引擎具备自学习、自适应的能力，能够在感知业务条件后进行自主决策。如未来人工智能将可对电商高峰期与常态不同场景订单，依据商品品类等条件自主设置订单生产方式、交付时效、运费、异常订单处理等运营规则，实现人工智能处理。

（2）仓库选址。人工智能技术能够根据现实环境的种种约束条件，如顾客、供应商和生产商的地理位置、运输经济性、劳动力可获得性、建筑成本、税收制度等，进行充分的优化与学习，从而给出接近最优解决方案的选址建议。

（3）决策辅助。利用机器学习等技术来自动识别场院内外的人、物、设备、车的状态，学习优秀的管理和操作人员的指挥调度经验、决策等，逐步实现辅助决策和自动决策。

（4）图像识别。利用计算机图像识别、地址库和卷积神经网络提升手写运单的机器有效识别率和准确率，大幅减少人工输单的工作量和差错率。

（5）智能调度。通过对商品数量、体积等基础数据分析，对各环节如包装、运输车辆等进行智能调度，如通过测算百万 SKU 商品的体积数据和包装箱尺寸，利用深度学习算法技术，由系统智能地计算并推荐耗材和打包排序，从而合理安排箱型和商品摆放方案。

3.5　网络与通信技术

3.5.1　移动互联网

移动互联网是互联网与移动通信各自独立发展后，互相融合形成的新兴技术。随着物流业快速发展，上游客户需求和发展模式不断变化，物流信息化也要应需而动，进一步提升发展水平。而移动互联网在物流行业的快速普及应用，给物流信息化的升级发展提供了重要技术支撑，促使其加速向智慧物流迈进。

移动互联网在智慧物流的发展过程中起到的支持作用表现在以下几方面。

（1）智慧云平台助力打通供应链。由于进入供应链竞争时代，各环节需要打通企业间的边界以实现相互协作，占据主动，获得竞争优势。移动互联平台可以为物流企业提供高性价比、按需分配且动态调整的云资源池，免去了企业对信息化硬件资源的大量投入、维护以及升级的资金成本，还可以为企业提供个性化物流行业解决方案，帮助打通供应链。

（2）通过移动信息实时采集，能够实现货物动态跟踪。企业通过对外勤人员或车辆进行移动定位，就能够掌握货物所处位置；同时，客户通过电话、移动互联网 App 等方式，也可以查到自己货物的实时位置。

（3）智慧物流移动互联平台可以在不同参与企业之间搭建信息沟通的渠道，协助参与企业之间高质量、高效率地交流。还可以实现与企业现有的应用系统和程序的数据接口，让现有系统率发挥更好的应用效果，提供数据优化工具与模型，通过数据来支持业务环境的优化，并以直观的形式进行展现。通过大量的移动应用提供智慧物流平台，提升了物流企业服务水平以及行业竞争力。

3.5.2 物联网

1. 物联网的提出

1999 年，美国 Auto-ID 首先提出"物联网"的概念。同年，在美国召开的移动计算和网络会议提出，"物联网是下一个世纪人类面临的又一个发展机遇。" 2003 年，美国《技术评论》提出传感网络技术将是未来改变人们生活的十大技术之首。2005 年 11 月 17 日，在突尼斯举行的信息社会世界峰会（World Summit on the Information Society，WSIS）上，国际电信联盟（International Telecommunication Union，ITU）发布《国际电信联盟互联网报告 2005：物联网》，正式提出"物联网"的定义：把所有物品通过射频识别（RFID）、红外感应器、全球定位系统、激光扫描器等信息传感设备与互联网连接起来，进行信息交换的网络。物联网可实现智能化识别、定位、跟踪、监控和管理，其原理和结构见图 3-10。

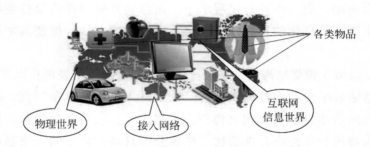

各类物品

物理世界　　接入网络　　互联网信息世界

图 3-10　物联网的原理和结构

从字面解释，物联网就是"物物相连的互联网"。这有两层意思：

第一，物联网的核心和基础仍然是互联网，是在互联网基础上延伸和扩展的网络。

第二，用户端相比互联网进行了延伸和扩展。互联网的用户端是计算机、手机等电子设备，物联网则扩展到了任何物体。

物联网的基本原理是在计算机互联网的基础上，利用 RFID、无线数据通信等技术，构造一个覆盖世界上万事万物的 Internet of Things。在这个网络中，物品能够彼此进行"交流"，而无须人的干预。其实质是利用 RFID 技术，通过计算机互联网实现物品（商品）的自动识别和信息的互联与共享。其作业步骤为：①标识物体属性；②完成对物体属性的读取，并将信息转换为适合网络传输的数据格式；③将物体的信息通过网络传输到信息处理中心，由处理中心完成物体通信的相关计算。

"物品"进入物联网的条件：要有相应信息的接收器；要有数据传输通路；要有一定的存储功能；要有 CPU；要有操作系统；要有专门的应用程序；要有数据发送器；要遵循物联网的通信协议；要在世界网络中有可被识别的唯一编号。

物联网把感知技术、网络技术运用于万物，以精细动态方式管理生产生活，提高资源利用率和生产力水平，改善人与自然的关系。现实的世间万物与虚拟的"互联网"充分结合，通过各种信息传感器、射频识别技术、全球定位系统、红外感应器、激光扫描器等装置与技术，实时采集任何需要监控、连接、互动的物体或过程，采集其声、光、热、电、力学、化学、生物、位置等各种需要的信息，通过各类可能的网络接入，实现物与物、物与人的泛在连接，实现对物品和过程的智能化感知、识别和管理。物联网是一个基于互联网、传统电信网等信息承载体，让所有能够被独立寻址的普通物理对象实现互联互通的网络。

物联网产业链细分为四个环节：标识、感知、处理、信息传送。每个环节对应的关键技术分别为：RFID、传感器、智能芯片、无线传输网络。物联网的三大类产品主要为：电子标签（存储芯片、天线、各种传感器等）、读写器（智能芯片、识读天线、信息传输模块等）、系统集成产品（系统中间件、数据库软件、PC 终端、数据服务器、路由器、交换机、传输网络等）。

物联网是新一代信息技术的高度集成和综合运用，对新一轮产业变革和经济社会绿色、智能、可持续发展具有重要意义。目前，物联网主要应用于个人、办公、汽车、物流、消费、资源环境、家庭、工厂和城市九大方面。全球物联网产值 4 万亿 ~12 万亿美元，涉及生活与工作方方面面。其中，智能城市、智能交通、智能穿戴、智能医疗市场最为可期。随着 5G 的到来，万物互联渐近，物联网无疑成了最热的关键词，物联网正在取代移动互联网成为信息产业的主要驱动。预计到 2020 年将有 260 亿台物联网设备，市场价值将达 3000 亿美元，未来有望达到万亿美元级别。

2.物联网的体系结构

物联网系统至少包含三部分：信息采集子系统、信息处理子系统、用户界面系统。另外，还需要有一个信息传输子系统贯通整个过程，所以一共是四部分。其系统结构可以用图 3-11 表示。

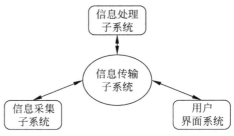

图 3-11　物联网系统结构

从抽象角度来看，物联网系统可以分为四层，详见图3-12。

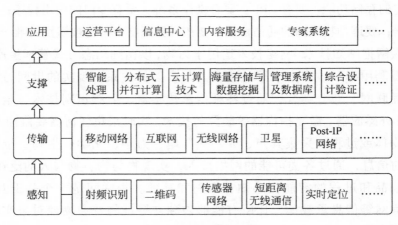

图 3-12 物联网系统层

各层的主要功能如下。

感知层：进行信息的获取与辨识，包括物质属性、环境状态、行为态势等静、动态信息。对应信息采集子系统。

传输层：借助互联网或移动通信网，对来自感知层的信息进行接入和传输。对应信息传输子系统。

支撑层：作为物联网的大脑，进行智能化的存储和计算、信息融合、数据挖掘等。对应信息处理子系统。

应用层：强调智能化、便携化的人机交互。支持面向行业的应用（灾害预测、智能交通等）。对应用户界面系统。

3. 物联网在物流领域的应用

在物流领域中，企业应用物联网完善业务，需要以提高效率、减少人为错误为目标，利用物联网技术分析研究业务流程、物流感知与信息采集、进行数据的自动化处理等，以作出更好的决策，进一步优化业务流程。图3-13所示为物联网在物流企业中的业务应用，通过这些应用，物流企业可以较好地解决车辆调度、行驶安全、货物追溯、全程冷链以及供应链协同等目标，提高物流系统运作绩效。

1）智能运输

利用物联网技术实施运输业务升级的物流企业，需以深度覆盖所服务区域的运输网络平台为基础，提供快捷、准时、安全、优质的标准化服务。通过整合内、外物流资源，提供"一站式"综合物流服务，以满足客户对运输

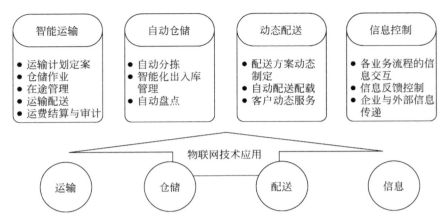

图 3-13　物联网在物流企业中的业务应用

业务的个性化需求。应用物联网技术优化运输业务的各个作业环节，实现运输管理过程的信息化、智能化，并与上、下游业务进行物流资源整合和无缝连接。图 3-14 所示为物流企业智能运输流程。

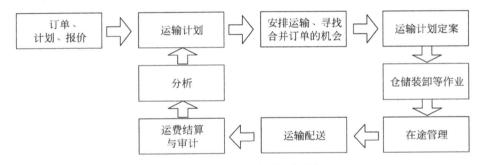

图 3-14　物流企业智能运输流程

2）自动仓储

物流企业仓储管理业务以供应商库存管理为基础，将服务作为其标准化产品。将物联网技术应用于仓储管理业务中，可实现仓储管理中的货物自动分拣、智能化出入库管理、货物自动盘点及"虚拟仓库"管理，从而形成自动仓储业务。通过智能及自动化的仓储管理，可有效降低物流成本，实现仓储作业的可视化和透明化管理，提高仓储服务水平，最终实现智能化、网络化、一体化的管理模式。图 3-15 所示为自动分拣系统示意图。

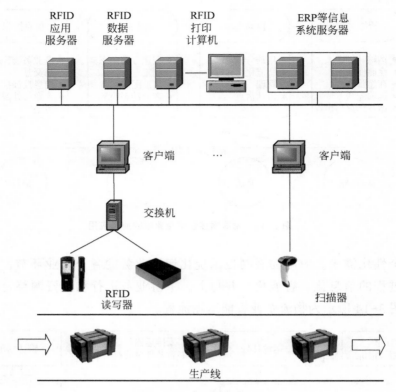

图 3-15 自动分拣系统示意图

3）动态配送

在传统的配送过程中，交通条件、价格因素、用户数量及分布和用户需求等因素的变化会对配送方案、配送过程产生影响。物联网的引入很好地解决了这一问题，通过对以上影响因素涉及的物体利用物联网感知布点进行信息采集并有效反馈就可形成动态的配送方案，从而提高配送效率，提升服务质量。此外，还可为客户提供实时的配送状态信息服务。图 3-16 所示为物联网技术在物流配送中的应用。

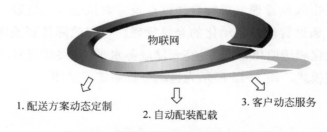

图 3-16 物联网技术在物流配送中的应用

4）信息服务

信息流在物流企业开展物流业务中的作用尤为重要，物流企业之间的竞争可以归结为对信息流控制能力的竞争。物联网作为信息技术领域的第三次革命，可在物流企业提高信息传输速度、信息获取能力和信息处理能力，把控信息传输方向等方面发挥较大作用，实现物流企业的信息流活动升级，从而提高整个物流的反应速度和准确度，实现物流信息管理与控制的飞跃。各业务流程的信息交互、信息反馈控制、企业与外部信息传递都可以通过物联网技术进行优化，极大地提高物流系统的运转效率，提升物流企业的信息化水平和基于信息反馈的服务水平。

5）物联网在物流行业应用的未来趋势

物联网在物流领域中的应用会向四个方向发展。

（1）智慧供应链与智能生产的结合。RFID 系统、条码识别技术、传感器技术的应用逐渐增加，再加上物联网的应用，会促进企业在生产、物流、采购和销售方面的智能化整合，进一步带动智慧供应链与智能生产的结合，使物流系统成为企业经营过程的一部分，从而改变传统经营模式，建设智慧企业。

（2）智慧物流网络与社会物联网的结合。物联网技术属于聚合型应用，企业运用物联网是跨行业应用的体现。将产品的可追溯智能网络与社会物联网结合，能够为用户提供便捷的信息查询功能，社会物联网也可能与其他物流体系结合，或者由相关网络与物流体系实现信息对接，从而改变人们的生活方式。

（3）智慧物流与多种互联网技术的结合。RFID、全球定位系统、条码识别等技术在物流领域中的应用已经比较普遍，物联网技术水平还在不断提高，之后的物流行业为了进一步提高自己的运作效率，会增加对 M2M 技术、蓝牙技术以及音视频识别等技术的应用。例如，冷链物流中应用了温度感知技术，物流操作过程中运用了音视频感知技术，物流防盗系统中运用了侵入感知技术，等等。这些应用进一步改善了冷链物流系统的服务质量与服务水平。

（4）物流行业中出现多种物联网应用模式。前述几种物流业对物联网的应用方式仅仅是智慧物流的一小部分，物联网仍在进步，物流行业中还会出现许多物联网应用模式。比如，某物流企业尝试在邮筒上应用传感技术，加强集中控制，并将这种格式运用到快递行业中；位于无锡的某粮食物流企业尝试在粮食仓储物流技术中运用感知技术，掌握仓库中的空气温度和湿度等数据，致力于建设能够进行智能粮食配送和质量监管的智慧物流体系；某信息企业在酒店的藏储中运用物联网技术，打造企业品牌等。

物联网技术还在进步，在不久的将来，智慧物流将会真正落地，我国智慧物流业发展大有可为。

3.6 物流系统仿真技术

3.6.1 系统仿真

1. 系统仿真的概念与步骤

系统仿真是通过建立实际的系统模型，在特定的时间内对系统进行实验研究的过程。随着计算机技术的发展，系统仿真已逐步形成一门新兴学科。具体来说，系统仿真是以控制理论、相似理论、信息处理技术和计算机技术等理论为基础，以计算机和其他专用物流设备为工具，对真实或假设的系统模型进行实验，并借助于专家经验、统计数据和信息资料对实验结果进行分析研究，进而作出决策的一门综合性、实验性的学科。

一般而言，系统仿真可以分为以下 9 个步骤。

（1）问题定义。定义问题的陈述越通用越好，应详细考虑引起问题的可能原因，作出恰当的假设。

（2）制定目标和定义系统效能测度。在定义目标时，应详细说明影响目标实现的性能测度，并列出仿真结果的先决条件。

（3）描述系统和列出假设。仿真将现实系统资源分成 4 类：处理器、队列、运输和共享资源（如操作员）。在建立仿真模型时，首先需要对现实系统作模型描述，通过合理假设，抽象并准确表达其本质属性。

（4）列举可能的替代方案。应在仿真初期考虑替代方案，使设计的模型能够非常容易地转换到替换系统。

（5）收集数据和信息。数据可以通过历史记录、经验和计算得到。这些粗糙的数据将为模型输入参数提供基础。除了为模型参数输入数据外，在验证模型阶段还可以把实际数据与模型的性能测度数据进行比较。

（6）建立计算机模型。一般建模过程是呈阶段性的，在进行下一阶段建模之前，首先验证本阶段的模型工作是否正常，并应在建模过程中运行和调试每一阶段的模型。

（7）验证和确认模型。"验证"的内容包括模型的功能是否与设想的系统功能相符合，模型是否与想构建的模型一致。"确认模型"的范围包括确认模型是否能够正确反映现实系统，模型仿真结果的可信度有多大等。

（8）运行可替代实验。当系统具有随机性时，就需要多次运行实验。尽可能在第（2）步中计算出已定义的每一性能测度的置信区间。

（9）输出分析。通常使用报表、图形和表格进行输出结果的分析，同时应用统计技术分析不同方案的模拟结果。一旦得出结论，就要能够根据模拟的目标来解释这些结果，并提出实施或优化方案。

2. 系统仿真算法

仿真算法所要解决的问题包括如何推进仿真钟，如何建立起各类实体之间的逻辑联系，以及如何使模型描述的形式更容易被计算机处理等。对同一个系统，所确定的算法不同，仿真模型的结构也不同。下面以事件调度法、活动扫描法和进程交互法为例，阐述这三类算法在系统描述、建模要点、仿真钟推进以及执行控制等方面的不同点，具体见表 3-1。

表 3-1 三种算法的比较

比较项目 \ 算法	事件调度法	活动扫描法	进程交互法
系统描述	主动成分可施加作用	主动成分、被动成分均可施加作用	主动成分、被动成分均可施加作用
建模要点	对事件建模，构建事件子程序	对活动建模，构建事件子程序	进程分步、事件测试与执行活动
仿真钟推进	系统仿真钟	系统仿真钟，成分仿真钟	依据 CEL（current event list，当前事件表），按最早发生事件的开始时间执行活动
执行控制	选择最早发生的时间记录	扫描全部活动，执行可激活成分	扫描 CEL，执行 Da（S）=true 记录断点

（1）事件调度法。事件调度法是按时间顺序处理所发生的一系列事件，通过记录每一事件发生时引起的系统状态的变化来完成系统的整个动态过程的仿真。由于事件都是预定的，状态变化发生在明确的预定时刻，所以这种方法适合于活动持续时间比较确定的系统。

（2）活动扫描法。活动扫描法是面向活动的方法。活动的开始与结束除受到事件因素影响外，还受到其他因素（例如条件因素）的影响。

（3）进程交互法。按这种方法，系统仿真钟的控制程序采用当前事件表和将来事件表。前者包含了从当前时间点开始有资格执行的事件记录，但是该事件是否发生的条件尚未判断；后者包含未来某个仿真时刻发生的事件记录。

3.6.2 物流系统仿真

1.物流系统仿真的主要应用领域

系统仿真技术在物流系统中的应用非常普遍，例如物流系统设施规划与设计、物料控制、物料运输调度、物流成本估算等。

1）物流系统设施规划与设计

假设一个由自动化立体仓库、AGV、缓冲站等组成的复杂物流系统。系统设计的内容包括确定：自动化立体仓库的货位数；AGV的速度、数量；缓冲站的个数；堆垛机的装载能力（运行速度和数量），以及规划物流设备的布局；设计AGV的运送路线等。系统设计应该考虑的重要指标包括生产能力、生产效率和系统投资等，这些指标在某种程度上是相互矛盾的，物流系统设施规划与设计要求选择技术性与经济性的最佳结合点。该系统的仿真模型如图3-17所示。

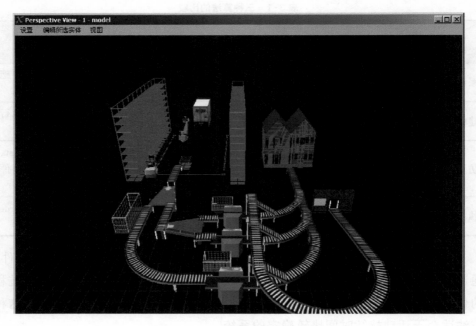

图 3-17 厂房的物流系统仿真模型

2）物料控制

物料供应部门与生产加工部门的供求关系存在着矛盾，且生产加工中各个工序的加工节奏一般不可协调。为确保物料的及时、准确供应，最有效的办法是在工厂、车间设置物料仓库，在生产工序间设置缓冲物料库，来协调生产节奏，如图3-18所示。

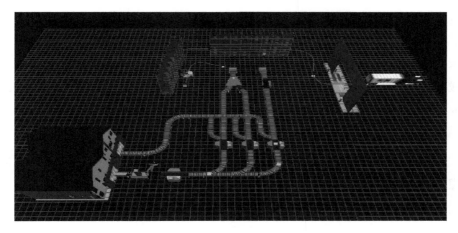

图 3-18　输送系统仿真模型

3）物料运输调度

对于拥有多种运输车辆和多种运输路线的复杂物流系统来说，应用合理的调度工具来规划运输路线，对于保障运输线路的通畅和高效是非常必要的。由于物流系统运输调度的复杂、动态性，系统仿真成为解决问题的有效方法，如图 3-19 所示。它通过动态运行所建立的运输系统模型，生动呈现运行状态、道路堵塞情况、物料供应情况，并呈现包括车辆的运行时间、利用率等各种仿真结果的数据。

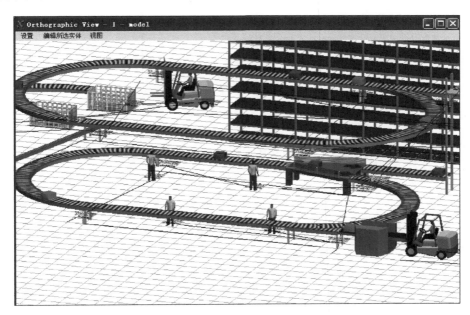

图 3-19　物流系统仿真模型

4）物流成本估算

物流成本的核算与花费的时间直接相关，为保证系统的经济性，通常用成本核算结果来评价物流系统的各种方案。一般物流成本包括运输成本、库存成本、装卸成本等。物流过程是非常复杂的动态过程，在实际仿真中，物流成本的估算可以与物流系统其他统计性能同时得到。

2. 物流系统仿真的步骤

物流系统仿真的步骤不是严格一致的，一个典型、完整的物流系统仿真步骤可参考图 3-20。

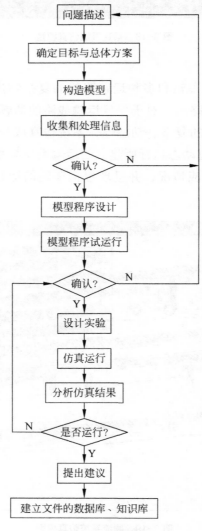

图 3-20 仿真步骤

　　下面结合"某地区物流网络运营计算机仿真与动态显示"的实例来说明仿真的步骤。该仿真的对象是某地区物流网络的车辆运营组织,仿真中将同步显示货物节点运输车辆的运营状态。具体仿真步骤如下。

　　(1)问题描述。这一阶段需要对货物车辆运营系统进行深入细致的了解,并与车队、车场调度人员反复交换认识,通过反馈不断深化对系统的认识,从而使描述的系统与实际相符合。

　　(2)确定目标与总体方案。该仿真的目标是:从整体考虑物流网络,确定运营的改进方向及改进方案,使物流网络能以较少的车辆和人员配置完成预定的物流量任务。根据这一目标,构造总体研究方案。它包括研究人员的数目、分阶段参加人员的工作天数、投入的研究费用等。

　　(3)构造模型。首先进行系统的实体及属性分析、活动分析、模型变量分析、系统特征分析、模型指标分析、模型的输入/输出分析以及仿真模型选定分析,进而确定各组成要素以及表征这些要素的状态变量和参数之间的数学逻辑关系,从而建立仿真模型。

　　(4)收集和处理信息。信息的正确性直接影响仿真结果的正确性,正确收集和处理信息是系统仿真的重要组成部分。它包括估计输入参数和获得模型中采用随机变量的概率分布。

　　(5)确认。在整个仿真过程中确认仿真模型及输入参数,尤其是在此步和第(8)步,进一步与货运车辆、车场调度人员交换信息,增强模型的有效性,并根据决策者的要求,对模型作相应修改,使之更符合实际。

　　(6)模型程序设计。即将仿真分析的思路转化成计算机语言编制的程序。

　　(7)模型程序试运行。通过试运行仿真程序来验证程序的正确性。

　　(8)确认。根据仿真模型试运行的结果,确认模型的正确性,通过比较实际系统的行为和仿真过程两者间的差异,对模型进行改进。

　　(9)设计实验。当不止一个方案适用于系统时,对仿真方案要经过选择,考虑合适的初始运行条件、运行时间及重复次数等。

　　(10)仿真运行。通过仿真运行,输出仿真指标,获得方案比选的信息。

　　(11)分析仿真结果。在经过多方案仿真后,把输出的指标按某种数学方法处理后进行方案的排序。推荐较优运营组织方案,供决策者参考。

　　(12)提出建议。在分析模型结果的基础上,以文字形式提出对决策者有价值的参考建议。

　　(13)建立文件的数据库、知识库。这是物流系统仿真过程中的重要阶段,也是为进一步智能化仿真积累知识的重要手段。在物流网络计算机仿真的基础上，使本系统更加完善，能处理更加复杂的问题。

案例：配送中心仿真与分析

案例：自动存取系统（AS/RS）仿真分析

参考文献

[1] 齐二石，霍艳芳，等 . 物流工程与管理 [M]. 北京：科学出版社，2016.

[2] 百家号 . 智慧物流技术应用方向及趋势 [EB/OL].[2019-06-11]. https://www.xzbu.com/8/ view-8124593.htm.

[3] 中国产业信息网 .2018 年中国智慧物流行业发展现状及发展趋势分析 [EB/OL].[2018-03-06].http://www.chyxx.com/industry/201803/0616105.html.

[4] APICS 联韬供应链咨询 . 德勤发布中国智慧物流发展报告，仓、干、配将有哪些新突破？[EB/OL]. [2018-02-06]. http://www.sohu.com/a/221277587_99935012.

[5] DECKER C, BERCHTOLD M, CHAVES L W F, et al. Cost-Benefit Model for Smart Items in the Supply Chain[C]// International Conference on the Internet of Things. Springer-Verlag, 2008: 155-172.

[6] FLEISCH E, CHRIST O, DIERKES M. Die betriebswirtschaftliche Vision des Internets der Dinge[J]. Das Internet der Dinge. Friedemann Mattern, 2005: 3-37.

[7] 王继祥 . 智慧物流概念、技术架构与发展演进方向 [EB/OL].https://www.sohu.com/a/233697060_ 473276.

[8] 张宇，王义民，黄大雷，等 . 智慧物流与供应链 [M]. 北京：电子工业出版社，2016.

[9] 李骏阳 . 零售学 [M]. 北京：科学出版社，2009.

[10] 王先庆，李征坤 . 物联网 + 物流："互联网"时代，下一个千亿级"风口" [M]. 北京：人民邮电出版社，2015.

[11] 齐玉梅,方芳,宋传平 . 条码技术——物流管理的基石 [J]. 技术经济与管理研究,2007（3）：62-63.

[12] 刘亮 . 物流系统仿真：从理论到实践 [M]. 北京：电子工业出版社，2010.

[13] 秦天保，王岩峰 . 面向应用的仿真建模与分析：使用 Extend Sim[M]. 北京：清华大学出版社，2011.

[14] 许丹丹 . 物流企业 EDI 技术应用策略研究 [J]. 现代经济信息，2012（16）：50-63.

[15] 李鹏涛 . 大数据与智慧物流概述——"大数据与智慧物流"连载之一 [J]. 物流技术与应用，2017，22（1）：132-134.

[16] 李嘉 . 面向供应链挖掘"商品关系链"价值——"大数据与智慧物流"连载之二 [J].
物流技术与应用，2017，22（2）：126-127.

[17] 刘虹玉，王双金 . 大数据在仓储物流中的发展与应用——"大数据与智慧物流"连载
之三 [J]. 物流技术与应用，2017，22（3）：134-136.

[18] 李亚曼，崔乐乐 . 基于精准画像的京东 1 小时达——"大数据与智慧物流"连载之四 [J].
物流技术与应用，2017，22（4）：148-150.

[19] 黄国兴 . 基于 GPS 和 GIS 技术的智慧物流系统的构建 [J]. 中国西部科技，2011（36）：
11-12.

[20] 李祖骏 . 基于 3S 与无线技术的智慧物流调度系统的设计与实现 [J]. 地理空间信息，
2012（4）：92-94+181-182.

[21] 王喜富 . 物联网与智能物流 [M]. 北京：清华大学出版社，北京交通大学出版社，2014.

[22] ZHENG M X, FU C C, YANG M G. The application used RFID in third party logistics[J].
International Conference on Solid State Devices and Materials Science, 2012, 13（4）：
2045-2049.

[23] PRASANNA K R, HEMALATHA M. RFID GPS and GSM based logistics vehicle load
balancing and tracking mechanism[J]. Procedia Engineering, 2012, 30（23）：726-729.

第 4 章

设施规划与设计

设施规划与设计（facility planning and design），也称设施选址与布置，是物流工程的一个重要组成部分。它的任务是对系统的各类设施、人员、投资进行系统的规划与设计，用以优化人流、物流和信息流，从而有效、经济、安全地实现系统的预期目标。设施规划与设计包括设施选址和设施布置两方面内容，本章将逐一展开介绍。

4.1 设施规划与设计的基本理论

4.1.1 设施规划与设计的定义

设施规划与设计起源于早期制造业的"工厂设计"，重点探讨各类工业设施、服务设施的规划与设计概念、理论及方法。它以物流系统的空间静态结构（布局）为研究对象，从系统的动态结构——物流分析出发，探讨设施的区域定位、局域布置规划的目标、意义及设计原则，着重研究规划与设计过程中的理论、方法与步骤，通过设施最合理、最经济、最有效的布置使得物流系统的动态因素（人、财、物、信息）的流动达到高效率和低成本。

早期工厂设计的方法主要通过调查、试验、测定，更多依靠经验和定性的方法。第二次世界大战后随着运筹学、统计学、概率论广泛地应用到生产建设活动中，系统工程以及电子计算机普遍得到运用，工厂设计开始逐渐运用系统工程的概念和系统分析的方法开展研究与应用工作，日益显示出现代的特征。同时，工厂设计的原则和方法的应用领域也逐渐扩大到非工业设施，包括各类服务设施，如机场、医院、超级市场等。"工厂设计"一词逐步被"设施规划""设施设计"所代替。

设施规划与设计是根据系统（如工厂、学校、医院、办公楼、商店等）应完成的功能（提供产品和服务），对系统各项设施（如设备、土地、建筑物、公用工程）、人员、投资等进行系统的规划和设计。即由原料接收至成品装运的全部过程中，对人员、物料及任何一单位的操作所需的机器设备等进行最有效的组合与安排，且与工厂内的设备协调，以期获得安全且最大效率与最经济的操作。

设施是指生产系统或服务系统运行所需要的有形的固定资产。对一个工业设施或工厂，设施包括占有的土地、建筑物和构筑物、加工用的机器设备、固定的或移动的辅助设备（如搬运或运输设备等）。此外，还包括维修设备、实验室、仓库、动力设施、公用设施、办公室等。对一个服务设施，设施包括土地、建筑物、设备、公用设施、办公室等，如超市的货品架、购物车，医院的病床、救护车等。

设施规划与设计的含义，目前存在各种不同的表达方式。

美国的詹姆士·A.汤普金斯和约翰·A.怀特合著的《设施规划》将其定义为："设施规划是就如何使一个有形的固定资产，为实现其运营的目标提供最好的支持所作出的决定。"

美国的理查德·缪瑟和李·海尔斯合著的《系统化工业设施规划》给出的定义为："工业设施规划就是设计或确定怎样具体地把一个工厂建造出来，使之运行或生产。工业设施规划人员的工作，是为一个工业公司有效实现其产品的设计、制造、分发，提出所必需的工厂面积、构筑物、机器和设备。"

美国的詹姆士·M.爱伯尔在《工厂布置与物料搬运》中将设施设计定义为："设施设计工程师为商品生产系统或服务系统进行分析、构思、设计并付诸实施，设计通常表现为物质设施（设备、土地、建筑物、公用事业）的一个平面布置或一种安排，用以优化人流、物流、信息流以及有效、经济、安全地实现企事业目标的措施之间的相互关系。"

德国的汉斯·克特纳等著的《工厂系统设计手册》则认为："工厂设计的任务是，在考虑众多总体条件和边界条件的情况下，为工厂创造实现企业目标、社会功能和国民经济功能所需的先决条件。也就是说，工厂设计要保证生产工艺流程既正确又经济，工厂人员能在良好的工作条件下进行工作。"

我国学者在《中国大百科全书》机械工程篇中，对"机械工厂设计"的释义是："为新建、扩建或改建机械工厂进行规划，论证和编制成套设计文件。工厂设计是一项技术与经济相结合的综合性设计工作。"

综上所述，尽管各国学者对设施规划与设计所下的定义不同，但在两个方面却是一致的。

（1）设施规划与设计的对象是新建、扩建或改建的生产系统或服务系统。

（2）设施规划与设计的内容是通过综合分析、设计、规划、论证、修改和评价，使资源得到合理配置，使系统能够有效、经济、安全地运行，以实现各个组织制定的预期目标。

4.1.2　设施规划与设计的范围

从物流工程的角度，设施规划与设计的范围可以界定为场址选择（设施选址）和设施设计两个组成部分。设施设计应用于工厂等工业部门，也可称为工业设施设计，它主要包括工厂布置、物料搬运系统设计、建筑设计、公用工程设计、信息通信系统设计。

4.2　设施选址

4.2.1　设施选址的内容

1. 新建设施

新建设施，必须选择适当的场址。场址选择就是对可供选择的地区和地点的相关因素进行分析评价，力争达到场址的最优化。它不仅存在于工业领域，而且存在于服务性行业，尤其是在当前服务业蓬勃发展的时期。

2. 重建设施

当企业寻求降低成本和改善服务的新方法时，将物流和制造设施放置何处就变得非常重要了。重新设计企业的物流网络，除了改善物流作业的效率和效果外，还可以实现企业对市场的划分。如可口可乐公司对北方物流网络中的配送中心（RDC 项目）的削减，大大改善了物流服务水平。

设施选址分为两种。

（1）单一设施的场址选择。即根据确定的产品（或服务）、规模等目标为一个独立的设施选择最佳位置。

（2）复合设施的场址选择。就是要为某个企业（或服务业）的若干个下属工厂、仓库、销售点、服务中心等选择各自的位置，并使设施的数目、规模和位置达到最优化。特别是在物流网络设计中，考虑一些关键的选址决定因素，重点确定物流区域的划分和具体位置的选择。

场址选择与企业的经营战略有关。例如，根据我国区域灾害特征和救灾工作的需要，国家在沈阳、天津、郑州、武汉、长沙、西安、成都、南宁、合肥和哈尔滨建立了 10 个中央级救灾储备物资库；美国麦当劳公司在全球范围内选择经营连锁店。

设施选址包括地区选择和地点选择两项内容。有时先选择建设的地区然后进一步确定适宜的地点，有时需要这两项选择相互结合起来进行。

需要注意的是，设施选址常常需要其他有关人员（如地区 / 城市规划人员、勘测人员），甚至环保部门的人员参与，而不能由设计人员单独完成。

4.2.2 设施选址的原则

场址选择的好坏，对于生产力布局、城镇建设、企业投资、建设速度及建成后的生产经营都具有重大意义。如果先天不足，会造成很大损失。因为场址一旦确定，设施建设完工，一般就无法轻易改动。

设施的选址一般应遵循以下主要原则。

1. 工业生产力合理布局原则

工业生产力布局是工业企业在全国各地区的地理分布。国家通过产业政策和生产力布局规划指导项目布局和投资的空间投向。设施选址应符合国家生产力布局和有关政策，既要满足国民经济发展的总体需要，又要有利于企业自身的生存与发展。同时，设施选址也要考虑符合所在地的总体规划布局。

工业生产力合理布局一般应遵循以下主要原则。

1）最低成本原则

此项原则即要求在完全成本最低的地点配置相应的生产力。完全成本是指产品在生产过程中的制造费用、输入物料的运输费用以及产品到达客户地点流通费用的总和。

2）专业化分工协作原则

打破大而全、小而全和区域观念的束缚，集中自然资源、科学技术以及劳动生产力优势，发展跨地区的分工和协作，建立重点突出、具有特色的地区工业结构。例如，南京地区的扬子、仪征、南化和金陵由于分属石油部、化工部、商业部和南京地区领导，故整体利益意识不强，而且面临开工不足、成本居高不下等问题。为此，1997 年 11 月合并成立中国东联石化工业总公司，直属国务院，挂靠经贸委，就是跨区合作的典型范例，合并后年产值达 400

亿元以上，具有了一定的规模，从而大大降低了成本。

3）分散与集中相结合原则

此项原则即适度集中、合理分散。工业布点的适度集中，有利于企业之间的专业化协作分工。但是，工业布点的集中程度并非越高越好，合理分散将有利于各地区自然资源的充分利用，有利于缩短物料的运输距离。

4）重点开发原则

一定时期内集中财力、物力形成重点建设地区，如开发西部地区。

5）吸引外资合理投向原则

通过良好的投资环境，如土地使用、税收、销售经营等方面特殊的优惠政策，吸引外资投向国家急需发展的地区和行业，促进国民经济均衡发展，如经济开发区、保税区的建设与发展。

2. 费用原则

选址时要以项目寿命周期费用最低为原则。企业首先是经济实体，经济利益对于企业无论何时何地都是重要的。建设初期的固定费用、投入运行后的变动费用、产品出售以后的年收入等，都与选址有关。

3. 集聚人才原则

人才是企业最宝贵的资源，企业地址选的合适有利于吸引人才；反之，因企业搬迁造成员工生活不便，导致员工流失的事情时有发生。

4. 接近用户原则

对于服务业，几乎无一例外都需要遵循这条原则，如银行营业部、邮电局、电影院、医院、零售业的所有商店等。对于制造企业，为了降低物流成本，提高快速反应能力，也将配送中心或仓库建在消费地附近。

另外，选址时还要考虑便于利用当地自然条件、资源条件、运输条件及公共设施；有利于保护环境与景观，不污染水源，符合环境保护的规定；节约用地，符合土地管理、水土保持等法规。

4.2.3　设施选址的影响因素

设施选址需要考虑众多的、复杂的因素，涉及许多方面。对于影响设施选址的因素，本节将从成本相关性的角度和选址的主要决定因素两个方面进行分析。

1. 成本相关性的角度

与设施选址的成本有直接关系的因素称为成本因素，可以用货币单位来表示其实际成本值；与设施选址的成本无直接关系，但能间接影响产品成本和未来企业发展的因素称为非成本因素。具体如表 4-1 所示。

表 4-1　设施选址考虑的因素

成 本 因 素	非成本因素
1. 运输成本	1. 社区情况
2. 原料供应	2. 气候和地理环境
3. 动力、能源的供应量和成本	3. 环境保护
4. 水供应	4. 政治稳定性
5. 劳动力素质	5. 文化习俗
6. 建筑和土地成本	6. 当地政府的政策
7. 税率、保险和利率	7. 扩展机会
8. 财务供应：资本及贷款的机会	8. 当地竞争者
9. 各类服务和保养费用	9. 公众对工商业的态度
⋮	⋮

1）主要的成本因素

（1）运输成本。对企业来讲，运输成本占较大的比重，所以选址时应注意缩短运输距离、减少运输环节和装卸次数，并尽量靠近码头、公路、铁路等交通设施，且考虑铁路、公路、水路三者均衡问题。我国东西部经济发展差距之所以大，与运输条件有很大关系。

（2）原料供应。某些行业对原料的量和质都有严格的要求，这类部门长期以来主要分布在原料产地附近，以降低运费，减少时间阻延，从而得到较低的采购价格。但目前工业对原料地的依赖性呈缩小趋势，主要原因包括技术进步导致单位产品原料消耗下降，原料精选导致单位产品原料用量减少、运费降低，工业专业化的发展导致加工工业向成品消费地转移，运输条件的改善导致单位产品运费降低等。尽管如此，采掘业、原料用量大或原料可运性小的加工工业仍以接近原料产地为佳。

（3）动力、能源的供应量和成本。对于火力发电、有色金属冶炼、石油化工等行业来说，动力、能源的消耗在生产成本中的比重可占到 35%~60%。对重型机器制造、水泥、玻璃、造纸等行业，动力、能源的供应量和成本的影响也是举足轻重的。

（4）水供应。酿酒工业、矿泉水厂、钢铁工业、水利发电厂等必须靠近江、河、水库等地设置。

（5）劳动力素质。劳动力素质会对技术密集型和劳动密集型企业产生不同的影响，构成不同的劳动力成本。

（6）建筑和土地成本。该项指土地的征用、赔偿、拆迁、平整的费用，注意应尽量少占用农业用地。

2）主要的非成本因素

（1）社区情况。例如，服务行业、商店、加油站和娱乐设施的状况等。

（2）气候和地理环境，包括风力、风沙、温度、湿度、降雨量等。气温对产品和作业人员均会产生影响。例如，气温过高或过低都将增加气温调节的费用，潮湿多雨的地区不适合棉纺、木器、纸张的加工等。一般制造厂要求土地表面平坦，易于平整施工；如选择稍有坡度的地方，则可利用斜面，这样便于搬运和建造排水系统。在地震断裂层地带、下沉性地带、地下有稀泥或流沙以及在可开采的矿床或已开采过的矿坑上和有地下施工的区域应慎重选址。

（3）环境保护。为了防止生产系统的污染（包括空气污染、水污染、噪声污染、恶臭污染、放射污染以及固体废料污染等），各国和各地区都制定了保护当地居民及生态环境的各种环保法规。例如，印度的博帕尔毒气泄漏事件和苏联的切尔诺贝利核电站事故使人类得到了血的教训。

（4）当地政府的政策。有些地区为了鼓励在当地投资建厂，划出工业区及各种经济开发区，低价出租或出售土地、厂房、仓库，并在税收、资金等方面提供优惠政策，同时拥有良好的基础设施。

2. 选址的主要决定因素

表4-2列出了一系列在区域和具体地址选择方面的主要决定因素。这些因素依重要性排列，每个因素的相对权重取决于所考虑选址决策的具体情况。

表 4-2　选址的主要决定因素

区域的决定因素	具体地址的决定因素
劳动力环境	可用运输
运输可行性	• 卡车
靠近市场和顾客	• 飞机
生活质量	• 火车
税收和行业发展激励措施	• 轮船
供应商网络	大城市内/外

区域的决定因素	具体地址的决定因素
土地成本和配套设施	劳动力可得性
企业偏好	土地成本和税收
政策	设施

下面我们讨论表 4-2 中列出的主要区域性决定因素。而具体地址的决定因素则由地址选择团队根据具体情况来确定。

（1）劳动力环境。指劳动力的可得性、成本和劳动力的联合程度、技能水平和职业道德，以及生产力和当地政府的支持情况及失业率等。

（2）运输可行性。由于对高质量、可靠性运输的需要，选址时需要对运输设施的运输能力、运输范围进行评价，合理选择。

（3）靠近市场和顾客。靠近市场这一因素通常考虑物流和竞争两个方面的变量。物流变量包括运输可能性、运输成本和需求地市场规模。虽然有些公司优先将物流设施放置在靠近市场和顾客的地方，但从成本上考虑，一个过于复杂的物流网络可能不具有优势。同时，从物流设施的及时性方面看，高质量运输服务和有效信息技术的可得性都会引起地理区域的扩张。

（4）生活质量。某一特定区域的生活质量很难量化，但它确实影响员工的精神状态和工作质量。

（5）税收和行业发展激励措施。了解适宜企业和个人的中央与地方税收的信息非常重要，直接关系未来的经营成本。另一方面也需要了解备选地区的产业发展激励措施，如税收优惠、科技支持等，这些也直接影响正式运行后的经营绩效与竞争力。

（6）供应商网络。就制造业而言，原材料和部件的可得性和成本，以及将这些材料运到计划中的工厂所在地的成本有非常重要的意义。供应商的进货运送成本和服务敏感性都需要考虑。

（7）土地成本和配套设施。根据所考虑设施的不同类型，土地成本和需要的配套设施具有不同的意义。以制造工厂或配送中心为例，它可能需要一个最小面积的土地规模，以备当时使用和未来的扩张，这就意味着潜在的巨大费用。地方建筑法规和建筑成本等是需要考虑的重要因素。同时，电力、排污和工业废物处理等设施的可用性和费用都需要作为考虑因素纳入决策制定过程。

这些主要的选址决定因素因行业和企业实际情况而异。例如，劳动密集型行业，如纺织、家具和家用电器，将重点放在区域和地方市场上劳动力的可得性和成本上；而高技术行业如计算机和外设、半导体和科学设备制造商，则通常会选择具有专业技能的、高素质的劳动力供应地以及靠近顾客的市场；对于像药品、饮料和印刷品及出版物这样的行业，竞争和物流成本巨大，会考虑靠近顾客或者交通便利的区域或地点。

4.2.4　设施选址的步骤

设施选址一般分为以下 4 个阶段。

1．准备阶段

准备阶段的工作内容包括：

（1）企业生产的产品品种及数量（生产纲领或设施规模）。

（2）要进行的生产、储存、维修、管理等方面的作业。

（3）设施的组成，主要作业单位的概略面积及总平面草图。

（4）计划供应的市场及流通渠道。

（5）所需资源（包括原料、材料、能源动力、水电气等）的估算数量、质量要求与供应渠道。

（6）产生的废物及其估算数量。

（7）概略运输量及运输方式的要求。

（8）所需职工的概略人数及等级要求。

（9）外部协作条件。

（10）信息获取方便与否等。

2．地区选择阶段

地区选择阶段的工作内容包括：

（1）走访行业主管部门。

（2）选择若干地区，收集资料。

（3）进行方案比较与选优。

3．地点选择阶段

组成设施选址小组到初步确定地区内的若干地点进行调查研究和勘测。其主要工作内容包括：

（1）从当地城市建设部门取得备选地点的地形图和城市规划图，征询关于地点选择的意见。

（2）从当地气象、地质、地震等部门取得有关气温、气压、湿度、降雨及降雪量、日照、风向、风力、地质、地形、洪水、地震等的历史统计资料。

（3）进行地质水文的初步勘察和测量，取得有关勘测资料。

（4）收集当地有关交通运输、供水、供电、通信、供热、排水设施的资料，并交涉有关交通运输线路、公用管线的连接问题。

（5）收集当地有关运输费用、施工费用、建筑造价、税费等经济资料。

（6）对各种资料和实际情况进行核对、分析和各种数据的测算，经过比较，选定一个合适的场址方案。

4.编制报告阶段

这一阶段的主要工作内容包括：

（1）对调查研究和收集的资料进行整理。

（2）根据技术经济比较和分析统计的成果编制出综合材料，绘制出所选地点的设施位置图和初步总平面布置图。

（3）编写设施选址报告，对所选场址进行评价，供决策部门审批。

设施选址流程如图4-1所示。

场址选择报告包括以下内容。

（1）场址选择的依据（如批准文件等）。

（2）建设地区的概况及自然条件。

（3）设施规模及概略技术经济指标，包括占地估算面积、职工人数、概略运输量、原材料及建筑材料需要量等。

（4）各场址方案的比较，包括自然条件比较、建设费用及经营费用比较、环境影响比较、经济效益比较等。

（5）对各场址方案的综合分析和结论。

（6）当地有关部门的意见。

（7）附件。包括：各项协议文件的抄件；区域位置、备用地、交通线路、各类管线走向；设施初步总平面布置图等。

4.2.5 设施选址的方法

影响设施选址的因素很多。有些因素可以定量，转为经济因素；有些则只能是定性的非经济因素。在场址选择的综合分析中，一般根据条件采用定量与定性相结合的方法来解决场址选择问题。

常用的设施选址方法有优缺点比较法、重心法、线性规划——运输法、

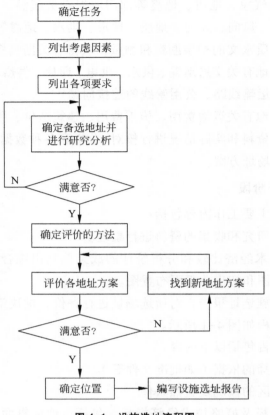

图 4-1　设施选址流程图

德尔菲分析模型等。

1. 优缺点比较法

优缺点比较法是一种最简单的设施选址方法，尤其适应于非经济因素的比较。当几个场址方案在费用和效益方面比较近似时，非经济因素就可能成为考虑的关键因素，此时可采用优缺点比较法对若干方案进行分析比较。常见的场址方案非经济因素有：区域位置，面积及地形，地势与坡度，风向，日照，地质条件（如土壤、地下水、耐压力），土石方工程量，场址现在所有者，拆迁情况，铁路、公路交通情况，与城市的距离，供电、供水、排水，地震，防洪措施，经营条件，协作条件，建设速度等。在实际操作时，先确定选址决策要考虑的因素，然后根据这些因素的相对重要程度确定其各自的权重，再对各备选场址的各决策因素进行比较并打分，最后给出综合比较结果。

2. 重心法

设施选址时，如果生产费用中运费是很重要的因素，而且多种原材料由多个现有设施供应，则可根据重心法确定场址位置。这种方法适用于运输费率相同的产品，使求得的场址位置离各个原材料供应地的距离乘以各点供应量之积的总和为最小。归结起来，重心法的思想是，在确定的坐标系中，各个原材料供应点坐标位置与其相应供应量、运输费率之积的总和等于场所位置坐标与各供应点供应量、运输费率之积的总和。

假设 $P_0(x_0, y_0)$ 表示所求设施的位置，$P_i(x_i, y_i)$ 表示现有设施（或各供应点）的位置（$i=1, 2, \cdots, n$），则重心法中的坐标图如图 4-2 所示。

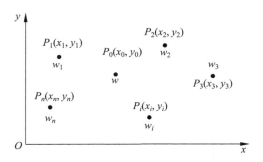

图 4-2　重心法中的坐标图

图 4-2 中 w_i 表示第 i 个供应点的运量。若用 c_i 表示各供应点的运输费率，则根据重心法得

$$
\begin{cases}
\displaystyle\sum_{i=1}^{n} x_i w_i c_i = x_0 \sum_{i=1}^{n} w_i c_i \\[2mm]
\displaystyle\sum_{i=1}^{n} y_i w_i c_i = y_0 \sum_{i=1}^{n} w_i c_i
\end{cases}
\tag{4-1}
$$

假设运输费率相同，则重心坐标为

$$
\begin{cases}
x_0 = \dfrac{\displaystyle\sum_{i=1}^{n} x_i w_i}{\displaystyle\sum_{i=1}^{n} w_i} \\[6mm]
y_0 = \dfrac{\displaystyle\sum_{i=1}^{n} y_i w_i}{\displaystyle\sum_{i=1}^{n} w_i}
\end{cases}
\tag{4-2}
$$

例 4-1　某汽车制造厂，每年需要从 P_1 地运来钢材，从 P_2 地运来铸铁，从 P_3 地运来焦炭，从 P_4 地运来各种造型材料。各地与某城市中心的距离和每年的材料运量如表 4-3 所示。

表 4-3　某汽车制造厂原材料运输距离及运量

原材料供应地	P_1		P_2		P_3		P_4	
坐标	x_1	y_1	x_2	y_2	x_3	y_3	x_4	y_4
与城市中心的距离 /km	20	70	60	60	20	20	50	20
年运输量 /t	2000		1200		1000		2500	

解： 由式（4-2）得

$$x_0 = \frac{20 \times 2000 + 60 \times 1200 + 20 \times 1000 + 50 \times 2500}{2000 + 1200 + 1000 + 2500} \text{km} = 35.4\text{km}$$

$$y_0 = \frac{70 \times 2000 + 60 \times 1200 + 20 \times 1000 + 20 \times 2500}{2000 + 1200 + 1000 + 2500} \text{km} = 42.1\text{km}$$

即该场址应选在坐标为（35.4，42.1）的位置（单位为 km）。

需要注意：按重心法求得场址位置后，还要考虑其他因素，通过综合分析选定。

3. 线性规划——运输法

线性规划方法，被归类为一种最优化技巧，是一种广泛使用的战略和战术物流计划工具。线性规划法是在考虑特定约束条件下，从许多可用的选择中挑选出最佳行动方案。

对于物流问题，广泛使用的线性规划形式是网络最优化。运输法作为网络最优化方法，其目标是在给定的供给、需求和能力约束下，使生产、输入、输出运输的可变成本最小化。

对于复合设施的选址问题，如对一个公司设有多个工厂、多个分销中心（或仓库）的选址问题，可以用线性规划——运输法求解，使得所有设施的总运费最小。

在产销平衡条件下，运输法的数学模型如下：

目标函数：

$$\min \sum_{i=1}^{m} \sum_{j=1}^{n} c_{ij} x_{ij} \qquad (4\text{-}3)$$

约束条件：

$$\text{s.t.}\begin{cases} \sum_{i=1}^{m} x_{ij}=b_j \\ \sum_{j=1}^{n} x_{ij}=a_i \\ x_{ij}\geqslant 0 \end{cases} \qquad (4\text{-}4)$$

式中，m——工厂数；

　　　n——销售点数；

　　　a_i——工厂 i 的生产能力，$i=1$，2，$\cdots$，m；

　　　b_j——销售点 j 的需求，$j=1$，2，$\cdots$，n；

　　　c_{ij}——在工厂 i 生产的单位产品运到销售点 j 的生产、运输费用；

　　　x_{ij}——从工厂 i 运到销售点 j 的产品数量。

例 4-2　已知有两个工厂 F_1 和 F_2，供应 4 个销售点 P_1、P_2、P_3、P_4。由于需求量不断增加，需再设一个工厂。可供选择的地点是 F_3 和 F_4，试选择最佳厂址。根据资料分析，各厂单位产品生产和运输的总费用如表 4-4 所示。

表 4-4　生产、运输总费用　　　　　　　　　　　　万元

从 ＼ 至	P_1	P_2	P_3	P_4	年产量 / 台
F_1	8.00	7.80	7.70	7.80	7000
F_2	7.65	7.50	7.35	7.15	5500
F_3	7.15	7.05	7.18	7.65	12 500
F_4	7.08	7.20	7.50	7.45	12 500
需求量 / 台	4000	8000	7000	6000	

约束条件是工厂不能超过其生产能力，销售点不能超过其需求量。

解：根据运输法，用最小费用分配法进行求解。其程序是：在不超过产量和需求量的条件下，将产品尽可能地分配到总费用最少的组合中去。如果第一次只分配和满足了一部分，就继续进行分配。以此类推，直至需求全部满足，产量全部分配完毕。

（1）若新厂设在 F_3，具体步骤如下。

① 表4-4中 F_3-P_2 组合的费用最少，为7.05万元。但需求量仅为8000台，就把 F_3 的8000台分配给 P_2。F_3 还有4500台的剩余产量。由于 P_2 的需求量已全部满足，这一列可以不再考虑。

② 其余组合中费用最少的是 F_3-P_1 和 F_2-P_4，都是7.15万元。可把 F_3 的4500台剩余产量中的4000台分配给 P_1。这时，P_1 的需求已全部满足，这一列可以不再考虑。F_3 还有500台剩余产量。

③ 其余组合中费用最少的是 F_2-P_4，可把 F_2 的5500台产量全部分配给 P_4。F_2 的产量已全部分配完毕。

④ 其余组合中费用最少的是 F_3-P_3，为7.18万元。可把 F_3 的500台剩余产量分配给 P_3。这时，F_3 的产量已全部分配完毕。

⑤ 其余组合中费用最少的是 F_1-P_3，为7.7万元。P_3 还需要6500台，可把 F_1 产量中的6500台分配给 P_3。这时，P_3 的需求量已全部满足，这一列可以不再考虑。

⑥ 最后，P_4 还有500台的需求量尚未满足，将 F_1 的500台剩余产量分配给 P_4。至此，所有销售点都得到满足，所有产量都分配完毕。

所有产量分配如表4-5所示。

表 4-5 设厂于 F_3 处的产量分配

从＼至	P_1		P_2		P_3		P_4		年产量 / 台
F_1		8.00		7.80	⑤ 6500	7.70	⑥ 500	7.80	7000
F_2		7.65		7.50		7.35	③ 5500	7.15	5500
F_3	② 4000	7.15	① 8000	7.05	④ 500	7.18		7.65	12 500
需求量 / 台	4000		8000		7000		6000		25 000

这样，设厂于 F_3 处，全部费用至少为

$c_3 = （6500 \times 7.70 + 500 \times 7.80 + 5500 \times 7.15 + 4000 \times 7.15 + 8000 \times 7.05 + 500 \times 7.18）$ 万元

$= 181\ 865$ 万元

（2）若设厂于 F_4 处，采用相同解法，得结果如表 4-6 所示。

表 4-6　设厂于 F_4 处的产量分配

从＼至	P_1		P_2		P_3		P_4		年产量／台
F_1		8.00		7.80	⑤	7.70		7.80	
					7000				7000
F_2		7.65		7.50		7.35	②	7.15	
							5500		5500
F_4	①	7.08	③	7.20		7.50	④	7.45	
	4000		8000				500		12 500
需求量／台	4000		8000		7000		6000		25 000

同样可得设厂于 F_4 处的全部费用至少为

c_4＝（7000×7.70+5500×7.15+4000×7.08+8000×7.20+500×7.45）万元

　＝182 870 万元

两方案比较可知，$c_4 > c_3$，所以选 F_3 设厂为优，可节省生产和运输费用：

$c_4 - c_3$＝（182 870–181 865）万元 ＝1005 万元

以上是产销平衡问题的解法，对于产销不平衡问题，可通过增加产地或销地的方法，将问题转化为产销平衡问题求解，最后求得最佳场址位置。

4. 德尔菲分析模型

典型的布置分析考虑的是单一设施的选址，其目标不外乎是供需之间的时间或距离最小化、成本最小化、平均反应时间最小化等。但是，有些选址分析涉及多个设施和多个目标，其决策目标相对模糊，甚至带有感情色彩。解决这类选址问题的一个方法是使用德尔菲（Delphi）分析模型，该模型在决策过程中考虑了各种影响因素。

使用该模型的步骤如下。

（1）成立三个小组：协调小组、预测小组和战略小组。协调小组充当协调者，负责设计问卷和指导德尔菲调查；预测小组负责预测社会的发展趋势和影响企业的外部环境；战略小组则负责确定企业的战略目标及优先次序。

（2）识别存在的威胁和机遇。

（3）确定企业的战略方向和战略目标。

（4）提出备选方案。

（5）优化备选方案。

在考虑企业优势和劣势的基础上，该模型可识别出企业的发展趋势和机遇。此外，该模型还考虑了企业的战略目标，因此在场址选择中作为一种典型的综合性群体决策方法被广泛使用。

案例：沃尔玛超市的选址策略

5. 其他方法

除以上方法外，下面的方法亦在设施选址中使用。

1）费用 - 效果分析法

这是对技术方案的经济效果进行分析评价的一种方法。它的实质是要求系统给社会提供财富或服务的价值——效益，必须超出其支出费用。该方法以经济评价为主，是所有评价方法的基础。

2）关联矩阵法

该方法是对多目标系统方案从多个因素出发进行综合评定优劣程度的方法，基本原理如表 4-7 所示。

表 4-7　关联矩阵表

评价指标		x_1	x_2	$\cdots$	x_n	综合评价结果
指标权重		w_1	w_2	$\cdots$	w_n	
备选方案	A_1	v_{11}	v_{12}	$\cdots$	v_{1n}	$v_1=\sum\limits_{j=1}^{n} v_{1j}\cdot w_j$
	A_2	v_{21}	v_{22}	$\cdots$	v_{2n}	$v_2=\sum\limits_{j=1}^{n} v_{2j}\cdot w_j$
	$\vdots$	$\vdots$	$\vdots$	$\vdots$	$\vdots$	$\vdots$
	A_m	v_{m1}	v_{m2}	$\cdots$	v_{mn}	$v_m=\sum\limits_{j=1}^{n} v_{mj}\cdot w_j$

注：其中 v_{ij} 是 i 方案的 j 指标的百分制评分值。

3）层次分析法（AHP 法）

该方法是一种定性与定量相结合的评价与决策方法。它将评价主体或决策主体对评价对象进行的思维过程数量化。应用 AHP 方法，首先将评价对象的各种评价要素分解成若干层次，并按同一层次的各个要素以上一层次要素为准则，进行两两比较、判断和计算，来求得这些要素的权重，从而为选择最优选址方案提供依据。

4）基于遗传算法的选址模型

该模型利用遗传算法采用全局寻优和优胜劣汰的随机搜索策略，使得模型具有较好的动力学特性，可有效、快速地求得选址问题的全局（或近似）最优解。

5）仿真技术

静态仿真技术试图设计一种特定计划的结果或未来行动的路径来计算静态仿真产品流或潜在的物流渠道网络的相关费用。静态仿真是一个非常灵活的工具，它可对广大的复杂渠道结构范围进行评估。一个综合性的静态仿真器的能力及运作范围，较最优化技术更能就市场、产品、分销设施及运输量大小进行详细分析和处理。

6）Cluster 法与 CFLP 法

Cluster 法的基本思路是先将物流设施定位在需求点，然后对需求点进行组合以减少物流设施的数量，并根据组合后的需求点的几何重心安排新的配送地址，直到总费用不再下降为止。有容量约束设施选址问题（capacitated facility location problem，CFLP）的基本思路是：首先假定初始方案已经确定，即给出一组网点的初始设置地址，根据初始方案，按运输规划模型求出各初始网点的供货范围，然后在各供货范围内分别移动网点到其他备选地址上，使各供货范围内的总成本下降，找到各供货范围内总成本最小的新网点设置地址，再以新网点设置地址代替初始方案，重复上述过程，直至各供货范围内的总成本不能再下降为止。这两种方法都属于启发式方法，不是精确算法，不能保证给出的解决方案是最优的，但只要处理得当，则得到的可行解与最优解是非常接近的，而且计算简单，求解速度快。

7）Baumol-Wolfe 法

Baumol-Wolfe 法是在满足供应及需求约束条件下，追求由运输费、仓储费及可变费用组成的总费用最低，以此选定物流设施。这种模型计算比较简单，只要运用一般运输规划的计算方法即可，避免了混合整数规划模型求解的困难。由于该模型采用的是逐次逼近法，因此不能保证必然得到最优解。此外，由于选择备选点的方法不同，有时求出的最优解中可能出现物流设施的数量较多的情况，即可能有物流设施数量更少、总费用更小的解存在。

8）混合 0–1 整数规划法

该模型的目标函数是从备选地点中选出最佳的物流设施，使由物流设施的投资费用、经营管理费用、运输费用组成的总费用最少。此方法常用于解决物流网络设计中常见的大型、复杂的选址问题。混合 0–1 整数规划法的主要优点是能够把固定费用以最优的方式考虑进去。由于该模型目标函数中包括固定费用（物流设施的投资建设费），而固定费用是离散的，因此宜用离散变量的模型来处理，仔细分析后可发现求解此模型的计算量很大。

9）双层规划法

双层规划法中的上层规划可以描述为决策部门在允许的固定投资范围内为使总成本（包括固定成本和变动成本）最低来确定最佳的物流设施地点。双层规划法中的下层规划描述了在多个物流设施存在的条件下，客户需求量在不同物流设施之间的分配模式，它的目标是使每个客户的费用达到最低，且假定在新物流设施建立前不存在已有的物流设施，也就是不考虑新旧物流设施之间的竞争。双层规划法充分考虑了物流规划部门与客户双方的利益，比较符合实际情况。但在实际选址中，竞争往往是存在的，即在新增物流设施建立前，已有一个或多个物流设施存在。

近年来选址方法发展很快，除以上介绍的方法以外，还有蒙特卡洛法及其他启发式规划法等。场址选择是一个重要而复杂的问题，这些方法都各自基于一定的前提假设，并给出了具体的算法，具有不同的适用范围。在实际应用时，要尽量利用模型的优势，同时尽可能避免模型的局限性。

4.3　设施布置

设施布置（facility layout）主要研究企业在各种不同情况下的生产设施布置问题，并提出某些有助于布置设计的技术方法和指导方针。不仅各种有形产品的生产和服务设施会碰到布置和重新布置的问题，即使是非物质产品生产的服务性系统，如百货公司、宾馆、饭店等也同样面临这个问题。

4.3.1　设施布置设计的含义

设施布置设计是指根据企业的经营目标和生产纲领，在已确认的空间场所内，按照从原材料的接收、零部件和产成品的制造，到成品的包装、发运的全过程，力争将人员、设备和物料所需要的空间作最适当的分配和最有效的组合，以获得最大的经济效益。

设施布置包括工厂总体布置和车间布置。工厂总体布置设计要确定工厂各个组成部分，包括生产车间、辅助生产车间、仓库、动力站、办公室、露天作业场地等各种作业单位和运输线路、管线、绿化及美化设施的相互位置，同时确定物料的流向和流程、厂内外运输的连接及运输方式。

车间布置设计要确定各生产工段、辅助服务部门、储存设施等作业单位及工作地、设备、通道、管线之间的相互位置，同时确定物料搬运的流程及运输方式。

4.3.2 设施布置决策的依据

设施布置决策，可以定义为确定生产系统内各物质部分的最优安排。这里的"物质部分"不仅包括主体设备，如直接参与生产加工的机器设备，还包括其他辅助设施，如陈列架、消耗品的物料箱、灯具、工具箱等。设施布置需要确定各部门的位置，部门内工作组、工作站、机器的位置以及在制品存储位置等，目的在于以一种顺利的工作流（工厂内）或一种特殊的流动方式（服务组织内）来安排这些要素。解决布置决策问题，主要考虑以下方面。

（1）系统应达到的目标，这是布置决策的第一重要依据。应使存储费用、劳动力、闲置设备和保管费用保持在一定的水平之下，以达到预期的产量和利润。这些因素大部分是存于于所有布置决策中的，但它们的相对重要性却不完全一致。例如，即使经营面积相同的百货商店具有相同数量的部门经理、售货员和售货柜台，其利润水平也不完全相同（不考虑经理人员的管理水平和售货员本身素质的高低）。

（2）系统对产品和服务的需求，这是布置决策的第二重要依据。需求量的预测对布置决策的"目标确定"有着重要意义。在这方面，我们关心的是当前的与未来的需求量水平以及产品品种搭配。根据市场变动情况、技术更新水平、产品更新换代程度，不同类型的产品在布置策略上将有明显区别。

（3）加工过程的要求，这是布置决策的第三重要依据。它是所选择布置类型的主要约束条件。

（4）建筑物或场所的有效空间，这是布置决策的第四重要依据。布置一般约束在建筑物的实际范围以内。根据系统各部门之间物流和人流的大小，来确定场所空间的有效利用率。

当系统目标、用户需要、加工过程、空间有效利用率确定后，下一步就要把这些因素转变为需要容量和有效容量的数量估算。"需要容量"包括满足目前需要的生产能力和满足经过一段时间后的生产能力两方面；"有效容量"指通过重新布置现有设施而获得的生产能力，或是通过布置新的设施而获得的生产能力（在预算限度内）。

要想获得对生产能力的数量估计，首先要恰当地选择生产能力的测定单位。部分生产系统生产能力的测定单位如表 4-8 所示。

表 4-8　部分生产系统的生产能力（容量）测定单位

系　　　统	单　　　位
钢铁公司	吨 / 时间周期
炼油厂	桶 / 时间周期
航空公司	可用飞机数 / 时间周期
纺织公司	织物米数 / 时间周期
饭店	座位容量
医院	病床数
汽车厂	生产车辆数 / 年
大学	学生数 / 年
百货商店	销售收入 / 平方米场地

知道了设施布置的依据和生产能力的测定单位，就可以开始对设施进行布置了。理想情况是，布置能适应环境状态的变化（使得布置的计划工作，除了考虑到现有产品当前与未来需求的变化外，还考虑到新产品），能适应工艺与材料方面的技术突破，而不必花很多钱去重新布置。

4.3.3　设施布置的基本形式

1. 按工作流程形式分类

设施布置形式受工作流程形式的限制，有 3 种基本类型（工艺原则布置、产品原则布置、定位布置）和一种混合类型（成组技术布置）。

1）工艺原则布置

工艺原则布置（process layout）又称机群布置或功能布置，是一种将相似设备或功能集中布置在一个地方的布置形式，比如按车床组、磨床组等分区。被加工的零件根据预先设定好的流程顺序从一个地方转移到另一个地方，每项操作都由适宜的机器来完成。它适用于多品种、小批量的生产方式。医院是采用工艺原则布置的典型。

2）产品原则布置

产品原则布置（product layout）也称对象专业化布置或装配线布置，是一种根据产品制造的步骤来安排设备或工作过程的方式。产品流程是一条从原料投入到成品完工为止的连续线。固定制造某种部件或某种产品的封闭车间，其设备、人员按加工或装配的工艺过程顺序布置，形成一定的生产线。它适用于少品种、大批量的生产方式。

3）定位布置

定位布置（fixed layout）指产品（由于体积庞大或质量巨大）停留在一个位置上，设备、人员、材料都围绕着产品而转。飞机制造厂、造船厂、建筑工地等都是这种布置方式的实例。

4）成组技术布置

成组技术布置（group layout）是将不同的机器组成加工中心（工作单元）来对形状和工艺相似的零件进行加工。成组技术布置和工艺原则布置的相似点是都通过加工中心来完成特定的工艺过程，由于加工中心完成的品种有限，因此适用于多品种、中小批量生产。

2. 按系统功能分类

1）存储布置

存储布置指在仓库或储藏室内安排各组成部分的相对位置。它不同于其他布置类型，即只起到储存的功能，不对产品进行加工或处理。

2）销售布置

这种方式对组成部分的布置只考虑便于产品的销售而不考虑其生产。如零售商店、超级商场、展览会及顾客阅览室。

3）工程项目布置

工程项目布置指对组成部分作一次性的排列。如开发建筑、拦河坝和公路等建设场地。此种方式适合于有固定的设备，且随着项目的进展，地点经常变动的情形。

值得注意的是，各类布置的综合运用是常见的，如在地窖里储存葡萄酒，不仅是作为存储功能的布置，而且也是按工作流程的布置。

4.3.4　设施布置分析的基本要素

做好设施布置设计，要考虑众多因素。按照理查德·缪瑟的观点，影响布置设计最基本的要素是产品（或材料或服务）、数量（或产量）、生产路线（工艺过程）、辅助服务部门、时间（或时间安排）。这 5 项基本要素是设施的其他特征或条件的基础，是设施布置必不可少的基础资料。为了便于记忆，相应地用 5 个英文首字母来表示：P（product）、Q（quantity）、R（route）、S（supporting service）、T（time）。

同时,形象地用解决布置问题的钥匙比喻这 5 个基本要素,如图 4-3 所示。

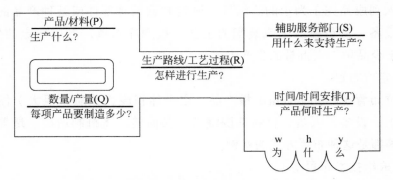

图 4-3　解决布置问题的钥匙（P、Q、R、S、T）

1.P（产品或材料或服务）

它指系统所生产的商品、原材料、加工的零件、成品或提供服务的项目。这些资料由生产纲领（工厂的和车间的）和产品设计提供,包括项目、种类、型号、零件号、材料等。产品这一要素影响着设施组成及其相互关系、设备类型、物料搬运方式等。

2.Q（数量或产量）

它指所生产、供应或使用的商品量或服务的工作量。其资料由生产统计和产品设计提供,用件数、质量、体积或销售的价值表示。数量这一要素影响着设施规模、设备数量、运输量、建筑物面积等因素。

3.R（生产路线或工艺过程）

这一要素是工艺过程设计的成果,可用设备表、工艺路线卡、工艺过程图等表示。它影响着各作业单位之间的关系、物料搬运路线、仓库及堆放地的位置等。

4.S（辅助服务部门）

这一要素指公用、辅助、服务部门,提供包括工具、维修、动力、收货、发运、铁路专用线、卫生站、更衣室、食堂、卫生间等相关辅助服务,由有关专业设计人员提供。这些部门是生产的支持系统,在某种意义上加强了生产能力。有时,辅助服务部门的总面积大于生产部门所占的面积,必须给予足够重视。

5.T（时间或时间安排）

这一要素指在什么时候、用多长时间生产出产品,包括各工序的操作时间、更换批量的次数。在工艺过程设计中,根据时间因素可以求出设备的数量、需要的面积和人员,平衡各工序的生产能力。这些都是影响仓储、收货、发运以及辅助部门配合的因素。

当然，要完成布置设计，还必须在掌握 5 项基本要素的基础上，收集和分析其他有关因素，包括城市规划、外部协作条件、交通运输条件、地质水文条件、自然条件，以及关于职业安全和卫生、消防、环境保护、建筑、道路、通道等方面的技术规范、规程和标准等。

4.3.5　工艺原则布置方法

工艺原则布置是最常用的方法，它用来对具有相似工艺流程的工作部门进行布置，使其相对位置达到最优。在很多设备安排中，最优布置通常意味着对那些相互有大量运输量的部门相邻布置，使总的物流运输管理费用最小。工艺原则布置的优缺点如表 4-9 所示。

表 4-9　工艺原则布置的优缺点

优　点	缺　点
1.机器利用率高，可减少设备数量 2.可采用通用设备 3.设备和人员的柔性程度高，更改产品品种和数量方便 4.设备投资相对较少 5.操作人员作业多样化，可提高人的工作兴趣和职业满足感	1.由于流程较长，搬运路线不确定，运费高 2.生产计划与控制较复杂 3.生产周期长 4.库存量相对较大 5.由于操作人员从事多种作业，需要较高的技术等级

工艺原则布置的一般方法可用下面图 4-4 所示的例子说明。

假设需要布置一个玩具工厂的 8 个部门（包括：1.收发部；2.塑模与冲压成型车间；3.金属铸造成型车间；4.缝纫车间；5.小型玩具装配线；6.大型玩具装配线；7.涂漆车间；8.机械装配车间），要使各个部门间物料搬运费用最少。为了简化，假定所有部门有相同的面积，譬如 40m×40m。建筑物空间为宽 80m，长 160m，如图 4-4 所示。

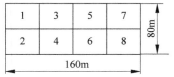

图 4-4　建筑面积和部门

这里假设：

（1）所有物料都装进标准尺寸的木箱来运输，用叉车每次运输一个木箱（构成一个"装载量"）；

（2）邻近部门之间的运输费用是搬动一个装载量为 1 元，每隔一个部门增加 1 元；

（3）对角线之间允许移动，并认为是相邻的。

求解过程如下。

步骤 1　确定部门之间预期的搬运量（运行第一年后），如表 4-10 所示。

表 4-10　部门之间预期的搬运量

部 门 名 称	1	2	3	4	5	6	7	8
1. 收发部		175	50	0	30	200	20	25
2. 塑模与冲压成型车间			0	100	75	90	80	90
3. 金属铸造成型车间				17	88	125	99	180
4. 缝纫车间					20	5	0	25
5. 小型玩具装配线						0	180	187
6. 大型玩具装配线							374	103
7. 涂漆车间								7
8. 机械装配车间								

步骤 2　计算布置方案的搬运费用，如表 4-11 所示。（注：车间 1 与车间 2 之间的年物流成本为 175 元，即为 1 元 × 175 次搬运；车间 1 与车间 5 之间的年物流成本为 60 元，即为 2 元 × 30 次搬运，依次类推）

表 4-11　布置方案的搬运费用矩阵

部 门 名 称	1	2	3	4	5	6	7	8
1. 收发部		175	50	0	60	400	60	75
2. 塑模与冲压成型车间			0	100	150	180	240	270
3. 金属铸造成型车间				17	88	125	198	360
4. 缝纫车间					20	5	0	50
5. 小型玩具装配线						0	180	187
6. 大型玩具装配线							374	103
7. 涂漆车间								7
8. 机械装配车间								

小计　3474 元

步骤 3　改变部门位置布置以降低成本。根据成本矩阵，将 1 与 6 的距离缩短一些（如车间 4 与车间 6 互换位置），可能减少它们之间高额的成本费用，此时新布置方案的搬运费用如表 4-12 所示。而新布置方案的总成本比初始方案的总成本高出 262 元，显然是由于车间 6 与车间 7 之间的运输距离增加而导致成本上升。

表 4-12　新布置方案的搬运费用矩阵

部 门 名 称	1	2	3	4	5	6	7	8
1. 收发部		175	50	0	60	*200*	60	75
2. 塑模与冲压成型车间			0	*200*	150	*90*	240	270
3. 金属铸造成型车间				17	88	125	198	360
4. 缝纫车间					20	5	0	*25*
5. 小型玩具装配线						0	180	187
6. 大型玩具装配线							*748*	*206*
7. 涂漆车间								7
8. 机械装配车间								

小计　　3736 元

事实上，对于 8 个部门的问题，可能存在的布置有 8！（＝ 40 320）种。所以，需要经过大量的试验，才能求得一个最优布置。

假设我们在只考虑物料搬运费用的基础上得到一个理论最佳布置方案，如图 4-5 所示。总搬运费用为 2986 元，搬运费用矩阵如表 4-13 所示。

7	6	1	2
3	5	8	4

图 4-5　理论最佳布置方案

表 4-13　理论最佳布置方案的搬运费用矩阵

部 门 名 称	1	2	3	4	5	6	7	8
1. 收发部		175	100	0	30	200	40	25
2. 塑模与冲压成型车间			0	100	150	180	240	90
3. 金属铸造成型车间				51	88	125	99	360
4. 缝纫车间					40	10	0	25
5. 小型玩具装配线						0	180	187
6. 大型玩具装配线							374	103
7. 涂漆车间								14
8. 机械装配车间								

小计　　2986 元

当然在实际布置工作中，还需要考虑一些其他因素，比如车间之间的互斥关系（如涂漆车间不应该与缝纫车间相邻）、收发车间通常会安排在入口，等等，需要根据相关要求进行调整。此处不再赘述。

4.3.6 产品原则布置方法

产品原则布置与工艺原则布置之间最根本的区别是工作流程的路线不同。在工艺原则布置中，物流线路是高度可变的；而在产品原则布置中，设备和车间服务于专门的产品线，按照加工工艺顺序安排以避免路线迂回，实现物料的单向运动。主要适用于少品种大批量的生产方式。

产品原则布置的优缺点如表 4-14 所示。

表 4-14 产品原则布置的优缺点

优　　点	缺　　点
1. 由于布置符合工艺过程，物流顺畅 2. 由于上下工序衔接，在制品量少 3. 生产周期短 4. 物料搬运工作量少 5. 可做到作业专业化，对工人的技能要求不高，易于培训 6. 生产计划简单，易于控制 7. 可使用专用设备和机械化、自动化搬运方法	1. 设备发生故障时将引起整个生产线中断 2. 产品设计变化将引起布置的重大调整 3. 生产线速度取决于最慢的机器 4. 相对投资较大 5. 生产线上重复作业，易使工人感到单调乏味，产生厌倦感 6. 维修和保养费用高

在特殊情况下的产品原则布置，如在装配线布置中，工厂设计人员将面临一个较复杂的问题——如何达到装配线平衡，使得装配线上操作的工人空闲时间最短，这时往往面临两个问题：

（1）给定周期时间，求最少工作地数——布置问题；

（2）给定工作地数，求最小周期时间——编制进度表问题。

"装配线"是由一些物料搬运设备连接起来的连续生产线。

"工作地"或称"工作站"，通常是为完成给定工作量的特定的位置。装配线由多个工作站组成，在整个产品工艺流程中，每一个工作站对应完成各个工序的内容。

而每一个工作站要完成的操作 / 运输 / 装配都由许多操作单元组成，称为任务、要素或基本工作单元。这种基本工作单元是操作 / 运输 / 装配作业中不可再细分的实际作业任务。

"周期时间"是指相邻产品通过装配线尾端的间隔时间。通常装配线是以相同的时间间隔顺序经过各个工作站的移动输送生产线，这种时间间隔称为工作站周期。

装配线平衡是一个与设施布置相关连的问题，它是将所有基本工作单元分派到各个工作站，以使每个工作地点在周期时间内都处于繁忙状态，完成最多的操作量，从而使各个工作地点的闲置时间最少。由于各个基本工作单元有作业先后关系，它决定了装配过程中操作完成的先后次序，所以是装配线平衡中的关键问题之一。

下面通过例子说明产品原则布置在装配线平衡中的应用过程。

例 4-3　J 型手推车要在一个传送带上组装，每天需生产 500 辆，每天的生产时间为 420min。表 4-15 列出了手推车的组装步骤及其时间，试根据周期时间和作业次序的限制，求使工作地点数量最少的平衡方式。

表 4-15　J 型手推车装配步骤与时间

基本工作单元 （作业）	完成时间 /s	说　明	紧前工序
A	45	安装后轴支架，并将 4 个螺母紧固在 4 根丝杠上	—
B	11	插入后轴	A
C	9	拧紧后轴支架螺母，将其紧固在丝杠上	B
D	50	安装前轴支架，并将 4 个螺母紧固在 4 根丝杠上	—
E	15	拧紧前轴装配螺钉	D
F	12	安置 1# 后车轮，紧固轮壳轴承盖	C
G	12	安置 2# 后车轮，紧固轮壳轴承盖	C
H	12	安置 1# 前车轮，紧固轮壳轴承盖	E
I	12	安置 2# 前车轮，紧固轮壳轴承盖	E
J	8	沿前轴装配手推车手把，并用手拧紧螺栓与螺母	F, G, H, I
K	9	紧固螺栓与螺母	J
完成作业所需要的时间总量为 195s			

解：步骤 1 绘制双代号网络图，如图 4-6 所示。

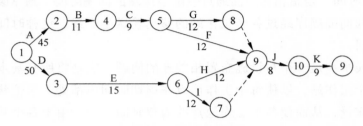

图 4-6 J 型小推车装配网络图

步骤 2 确定工作站周期（周期时间）：

$$周期时间（C）= \frac{每天生产时间}{每天计划产量} = \frac{60P}{D} = \frac{60 \times 420}{500}\ \text{s} = 50.4\text{s}$$

步骤 3 计算满足周期时间要求的最少工作站理论值（取不小于计算值的最小整数）：

$$工作地数量（N_{\min}）= \frac{完成作业所需时间总量}{周期时间} = \frac{T}{60\dfrac{P}{D}}$$

$$= \frac{TD}{6P} = \frac{195 \times 500}{60 \times 420}\ 个 \approx 3.87\ 个 \approx 4\ 个$$

步骤 4 选择作业分配规则，以确定装配线平衡方案。

规则 1：首先分配后续工作较多的作业。

规则 2：首先分配操作时间最长的作业。

依据规则 1，得到作业排列如表 4-16 所示。

表 4-16 作业排列一览表

作　业	下面的作业数目
A	6
B, D	5
C, E	4
F, G, H, I	2
J	1
K	0

步骤 5 分配各工作地点的作业，分配结果如表 4-17 所示。

表 4-17　根据规则 1 确定的装配线平衡方案

工作地点	作业	作业时间 /s	剩余的未分配时间 /s	可行的遗留作业	最多的后续作业	操作时间最长的作业
工作地点 1	A	45	5.4	没有		
工作地点 2	D	50	0.4	没有		
工作地点 3	B	11	39.4	C, E	C, E	E
	E	15	24.4	C, H, I	C	
	C	9	15.4	F, G, H, I	F, G, H, I	F, G, H, I
	F	12	3.4	没有		
工作地点 4	G	12	38.4	H, I	H, I	H, I
	H	12	26.4	I		
	I	12	14.4	J		
	J	8	6.4	没有		
工作地点 5	K	9	41.4	没有		

步骤 6　计算装配线平衡后的效率：

$$效率 = \frac{完成作业所需的时间总量}{实际工作地点数 \times 时间周期} = \frac{\sum_{i=1}^{11} t_i}{N \times C} = \frac{195}{5 \times 50.4} \approx 77\%$$

步骤 7　由于效率不高，则根据规则 2 确定装配线平衡方案，如表 4-18 所示。

表 4-18　根据规则 2 确定的装配线平衡方案

工作地点	作业	作业时间 /s	剩余的未分配时间 /s	可行的遗留作业	最多的后续作业	操作时间最长的作业
工作地点 1	D	50	0.4	没有		
工作地点 2	A	45	5.4	没有		
工作地点 3	E	15	35.4	B, H, I	H, I	H, I
	H	12	23.4	B, I	I	
	I	12	11.4	B		
	B	11	0.4	没有		
工作地点 4	C	9	41.4	F, G	F, G	F, G
	F	12	29.4	G	G	
	G	12	17.4	J	K	
	J	8	9.4	K	K	
	K	9	0.4	没有		

此时，效率 $= \dfrac{195}{4 \times 50.4} \approx 97\%$。按规则 2 布置装配线基本满足要求。

若按两个规则排列任务均不满意，可选用其他的决策准则重新对装配线进行平衡。

4.4　全生命周期精益设计

4.4.1　全生命周期精益设计的提出

全生命周期精益设计（design for lean production，DLP；或 design for toyota production system，DTPS）的概念是天津大学齐二石教授针对传统工厂设计方法的不足而提出的一种新的工厂设计理念。DLP 将精益理念应用到工厂的设计阶段，将精益理念、工厂设计、优化理论、系统工程等领域的知识进行融合，借助信息技术、优化算法，实现工厂的科学设计。在传统的设计方法中，设计者很少主动考虑如何从消除浪费的角度进行工厂设计，其主要工作就是尽量满足企业新建、扩建或改建工厂的要求；而 DLP 从工厂的设计阶段就尽可能消除企业将来运作过程中可能发生的浪费根源（如表 4-19 所示），避免带有明显缺陷的工厂设计方案被付诸实施。

表 4-19　精益设计对八大浪费的解决方案

八大类未能创造价值的浪费	精益设计解决方案
生产过剩	产能设计，准时生产方式，均衡生产
在现场的等候时间	连续流，一个流，标准化
动作的浪费	物流设计，生产线设计
过度处理或不正确的操作	标准化
存货过剩	物流设计，准时生产方式
不必要的移动搬运	物流设计，设施布置
质量缺陷、返修	自主化，精益 6σ
未被使用的员工创造力	制度设计，多面手

实施精益设计是实现精益生产的基础，它为工厂后期顺利推行精益生产创造了条件，经济效益显著。一方面，从工厂设计阶段进行消除浪费的工作，可以大大提升改善成功的概率。即精益思想应用的时间越早，实施改善活动的柔性就越大，改善活动成功的概率越大，系统所能得到的改善

效果越显著。另一方面，早期导入精益设计的理念可以弥补设计院在工厂设计过程中某些方面的不足，比如仅涉及工厂布局、场地规划、设备平面布置等粗线条的活动，而对设备加工能力匹配问题、物流成本问题、中间在制品问题及人员配备问题等没有给予足够的考虑，也没有考虑设计方案对市场及企业战略的适应性。设计方案中存在的问题，经过实际运行逐渐显现，有些问题会给企业造成巨额浪费，精益设计的实施可以弥补上述不足。

4.4.2　全生命周期精益设计的内涵

精益思想的原则是：精确地确定特定产品的价值；识别出每种产品的价值流；使价值不间断地流动；让用户从生产者方面拉动价值；永远追求尽善尽美。所以，精益的内容和作用范围，应该包括价值创造的全过程，全生命周期的支持和服务过程。但是，由于精益出身于"生产""制造"，长期以来人们存在着将精益与 JIT（just-in-time，准时制）等同的误解，使传统的精益应用多数局限在"生产""制造"和 JIT、看板上。仅在生产、研制或供应链单个实体实现精益只能是局部优化或孤岛式的成功。贯穿产品整个生命周期的全生命周期精益思想（DLP/DTPS）是一个全生命周期的设计、改善和管理系统，精益思想体现在从需求分析到设计、投资决策、生产、销售再回归到需求的整个闭环过程，如图 4-7 所示。

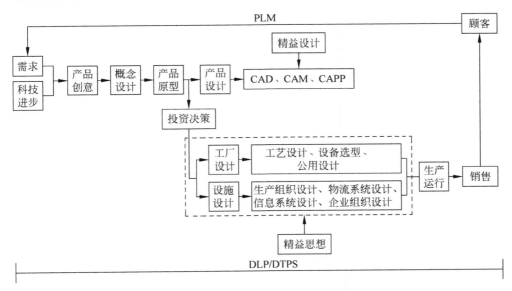

图 4-7　面向制造企业的全生命周期设计（DLP/DTPS）

精益设计的核心思想是将精益理念应用到工厂设计阶段，它将精益思想与传统的工厂设计相结合，并融合价值工程、人因工程、并行工程等先进的管理理念，强调在工厂布局、物流系统、工艺流程、信息系统等环节的设计阶段导入精益理念，实现从源头上消除企业的浪费，避免仅从某一局部去改善已经出现问题的生产环节。

（1）生产组织设计。生产组织方式，是指生产过程中劳动力、劳动工具和劳动对象之间组合的方法和形式，也就是生产过程中人、机、料三者组合的方法和形式。精益生产集成了大量生产与单件生产方式的优点，力求在大量生产中实现多品种和高质量产品的低成本生产，已被证明为最适用于现代制造企业的一种生产组织方式。

（2）物流系统设计。精益物流通过消除生产和供应过程中的非增值的浪费来减少备货时间，提高客户满意度。其目标就是根据顾客要求，提供顾客满意的物流服务，同时追求把提供物流服务过程中的浪费和延迟降至最低程度，不断提高物流服务过程的增值效益。

（3）信息系统设计。信息系统的开发设计过程，是指从问题提出、开发团队组成、总体规划、系统分析、系统设计、系统实施到系统运行维护和评价的全部过程。对该过程进行合理规划、设计和管理，能够提高开发效率，同时也能保证开发的信息系统的有效性，是精益设计的重要内容。

（4）企业组织设计。简单地说，企业组织设计就是要把组织的事合理分解成部门的事、岗位的事；把合适的人放到适当的岗位上；让各部分、各岗位的人结成最合理的工作关系，按照最有效的规则从事工作和活动。

4.4.3　工厂精益设计流程

工厂精益设计应包括原有工厂车间的设计改善及新建工厂精益设计两个方面，这里重点介绍精益设计在新建工厂中的应用，对于原有工厂的设计改善仅在第一阶段将重点放在对工厂现行运行状况的数据整理与获取方面，后面的步骤基本一致。

精益设计的主要工作包括组建工厂设计联合小组、知识库的形成及知识库指导下的精益工厂设计方案的确定，见图4-8。

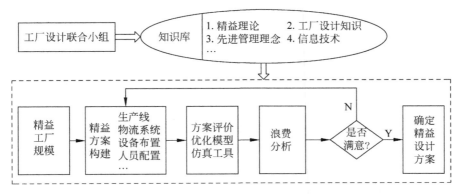

图 4-8 工厂精益设计流程

1. 组建联合设计小组

为了更好地实现精益设计，需要组建精益设计联合小组。工厂设计联合小组成员应包括掌握精益理念的技术人员、工厂设计人员、企业领导者，同时还有必要加入企业的供应商并考虑消费者的意愿。他们之间相互交流、沟通并形成工厂精益设计知识库，指导工厂精益设计的实现。

2. 确定精益工厂规模

确定科学的工厂规模是进行工厂精益设计的重要前提之一，它是合理预测工厂所需空间、安排车间布局以及确定设备数量、布置方案及预留空间的重要依据。工厂规模主要取决于市场规模和市场上已有的供给量。如果市场容量很大，超过了工厂的"经济规模"，原则上讲，工厂可以按"经济规模"进行设计。否则，应根据当时的市场需求，"滚动发展"到"经济规模"。同时工厂规模需要适应企业战略规划，满足"一次规划，分步实施，滚动发展"的要求。

3. 精益工厂构建方案

这一阶段要综合运用精益生产、系统工程、人因工程、企业管理等学科知识，借助并行工程、信息技术等手段，确定理论上符合精益理念要求的设计方案。主要包括如下内容。

（1）生产线布置。基于精益思想的生产线布置要有以下特征：物料流动的一个流及同期化，员工的多工程化及多能工化，设备的整流化。U 型生产线布置是精益生产的一个产物。

（2）物流系统设计。按照精益生产的观点，物流活动是不增值的环节，因此精益物流系统设计的目标是在满足生产要求的情况下尽量减少物流成本，努力将物流服务过程中的浪费和延迟降至最低程度。

（3）设备布置。要充分考虑各生产环节之间的关系，在实现产能要求的基础上，尽量做到各设备单元产能均衡，体现精益一个流的思想。同时设备的选择不以最先进为标准，应把体积小、投资少、具有柔性等指标放在首位。

（4）人员配备。传统的生产系统实行"定员制"生产，但这种方式在多品种、小批量的生产方式下，加大了企业成本压力、降低了企业的反应速度。"少人化"技术能实现随生产量变化弹性地安排作业人员。实现"少人化"的条件是要有训练有素、具有多种技艺的作业人员，即"多能工"。

此外，设计工作还应包括工厂公共设施规划、信息系统设计等方面，应根据工厂的具体需求及企业的实际有选择地进行。

4.精益方案的评价

仿真技术是近几年兴起的一门技术，它可以较为准确地反映生产系统对环境变化的反应，并向决策者提供可视化的界面。通过仿真分析提供各方案的物流成本、中间在制品量、设备利用率等指标数据，结合人因、生产柔性等指标，运用当前各种优化评价算法，对设计方案作出科学决策。

5.浪费分析

消除浪费、持续改善是精益生产的精髓，通过对各方案的比较，可以对工厂设计方案的运行状况有一个清晰的认识，综合运用价值流程图、约束理论、鱼刺图等工具，发现系统运行过程中的非增值环节，如产能匹配、在制品库存等问题，对设计系统进行相应调整、优化，通过反馈机制实现原方案的改善。

6.确定精益设计方案

在设计系统的浪费问题得到解决后，企业的决策者就可以依据相应的判别准则选择工厂精益设计方案。企业的需求不同，所选的指标及指标的权重应有所区别。选择精益设计方案不是目的，关键是执行并在执行过程中实施标准化工程，不断消除工厂中的浪费。

4.5 计算机辅助设施布置设计

4.5.1 计算机辅助设施布置概述

传统上布置分析很大程度上依赖于设计者经验的积淀与整合。但是，随着生产系统规模越来越大，布局设计考虑的因素日趋复杂，多重技术与经济问题不断交织，设计者的经验和能力已不能完全胜任新的需求。随着计算机系统性能的飞速发展，近年来在系统布置规划的基础上应用计算机及其相关技术辅助进行设施布置设计已日渐普及。

所谓计算机辅助设施设计（computer aided facilities design），是指在设施规划的过程中充分利用计算机辅助设计相关技术及软件来完成布置建模、运行分析、动画展示及其系统优化。基本过程如选址分析及计算、设施布置及参数选择、系统修改等都可利用计算机来完成。利用计算机辅助进行设施布置设计不但能大大改善和加速布置设计的过程及其进程，而且因人机交互和计算机绘图等的应用，可以迅速生成多种布置方案及其图案，以启发设计者的思路，且输出结果直观优美，因此正在越来越多地得到应用。

计算机辅助设施布置设计的适用范围包括：

（1）对设施设计的各个方面进行研究；

（2）对物料搬运系统中的各个方案进行评价和选择；

（3）规划环境、设施布置和系统运作分析及其优化。

计算机辅助设施布置程序主要有以下两种：①面向新建型系统布置的程序，主要有 CORELAP 程序和 ALDEP 程序。该类布置程序采用优先评价法进行设计，优点是包括了车间布置中的重要特性。但这些方法中应用的计分技术要求以客观的数量表示主观的选择，某种程度上存在风险。②面向改进型系统布置的程序，主要有 CRAFT 和 COFAD 程序。CRAFT 是在原有布置方案上求得改进布置，得到一个以降低系统物料搬运成本为目的的布置方案。COFAD 是对 CRAFT 的改进，考虑了搬运设备及成本评价。面向新建型系统布置程序由物流、非物流信息出发，从无到有，生成新的布置方案；面向改进型系统布置程序则是对已有布置的改进，寻找一种更好的布置方案。

需要注意的是，系统布置设计（SLP）与计算机辅助设施布置方法不是相互独立的两种技术，两者之间是相互补充、相互发展的关系。

4.5.2　计算机辅助设施布置技术 CRAFT 简介

20 世纪 70 年代以来，已经出现了许多计算机辅助布置软件。在这些软件当中，应用最广泛的就是计算机辅助设施布置技术（computerized relative allocation of facilities technique，CRAFT）。

CRAFT 遵从我们在玩具厂布置中提出的基本思想，但是在操作上却有明显的不同。使用 CRAFT 对玩具厂进行布置时，需要一个物流矩阵和一个距离矩阵作为最初输入，还要知道单位距离运输成本，如每米 10 元（为简化起见，可以作以下假定：当物料需跨越一个车间时，成本加倍；需跨过两个车间时，成本为原来的 3 倍，依次类推）。从这些输入和最初布置方案开始，CRAFT 试图用布置方案的总物流成本来衡量方案的优劣，并不断改进（车间之间的物流成本 = 物流量 × 车间中心间的直线距离 × 单位距离运输成本）。CRAFT 以迭代的方式不断交换两个车间的位置来改进布置，直到所得布置方案的物流成本不能再降低为止。也就是说，CRAFT 要不断计算两个车间位置交换后对总成本的影响，如果成本降低，则交换位置。正如我们在手工方法中看到的那样，车间是物流网络的一部分，因此即使是两个车间位置的简单互换也会影响到其他许多车间的物流状况。

例 4-4 玩具厂的 CRAFT 布置实例。

解决玩具厂布置问题的 CRAFT 方法如图 4-9 所示。

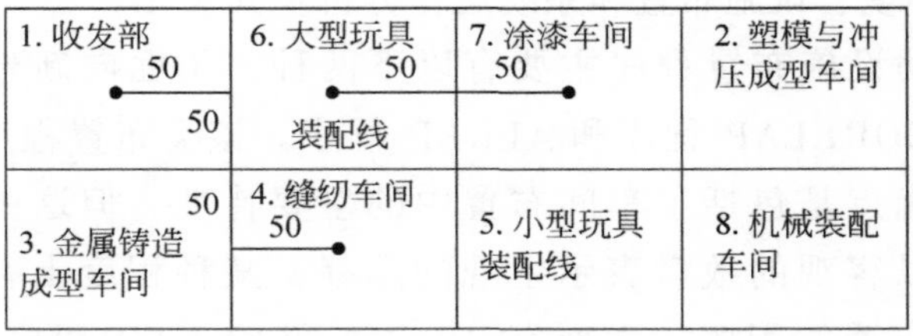

1. 收发部 　　　50 　　50	6. 大型玩具 　　　50 装配线	7. 涂漆车间 50	2. 塑模与冲压成型车间
50 3. 金属铸造 成型车间	4. 缝纫车间 50	5. 小型玩具 装配线	8. 机械装配车间

图 4-9 用 CRAFT 得到的玩具厂布置实例

这种方法得到的布置方案的物流成本高于手工方法得到的方案成本（分别为 2986 元和 3660 元）。值得注意的是，这些成本是不能拿来进行精确比较的。因为 CRAFT 采用的是正交直线距离，而不是手工方法中的欧氏距离。CRAFT 连接的是各车间的中心，而不是车间入口。因为本例中并未给出不同距离的单位运输成本，CRAFT 采用将相邻车间的固定单位运输成本 1 元分成两个 50 分来计算。还要注意，我们在使用 CRAFT 方法时固定了收发部的位置，这样它就能与货运码头相邻。但这也造成方案成本的增加。

CRAFT 的布置特点与有关说明如下：

（1）CRAFT 采用的是启发式算法，其评价决策使用的规则是："每次互换两个车间的位置，如果布置的总成本降低了，则接受这一互换。"这个规则甚至对分析中等规模的布置问题也非常必要。

（2）CRAFT 并不能确保得到最优方案。

（3）CRAFT 严重依赖于初始状态，初始状态（也就是最初布置）在一定程度上决定了最终的布置方案。

（4）CRAFT 从一个合理的方案开始有可能产生一个成本更低的方案，但并不总是这样。这就意味着使用 CRAFT 时最好提出几种不同的初始布置以得到不同的结果。

（5）CRAFT 最多能解决具有 40 个车间的布置问题，迭代不到 10 次就能得到最终结果。

（6）CRAFT 车间由标准的方块组成（典型地为 10ft × 10ft），车间允许多种构形，但经常会得到奇形怪状的车间，为了得到一种理想的布置，必须人为改变车间形状。

（7）CRAFT 经过修正后的软件称为 SPACECRAFT，该软件已经用来解决多层布置问题。

（8）CRAFT 假设可以使用叉车等路径可变的物料搬运设备。因此，当使用计算机控制的固定路径搬运时，CRAFT 的应用可能性就大大降低了。

4.5.3　FACTORY FLOW

FACTORY FLOW 是一个布置分析工具。它能够在输入生产和物料搬运的数据后，自动生成一个与实际相符的物流路径。作为生产集成的结果，FACTORY FLOW 为规划者提供了空间媒介和控制空间问题的能力。软件包含大量的混合数据，包括产品和零件文件等，如零件路径、路径距离、物料搬运数据和固定成本等。因此关键路径、潜在的瓶颈、生产流程效率都能够很快而且逼真地确定出来。系统也为检验提供了一系列详尽的文本报告，包括单独式和组合式文本。

1. FACTORY FLOW 的基本目标及用途

1）FACTORY FLOW 分析的典型目标

（1）评价物料搬运要求；

（2）删除物料搬运中的非增值过程；

（3）尽可能地缩短总的产品流程；

（4）提高产品的流通率；

（5）减少在制品数量；

（6）为准时制或成组技术生产提供物料流程设计与再设计；

（7）分析评价布置的可行性与可操作性。

2）FACTORY FLOW 在布置方案分析中的用途

（1）对各个备选方案进行检验；

（2）能够清晰地表示出总的移动距离、物流强度和发生的成本，这些都为管理者进行布置改善提供了令人信服的评价依据；

（3）将流程直接以线性方式表现于图上，将路径以曲线方式绘于图上，使得图形更加直观；

（4）能够作出详细的报告，阐明个体和总体移动距离、单位成本与总体成本、移动数量和次数，等。

2. FACTORY FLOW 分析所需要的基本输入数据

使用 FACTORY FLOW 进行设施布置的绩效分析之前，需要输入以下几个方面的数据：

（1）一幅由 FACTORYCAD 绘制或由扫描得到的布置图；

（2）产品信息，如数量信息、质量信息等；

（3）零部件流程信息，如流程路线、流程距离、装载及加工时间等；

（4）物料搬运设备信息，如设备的质量、数量、路线、载荷量等。

3. FACTORY FLOW 操作流程

FACTORY FLOW 分析可以按照以下几个步骤进行。

（1）确定研究对象、面积和产品的影响因素；

（2）确定各个细节信息，包括零部件信息、搬运设备信息、路程流量信息及数量信息等；

（3）按照一定约束选择可靠数据；

（4）将各个信息有组织、有计划地输入；

（5）调入一个由前面步骤生成的厂区布置图；

（6）生成报告和数据为分析所用；

（7）调整其中的某个部分、某个细节，重复前面的步骤，直到方案最优或者达到满意状态为止。

参考文献

[1]　王家善 . 设施规划与设计 [J]. 工业工程，1998，1（1）：11-14.

[2]　王家善，吴清一，周家平 . 设施规划与设计 [M]. 北京：机械工业出版社，2000.

[3]　冯耕中，刘伟华 . 物流与供应链管理 [M]. 北京：中国人民大学出版社，2014.

[4]　齐二石 . 物流工程 [M]. 北京：中国科学技术出版社，2001.

[5]　王家善，吴清一，周佳平 . 设施规划与设计 [M]. 北京：机械工业出版社，1995.

[6]　崔介何 . 企业物流 [M]. 北京：中国物资出版社，2002.

[7]　MEYERS F E，STEPHENS M P.Manufacturing facilities design and material handling[M].2nd
　　 ed. 影印版 . 北京：清华大学出版社，2002.

[8]　宋伟刚 . 物流工程及其应用 [M]. 北京：机械工业出版社，2003.

[9]　邓爱民，等 . 物流工程 [M]. 北京：机械工业出版社，2002.

[10]　王丰，姜大立，杨西龙 . 现代物流概论 [M]. 北京：人民交通出版社，2002.

[11]　刘志学 . 现代物流手册 [M]. 北京：中国物资出版社，2002.

[12]　王之泰 . 现代物流学 [M]. 北京：中国物资出版社，2002.

[13]　[美] 查理德 B. 蔡斯，等 . 运营管理 [M].8 版 . 宋国防，等译 . 北京：机械工业出版社，
　　　 1999.

[14]　王永升，齐二石 . 从精益生产到精益设计 [J]. 现代管理科学，2010（3）：6-7.

[15]　李辉 . 离散制造型企业精益设计的理论方法及绩效评价研究 [D]. 天津：天津大学，
　　　 2012.

[16]　齐二石，张洪亮 . 工厂精益设计的框架及实施方法 [J]. 科学学与科学技术管理，2009，
　　　 30（9）：167-171.

[17]　齐二石，霍艳芳 . 物流工程与管理 [M]. 北京：科学出版社，2016.

第 5 章

运输与配送
管理

5.1 运输与配送的基础知识

5.1.1 运输与配送的概念辨析

根据中华人民共和国国家标准《物流术语》（GB/T 18354—2006），运输是指用运输设备将物品从一地点向另一地点运送。其中包括集货、分配、搬运、中转、装入、卸下、分散等一系列操作。配送是指在经济合理区域范围内，根据客户要求，对物品进行拣选、加工、包装、分割、组配等作业，并按时送达指定地点的物流活动。

运输与配送两者既紧密联系，也有显著区别。两者之间的紧密联系在于：

（1）运输与配送都是物流活动的重要组成部分，都涉及将客户的物品从供应地向需求地的送达活动；

（2）运输与配送两者的功能要素组成存在较多的重叠，如两者之间都包括对物品的集货、搬运、装卸等活动。

两者之间的区别有以下几点。

（1）运输是人和物的载运与输送，如旅客运输和货物运输。但有时专指物的载运与输送。它是在不同地域范围内（如两个城市或两个地点之间），以改变物品的空间位置为目的的活动，对物品进行空间位移。运输和配送的区别在于，运输是较大空间范围内的活动，而配送往往是在同一地域之内的活动。

（2）运输与配送的最大区别在于，配送包括对物品的拣选、加工、包装、分割、组配等作业。因此，配送是物流活动的一种综合形式，包含了多种物流功能要素的组合。但运输并没有拣选、加工、包装、组配等功能。

（3）运输与配送的活动范围存在明显差异。运输一般指企业物流活动中将货物进行大批量、长距离的输送活动，运输的范围既可以是长距离的，也可以是中短距离的。配送往往指从配送中心发往就近的客户手中，配送有"物流最后一百米"的说法，因此配送通常是中短距离的。

5.1.2　从供应链视角看企业运输与配送的组合

从企业供应链视角来看，企业的运输系统包括如下几个环节。

（1）供应环节的运输活动。企业在从事生产活动时，需要采购和调运原材料和零部件。由于原材料和零部件的送达常常是大量运输，因此需要选择与大量运输相适应的运输手段。例如，我国钢铁生产企业的原材料——铁矿石，近一半需要从国外进口。以 2018 年为例，全年我国累计进口铁矿石 10.64 亿 t，其中，从澳大利亚和巴西进口的铁矿石分别占中国铁矿石进口总量的 69.75% 和 19.75%。这些铁矿石的运输均通过海运来实现。

（2）生产环节的运输活动。生产环节的运输主要是短距离的物料搬运，通常是从生产企业的仓库运送到各个生产车间的工位上，这种运送活动通常都是短距离、小批量和高频次的。据相关资料统计，物料搬运的费用占整个生产费用的 20%~30%。

（3）销售环节的干线运输。经过工厂加工后的产成品，就成为可以面向市场销售的商品。商品从工厂仓库大规模地运输到全国主要物流中心，这种形态的运输常称为"干线运输"。干线运输涉及在工厂和物流中心之间进行的长距离运输。例如，烟台张裕葡萄酒酿酒有限公司采用三级营销体系，即销售公司总部—各销售分公司—经销处。张裕已在全国建立了 39 个省级分公司、500 多个城市经销处，葡萄酒从六大生产区生产后经过这些分销网络销售到全国各地。

（4）销售环节的短途配送。在商品进入物流中心后，接下来的运输业务主要是为顾客订货而进行的发货，包括将商品向批发业的配送中心或大型零售商的配送中心运输，甚至直接向零售店进行运输。在实践中，常常把向零售店进行商品运输的活动称为配送。配送需要将商品进行分拣，实行小单位化，再由中型或小型货车运输。

5.1.3　运输与配送的价值

运输在商品流通中发挥着举足轻重的作用。通常来说，它具有以下 5 个方面的价值。

1. 运输可以创造出商品的空间和时间效用

商品运输通过改变商品的地点或位置而创造出的价值，称为商品的空间效用；商品运输使得商品能够在适当的时间到达消费者手中，就产生了商品的时间效用。通过这两种效用的作用，才能真正地满足消费者的需要。如果运输系统瘫痪，商品就不能在指定的时间送到指定的地点，则消费者的需要就得不到满足，整个交易过程就不可能实现。

2. 运输可以扩大商品的市场范围，完成社会物质生产活动

运输是国民经济的基础，马克思将运输称为"第四个物质生产部门"，即生产过程的继续。由于运输这种生产活动和一般的生产活动不同，这一变动能使生产继续下去，使社会再生产不断推进，因此可将其看作一种物质生产部门。通过运输，企业产品可以运到很远的地方去销售，企业的市场范围也可以大大拓展，企业的发展机会也将大大增加。

3. 运输可以保障商品价格的稳定性

各个地区因为地理条件不同，拥有的资源也不同，因此通过运输，可以实现各地区的资源互补，避免资源的地域不平衡性，降低商品的价格。例如，我国的粮食运输路径是北粮南运，为了保证南方的粮食价格不发生大的波动，需要采取海铁联运的方式，保证南方的粮食供给安全。

4. 运输是节约物流成本的主要源泉

运输成本在整个物流系统中所占的比例很大。从社会物流总费用的构成看，2019年全国社会物流总费用14.6万亿元，其中运输费用7.7万亿元，同比增长7.3%，占社会物流总费用的比重为52.7%。这反映出我国的社会资源周转慢、环节多、费用高。物流被称为企业的"第三利润源"，运输成本的有效控制对物流总成本的节约具有举足轻重的作用。

5. 配送优化了运输及整个物流系统，提高了末端物流效益

配送环节的活动与传统的干线运输活动有很大差异，如要求灵活性、适应性、服务性，致使运力往往利用不合理、成本过高。大力发展配送活动，不仅能促进物流的专业化、社会化发展，还能以其特有的运动形态和优势调整流通结构，促使物流活动向"规模经济"发展，能将支线运输与小搬运结合起来，使运输过程得以优化和完善。配送的发展可以提高专业营运车辆的比例和运输效率，降低空载率，减少迂回运输，完善整个社会的输送系统。

采用配送方式，通过增大批量来达到经济地进货，又通过将各种商品用

户集中在一起进行一次发货来代替分别向不同用户小批量发货，使末端物流经济效益得到提高。

5.2　运输与配送服务方式

5.2.1　常见的运输方式

1. 铁路运输

铁路运输是使用铁路设备、设施运送旅客和物品的一种运输方式。其特点是运输能力大、连续性强，在长距离运输中，其送达速度仅次于航空运输。但在过短距离的运输中，其送达速度不如公路运输。

铁路运输可以分为整车运输、零担运输和集装箱运输三类。整车运输是按整车办理承托手续、组织运送和计费的货物运输。一批货物根据其质量、体积、性质或形状需要一辆或一辆以上铁路货车装运（用集装箱装运除外）的运输为整车运输。零担运输是按零散货物办理承托手续、组织运送和计费的货物运输。一批货物根据其质量、体积、性质或形状不需要一辆铁路货车装运（用集装箱装运除外）的运输为零担运输。集装箱运输是使用铁路专用的集装箱设备进行运输的一种方式，是铁路和公路联运的一种复合型直达运输，其特征是送货到门，可以从一个地点直达另一个地点，适合化工产品、食品、农产品等多种物品的运输。

根据铁路运输的上述特点，可知它主要适用于以下作业：大宗低值货物的中长距离运输；散装货物与罐装货物的运输；大量货物的一次高效率的运输。对于运费负担能力小、货物批量大、运输距离长的货物运输来说，其运费比较便宜。

铁路运输的经济里程一般在 200km 以上。在短距离运输中，铁路运输竞争不过公路运输。但从成本、环保等方面考虑，今后铁路货运有望占据重要地位。铁路货运应在提高运输服务水平，采用具有伸缩性的运费规定，提高运送能力和运送效率，向综合物流服务业转轨，扩充货运车站机能，增加货运车站、货运专用新线，大规模进行车站设施建设等方面发展。

2. 公路运输

公路运输是使用公路设备、设施运送物品的一种运输方式。其特点是机动、灵活，投资少，受自然条件限制小，能够取货（接客）到家，对铁路运输、水运、空运起到集散作用。

公路运输有很多优点。"门到门"运输是公路运输的最大优点。"门到门"运输是指运输经营人由发货人的工厂或仓库接收货物，负责将货物运到收货人的工厂或仓库交付的一种运输服务方式。在这种交付方式下，货物的交接形态都是整体交接。由于公路运输途中不需中转，且汽车的道路适应性很强，可以实现"门到门"的直达运输，因此货损、货差少。此外，公路运输机动灵活，运输方便，可随到随走；公路运输的原始投资少，经济效益高。

公路运输也存在一些不足。例如，载运量较小、效率低；长途运输成本较高、燃料消耗大；环境污染比其他运输方式严重得多；容易发生事故，等等。

由于具有上述特性，公路运输主要承担近距离、小批量的货运，公路运输的经济半径一般在 200km 以内。目前，随着我国高速公路网的逐步完善和车辆性能的提高，公路运输的经济距离不断延长，许多企业的公路运输经济半径已经达到 500~800km。

3. 航空运输

航空运输简称空运，是使用飞机运送客货的运输方式。它具有航线直、速度快，可以飞越各种天然障碍，长距离不着陆运输的优点，能保证贵重、急需或时间性要求很强的小批量物品的运输。

航空运输也有相应的缺点，主要表现在以下方面。

（1）载运能力低、单位运输成本高。因为飞机的机舱容积和载重能力较小，所以单位运输周转量的能耗较大。除此之外，机械维护和保养成本也很高。

（2）受气候条件限制。航空运输对飞行条件要求很高（保证安全），在一定程度上受到气候条件的限制，从而影响运输的准点性与正常性。

（3）可达性差。在通常情况下，航空运输难以实现客货的"门到门"运输，必须借助其他运输工具（主要为汽车）进行转运。

适合航空运输运载的物品主要有四类：第一类是价值高、运费承担能力很强的物品，如贵重设备的零部件、高档产品等；第二类是紧急需要的物品，如救灾抢险物资等；第三类是鲜活易腐等特种货物以及价值较高的物品；第四类是邮政运输，如国际、国内的物品快递。

4. 水路运输

水路运输是指利用船舶、排筏和其他浮运工具，在江、河、湖泊、人工水道以及海洋上运送旅客和货物的一种运输方式，至今仍是世界许多国家最重要的运输方式之一。水路运输以船舶为主要运输工具、以港口或港站为运输基地、以水域（海洋、河、湖）为运输活动范围，包含以下四种形式：沿海运输、近海运输、远洋运输、内河运输。

水路运输主要承担大数量、长距离的运输，是在干线运输中起主力作用的运输形式。在内河及沿海，水路运输也常作为小型运输工具使用，担任补充及衔接大批量干线运输的任务。

水路运输有以下优点：可以利用天然水道，线路投资少，且节省土地资源；船舶沿水道浮动运行，可实现大吨位运输，降低运输成本。例如，对于非液体商品的运输而言，水路运输一般是运输成本最低的方式；江、河、湖、海相互贯通，沿水道可以实现长距离运输。

水路运输也有一些缺点：船舶平均航速较低；船舶航行受气候条件影响较大，例如，在冬季常存在断航现象，断航将使水运用户的存货成本上升，这决定了水运主要承运低值商品；水路运输对货运的载运和搬运提出了更高的要求，与其他运输方式相比可达性较差。

5．管道运输

管道运输业是中国新兴的运输行业，是继铁路、公路、水运、航空运输之后的第五大运输业。管道运输是利用管道输送气体、液体和粉状固体的一种运输方式。其运输功能是靠物体在管道内顺着压力方向循序移动实现的。与其他运输方式相比，最主要的区别在于管道设备是静止不动的。

管道运输的主要优点是：由于采用密封设备，在运输过程中可避免散失、丢失等损耗，也不存在其他运输设备本身在运输过程中消耗动力所形成的无效运输问题。此外，它还具有运输量大、连续作业的优点，适合批量大且连续不断运送的物品。总之，它具有运量大、不受气候和地面其他因素限制、可连续作业以及成本低等优点。

管道运输是国际货物运输方式之一，是随着石油生产的发展而产生的一种特殊运输方式。随着石油、天然气生产和消费速度的增长，管道运输发展的步伐不断加快。

尽管我国交通基础设施发展取得了巨大的成就，各种交通运输方式都取得了长足发展，我国交通运输业与世界一流之间的差距不断缩短，部分领域甚至超过了世界先进水平，如高铁里程、高速公路总里程都位列世界第一，但与适应国民经济发展的客观需要还有不小差距。表现在：交通基础设施总量与人均数量不足，分布不均衡，各种运输方式基础设施网络不完善，供求矛盾依然突出。

5.2.2　各种运输方式之间的比较

各种运输方式成本结构的比较如表 5-1 所示。各种运输方式的营运特征如表 5-2 所示，表中数据采用打分的方式对各营运特征的优劣进行评价，分值越低表明效果越好。

表 5-1　各种运输方式成本结构的比较

运 输 方 式	固 定 成 本	变 动 成 本
铁路	高（车辆及轨道）	低
公路	高（车辆及道路）	适中（燃料、维修）
水路	适中（船舶、设备等）	低
航空	低（飞机、机场）	高（燃料、维修）
管道	最高（铺设管道）	最低

表 5-2　各种运输方式营运特征比较

营 运 特 征	铁路	公路	海洋	内河	航空	管道
运输能力	2	4	1	3	5	6
运价	2	4	1	3	6	5
速度	3	2	4	5	1	6
连续性	2	3	5	6	4	1
灵活性	3	1	5	4	2	6
可行性	2	1	4	5	3	6
可靠性	3	2	5	4	6	1
频率	4	2	6	5	3	1

表 5-3 给出了各种运输方式的适用范围。

表 5-3　各种运输方式的适用范围比较

运 输 分 类	适 用 范 围
铁路运输	主要适用于长距离、大数量的货运和没有水运条件地区的货运
公路运输	具有很强的灵活性，主要承担近距离、小批量的货运，可实现"门到门"运输
水路运输	承担大数量、长距离的运输，并在内河及沿海起到补充及衔接大批量干线运输的作用
航空运输	主要适用于对时效性要求高的高价值货物运输
管道运输	主要适用于大宗流体货物的运输，如石油、天然气、煤浆、矿石浆体等

上述五种基本运输方式可以组成不同的综合运输方式。各种运输方式都有其特定的运输路线、运输工具、运输技术、经济特性以及合理的使用范围。只有熟知各种运输方式的效能和特点，结合商品的特性、运输条件和市场需求，才能合理地选择和使用各种运输方式，并获取较好的运输绩效。

5.2.3 多式联运

1. 多式联运的概念

根据中华人民共和国国家标准《物流术语》，多式联运是指联运经营者受托运人、收货人或旅客的委托，为委托人实现两种或两种以上运输方式的全程运输，以及提供相关运输物流辅助服务的活动。它是吸取铁路、公路、水路、航空等所有运输方式的长处，将其有机地结合起来，实行多环节、多区段、多工具相互衔接进行商品运输的一种方式。多式联运与联合运输既有联系也有区别。而根据中华人民共和国国家标准《物流术语》（GB/T 18354—2006），联合运输是在一次委托中，由两个或两个以上运输企业协同将一批货物运送到目的地的活动。因此，多式联运强调运输方式的多样性和联合性，而联合运输则强调运输组织过程的集成性。

一般来讲，多式联运的构成必须具备以下几个主要条件：

第一，必须具有一份多式联运合同；

第二，必须使用一份全程的多式联运单据；

第三，全程运输过程中必须至少使用两种不同运输方式，而且是两种以上运输方式的连续运输；

第四，必须使用全程的单一费率；

第五，必须有一个多式联运经营人对货物的运输全程负责；

第六，如果是国际多式联运，则多式联运经营人接收货物的地点和交付货物的地点必须属于两个国家。

2. 多式联运的优点

目前，发达国家大部分国际贸易的货物运输已采用多式联运的形式，各发展中国家采用多式联运货物的比例也有较快速度的增长，可以说，集装箱多式联运已经成为国际货物运输的主要方式。与传统运输相比，它具有许多优点。

第一，统一化，简单化。所有运输事项均由多式联运经营人负责办理，货主只需办理一次托运，订立一份运输合同，投一次保险。一旦在运输过程中发生货物的灭失和损害，则由多式联运经营人负责处理。国际多式联运采用一张单证、单一费率，大大简化了运输与结算手续。

第二，减少中间环节，提高运输质量。多式联运以集装箱为运输单元，可以实现"门到门"的运输，货损、货差事故、货物被盗的可能性大大减少。另外，由于全程运输由专业人员组织，可做到各环节与各种运输工具之间衔接紧凑、中转及时、停留时间短，从而使货物的运达速度大大加快，有效地提高了运输质量，保证货物安全、迅速、准确、及时地运抵目的地。

第三，降低运输成本，节约运杂费用。多式联运经营人一般与运输企业订有长期协议，可以享受更优惠的运价。我国交通运输部门相关制度还规定，凡交通部门直属运输企业，对多式联运的运费一律核减15%；地方经营船舶运输时，运费一律核减10%。另外，通过对运输路线的合理选择和运输方式的合理使用，可以降低全程运输成本，提高利润率。

第四，能实现"门到门"运输。"门到门"运输是指物品从发货点运达收货点的全部运输过程均由运输部门直接承担的一种运输业务，即不论运程远近或全程须经过几个运输环节，承运人对所承运物品的责任期限，从承运人仓库收货开始，至物品交给收货人仓库时止。

因为多式联运实行全程负责、多种运输方式综合使用，所以能很方便地实现"门到门"运输。这对保证供应链管理和产、销、物结合管理目标的实现，具有积极意义。

3. 多式联运的种类

详细来说，各种运输方式的联合运输可汇总于表 5-4。

表 5-4　各种运输方式的多式联运

运输方式	公　路	铁　路	海　运	空　运	管　道
公路	—	公路联运 / 驮背运输	公海联运 / 船背运输	陆空联运	—
铁路	公铁联运 / 驮背运输	—	铁海联运	空铁联运	—
海运	公海联运 / 船背运输	铁海联运	子母船联运	空桥运输	—
空运	陆空联运	空铁联运	空桥运输	—	—
管道	—	—	—	—	—

这里介绍常见的几种多式联运模式，具体如下。

1）铁海联运

最早期的铁路和水路联运所适用的联运系统是指：在河川或者海洋间无

可供铁路跨越的桥梁，便在水运码头由铁路货车驶入船舱内，由船舶越过江海。铁海联运一般采用平板车载运集装箱的联运方式，于 1984 年由美国 APL（American President Lines）海运公司开始，将其所载运的远东地区集装箱由美国铁路以双层载集装箱车辆从西海岸运送到芝加哥、纽约等地，大受欢迎，成为现在普遍使用的多式联运形式。

另外一种广为采纳的是集装箱陆桥运输系统，它是指海运集装箱与横越大陆的铁路运输联合。例如，从远东到欧洲的集装箱运输，若完全采取海运，则需要先通过太平洋，绕经巴拿马运河，再通过大西洋到达欧洲。但由于行经巴拿马运河在时间和成本上都不经济，所以改用铁路和海运的多式联运，即先将集装箱经太平洋到美国东海岸港口，由铁路横越美国，再以集装箱经过大西洋运到欧洲。

2）公海联运

这种运输方式又叫船背运输（fishy back），是指船上无装卸货物的设施，直接将集装箱载运于货车拖车上，由岸上所架的跳板驶入船舱，集装箱与拖车共同留在船上一起运载，待到达目的地后，再由拖车直接将集装箱拖出。

3）公铁联运

铁路与公路的联运系统（truck rail）也称为驮背运输（piggy back），例如，平车载运拖车即是一种通过公路运输与铁路运输联合提供的运输服务方式，货运拖车或集装箱直接开上铁路平板车运输，到达目的地再卸下。

4）公空联运

航空货运因仅能降落于机场，所以都必须搭配其他运输方式进行门到门运输。空运和公路的联合运输又称为鸟背运输（bird back），适用于高价值货物的快速门到门运输，将货车直接驶入机舱，飞机卸货时再驶离机舱。货车与航空的货物联运，若有装卸货动作的，则称作陆空联运（air-truck）。

5）海空联运

空运和海运的联合运输又称为空桥运输（air-bridge），或者叫海空联运（sea-air）。海空联运可以降低成本并节约时间，但由于海运集装箱与航空货运货盘的规格不同，因此需要重新打盘，将造成额外的搬运成本、时间成本以及可能的货物损坏，这是海空联运的缺点。

6）空铁联运

空铁联运是航空运输与铁路运输相互结合、相互协作的联合运输方式，整合各自的技术经济特征，将铁路运输网络与航空运输网络有效衔接，形成空铁联合运输网络，构建空铁联运复合运输网络，实现二者优势互补和运输资源的合理配置。广义的空铁联运包括城市轨道交通（地铁、轻轨）、普通铁路、城际铁路以及国家高速动车、机场轨道专线等各种类型。狭义的空铁联运仅指航空与铁路之间的联合运输。目前，高速动车与机场之间的联合运输已成为空铁联运的最高形式。

7）"一条龙运输"

"一条龙运输"是产、供、销大协作的运输形式，参加部门有路、港、船、货等各方。"一条龙运输"打破了一切路界、港界、厂界，把产、供、销多种运输方式及运输企业各环节全面贯穿起来，它是供应链管理的表现形式之一。

"一条龙运输"从本质上体现了产供销之间的新型合作关系，具有很多优点：第一，可以节约运力，减轻交通压力；第二，由于采取了"四定"（定船、定运量、定周转期、定泊位），因此有利于增大运输能力；第三，充分利用水运，可以节约运输费用，有利于及时供应市场。

5.2.4 配送服务的特点与流程

1. 配送服务的特点

配送是在使用各种运输方式的基础上，综合考虑企业的成本、服务水平所拟定的合理的输送模式，它具有如下特点。

（1）配送是送货、分货、配货等活动有机结合的整体，同时还与订货系统紧密联系，其功能是多样化的。

（2）配送的全过程有现代化技术和装备来保证，在规模、水平、效率、速度、质量等方面远远超过以往的送货形式。

（3）配送是一种专业化的分工方式，是大生产、专业化分工在流通领域的体现。

（4）配送是按用户需求进行的商品组配与送货活动，用户处于主导地位，配送企业处于服务地位。

2. 配送的流程

配送的基本作业流程如图 5-1 所示。

（1）划分基本配送区域。先将所有客户所在的具体位置进行统计并作出划分，再将每一客户划分在不同的基本配送区域中。例如，按行政区域或交通条件划分不同的配送区域，再作弹性调整。

（2）车辆配载。首先对特性差异大的货物进行分类，分别采取不同的配送方式和运输工具，如按冷冻食品、速冻食品分类配载。然后，初步确定哪

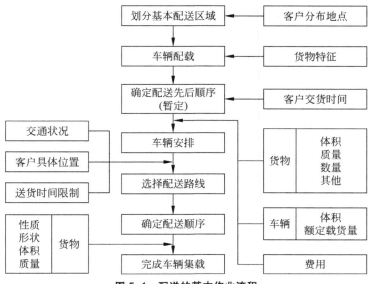

图 5-1 配送的基本作业流程

些货物可配在同一辆车中，并做好车辆的初步配装工作。

（3）确定配送先后顺序。根据客户订单要求的送货时间将配送的先后作业次序作大致的预计，保证送货时间，提高运作效率。

（4）车辆安排。它是指安排什么类型和吨位的车辆进行最后的送货，必须考虑车辆的容量和载荷量是否满足订单的要求。当企业的车辆无法满足要求时，可使用外雇车辆，也可组建自营车队，具体选哪种方式须视经营成本而定。

（5）选择配送路线。在考虑车辆安排、交通状况、客户具体位置、送货时间约束等情况时，选择最佳的配送路线，可实现车辆运行效率和效益最大化。

（6）确定配送顺序。在配送路线选择的基础上，根据不同客户的送货时间、客户要求的具体到货时间等，确定最佳的配送顺序。

（7）完成车辆集载。根据货物的特点和车辆承受能力，将已装上车的货物合理地、适当地摆放，实现车辆利用率最大化。

5.3 运输管理与决策

5.3.1 运输方式选择

运输方式的选择（或某运输方式下服务内容的选择）取决于运输服务的众多特性。这些特性主要由运送物品的种类、运送量、运送距离、运送时间、运送成本等体现。在上述五个选择条件中，运送物品的种类、运送量和运送距离三个条件是由物品自身的性质和存放地点决定的，属于不可变量。事实上，对这几个条件进行大幅变更，从而改变运输方式的可能性很小。与此相反，运输时间和运输成本是不同运输方式相互竞争的重要条件，运输时间和运输成本必然带来运输方式的改变，换句话说，这两个因素作为运输机构竞争要素的重要性日益增强。

在考虑竞争因素的条件下，选择合适的运输方式，有助于创造有竞争力的服务优势。如果供应渠道中的买方向多个供应商购买商品，那么物流服务会影响买方对供应商的选择；反之，如果供应商针对各自的销售渠道选择不同的运输方式，就可以控制其物流的各项要素，进而影响买方的购买。

1. 层次分析法

层次分析法（analytical hierarchy process，AHP）是由美国匹兹堡大学运筹学教授 T.L.Saaty 于 20 世纪 80 年代创立的一种行之有效的系统分析运筹学方法，其优势在于可以处理定性与定量相结合的问题，可以将决策者的主观判断与政策经验导入模型，并加以量化处理，对多因素、多准则、多方案的综合评价及趋势预测有非常良好的效果。

使用 AHP 方法选择运输方式的第一步也是最重要的一步是建立综合评价指标体系。影响运输方式选择的因素很多，本书主要从经济性、高效性、可达性、安全性等方面衡量。首先建立运输方式选择的层次分析框架，如图 5-2 所示。

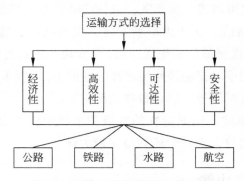

图 5-2 运输方式选择的层次分析框架

经济性表现为运输成本。一般来说，短途运输，公路的成本较低；中长途运输，铁路的成本较低；长途运输并对时间有较高要求，则宜选择航空运输。

高效性体现为运输速度与准时率。不同的运输方式，运输速度各不相同。运输载体的最高技术速度一般受到运输载体运动的阻力、载体的推动技术、载体材料对速度的承受能力以及与环境有关的可操纵性等因素的制约。目前，我国各种运输方式的技术速度分别是：铁路 80~160km/h，水路 10~30km/h，公路 80~120km/h，航空 900~1000km/h。

可达性一般指运输的密度和覆盖面，即选择某种特定运输方式的方便程度。一般情况下，铁路和公路的可达性比较强；空运的可达性受到航线的影响；而水运受自然条件的限制，仅限于一定范围内，可达性相比起来就比较弱。可达性一般很难定量表示，可以利用发货人所在地至装车地之间的距离来表示，其距离越近，便利性越好。

安全性包括货物运输的安全和人员的安全以及公共安全。从整个运输过程来说，与其他运输方式相比，载货卡车能够更好地保护货物的安全，因为只有卡车才能够实现"门到门"的运输，而不需要中途装卸和搬运。

例 5-1 某物流公司运用 AHP 进行运输方式选择

某物流公司将运输一批货物，经过对准则层的经济性因素（B_1）、高效性因素（B_2）、可达性因素（B_3）和安全性因素（B_4）的综合权衡，确定运输该货物安全性最重要，其次为经济性，再次为高效性，最次为可达性，故其判断矩阵如表 5-5 所示。

表 5-5 判断矩阵及重要度计算和一致性检验的过程与结果

A	B_1	B_2	B_3	B_4	v_i	w_i	λ_i	
B_1	1	3	5	1/2	1.655	0.3	4.029	λ_{max}=4.068
B_2	1/3	1	3	1/5	0.669	0.121	4.089	CI=0.023<0.1
B_3	1/5	1/3	1	1/7	0.312	0.056	4.1	
B_4	2	5	7	1	2.893	0.523	4.055	

CI =0.023<0.1，所以判断矩阵一致性较好，可以接受。

同理，再分别计算每一准则层指标下方案层各具体方案的权重和一致性比率，C_1 代表公路运输方案，C_2 代表铁路运输方案，C_3 代表水路运输方案，C_4 代表航空运输方案，其结果分别如表 5-6~ 表 5-9 所示。

表 5-6 方案层对指标 B_1 的权重指标表

B_1	C_1	C_2	C_3	C_4	v_i	w_i	λ_i	
C_1	1	3	5	1/3	0.669	0.117	4.076	λ_{max}=4.125
C_2	1/3	1	3	1/6	1.565	0.273	4.108	CI=0.042<0.1
C_3	1/5	1/3	1	1/7	3.201	0.588	4.164	
C_4	3	6	7	1	0.298	0.052	4.153	

表 5-7　方案层对指标 B_2 的权重指标表

B_2	C_1	C_2	C_3	C_4	v_i	w_i	λ_i	
C_1	1	1/2	3	1/6	0.707	0.124	4.114	$\lambda_{max}=4.073$
C_2	2	1	3	1/3	1.189	0.208	4.026	
C_3	1/3	1/3	1	1/8	0.343	0.061	4.103	CI=0.024<0.1
C_4	6	3	8	1	3.464	0.607	4.047	

表 5-8　方案层对指标 B_3 的权重指标表

B_3	C_1	C_2	C_3	C_4	v_i	w_i	λ_i	
C_1	1	3	5	5	2.943	0.572	4.006	$\lambda_{max}=4.004$
C_2	1/3	1	2	2	1.075	0.209	4.006	
C_3	1/5	1/2	1	1	0.562	0.109	4.102	CI=0.001<0.1
C_4	1/5	1/2	1	1	0.562	0.110	4.002	

表 5-9　方案层对指标 B_4 的权重指标表

B_4	C_1	C_2	C_3	C_4	v_i	w_i	λ_i	
C_1	1	1/7	1/2	1/5	0.346	0.064	4.012	$\lambda_{max}=4.021$
C_2	7	1	4	2	2.736	0.509	4.029	
C_3	2	1/4	1	1/3	0.639	0.119	4.016	CI=0.007<0.1
C_4	5	1/2	3	1	1.655	0.308	4.029	

方案层 C 总重要度计算如表 5-10 所示。由表 5-10 可知，该物流公司应首选铁路运输，其次是航空运输，再次是水路运输，最后是公路运输。

表 5-10　方案总重要度计算表

准则层 方案层	B_1 0.3	B_2 0.121	B_3 0.056	B_4 0.523	总重要度
C_1	0.117	0.124	0.572	0.064	0.116
C_2	0.273	0.208	0.209	0.509	0.385
C_3	0.558	0.061	0.109	0.119	0.243
C_4	0.052	0.607	0.10	0.308	0.256

2. 成本比较法

一些关于运输服务特性重要程度的调查显示，运输成本、速度和可靠性最重要，其他特征与它们相比显得微不足道。因此，如果仅考虑这三个因素，可以采取成本比较法进行选择。成本比较法的思路是将运输方式的各个比较因素统一换算成成本，例如，将时间换算成成本，然后以总成本最小的方案作为决策方案。具体如例 5-2 所示。

例 5-2　卡利奥箱包公司运输方案的分析与比较

卡利奥箱包公司（Carry-All Luggage Company）是生产系列箱包产品的公司，它的分拨计划是将生产的成品先存放在工厂，然后由公共承运人运往公司的基层仓库。卡利奥公司希望选择使总成本最小的运输方式，可供选择的运输服务如表 5-11 所示。

表 5-11　运输服务方式

运输服务方式	运输费率 /（美元 / 件）	门到门运送时间 /d	每年运送批次
铁路运输	0.10	21	10
驮背运输	0.15	14	20
卡车运输	0.20	5	20
航空运输	1.40	2	40

目前，该公司的分拨系统采用铁路运输方案，此时工厂或基层仓库的平均库存 Q=100 000 件。箱包的平均价值 C_1=30 美元，库存成本 I= 存储价值的 30%/ 年。据分析，运输时间从当前的 21d 每减少 1d，平均库存水平可以减少 1%。每年基层仓库卖出 D=700 000 件箱包，其中采购成本和运输时间的变化可以忽略不计。设 R 为运输费率，T 为运送时间，C_2 为产品在基层仓库的价值（出厂价加运输费率即 C_1+R），t= 某种运输的运送批次 / 铁路运输的运送批次，则运输方式选择计算如表 5-12 所示。

表 5-12　不同运输方式下的成本比较

成本类型	计算方法	铁路运输	驮背运输	卡车运输	航空运输
运输成本	RD	70 000	105 000	140 000	980 000
在途库存	$IC_1DT/365$	362 465	241 644	86 301	34 521
工厂库存	IC_1Q/t	900 000	418 500	378 000	182 250
基层库存	IC_2Q/t	903 000	420 593	380 520	190 755
总计		2 235 465	1 185 737	984 821	1 387 526

结果显示，铁路运输的运输费率最低，航空运输的库存成本最低，卡车运输的总成本最低。如果采用卡车运输，运输时间可缩短到 5d。

资料来源：[美] BALLOU R H. 企业物流管理：供应链的规划、组织和控制 [M]. 北京：机械工业出版社，2002.

3. 经验分析法

除了成本以外，进行运输方式决策时通常还需要考虑一些很难换算成成本的其他因素，这时可以采用经验分析法。决策者可以根据运输合同的履行情况，对每种运输方式的各种因素按其重要程度进行打分，然后按总分加权处理，来判断运输决策的优劣。假设：

重要程度：1 为非常重要，2 为适中，3 为不重要；

承运绩效：1 为很好，2 为一般，3 为较差；

运输量决策等级判定 = 重要程度 × 承运绩效

对不同运输方式将各项因素的等级评定进行加和，得到最终的加权结果。加权总计最小的运输方式即为最终选择的运输方式，详见表 5-13。

表 5-13　基于经验分析法的运输方式决策案例

项　　目		运输成本	运输时间	可　靠　性	运输能力	加 权 总 计
权　　重		3	3	2	2	
铁路运输	承运绩效	1	2	2	2	—
	等级评定	3	6	4	4	17
公路运输	承运绩效	3	1	2	3	—
	等级评定	9	3	4	6	19
水路运输	承运绩效	1	3	2	1	—
	等级评定	3	9	4	2	18

从表 5-13 可知，铁路运输的等级评定之和最小，水路运输次之，公路运输最大，因此建议选择铁路运输为运输方式。

案例：解决 A 公司运能
　　紧张的瓶颈

5.3.2　路线规划与选择

1. 起讫点不同的单一路径规划问题

这类问题通常可抽象为一个由链和节点组成的网络，可以采用网络图的最短路径算法（Dijkstra 算法）进行求解。其基本思想是：从始点 V_s 出发，逐步向外探寻最短路径，与每个节点对应，记录下一个数 V_i，它表示从 V_s 到该点 V_i 的最短路径。执行过程中分为已解节点集 P 和未解节点集 T，搜寻 T 中所有与 P 中节点直接相连的点，分别计算这些点到起始点的最短距离，进一步从中确定具有最短距离的节点，让该点从 T 集转入 P 集，并记录该点到起始点的距离，以及经过 P 的节点（路径）。经过若干次循环后，一旦终点 V_p 进入了 P 集合，则计算结束，反向追踪获得最短距离的路径，即为所要搜索的最短路径。下面结合例题进行具体说明。

例 5-3　某公路网络如图 5-3 所示，寻找从 V_s 到 V_p 之间行车时间最短的路线。节点代表公路的连接处，每条链上都标有相应的行车距离。

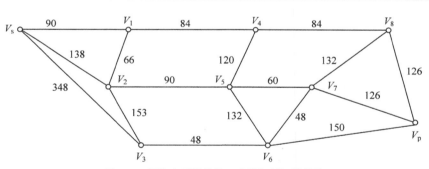

图 5-3　起讫点不同的单一路径规划运输网络

求解过程如下。

第一步，第一个已解的节点是始点 V_s，与始点直接相连的点是 V_1、V_2 和 V_3，分别计算它们与始点的距离（如图 5-3 所示）。可以看出 V_1 距始点最近，因此选择 V_1 进入已解节点集合 P，其与始点的距离为 90。

第二步，找出与 V_s 和 V_1 直接相连的点，它们是 V_2、V_3 和 V_4，分别计算它们与起始点的最短距离。V_2 最近，因此 V_2 进入已解节点集合，与起始点的距离是 138，经过的路径是 V_s—V_2。

第三步，重复上述步骤，找出与已解节点直接连接的最近的未解节点，直到到达终点 V_p。

通过求解，得到最佳路径为 V_s—V_1—V_4—V_8—V_p。这类问题非常适合利用计算机进行求解（如表 5-14 所示）。

表 5-14 起讫点不同的单一路径规划运输网络求解运算

步骤	已解节点	与已解节点直接相连的未解节点	相关总成本	第 n 个最近解点	最小成本	最新连接
1	V_s	V_1	90	V_1	90	V_s—V_1
2	V_s	V_2	138	V_2	138	V_s—V_2
	V_1	V_2	90+66=156			
3	V_s	V_3	348	V_4	174	V_1—V_4
	V_1	V_4	90+84=174			
	V_2	V_5	138+90=228			
4	V_s, V_2	V_3	Min{348，138+153}=291	V_5	228	V_2—V_5
	V_2, V_4	V_5	Min{138+90，174+120}=228			
	V_4	V_8	174+84=258			
5	V_s, V_2	V_3	Min{348，138+153}=291	V_8	258	V_4—V_8
	V_4	V_8	174+84=258			
	V_5	V_7	228+60=288			
	V_5	V_6	228+132=360			
6	V_s, V_2	V_3	Min{348，138+153}=291	V_7	288	V_5—V_7
	V_5	V_6	228+132=360			
	V_5	V_7	228+60=288			
	V_8	V_7	258+132=390			
	V_8	V_p	258+126=384			
7	V_s, V_2	V_3	Min{348，138+153}=291	V_3	291	V_2—V_3
	V_5, V_7	V_6	Min{228+132，288+48}=336			
	V_7, V_8	V_p	Min{288+126，258+126}=384			
8	V_3, V_5, V_7 V_7, V_8	V_6 V_p	Min{291+48，228+132，288+48}=336 Min{288+126，258+126}=384	V_6	336	V_7—V_6
9	V_6, V_7, V_8	V_p	Min{336+150，288+126，258+126}=384	V_p	384	V_8—V_p

2. 多起讫点问题

如果有多个货源地可以服务多个目的地，面临的问题就是确定各目的地的供货地，同时要找到供货地、目的地之间的最佳路径，有的甚至需要寻找最佳供货量分配方案。该问题经常发生在多个供应商、工厂或仓库服务于多个客户的情况。这类问题可以用线性规划方法求解。

例 5-4 带有产品供需分配的路径选择问题

不同分厂对原料的需求，以及原料供应地的距离和产量如表 5-15 所示。

表 5-15 产品供销系统矩阵（单位产品运输费用 P_{ij}，单位为百元 /t）

工厂 / 供应商	工厂 1	工厂 2	工厂 3	工厂 4	总供应量 / 万 t	表示符号
供应商 1	3	11	3	10	7	S_1
供应商 2	1	9	2	8	4	S_2
供应商 3	7	4	10	5	9	S_3
总需求量 / 万 t	3	6	5	6		
表示符号	R_1	R_2	R_3	R_4		

求解过程如下：

设 x_{ij} 为第 i 个供应商供应给第 j 个工厂的供货量，且 $i=1,2,3$，$j=1,2,3,4$，则目标函数为

$$\min \sum_{i=1}^{3} \sum_{j=1}^{4} P_{ij} x_{ij}$$

约束条件为

$$
\begin{cases}
\sum_{i=1}^{3} x_{ij}=R_j, & j=1,2,3,4 \\
\sum_{j=1}^{4} x_{ij}=S_i, & i=1,2,3 \\
x_{ij} \geqslant 0, & i=1,2,3, \ j=1,2,3,4
\end{cases}
$$

将有关参数代入进行计算，得到最佳供应方案和最佳路线选择（如表 5-16 所示），此时总运费为 8500 万元。

表 5-16　最优运输路线与产品分配方案

工厂　供应商	工厂 1	工厂 2	工厂 3	工厂 4	总供应量 / 万 t
供应商 1	0	0	5	2	7
供应商 2	3	0	0	1	4
供应商 3	0	6	0	3	9
总需求量 / 万 t	3	6	5	6	

3. 起点和终点相同的路径规划

物流管理人员经常会遇到起讫点相同的路径规划问题。在企业自己拥有运输工具时，该问题是相当普遍的。例如，从某配送中心送货到商店，然后再返回配送中心。这类路径问题是起讫点不同的问题的扩展形式，但是由于要求车辆必须返回起点行程才算结束，因此问题的难度提高了。目标是找出路径点的顺序，使其满足必须经过所有点且总出行时间或总距离最短的要求。这类路径规划问题可以参考运筹学的旅行商问题求解。感知式和启发式求解法是求解这类问题的较好方法。

5.3.3　运输与配送合理化

1. 运输合理化方法

运输合理化是指在物品从生产地到消费地的运输过程中，要从全局利益出发，力求运输距离短、运输能力省、运输费用低、中间转运少、到达速度快、运输质量高，并充分、有效地发挥各种运输工具的作用和运输能力，这是运输活动所要实现的目标。运输合理化的影响因素很多，起决定性作用的因素有五个，称作合理运输的"五要素"，分别是运输距离、运输环节、运输工具、运输时间和运输费用。

提高运输合理化程度的方法有很多，常见的方法有提高运输工具实载率，减少车船空驶和不满载行驶，尽量发展直达运输，实施配载运输，实行"四就"直拨运输，发展先进的运输技术和运输工具等。其中，将小批量货物合并成大批量货物进行运输，是降低单位运输成本实现运输合理化的主要方法之一，其主要目的是通过提高运输批量降低运输费率，这种集合运输通常有以下几个途径。

1）配载运输

配载运输是充分利用运输工具的载荷量和容积，合理安排装载的物品及载运方法以求合理化的一种运输方式，也是提高运输工具实载率的一种有效形式。配载运输往往是轻重商品的混合配载，在以重质物品运输为主的情况下，同时搭载一些轻泡物品。例如，海运矿石、黄沙等重质物品，在舱面捎运木材、毛竹等；铁路运矿石、钢材等重物上面搭运轻泡农副产品等。这种方式在基本不增加运力投入也不减少重质物品运量的情况下，解决了轻泡物品的搭运问题，运输效果显著。

2）运输车辆合并

运输车辆合并指在拣取和送出货物都达不到整车载荷量情况下，为提高效率安排同一辆车到多个地点取货 / 送货的方式。为实现这种形式的规模经济，需要对行车路线和时间表进行计划。

3）仓库合并

物流配送中心的形成和发展为集运创造了有利的条件。可先以大批量方式远距离运送货物到配送中心，然后在配送中心作出配送安排，实现近距离运送小批量货物。

4）时间合并

在这种情况下，企业将在一定时间内积累客户订单，这样可以一次性发运较大批量的货物，而不是多次小批量送货。当然，由于没能在收到订单和履行订单之后及时发送货物，会造成服务水平下降，因此要在运输成本与对服务的影响之间寻求平衡。运输成本的节约是显而易见的，但对服务水平下降的影响却很难估算。

通过对大批量货物的运输路径进行规划，以及实现单位运输费率的降低，企业可以获得运输中的规模效益。

2. 配送合理化方法

实现配送合理化的方法有很多，一般来说，有以下几种。

（1）推行一定综合程度的专业化配送。通过采用专业设备、设施以及操作程序，取得较好的配送效果，并降低配送过分综合化的复杂程度及难度，从而追求配送合理化。

（2）推行送取结合。在这种方式下，物流企业不仅成了用户的供应代理人，而且是用户的储存据点，甚至成为产品代销人。在配送时，将用户所需的物资送到，再将该用户生产的产品用同一车运回，这样用户的产品也成了配送中心的配送产品之一，或者作为代存、代储品，省去了生产企业的库存。这种送取结合方式使运力得到充分利用，也使配送企业功能得到更充分的利用，从而追求配送合理化。

（3）推行共同配送。通过共同配送，可以以最短的路程、最低的配送成本完成配送。

（4）推行准时配送系统。准时配送是配送合理化的重要内容。只有做到配送准时，用户才能把握资源，放心地实施低库存或零库存，有效地安排接货的人力、物力，以追求工作的最高效率。另外，准时供应可以保证企业的供应能力。从国外的经验看，准时供应配送系统是现在许多配送企业追求配送合理化的重要手段。

（5）推行加工配送。通过加工和配送相结合的方式，充分利用本来应有的中转，而不增加新的中转求得配送合理化。同时，加工借助配送，其目的更明确，与用户联系更紧密，避免了盲目性。加工与配送有机结合，可以以增加不多的投入获得两个优势和两个效益，这是配送合理化的重要经验。

（6）推行即时配送。即时配送是最终解决企业断供之忧、大幅提高供应保证能力的重要手段，也是配送企业快速反应能力的具体化和配送企业综合实力的体现。

3. 共同配送

根据中华人民共和国国家标准《物流术语》（GB/T 18354—2006），共同配送（joint distribution）是由多个企业联合组织实施的配送活动。它是配送合理化的重要形式。共同配送的思想是将不同货主的货物或商品集中在一起，统一进行配送作业。从欧美、日本等发达国家的城市运作经验看，日本倡导的"城市内最佳配送系统"和西方国家提出的 consolidation（共同配送）的概念是：引导主要的商业流通企业、生产加工企业和物流配送企业对运输配送系统进行一定的整合和规划，通过企业间合作，综合某一区域内多个用户的要求，统筹调度配送资源、配送时间、配送次数、配送路线、配送网点和货物，提供多功能增值服务，进行优化组合后的配送体系。它是解决货运社会效益低、城市交通拥挤、环境污染的有效方法。

共同配送体系的建立有利于提升物流配送效率和相关物流资源的利用率，节约城市运力，提高运输车辆装载率和物流配送中心利用率；有利于节约全社会物流投资和对城市土地、道路资源的占用；有利于降低物流企业的经营风险，推进物流体系现代化建设，同时降低商业企业的物流成本，提升用户的满意度和企业效益。

例如，从城市配送体系较为发达的日本看，据日本原运输省 1992 年 6 月发表的"建立物流系统的效率化调查"显示，城市物流配送体系的发展，集约化公共配送中心的建设以及共同配送的实施，使城市配送效率大幅提高，其中，运送车驾驶员减少了 18%~19%，运送车辆行驶距离减少了 47%~83%，每辆配送车的日配送量提高了 1.31~9.6 倍。京阪神地区 12 家百货公司的共同配送从 1989 年开始。调查显示，与实施前相比，实施后的正常时期配送车辆数、超勤务时间、配送距离、配送时间分别减少到原来的 93%、48%、72%、89%。1978 年，以九州运输局为首，组织了日本福冈天神地区 29 家运输企业参加，导入了针对该地区所有货主的共同集配业务。其后，1994 年进一步扩大为 36 家公司参与的天神共同配送株式会社，并延续至今。福冈天神地区共同配送的效果分析如表 5-17 所示。

表 5-17　日本福冈天神地区的共同配送效果定量分析（出自东京大学家田教授的计算）

评 价 指 标	共同配送实施前	共同配送实施后	效　　果
使用货车数量 /（辆 /d）	75.0	26	↓ 65%
货车总行驶距离 /（km/d）	815.8	251.4	↓ 69%
地区内总行驶距离 /（km/d）	104.8	17.4	↓ 83%
总停车次数 /（次 /d）	502	139	↓ 72%
总停车时间 /（h/d）	100.4	82.9	↓ 17%
单次停车平均时间 /min	12.0	35.8	↑ 198%

以不来梅市城市配送体系发展为例，德国运输与物流研究所通过调查，收集了 4 家零售商、16 个种类、9 万多个品种的商品，共计 540 万个数据，得出了不来梅市物流的分布情况，并提出了统一组织配送方案：由不来梅物流中心发展公司牵头，14 家物流企业共同组成城市物流配送有限公司，设立公共配送中心，将分散的配送变为统一的配送，车辆实行统一调度，并在每辆车上安装 GPS 装置。方案实施后，每天只需 12 辆车向市区送货，每天能减少 400 辆车次，节省运力 80%。

2010 年以来，在我国商务部、财政部等多个部门的大力倡导下，北京、上海等地重点推动城市共同配送项目建设。商务部先后印发了《全国城市配送发展指引》《第三方物流综合信息服务平台建设案例指引》《关于加强城市共同配送试点管理的通知》等业务文件和配套标准，指导地方开展工作；建立了商贸物流运行统计与分析制度、重点联系企业制度。试点城市的许多物流企业整合末端物流配送需求和资源，结合电子商务、连锁经营等现代流通方式，积极开展经营模式创新。一是注重整合的末端配送联盟模式。例如，北京城市一百物流公司整合电商、快递、物流配送等近 50 家企业的末端配送业务，已在社区、学校设立共同配送站点 136 个，服务覆盖 300 多个社区及高校、超过 500 万居民和师生，平均每天配送业务量近 3 万件，同时还提供代缴水电、代理机票、保险（放心保）等便民服务。二是强调对接的连锁经营"网订店取"模式。例如，上海市发挥连锁经营较为发达的优势，百联集团、农工商超市与淘宝等电商合作，将 2300 多家连锁零售店拓展为城市配送服务网络，实现"网订店取"，打通了电子商务、末端连锁商业网点和城市共同配送平台的信息链，有效破解了重复投递、生鲜货品保鲜等难题。

4. 越库运输

根据中华人民共和国国家标准《物流术语》（GB/T 18354—2006），越库运输（cross-docking）是指物品在物流环节中，不经过中间仓库或站点存储，直接从一个运输工具换载到另一个运输工具的物流衔接方式，也称直接换装。越库运输是一种先进的物流运作模式，因沃尔玛而出名，因为它帮助沃尔玛扩大了市场份额，降低了物流成本，提高了利润率。在沃尔玛的越库运输系统中，供应商按照混装整担的形式将产品运到配送中心后，配送中心根据销售门店的需求，将从不同的供应商处运来的产品进行分拣配装，再以整车的形式送到目的地。在这种模式下，产品在配送中心停留的时间一般不会超过 24h。国际上很多大公司（如丰田等）都开始运用越库运输改进自身的物流过程，降低物流成本。

从模式上讲，拥有越库作业的配送中心与传统的混合式拼拆中心较为相似。但在某些方面，两者有很大的区别，最显著的区别是时效性。越库作业强调商品或者货物运达配送中心以后很快地配送出去，不作为存货储存停留。对于越库作业而言，其主要特征在于商品项目通过越库作业环节后，并不放置在储存区域或者订单拣选货架，而是直接从收货站台搬运到发货站台出货。从理论上讲，越库式配送中心储存的货物可以停留更长的时间，这取决于配送中心流程和技术状况。但在实践中，越库式配送中心的商品在库时间最多不超过 18~24h。典型的传统混合式拼拆中心与越库式配送中心的主要区别如表 5-18 所示。

表 5-18　典型的传统混合式拼拆中心与越库式配送中心的主要区别

比 较 类 别	典型的传统混合式拼拆中心	越库式配送中心
在库时间	商品入库储存或进入拣选区域，整个在库时间至少一天	商品从入库到出库在一天内完成，无须在储存区和订单拣选区停留
存货目录录入情况	商品项目录入仓储管理系统的存货目录	商品项目不记入仓储管理系统的存货目录中
标签和包装情况	在配送中心内部完成再贴标签和再包装活动	不需要再贴标签和再包装等活动

越库作业作为一种先进的仓储物流管理模式，并非在任何条件下都可以实施。它的成功实施需要满足一系列的基础条件，这些条件综合起来包括以下几个方面：稳定的市场需求情况、供应链各环节之间的紧密协作、供应商的质量管理能力、较高的信息化程度以及规范通用条码和标准化包装的使用情况等。

在实际操作中，很多配送中心不以越库作业为唯一的策略，相反，越库作业策略是与其他传统的仓储配送方法相结合使用的。例如，对某些品类商品用越库作业来处理，而对另一些商品采用传统的仓储配送策略，通过保持较高的存货水平确保优质的客户服务和商品的畅销。

5. 甩挂运输

甩挂运输（swap trailer transport）是用带有动力的机动车（主车）连续拖带两个以上承载装置的运输方式。甩挂运输将随主车拖带的承载装置，包括半挂车、全挂车甚至货车底盘上的货箱甩留在目的地后，再拖带其他装满货物的装置返回原地，或者驶向新地点。

1）甩挂运输的优势

甩挂运输相对于传统的定挂运输具有六大优势。

（1）降低物流成本。一是降低运营成本。甩挂运输要求牵引车和挂车按照 1∶3 的比例进行配置，能有效减少牵引车和驾驶员的配置数量，节省牵引车购置费、人工费和管理费等运营成本。二是降低仓储成本。甩挂运输创造的时间效益使得材料随订随到变为可能，可有效地增强货物的流动性，为实现零库存创造条件，节省货物仓储成本。

（2）提高运输效率。一是甩挂运输使牵引车和挂车能够自由分离，减少货物装卸的等待时间，加速牵引车周转，提高牵引车生产效率。二是挂车独特的厢体车轴，使得承载能力与容积明显要比货车厢体大得多，长途货运效益明显。

（3）提高集约化程度。甩挂运输客观上需要建立一个较为完善的全国性或地区性运输网络，引导运输企业之间合作，在不断满足生产企业个性化运输服务需求的同时，对物流资源进行有效整合，保证供应链达到整体最佳。这些客观要求能够有效地促使道路运输资源向竞争力强的企业集中，不断推进道路货运业的集约化经营。

（4）提高技术水平。甩挂运输对道路货运业整体的技术水平有较高的要求。一是需要专业化的甩挂作业站场，提供摘挂、停车、理货、装卸等生产流程服务；二是需要信息管理系统，提供车辆管理、车辆监控与调度、订单管理、仓储管理、装卸理货管理、企业综合管理等功能；三是需要标准化的车辆配备，确保不同的牵引车和挂车之间能够自由组合。因此，甩挂运输能够促进道路货运业的技术水平的提高。

（5）实现节能减排。一方面，甩挂运输牵引车和挂车分离的技术特性能够有效降低能耗。据统计，运输同样质量的货物，厢式半挂车的耗油量只有普通货车的一半左右。另一方面，甩挂运输组织模式能够减少车辆空驶和无效运输，从整体上降低能耗和减少废气排放。据交通运输部测算，以上海北芳物流公司为例，按一台牵引车配置三台挂车来计算，运营成本将降低30%以上，其中能耗降低33%，每年可为公司节约营运成本6000万元左右。如果全国道路货运业能将甩挂运输周转量比重提高到10%，则可每年节省燃油折合300万~400万t标准煤，相应减少二氧化碳排放650万~850万t。

（6）发展现代物流。甩挂运输能够促进道路货运的组织化、规模化、网络化、信息化和标准化发展，并推进道路货运与海上滚装运输、铁路驮背运输等运输方式形成多式联运，促进综合运输体系和现代物流业的发展。

2）甩挂运输的基本运营模式

从我国的道路运输行业现状来看，企业开展甩挂运输的基本运营模式有4种类型。

（1）"一线两点、两端甩挂"模式，适宜于货运量较大且稳定、装卸作业地点固定的中短途运输线路。

（2）"一线多点、沿途甩挂"模式，适宜于装（卸）货地点集中、卸（装）货地点分散、货源比较稳定的运输线路。

（3）"多线一点、轮流拖挂"模式，适宜于发货点集中、卸货点分散，或卸货点集中、发货点分散的运输网络，主要特征是多条线路集中于一点，在该点集中进行装卸作业。

（4）"网络化甩挂运输"模式，特别适合于已经具有成熟的运输网络且网络中的货源条件稳定的公路快速货运行业。

公路快速货运是以高时效的货物为服务对象，以高等级公路为基础，依托网络化的货运场站体系集散货源，使用技术先进、结构合理的载货车辆，以高效的通信信息技术为管理手段，通过科学有效的运输组织，实现货物安全、准确、快速运输的现代化运输组织形式。

案例：捷特公司加大创新力度，减轻车辆空载

5.4　智能运输管理

5.4.1　智能运输系统

智能运输系统（intelligent transport system，intelligent transportation system，ITS，又名智能交通系统）起源于汽车和公路交通运输的发展。早在 20 世纪 30 年代，美国通用汽车公司和福特汽车公司就倡导和推广过"现代化公路网"的构想。而 20 世纪 60 年代产生的城市路口交通控制和后来的高速公路监控系统，可以说是公路交通运输管理局部智能化的开始。起初仅限于道路功能和车辆智能化的研究。随着研究的不断深入，系统功能扩展到道路交通运输的全过程及其有关服务部门，发展成为带动整个道路交通运输现代化的智能运输系统。智能运输系统的服务领域为先进的交通管理系统、出行信息服务系统、商用车辆运营系统、电子收费系统、公共交通运营系统、应急管理系统、先进的车辆控制系统。智能运输系统实质上就是利用高新技术对传统的运输系统进行改造而形成的一种信息化、智能化、社会化的新型运输系统。

目前各国和各方面专家对智能运输系统的理解不尽相同，但比较公认的含义是：ITS 是将先进的信息技术、数据通信传输技术、电子控制技术及计算机处理技术等综合运用于整个交通运输管理体系，建立起一种实时、准确、高效的综合运输管理体系，最终使交通运输服务和管理智能化。

ITS 的目标和功能包括：提高交通运输的安全水平；减少交通堵塞，保持交通畅通；提高运输网络通行能力；降低交通运输对环境的污染程度并节约能源；提高交通运输生产效率和经济效益。与传统的提高交通运输水平的手

段相比，ITS 不是单纯依靠建设更多的基础设施、消耗大量资源来实现以上目标和功能，而是在现有或较完善的基础设施上，将先进的通信技术、信息技术、控制技术有机结合，综合运用于整个交通运输系统，实现其目标和功能。

当前我国的 ITS 系统主要应用于以下几个方面。

（1）智能化交通管理系统，可以为大型国际活动提供服务。

（2）以电子不停车收费为代表的智慧运营管理技术，对交通基础设施的运行效率和服务水平有很大的提升。

（3）智能终端的规模应用，为动态交通信息和换乘信息服务提供了条件，方便公众出行。

（4）对运载工具如各种客运车辆、货运车辆的动态跟踪和监管得到加强，改善了运输安全。

（5）智能终端以及信息系统管理平台的结合应用提升了货运组织的管理水平，避免资源的浪费，进而提高了货运效率和效益。

5.4.2　国内外研究现状

美国是应用 ITS 较为成功的国家之一。1991 年美国国会通过了《综合地面运输效率法案》，其目的就是要发展经济上有效、环境上完善的国家级综合地面运输系统，以高效率地运送人员和货物。1992 年，美国运输部、联邦顾问委员会和美国智能运输协会联合制订了"智能运输系统"发展战略计划。1995 年 3 月，美国交通部出版了《国家智能交通系统项目规划》，明确规定了智能交通系统的应用领域。1996 年亚特兰大市交通局运用已有的"智能运输系统"技术成果开发了 Olympic 交通控制管理系统，为第 26 届奥运会提供了有效服务。美国政府要求将 ITS 的发展与建设纳入各级政府的基本投资计划之中，大部分资金由联邦、州和各级地方政府提供，也注重调动私营企业的投资积极性。目前 ITS 在美国的应用已达 80% 以上，而且相关的产品也较先进。

日本早在 1973 年就开始了对智能交通系统的研究。日本 ITS 规划体系包括先进的导航系统、安全辅助系统、交通管理最优化系统、道路交通管理高效化系统、公交支援系统、车辆运营管理系统、行人诱导系统和紧急车辆支援系统。1987 年，日本政府组织有关大学、研究机构和企业开始联合开发诸如"先进的动态交通信息系统""汽车与汽车通信系统""下一代公路交通系统"等项目，并注重 ITS 的产品开发，在 1990 年就已装备了 11.7 万余辆导航汽车（GPS 定位仪 +GIS 电子地图 + 微机），日本政府 1996—1997 年用于 ITS 研究开发的预算为 161 亿日元，用于 ITS 实用化和基础设施建设的预算为 1285 亿日元。日本走政府与民间企业相互合作的道路，调动了企业的积极性，加速了 ITS 的开发与应用，其 ITS 主要应用于交通信息提供、电子收费、公共交通、商业车辆管理以及紧急车辆优先等方面。

我国在交通运输和管理中应用电子信息技术的工作早在 20 世纪 70 年代末就已经开始，当时称为交通工程。根据国际上对智能运输系统发展的研究，可以认为，交通工程的研究与应用是智能运输系统初级阶段的工作。因此，可认为我国 ITS 的前身或基础工作始于 20 世纪 70 年代末，当时交通部公路科学研究所与北京市公安局合作，首次在中国进行计算机控制交通信号的工程试验。

80 年代初，国家科技攻关项目"津塘疏港公路交通工程研究"首次在高等级公路上将计算机技术、通信技术和电子技术用于监视和管理系统；1986—1995 年期间，国家在交通管理系统方面开展了一系列科学研究和工程实施工作，在城市交通管理、高速公路监控系统、收费系统、安全保障系统等方面取得了多项科研成果，并开发生产了车辆检测器、可变情报板、可变限速标志、紧急电话、分车型检测仪、通信控制器、监控地图板等多种专用设备，制定了一系列的标准和规范。这些工作无疑是我们今天进行 ITS 研究和开发的基础。通过中国交通科技界和工程界多年来的不断努力，在中国高等级公路建设的带动下，中国在智能运输系统的开发和应用方面也取得了相当大的进步，为今后智能运输系统的深入开发和应用打下了良好的基础。

进入新千年，在交通部的组织下，我国交通运输界的科学家和工程技术人员开始跟踪国际上智能运输系统的发展。交通部将智能运输系统的研究纳入了公路、水运科技发展"九五"计划和 2010 发展纲要。和发达国家相比，我国在智能运输领域的研究还有所欠缺，尤其是对智能运输系统在实际企业中的应用实例研究不足。为使交通运输业适应新世纪的要求，我们应采取积极的对策，填补中国学界在智能运输领域的研究空白，根据国情发展中国的智能运输系统。

5.4.3　智慧运输系统关键技术

1.车联网系统

1）车联网的概念与构成

关于车联网的概念迄今为止并无统一的定义。根据中国物联网校企联盟的定义，车联网（internet of vehicles，IOV）是由车辆位置、速度和路线等信息构成的巨大交互网络。通过 GPS、RFID、传感器、摄像头图像处理等装置，车辆可以完成自身环境和状态信息的采集；通过互联网技术，所有的车辆可以将自身的各种信息传输汇聚到中央处理器；通过计算机技术，大量信息可以被分析和处理，从而计算出不同车辆的最佳路线，及时汇报路况和安排信号灯周期。

从网络结构看，IOV 是由端、管、云三层体系构成的。

第一层（端系统）：包括汽车上安装的负责采集与获取车辆的智能信息、感知行车状态与环境的智能传感器，具有车内通信、车间通信、车网通信的泛在通信终端，使汽车具备 IOV 寻址和网络可信标识等能力的设备。

第二层（管系统）：解决车与车（V2V）、车与路（V2R）、车与网（V2I）、车与人（V2H）等的互联互通，实现车辆自组网及多种异构网络之间的通信与漫游，在功能和性能上保障实时性、可服务性与网络泛在性，同时它是公网与专网的统一体。

第三层（云系统）：车联网是一个云架构的车辆运行信息平台，其生态链包含 ITS、物流、客货运、危特车辆、汽修汽配、汽车租赁、企事业车辆管理、汽车制造商、4S 店、车管、保险、紧急救援、移动互联网等，是多源海量信息的汇聚，因此需要虚拟化、安全认证、实时交互、海量存储等云计算功能，其应用系统也是围绕车辆的数据汇聚、计算、调度、监控、管理与应用的复合体系。

2）车联网的应用

对危险品运输方面的智慧化管理，国家有明确的规定。2010 年 7 月，《国务院关于进一步加强企业安全生产工作的通知》要求，运输危险化学品、烟花爆竹、民用爆炸物品的道路专用车辆要安装使用具有行驶记录功能的卫星定位装置，于 2 年之内全部完成。2011 年 4 月，《关于加强道路运输车辆动态监管工作的通知》要求，必须为"两客一危"车辆安装符合《道路运输车辆卫星定位系统车载终端技术要求》（JT/T 794—2011）的卫星定位装置，并接入全国重点营运车辆联网联控系统。

目前，车联网系统在货物运输领域的应用主要是通过车辆智能化与运输智能管理系统的结合实现车载互联。通过对整车位置、油耗、故障等行车数据的分析，实现物流监控、油耗管理、驾驶行为分析等功能，并通过车辆远程诊断与位置查询、车队管理与报表定制等有效提高车队运营管理效率。未来，通过车道偏离报警系统（LDWS）、疲劳驾驶提醒、全景影像、盲点监测、智能语音识别、胎压监测等多种智能技术的应用，以及对车况、运营维保和行驶安全方面的大数据处理，还可进一步提升车辆运营舒适性和安全性。

2. 无车承运人

2016 年 10 月我国正式启动"无车承运人"试点工作，随后"无车承运人"模式在行业内多点开花，迎来黄金发展期，逐渐成为拉动物流行业快速转型发展的新动力。2018 年 3 月，交通运输部公布了全国 29 个省、市、区共283 家无车承运试点企业。

"无车承运人"是指不拥有运输工具，以承运人身份与托运人签订运输合同，承担承运人的责任和义务，通过委托实际承运人完成运输任务的道路货物运输经营者。随着"互联网＋物流平台"的高效运用，"无车承运人"依托移动互联网等技术搭建物流运力交易平台，创新管理和组织模式，整合并科学调度车辆、仓储、货源等零散物流资源，可有效提升运输效率，推动货运物流行业从分散走向集中。

以中储南京智慧物流科技有限公司开发的"无车承运人"模式货运服务物流电商平台中储智运为例。中储智运拥有一个企业应用级的智慧物流大数据分析系统——智运棱镜系统，可为平台运营系统、用户运力需求规划等提供数据支撑，优化平台、人、车、货各要素间的链接流程。具体而言，中储智运可以在收集海量车、货信息的同时，处理高维、多变、强随机性的动态业务数据，从而有效分析货主与司机的分布、货物流向、线路情况等各类数据，最终向货主、司机等物流客户提供包括分布数据、流向数据、线路热门货物货量等十分有价值的数据。

中储智运不是简单的物流信息发布平台，而是深度服务用户的平台，负责物流的对接、交易和运输，以确保货物运输的安全、及时。2017 年 4 月，中储智运将最新人工智能领域"动态人脸识别技术"引入原有实名认证机制，以进一步保证货主、承运人信息的真实性。此外，保证金制度、货物运输保险、在途跟踪监控技术、会员信用评价体系等风险应对机制，构建起了中储智运的安全保障体系，来保障货物运输安全及承运双方利益，使中储智运成为一个安全、高效的物流运力交易平台。例如，中储智运平台可从源头防止货车超载问题的发生，因为从填写发货信息开始，货主即无法要求货车司机超出正常承载吨位进行运输。同时，平台还对货物运输进行全程在途监控，货主、货车司机均无法暗中进行货物加载。平台向货车司机结算运费时，也仅根据最初确认发货时所填写的货物数量进行结算，超载部分将无法结算运费，这对货车司机也是一种约束。

为了给用户提供更加及时、周到与便捷的服务，中储智运未来发展战略将分为核心业务和延伸业务，构建中储智运物流生态圈，为物流供应链上下游提供全产业链一站式服务。在主营货运业务基础上，推出物流金融产品，以金融衍生产品为依托提升平台服务水平，打造智运平台的利润池产品和服务。

案例：圆通快递公司的智慧运输系统

圆通快递有限公司成立于 2000 年 5 月 28 日，是当前国内领先的综合性快递物流运营商，以快递服务为核心，围绕客户需求提供代收货款、仓配一体等物流延伸服务。截至 2016 年年底，圆通在全国范围已建成自营枢纽转运中心 62 个，拥有加盟商 2593 家，终端网点 37 713 个，快递服务网络覆盖全国 31 个省、自治区和直辖市，地级以上城市已基本实现全覆盖，县级以上城市覆盖率达到 96.10%。

作为国内快递行业的巨头之一，圆通的运营模式是其核心竞争力的重要组成部分。圆通致力于搭建与合作伙伴和谐共生的快递业务平台，采用枢纽转运中心自营化和末端加盟网络扁平化的运营模式，有效保障了公司对整体快递服务网络的管控平衡能力，同时可以根据行业动态及企业现状，及时灵活地进行管理调整以协调平衡全网利益，这是公司快递服务网络多年来保持稳定性和灵活度的重要基础。

目前，圆通已经在揽收、中转、配送、客服等全业务流程中形成了包括"金刚系统""罗汉系统""管理驾驶舱系统""GPS 车辆监控系统""GIS 辅助分拣系统"等在内的行业领先的互联网信息技术平台，基本实现了对快件流转全生命周期的信息监控、跟踪及资源调度，以保障所有包裹安全、快速、准确地到达客户手中。

下面就主要系统与业务功能进行介绍。

1. 管理驾驶舱系统

通过对其各种信息系统的整合，实现信息数据自动抓取汇总、自动分析、自动预警和自动推送，为管理层的决策提供依据。

2. 金刚系统

它是指定地址登录的订单信息系统，对于总部、省区和各加盟网点有不同的授权等级。借助金刚系统，圆通实现了快递路由的全自动生成，实现了每一票快件全生命周期可视可控的管理。在运输领域，金刚系统的使用主要表现在：①帮助省区转运中心与各加盟网店进行信息交接，转运中心利用金刚系统可以掌握加盟网点的货量和运力需求；②走件查询功能。

圆通总部和省区转运中心都有IT库，在金刚系统、罗汉系统等的使用过程中，分公司数据有时候更新不及时，会造成一些问题，由省区来进行升级，从而对信息系统进行不间断的更新。此外，圆通向重要的合作伙伴开放信息接入权限，为VIP客户如淘宝、通用、方正等量身定制下单信息系统，便于贸易往来，以达成战略合作伙伴关系。

3. 基于Internet的货物信息查询追踪管理系统

该系统为圆通速递自主研发的基于Internet的快件条形码运单和货物信息查询追踪管理系统，在运输领域实现条码全程扫描。下面主要介绍揽收—转运—干线运输—跟踪的信息收集与传递过程。

1）揽收

（1）上门揽件或门店收取：客户在平台提出收货请求后，就近的圆通网点会及时派出业务员到指定的地点，收取客户指定的快件。

（2）PDA扫描或电子面单接入：针对传统面单，客户需要按要求填写相关信息，之后业务员通过手持终端记录快件信息，并扫描快件单号；而随着圆通"电子面单"的推进，现在可以直接将电子面单系统接入公司的信息化平台。

（3）运单录入：信息实时传输并录入圆通的核心系统，以便提前安排运送路线，以及今后对派送状态的追踪。

快件揽收完成后，揽件加盟商根据快件的目的地信息、尺寸和质量，进行初步分拣、建包，并运送至始发地转运中心。

2）转运

（1）下车扫描：当快件运输到转运中心后，转运中心的操作人员将对每一封快件进行下车扫描，并与核心业务系统中的快件信息进行比对，确保快件安全、及时地进入转运环节。之后，由始发地转运中心的人员按照派送目的地的信息将快件进行分类并建包。

（2）上车扫描：建包后的快件将按照系统预设的路由线路进行装车，对每一件货物在装车时进行上车扫描。

（3）发车扫描：在所有快件装车完毕后，圆通进行物流单号的扫描，货物出库运送到下一个转运中心。

3）干线运输

圆通在运输车辆上安装了车载北斗定位系统，通过北斗系统、无线通信技术等多种技术集成并结合传感器、摄像头、蓝牙等设备，圆通公司就可以对道路数据进行采集，并将采集的数据信息传送至系统，系统对获取的数据进行全面分析，结合 GIS 应用技术将数据和地图进行匹配，并形成相应的路网数据库，实现交通物流运输智能路网的可测、可管、可控、可用，最终达到路网整体控制效益的协调优化，为车辆的调度、物流运输提供最优路径方案。

通过构建智能路网网络，系统将采集的道路信息和道路周边建筑物等热点情况直观地显示在地图上，并在 GIS 应用技术的基础上结合蚁群调度供应链拟物算法，实现路网优化调度和实时反映区域内交通路况，利用道路的拓扑结构，运用基于图论的最短路径算法，在已知起点和终点的情况下寻求最优、最快捷的行驶路线，从而提高道路和车辆的使用效率。

4）跟踪

通过北斗定位系统、GIS 地理信息系统以及 RFID 技术，圆通公司可以很方便地利用视频监控系统对每一票货物传输的每一个环节进行实时监控和跟踪。具体来说，可以进行两个方面的跟踪与监控。

（1）跟踪监控时限。圆通公司将 RFID 的应用进一步扩展到全程时限监控方面，尤其是对于高价值邮件的时限监控。继提出"承诺达"服务以后，2017 年 5 月，圆通公司又推出了"计时达"服务。这意味着圆通正全面发力中高端市场。北斗定位技术、RFID 技术以及传感器技术的应用会在监控重要邮件时间节点上发挥重要作用。

（2）跟踪路况实时信息。通过车载北斗定位系统，管理中心可随时与被监控车辆对话，及时应对各种突发状况。对于雨雪天气等特殊状况，还会启动紧急预警机制。

为了"让世界触手可及"，圆通在 2015—2025 年的战略规划中加强了智慧运输的建设，未来的圆通运输将实现以下目标：服务网点的全球覆盖、机队和干线运输车辆的扩展、航线的全球覆盖，以及转运中心的智能化，以不断提高客户满意度，实现客户的全流程追踪。

案例：快递行业智慧运输的标杆——顺丰速运

顺丰速运公司自 1993 年成立以来，一直把自己的目标市场定位在高价值的中高端商务快递与电商快递领域，依靠其在时效性和服务能力方面的优势，为中高端客户提供极速优质服务。与同行"四通一达"相比，顺丰速运的高效率主要来源于两个方面。

（1）顺丰公司是第一个自有航空公司的民营快递企业，同时，顺丰公司在全货机数量、航线数、运力能力方面都处于全国领先地位。截至 2016 年，顺丰公司共拥有 36 架自有全货机（其中 4 架 767，16 架 757，16 架 737）、租赁 15 架全货机，运行站点覆盖全国。除全货机以外，顺丰还通过自营（与航空公司直接合作）、代理（货运代理）或三方合作（顺丰、航空公司、代理）等合作模式，向国内 30 余家航空公司获取稳定的客机腹舱资源。散航日均发货量 1556t，涉及约 1300 条航线、2800 余个航班。

（2）顺丰公司拥有高效的运输模式和较强的时间节点控制能力。如图 5-4 所示，顺丰速运运用时效管理系统，采取如"收一派二"等原则，严格控制收、送件时间。"收一派二"是指客户通过电话或网络下单后，收派员的手机和 HHT 掌上电脑终端会收到短信，自收到短信的那一刻起，必须在 1h 内根据地址信息，把此票快件收回，否则就会造成"逾限"。派件时，收派员收到点部管理人出仓后的快件后，必须把这些快件在 2h 内派送完毕，否则也会造成"逾限"。每一票快件逾限，收派员就会被扣分，而收派员一年只有 20 分，如果 20 分扣完，则会被立即开除。顺丰于 2010 年研发并投入使用了时效管理系统，实现了对快件跟踪、时效预警、路由规划等系统全部环节的监控。

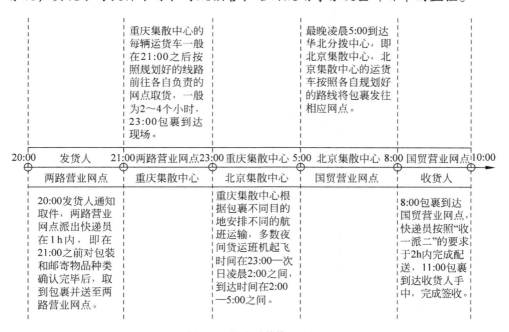

图 5-4　顺丰时效管理示例

顺丰速运的干线运输一般由夜间货机运输完成，凌晨到达目标集散中心，如成都到深圳的航班是 22:40 起飞，监控平台终端正常要求在 8:30 前出完仓，预定 10:30 前派完件。从分点部、中转场发车，每次出车的车标、车牌都要通过把枪扫描，这样就能快捷有效地提取车辆与快件信息。每台车上都配备 GPS 设备，车辆必须按照规划好的线路行驶，如有偏离或绕道，都视为违反公司规定。

5.5　智能配送系统

5.5.1　智能配送的意义

随着智慧物流的发展，作为智慧物流重要环节的配送领域也发生着巨大的变化。智能配送不仅可以实现配送信息的自动识别、配送信息的自动预警，而且能实现配送路径优化，对配送路径进行智能化管理，在智慧物流的配送领域实现了一大创新，将配送效率大大提高的同时，也尽可能地降低了物流成本。通过智能配送技术的实施，能够重构配送中心和网络节点，支持分销渠道多样化、大批次小批量进货、配送方式混合、集约、协同配送等智能的配送方案规划系统，从而大大提升配送管理的效率。

5.5.2　智能配送相关设施设备

1. 无人机

无人机快递，即通过利用无线电遥控设备和自备的程序控制装置操纵的无人驾驶的低空飞行器运载包裹，自动送达目的地。其优点主要在于可以解决偏远地区的配送问题，提高配送效率，同时减少人力成本。无人机快递系统的组成有许多种，一种较为常见的系统如图 5-5 所示。

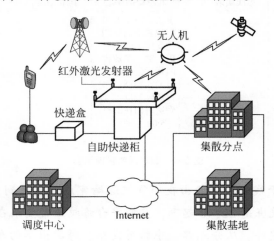

图 5-5　无人机技术原理图

无人机调度的步骤如下：

（1）无人机实时地向调度中心发送状态信息，调度中心实时更新无人机状态列表。

（2）快递柜收到快递后向调度中心发送收件信息，调度中心更新快递投送表。

（3）从投送表中取出优先级最高的快递编码及其所在的快递柜编号和目的快递柜编号。

（4）从此部快递柜的无人机到达时刻表中取出具备续航能力且最快到达的无人机编号。

（5）调度中心向此无人机发送指令，给出收件坐标位置和投件坐标位置。

（6）无人机到达目标位置后，向快递柜发送着陆请求。

（7）利用 GPS 定位系统，快递柜精确引导无人机对接着陆、装卸快件。

（8）无人机装卸后向调度中心发送快递到位报告（或无人机收件成功，或快件送达目的地）。

（9）无人机如任务未完，或有其他任务将继续进行，如飞往目的快递柜投送快递、在此快递柜收件，或飞离此快递柜。

（10）无人机如无其他任务，将接收快递柜引导停靠临时停机台的让位指令，快递柜会在收到其他无人机发出着陆请求时发出让位指令。

（11）快递柜在快递入柜后向调度中心发送快递到位确认报告，同时向用户发送手机短信，提醒用户及时收取，内容包括提取密码以及超时收费和退还原地的温馨提示。

（12）超过系统设定时限未被取走的快递将按照无人查收的方式退回原地，并短信通知用户。退回后超时无人取走的快递将送往就近的集散分点储存。

在技术上，无人机快递还处于试验阶段，其可靠性与飞行安全性还要面临考验。无人机的载荷量一般不超过 3kg，续航时间仅 20min 左右，其运载距离最远也不超过 10km。同时，如果不能实现比较彻底的高度自主，还需要人员地面遥控，那么由此产生的人力成本也会让企业望而却步。因此，成熟可靠的人工智能是技术上的关键所在。而不论国内还是国外，这些技术距实用化都还有一定距离。

实例：试水无人机配送，京东在陕建空中物流网

2017 年 2 月 21 日，京东集团与陕西省政府在西安正式签署了关于构建智慧物流体系的战略合作协议。根据合作协议，京东将联合陕西省政府打造低空无人机通用航空物流网络，通过载荷量数吨、飞行半径300km以上的中大型无人机，实现陕西省全域覆盖。未来京东将以西安为中心，选用多旋翼、垂直起降固定翼、飞艇、传统固定翼等机型，打造两小时城市配送生态圈，力争在"十三五"期间构建起"地空一体化"全域无人机物流网络。

京东试图用无人机（见图5-6）将货物从城市配送到乡村。在每个村里，京东都有驻守的快递员，他们负责把无人机送到的包裹分发到每家每户。相对于让无人机直接把货物配送到每个客户的家门口，这种方式在我国目前的情况下更为方便。对于京东而言，无人机帮助它扩张到中国的乡村市场，还节省了大量的配送成本。运用无人机配送货物到乡村地区的成本至少比用货车减少70%，同时因为无人机能避开拥堵的交通和山区的曲折颠簸，还会使配送更加快捷。

图5-6　无人机

2.快递自提柜

快递自提柜是近年来新出现的一种配送设施。在我国，京东商城、顺丰速运、韵达快递、邮政快递已经在一些城市的住宅小区和商务楼宇投放了智能快递柜，自助快递终端服务模式开始在某些场所尝试运营。然而，中国目前的自提柜多是企业投资，因为大多数的快递企业利润较低，增设自提柜的投资很大，所以很多快递企业对自提柜的模式持观望态度，他们既希望使用自提柜，也希望使用自提柜的成本能在他们接受的范围之内，或者是等待自提柜的模式趋于稳定。最近，快递自提柜已从快递公司的自主行为上升到国家层面，国家邮政局拟就推行智能快递投递箱的相关标准进行研讨，并尽快上升到实施日程中。

自提柜的工作原理如下。

（1）每个包裹站（储物柜）都是一个基站，每个基站都会与电商或快递公司的数据库连接，顾客在某网站上购物时网站会提供人工派送和包裹站自提等几种方式以供选择。

（2）快递人员拿到包裹后先刷卡确认存包，然后扫描包裹上的条码，待确认后输入顾客的手机号码，当快递人员关门的时候系统会自动发送一条密码短信（有的会一并发送二维码）给顾客，告知顾客要在一定的时间内把包裹取走，否则会收费，同时系统也会自动检测储物柜里面有无物品，然后向总服务器反馈。

（3）顾客凭短信密码取物，顾客关门时系统会同时发送短信告知顾客取走包裹的具体时间，如非本人操作请致电某某等，同时总服务器也会收到基站的反馈（包括有无物品遗留，如有遗留此柜会自动锁定，以及取走包裹的时间等）。

3. 机器人

在丰富多样的应用机器人领域，短途配送无疑是一个重要的分支。这类机器人通常不需要具备灵巧的运动能力，也不需要与人类进行复杂的语言或表情沟通。它们只在一个预先设定好的小片区域内，通过智能导航和路线规划，自主地为用户提供中小型物品的配送服务。配送机器人通常具备以下一些技术特点。

（1）智能感知和避让。由于需要无人化实现短途配送，这类机器人都具备了智能感知和避让的能力。它们通常可以通过摄像头、距离传感器甚至雷达等模块收集外界环境的信息，通过内置的智能算法对这些信息进行建模和加工，形成对外部世界的抽象理解，并根据自身的运行轨迹进行实时避让。

（2）路线规划。作为短途自主配送机器人，路线规划自然是一项必备技能。除了由操作人员预先设定的简单方式之外，现在越来越多的机器人可以参照精准的卫星定位和地图测算，根据行驶过程中景物的变化，实时地改变既定路线。

（3）其他技能。作为新一代的智能配送手段，这些机器人通常还具有一些额外技能。例如，美的 Savioke 服务机器人可以通过无线信号与建筑物内部的电梯控制器通信，加上智能感知的技能，它们可以完全自主地乘坐电梯到目标楼层。更令人吃惊的是，菜鸟小 G 还可以根据电梯拥挤情况选择放弃或乘坐。

总的来看，目前配送机器人还处在早期阶段，距离真正投入配送还需要一段时间，而且这种配送机器人的出现并不足以完全取代快递员的工作，在一些复杂路段或其他情况下还是需要人工的干预。

案例：菜鸟网络发布配送机器人

2016 年 9 月 1 日，菜鸟网络科技有限公司发布了一款名叫"小 G"的末端配送机器人（图 5-7）。

小 G 是一台可以在陆地上行走的机器人，身高约 1m，能装 10~20 个包裹。采用电动驱动方式，小 G 的单次投递费用与人工相比几乎可以忽略不计，同时可以保证对环境的零污染。小 G 的运行速度平均在 1m/s 左右，配合智能路由调度算法，具备优秀的运行效率。用户只要通过手机向小 G 发出服务需求，它便会规划最优配送路径，将物品送到指定位置，用户可通过电子扫描签收。

图 5-7 小 G

强大的算法让小 G 拥有像人类一样思考的能力，它会观察周边的复杂环境，并在系统中建立自己所看到的多维世界。在路上，小 G 能动态识别环境的变化，它不仅能识别路上的行人、车辆，还可以自己乘坐电梯，甚至能够感知到电梯的拥挤程度，不跟人抢电梯。小 G 通过运用自主感知、智能识别、运动规划等多项关键技术，实现了智能化的末端配送。

5.5.3 智能配送数据管理技术

1. 路径优化算法

配送是现代物流的一个重要环节，随着物流的全球化、信息化及一体化，配送在整个物流系统中的作用变得越来越重要。物流配送路线的优化，又是物流配送中的一个关键环节，在配送过程中，配送线路合理与否对配送速度、成本、效益影响很大。设计合理、高效的配送路线方案，不仅可以减少配送时间，降低作业成本，提高企业的效益，而且可以更好地为客户服务，提高客户的满意度，维护企业良好的形象。

目前，解决配送路径优化问题主要有两类方法，一类是精确算法，主要有动态规划法、分支定界法、节约算法、邻接算法、扫除算法、禁忌搜索算法等；另一类是启发式算法，主要有神经网络算法、蚁群算法、粒子群算法、遗传算法和模拟退火算法等。

2．大数据技术

"双十一"电商狂欢始于 2009 年，伴随着其进入第九个年头，快递物流行业已经全面进入数据化、信息化、自动化发展路径，开始收获订单激增与口碑变好的双重福利。0.9 秒付款成功，6 分 51 秒商品完成打包从仓库发出，13 分 19 秒签收成功。佛山芦苞镇打工的黄先生还在"血拼"中，菜鸟联盟的快递成员 EMS 的业务员就敲响了他的房门——他刚刚下单购买的美的榨汁机已经到货了，这是 2016 年天猫"双十一"全球狂欢节签收的第一单。物流反应速度之快，创造了新纪录，反应速度加快是大数据加持的结果。

大数据在配送中的应用体现在以下三个方面。

（1）小商品提前精准下沉。往年"双十一"配送最快的是大家电，因为品类有限，可以通过菜鸟大数据计算做到库存提前下沉到离消费者最近的地方。而像电水壶、电饭煲、榨汁机等小家电因为商品品类太丰富，渠道商多而无法做到精准下沉。2016 年菜鸟联盟首次在"双十一"尝试了爆品下沉模式，通过菜鸟大数据分析产品历史数据、活动规划、季节因素、购买因素等综合指标，将爆款商品提前下沉到末端仓库。11 日下单之后货物直接从分拨仓库下发到客户手中，可以提高时效，降低破损，提高客户体验。

（2）聚单直发。物流提速的另一种做法是"聚单直发"。即在商家端就把相同区域的订单集中生产，直接配送到目的地。菜鸟过去是按照订单产生的时间顺序出订单，天南海北的订单都有，需要快递公司回网点分拨，碰上"双十一"工作量非常大。现在基于大数据预测和云计算，菜鸟可提前在商家端进行订单分配，订单产生后，快递公司可以直接按目的地区域分类，装车发货，大大提升了效率。对于"双十一"来说，可实现大量订单前置发货，时效至少能提升 10h。

（3）"物流预警雷达"系统。"物流预警雷达"系统最初是专为"双十一"购物狂欢节定制的，系统包含实时预测、实时预警、实时监控三大功能。通过预测、预警和包裹跟踪实时看盘，物流公司可以预测负载率，提前对各中转站和城市进行车辆、人员等资源的精准调度；而商家则可以根据各物流公司预警异常线路调整发货策略，通过分流引导，缓解物流公司压力。

案例：使用普通人送货取货的 Uber Rush

Uber，一家风险投资的创业公司和交通网络公司，总部位于美国加利福尼亚州旧金山，通过移动应用程序为乘客和司机提供衔接的桥梁，可实现租车和实时共乘的服务。它通过 Uber 的智能手机应用为乘客提供出租车预订服务，搭起了想要搭车的用户和希望载客的司机之间沟通的桥梁。

前几年 Uber 在美国推出了 Uber Rush 这项即时快递业务。在开发这项业务的初期，它仅仅单纯地涉及包裹的收取和投放，所以并没有引起太大的关注。2015 年，Uber 对这项业务进行了正式升级，针对小型、快速和当天的快递业务，这在某种程度上对联邦快递等形成了一种冲击。

Uber Rush 的功能简单来说，就是使 Uber 用户可以实现像叫车一样叫快递，然后由 Uber 的注册快递员将快递送到用户手上。它的突出创新点在于注册成为 Uber Rush 快递员的人都是来自各个区域的非专职快递员，他们只需要在相应的移动应用平台进行注册和相关验证，就可以像 Uber 的出租车司机一样，接到提取和送达快递的任务，同时也免去了人们对于大批量快递包裹被快递小哥扔来扔去导致损坏的担心。

Uber Rush 利用的是 Uber 所采用的整体商业模式和技术，只是将送人变为了送物。在运输过程中，Uber 快递员可能由于当地的交通情况选择徒步或自行车等交通方式，但是它的核心实质其实与 Uber 打车应用是相同的。

Uber 公司整体商业模式是基于众包（crowd sourcing）的大数据原则。这家公司深入地根植于大数据技术的应用，它所拥有的庞大数据库中储存着其服务范围内所有城市的司机和注册快递员等服务提供者的信息，一旦有乘客发出搭车请求或者有人发出快递需求，他们就会应用大数据技术为服务需求者从愿意提供服务的车主或快递员中匹配到最合适的人，并且根据相应的定价规则确定合理的报酬。Uber 的一个核心竞争力就在于他们采用派单制而不是抢单制，这既可以保证相应的服务快速来到需求者身边，同时也能保证服务的提供者与顾客需求的匹配程度良好，从而提高用户的服务体验。

为了进一步对自己的服务进行拓展，Uber 在 2016 年开始尝试向第三方商家开放它的 Uber Rush 的 API 接口。在其 API 接口的测试结束后正式向所有人进行开放，这使得任何 App 的运营商家，甚至是外部物流公司都可以通过对自己的 App 代码进行简单改编后把自己的业务直接接入 Uber Rush，并使用 Uber Rush 的即时快递业务，从而实现快速转移物品的目的。这是 Uber 进一步扩张雄心的凸显，其在出行领域和快递领域都希望获得一席之地。目前在服务覆盖区域已经有许多零售商和物流提供商通过利用其 API 将 Uber Rush 的快递服务整合到自己的服务中，比如沃尔玛、Dryv、Pythagoras 等。

披萨外卖公司 Pythagoras 在接入 API 接口之前，需要自己提前对配送时间表作出计算和规划，这使得他们只能实现小范围的外卖服务。但是借助于 API 接口将 Uber Rush 接入到它的 App 中，Pythagoras 可以使用 Uber Rush 的配送网络，实现更广范围的披萨外卖配送服务。位于芝加哥的上门干洗服务公司 Dryv 也借助于 Uber Rush 的 API 接口，实现了更多的顾客服务。比如顾客着急为某件衣服去除污渍，或者将干洗好的衣服送到某个指定目的地，Uber Rush 都可以在 Dryv 的原有运营基础上更好、更快地满足顾客的需求。还有提供无人机租赁上门服务的 UpSonder，借助于 Uber Rush 的 API 将自己的商业想法转变为现实。需求者在 UpSonder 的移动应用上发出租赁请求订单以后，UpSonder 就可以直接借助于 Uber Rush 的快递服务将无人机送到用户手中。

随着 Uber Rush 的进一步开放，真正实现了普通人收货取货的共享模式，并且 Uber 团队也在进一步着手扩大 Uber Rush 自身的快递服务覆盖范围，向全球范围扩张。他们甚至将无人服务等作为未来的发展方向之一。Uber Rush 也通过对大数据、移动互联以及人工智能等技术的综合应用，构建了出色的众包物流平台，实现了物流服务的整体化、共享化和智慧化。

参考文献

[1] 冯耕中，刘伟华 . 物流与供应链管理 [M]. 2 版 . 北京：中国人民大学出版社，2014.

[2] 齐二石，霍艳芳，等 . 物流工程与管理 [M]. 北京：科学出版社，2016.

[3] BALLOU R H. 企业物流管理：供应链的规划、组织和控制 [M]. 2 版 . 王晓东，胡瑞娟，译 . 北京：机械工业出版社，2018.

[4] 宋华，胡左浩 . 现代物流与供应链管理 [M]. 北京：经济管理出版社，2000.

[5] 运筹学教材编写组 . 运筹学 [M]. 北京：清华大学出版社，1996.

[6] 阎子刚 . 物流运输管理实务 [M]. 北京：高等教育出版社，2006.

[7] 毛保华 . 综合运输体系规划理念与顶层设计方法 [J]. 2014，14（3）：1-8.

[8] 孙家庆，徐奇，靳志宏 . 中国综合运输发展现状分析与政策建议 [J]. 世界海运，2014（4）：1-8.

[9] 周颖，周林峰 : 基于 AHP 的物流运输方式选择 [J]. 技术与市场，2010，17（6）：34-35.

[10] 周才云 . KR 济南分公司物流配送路径 [D]. 济南：山东交通学院，2016.

[11] 王宏智，温瑞珺 . 基于智慧物流社区物业的电商物流配送模式研究 [J]. 佳木斯大学学报（自然科学报），2016（2）：220-222.

[12] 赵丹凤 . 基于智慧物流配送路径优化的研究 [D]. 天津：天津工业大学，2016.

[13] 胡雯 . 智慧配送让物流更高效——关于物流智慧配送的研究 [J]. 运输经济世界，2012，32（1）：86-88.

[14] 任芳 . 肖军 : 京东强力发展智慧物流 [J]. 物流技术与应用，2016（10）：106-109.

[15] 李德仁，李明 . 无人机遥感系统的研究进展与应用前景 [J]. 武汉大学学报（信息科学版），2014（5）：505-513，+540.

[16] 田凤权 . 我国快递业自提柜的应用研究 [J]. 经济研究导刊，2014（29）：72-73.

[17] 张博语，倪卫红，曹稼秀，等 . 我国快递自提柜发展中的问题及解决对策研究 [J]. 物流科技，2015（7）：46-48.

[18] 菜鸟网络发布配送机器人 [J]. 机器人技术与应用，2016（5）：10.

[19] 王笑京，沈鸿飞，马林，等 . 中国智能交通系统发展战略 [M]. 北京：人民交通出版社，2006.

[20] 王笑京 . 智能运输系统（ITS）在中国的发展与研究 [J]. 中国公共安全，2005（8）：96-99.

[21] 付向梅 . 智能运输系统——未来交通运输的发展方向 [J]. 黑龙江交通科技，2005，28（1）：75-77.

[22] 陆键，王震宇 . 智能运输系统在美国道路交通安全中的应用 [J]. 道路交通管理，2006（7）：50-53.

[23] 宋延，石建军 . 智能运输系统在现代物流中的应用 [J]. 道路交通与安全，2005（1）：14-16.

[24] 觅谐 . 中国智能运输系统的科研与技术应用状况 [J]. 交通世界，2004（5）：42-43.

[25] 圆通速递 . 圆通速递股份有限公司 2016 年年度报告摘要 [Z]. 上海：圆通速递，2017.

[26] 平子禾 . 我国快递企业的空间组织分析——以圆通快递为例 [J]. 淮海工学院学报（自然科学版），2015，24（2）：72-76.

[27] 陈思源 . 基于车联网技术的智慧物流的发展前景 [J]. 商，2016（4）：253.

[28] 朱为建 . 基于北斗的交通物流运输系统研究 [J]. 企业科技与发展，2016（10）：19-21.

[29] 李杰 . 基于物联网的智能快速发展及政策建议 [D]. 北京：北京邮电大学，2011.

[30] 交通运输部科学研究院 .2017 中国智慧物流发展报告：菜鸟网络 [R]. 阿里研究院，2017.

6.1 仓储管理的一般理论

6.1.1 仓储与仓储管理的基本概念

"仓",即仓库;"储",即收存以备用;仓储就是用仓库对物品进行储存和保管,以满足未来所需的活动。由于储存在仓库中的物品在一定地点、一定场所、一定时间处于停滞状态,因此,仓储是物流体系中唯一静态的环节,也称为时速为零的运输。

随着仓储功能的不断扩展,仓库的概念也发生了变化。最初的仓库被定义为"存放物品的建筑物和场所",这里的"物品"包括商品、生产资料、工具和其他财产,"建筑物和场所"则包括房屋建筑、大型容器、洞穴,以及特定场地。这种传统意义上的仓库早在有剩余产品出现的原始社会就已经出现了。现代仓库则被定义为"一个对货物或材料提供高效存储和操作的经过规划的空间",它是在资本主义社会,随着商品生产和物流业的快速发展而产生的。

仓库可以从不同的角度进行分类,不同类型的仓库在功能和作用上存在差异。仓库按基本功能定位可分为储存仓库和流通仓库;按储存物品的用途可分为采购供应仓库、批发仓库、零售仓库、储备仓库、中转仓库、加工仓库、保税仓库;按存储货物的特性可分为原材料仓库、零部件仓库、半成品仓库、产成品仓库、设备工具库;按技术条件可分为通用仓库、专用仓库、冷藏仓库、恒温仓库、危险品仓库;按经营主体可分为企业自营仓库、商业经营仓库、公共仓库、国家战略储备仓库。

仓储管理是仓储组织通过有效的计划、组织、协调、控制等活动,充分利用其所拥有的仓库、机械、资金、技术、人员等资源,为客户提供高效仓储服务的过程。

仓储管理的基本目标是以最低的成本实现期望的服务水平。为此必须有效地运用可利用的人力资源、设备和仓库空间，实现货物流的接收和派送的高效操作；维持在库货物的价值和数量，使产品处于安全、良好状况；维护管理控制系统，并确保安全运作。

仓储管理的主要内容包括仓储规划和仓储作业（进货、存货、出货）管理。有效的仓储管理不仅能直接降低仓储成本，而且能降低与之相联系的运输成本、作业成本和风险成本。

6.1.2　仓储的功能

仓储活动是由于商品生产和消费之间存在的客观矛盾而产生的。仓储所具有的克服商品生产与消费在时间、空间及数量上的差异的作用，使其成为保障生产和消费顺利进行的必要过程。

储存、养护、检验、集散和调节是仓储的基本功能，流通加工、配送、交易中介等则是仓储的增值服务功能。不同类型的仓库其功能有所不同。

（1）储存。保管人将货物存放在特定的场所，并进行妥善保管，以保证存货人提取的货物在数量和质量上与交付保管时保持一致。这是仓储最基本的功能。

（2）养护。保管人采用先进的技术、合理的保养措施对货物进行养护，以维持仓储物的质量，确保存储物的价值不受损害。当仓储物发生危险时，保管人不仅要及时通知存货人，还需要及时采取有效措施减少损失。

（3）检验。保管人在货物出入库时严格对货物的数量和质量进行验收，以保证货物符合相关标准要求，并对可能出现的问题明确责任方，从而维护各交易方的利益。

（4）集散。保管人将来自不同企业、不同方向的货物在仓库集中，然后按照客户的需求进行配载后送达不同的客户，以提高运输工具的利用率并确保送达的及时性。

（5）调节。仓储提供了存货缓冲，起着"蓄水池"的作用。一方面，企业通过对货物进行收储或流转的合理安排，以调节货物的供求平衡或等待有利的交易机会；另一方面，通过运输中转过程中的仓储，以调节不同运输方式在运力和运输时间上的差异。

（6）流通加工。为更好地满足客户多元化、个性化的需求，许多企业将产品的定型、分装、组配、贴商标等工序延迟到仓储环节由保管人完成，以降低存货水平，并将风险最小化。

（7）配送。配送是拣选、包装、加工、组配、送货等各种活动的有机组合。保管人把从多个供应商处运来的大宗货物按顾客或按地点进行分配，以满足顾客的少量需求；或根据顾客需要对不同货物进行组合搭配，以实现从仓库到顾客的满载运输。

（8）交易中介。保管人利用存放在仓库的大量货物，以及其与各类货物使用部门的广泛业务联系，充当现货交易中介，以加速仓储物的周转和吸引新的仓储业务，提高仓储效益。同时还能充分利用社会资源，加快社会资金周转，减少资金沉淀。

6.1.3　仓储规划

仓储规划是对仓库网点布局与库址选择、仓储设施与设备配置、信息系统构建以及仓库空间布局等所进行的规划。仓储规划不仅决定着仓库的初始建设投资规模，而且关系到运营过程的运作效率和成本。仓储规划的程序分为前期准备、确定系统目标、功能规划、选址规划、作业流程规划、设施设备规划、信息系统规划和仓库平面布置八个环节。

1．仓库设计的五个原则

1）负载单元化

产品应该以模块或尽可能大的单元形式进行操作，这样在物流系统中就可以将每个模块作为一个独立单元搬运至尽可能远的地方，而不必将货物分开进行分类拣选，从而实现了货物处理的规模经济，提高处理效率，最小化搬运距离，并将存储和处理系统合并成为一个整体。

2）立体空间利用率最大化

仓储管理中 40% 的总仓储成本都与资产有关，因此，尽可能多地利用仓库空间是符合期望的。该原则的一个影响因素是，在空间利用率或仓库密度与仓库的可访问性之间的权衡，以及吞吐速度与重复处理最小化需要之间的权衡；另外一个影响因素是，所属意的仓库选址方案，包括固定选址、混合选址、区域选址，或随机选址。

首先，需要知道仓库需要的总容量要求，这可以根据吞吐量来计算，该方法来源于被称作利特尔法则（Litter's Law）的排队理论关系。利特尔法则表示为：

$$L=\lambda W$$

式中，L——队列的大小，本书中即是仓库的总容量；

λ——货物进入仓库系统的平均速率；

W——在仓库系统内的平均等待时间。

基于每天到达的托盘数量及产品在仓库中的平均时间长度，根据该法则就可以估计所需存储容量的大小。例如，给定进入仓库的托盘数量为平均每天 200 个，仓库每年工作 300d，每年周转 4 次，产品在仓库中的平均时间长度 W 可以用仓库的工作天数除以仓库的周转次数得到，即 300÷4，所以产品在仓库中的平均时间长度为 75d。因此，队列的大小，即仓库的总容量 L 等于 λW，即 200×75，所以，仓库的总容量为 15 000 个托盘。如果进入仓库的托盘数量增加到每天 250 个托盘，那么 L 的大小为 250×75，此时仓库的总容量为 18 750 个托盘。

3）仓库高度最优化

使用诸如"层格式货架"（clad rack）或"高层货架"（roof on rack）这类高架仓库，能够在仓库建设中获得规模经济，能够对土地进行更加集中的利用，并能够开发机械化、自动化的仓储系统和处理系统。但是，此种仓库也有缺点，包括其未来的市场开拓能力、设备的灵活性以及规划限制。

4）最小化内部移动

减少库存移动能够有效节约成本和时间。最小化内部移动的技术包括：流行存储（popularity storage）技术的应用，将高活动水平的货物（即快速周转品）放置于最靠近存储和具备检索功能的地方；面向最小化移动的布局和流设计，避免拥挤，实现存储和拣选的分离；最后是技术和信息系统的使用，以及机械化仓储的应用。

5）提供安全的工作环境

一个安全的工作环境可以通过以下方式来实现：消除危险，比如，让人与移动设备分离；提供一个正式的风险评估程序；对运输系统、货架系统和机器设备的使用进行培训，减少人工操作，以避免因使用起重设备带来的累加损伤；在可达范围、高度和负载等方面采用人体工程学设计原理。

2. 仓储货架

当构建仓库的仓储货架系统时，企业面临着众多选择。进行货架配置选择的两个可行标准分别是分离度和空间利用率。然而，货架配置的选择也要同时考虑初始成本和后续运营成本。货架系统的运营成本主要由系统吞吐量所驱动；而货架和产品损坏、过期和失窃都会导致运营成本的增加。所储存负载的特性决定着货架系统的组成。这些特性包括质量、物理尺寸以及其他因素，例如托盘类型和条件。影响仓储货架决策的其他因素还包括起重设备的类型、建筑物的设计和布局，以及决定其移动的存储作业。

　　使用货架的目的非常简单，即垂直存储货物，减少存储货物所需的地面空间。但也需要科学的方法去选择正确的货架配置和组成。货架配置选择问题通常被归类为经济学领域，即要么追求总成本最低，要么在总可用资金有限的条件下选择最佳方案。在实际选择时，同时拥有多种配置的仓储设施变得越来越普遍，以满足多种 SKU 组合的需要，而每种 SKU 组合的移动模式各不相同。恰当选择货架配置和组成，制定良好的安全措施和建立关注安全的企业文化，对于任何类型的货架系统来说，都会延长其使用寿命，同时能够以最低的成本向用户提供服务。图 6-1 列出了几种主要货架配置的类型，下面将对其进行简要介绍。

图 6-1　货架类型

（a）单元堆垛；（b）可调式托盘货架；（c）窄巷道货架；
（d）驶入式货架；（e）移动式货架；（f）托盘重力式货架

（1）单元堆垛（block stacking）指的是将货物相互堆叠在彼此的顶部，并成排或成块地储存在仓库地面上的单元托盘负载。托盘的堆放高度需要基于一定标准，例如托盘条件、负载质量、净空高度以及仓库叉车能力。托盘以后进先出（LIFO）的方式从单元块中进行拣取。该方式不同于基于日期或先进先出（FIFO）的库存取货方式。

（2）可调式托盘货架（adjustable pallet racking，APR）是一种高度灵活的存储选择方案，在没有专业处理设备的情况下可以对单个托盘进行直接存取。该货架特别适合于存储各种各样不同大小、质量和类型的货物，以及需要对产品进行快速存取的高周转率运作方式。

（3）窄巷道货架（very narrow aisle racking，VNA racking）通过利用仓库地面面积和屋顶高度实现高密度存储。与标准巷道相比，窄巷道（VNA）可以缩小高达50%的巷道宽度，尤其适用于统一尺寸的托盘，以及屋顶较高且地面较平坦的仓库。在使用窄巷道货架时，托盘只能通过专业设备进行存取，耗资巨大，但却有助于保护库存的安全。窄巷道的巷道车通过导轨或线轨系统进行引导操控，从而降低了货架因碰撞而损坏的风险，维护费用也因此减少。

（4）驶入式货架和贯通式货架（drive-in/drive-through racking）是一种非常经济的大容量存储系统。驶入式货架只允许从巷道的一侧进出，所以它采取先进后出（FILO）的存取方式。贯通式货架下货物从巷道的两边进行取货，并采取先进先出（FIFO）的货物周转系统。然而，这种货架的使用非常有限，这是因为使用该货架需要清空全部车道。驶入式和贯通式货架特别适合于低周转率且单位 SKU 托盘数量高的产品、冷冻物品（如冷藏库或冷冻库）以及易腐品或易碎品的高密度存储。

（5）移动式货架（mobile racking）是在机械化和可移动基础上安装的标准货架组合。该货架通过尽可能多地消除巷道和单元堆垛，加上对货物存取没有严格的限制，从而增加了存储容量。移动式货架尤其适合于冷库存储。无论是冷藏库还是冷冻库，对冷库存储来说订单分拣并不是一个主要问题，它们需要最大化存储空间；而批量存储托盘或其他需要同时存取的重型物资，也是移动式货架的应用对象。

（6）托盘重力式货架（pallet live racking）允许从巷道的一侧进行库存装载，并从巷道的另外一侧将其取出。先进先出系统允许库存自动周转。每条巷道通常专门用于某一产品系列或编码物资的存取。托盘放置在滚轮上，滑向拣货位。当移动一个托盘时，重力和自动制动系统使得堆叠在后面的托盘以一个受控速度滑动到货架前面，因此拣货位总是满的。托盘重力式货架尤其适合于那些需要失效保护的有到期日的货物、大批量托盘少 SKU 的物资，以及需要快速取出的快速周转物资。

表 6-1 从服务特点、空间利用率和相对成本等方面，对以上几种不同货架配置进行了对比。

表 6-1　不同类型货架之间的对比

系　　　统	单元堆垛	可调式托盘货架	窄巷道货架	驶入式货架	移动式货架	托盘重力式货架
空间利用率	40%~45%	27%	35%~37%	39%~43%	53%~55%	45%~48%
选择性	4%	100%	100%	20%	100%	10%
货物周转	很低，后进先出	随机	随机	低，后进先出	随机	非常高，自动化先进先出
订单拣选效果	很差	较好	很好	差	差	一般
最大高度	3~4 个托盘	8m（25ft）	12m（40ft）	8m（25ft）	8m（25ft）	8m（25ft）
相对成本	0	1	1.4	2.5	4.2	8.5

3. 仓库物料搬运设备

有人说过，最好的处理解决方案就是最简化的处理。处理会使成本增加，但却不会增加产品的价值。广义上讲，物料搬运就是选择合适的设备或系统以优化物料流，这需要用到许多不同的材料搬运设备（material handling equipment，MHE）。MHE 的类型很多，下列简要介绍一些最为常见的类型。

（1）手动托盘搬运车（hand pallet trucks）适用于小批量短距离运输，价格便宜，适合于托盘化负载。它们往往被搬至车辆上以帮助卸载托盘化拖车。助力托盘搬运车（power pallet trucks）则可以缓慢行驶、待机或快速行驶。它们通常被用来进行卡车物资装卸，托盘的功能也转变为接收和发出货物，同时也是货物的存储区域。

（2）叉车（forklift trucks，FLTS）是最普遍、最通用的机械搬运设备。FLTS 可以将任意数量的物资加到其主体结构上面，以处理多种类的产品。最基础的叉车可用于搬运标准托盘，以及大件产品的提升和堆叠，如冰箱。叉车也可以与防滑垫一起使用，有些叉车还装有具有伸缩吊杆的传送机，这样的叉车通常用于建筑行业。平衡重式叉车可用气体、电池或柴油作为动力，其特殊之处在于，能够将 2~3t 的货物提升至 4.5~5.5m 高度。叉车的价格适中，同时具有多种用途，并且能够与集装箱兼容。它们善于装卸操作，适合中等距离运输。它们能够在 3.5~4.5m 宽的巷道内进行操作，并且，可同时适用于室内操作（电动）和室外操作。

（3）窄巷道前移式叉车（narrow aisle reach trucks）可用于 2.7~2.9m 宽的窄通道内的坐边（side-seated）操作。叉车行驶时，负载会被收回；而上架时，则会前伸。窄巷道前移式叉车通常可以将 1~2t 的货物提升至 9m 的高度；然而，它们并不适合在室外使用，且不擅长于长距离运输。

搬运设备的种类纷繁复杂，其他特殊的设备类型还包括侧装机、堆垛机、自动导引车（automatic guided vehicles，AGVs）和输送机系统等。

4. 仓库平面布置规划

仓库平面构成包括作业区、辅助作业区和行政生活区三部分。平面布置规划的总体目标是通过对各个区域的合理布置与安排实现空间利用最大化和操作最小化。布局的原则是布局整齐、紧凑适用、节省用地、方便使用、便于管理。布局的基本要求是：

（1）充分利用仓库面积，提高仓容定额，降低储存保管费用。

（2）符合作业流程，方便各项作业，提高作业效率。

（3）合理规划动线，尽可能减少出入库货物及仓储人员的移动距离，以提高搬运效率，节约仓储费用。

（4）方便车辆进出。车辆宜进出分道，互不干扰；进出库货流与库内流动的货流应尽量避免交叉。

（5）满足货物保管条件要求，保证货物保管质量。

（6）总体设计应符合安全保卫和消防要求。

（7）综合考虑仓库当前需求和长远发展，减少未来仓库扩建对正常业务的影响。

区域空间规划是仓库平面布置规划的主要内容之一，它以仓储功能规划为基础，考虑各项仓储活动的需要，对作业区、辅助作业区、行政生活区进行进一步细分，并确定细分后各区域的形状和面积。设计依据主要是作业流量、活动特性、使用设备型号、建筑物特性、成本和效率等。在区域空间规划基础上，以作业流程规划为依据，结合流程动线图，按照各区域之间的关联强度，将各区域安排到仓库平面的适当位置，就形成了仓库平面布置图。下面对主要区域的布局规范进行介绍。

1）通道空间设计

通道空间设计就是确定通道位置和宽度。通道分为：厂区通道，包括主要通道、交叉通道；厂房内通道，包括工作通道、服务通道、储藏室通道、电梯通道、人行通道，以及为公共设施、防火设备等配备的通道。

通道设计要考虑的影响因素有通道形式、搬运设备性能（型号、尺寸、能力、旋转半径）、储存货物尺寸、到进出口和装卸区的距离、储存的批量尺寸、防火墙位置、行列空间、服务区和设备的位置、地板负载能力、电梯和斜道位置、出入方便性等。

通道宽度的基本参数是：中枢主通道 3.5~6m，辅助通道 3m，人行通道 0.75~1m，小型台车为车宽加 0.5~0.7m，手动叉车 1.5~2.5m，堆垛机 1.5~4m。具体而言，当使用叉车作业时，其通道宽度可以通过计算求得。当单元装载的宽度不太大时，可利用下式计算：

$$A=P+D+L+C$$

式中，A——通道宽度；

　　　P——叉车外侧转向半径；

　　　D——货物至叉车驱动轴中心线的间距；

　　　L——货物长度；

　　　C——转向轮滑行的操作余量。

2）进出货区设计

进出货区规划包括进出货平台规划、进出货码头配置形式设计、码头形式设计和月台数量计算。

进出货平台所需空间是由车位宽度、车位数和连接设备的类型决定的。如图 6-2 所示，通常每个车位宽度为 4m，若进货平台共有 n 个车位，则进货平台的长度为 $L=n\times4$m。而进货平台的宽度 s 和 r 与连接设备的类型有关，采用可拆装式连接设备时，$s=1$~2.5m；采用固定式连接设备时，$s=1.5$~3.5m；若通道上选择人力搬运，$r=2.5$~4m。进货平台的总面积为

$$M=L\times(s+r)$$

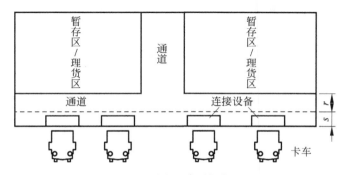

图 6-2　进货平台所需空间

进出货码头配置形式分为以下几种类型：进出货共用码头；进出货分开使用码头，二者相邻；进出货分开使用码头，二者不相邻；多个进出货码头。每种类型在库内形成的动线不同，可根据货物出入库作业不同需求进行选择。

码头设计形式包括：码头本身形式，有锯齿型和直线型两种，如图 6-3 所示；码头周边形式，有内围型、平型和开放型三种，如图 6-4 所示。

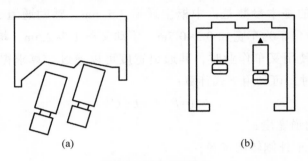

图 6-3 码头本身形式

（a）锯齿型；（b）直线型

月台数量的计算要以进出货货物数量、高峰时段的车数、每车装卸货所需时间和未来厂房扩展需要等为依据。数量过多会导致成本上升和闲置，过少则导致卸车入库等候时间过长。具体计算方法可参照例 6-1。

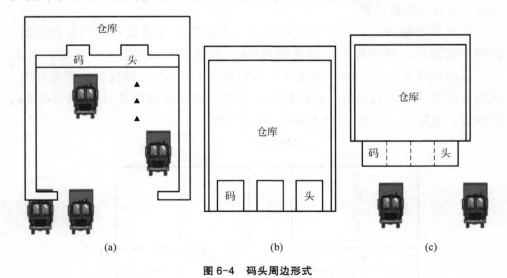

图 6-4 码头周边形式

（a）内围型；（b）平型；（c）开放型

例 6-1 设某仓库进货车台数 N 和卸货时间如表 6-2 所示。进货峰值系数为 1.5，要求在 2h 内必须进货卸货完毕。求所需月台数 n。

表 6-2 进货车台数和卸货时间

进货车台数			卸货时间			
类型	11t 车	4t 车	2t 车	类型	11t 车	4t 车	2t 车
托盘进货	N_1 台	N_2 台	—	托盘进货	20min	10min	—
散装进货	N_3 台	N_4 台	N_5 台	散装进货	60min	30min	20min

由表 6-2 得所需月台数 n 为

$$n=\frac{(20\text{min}\times N_1+10\text{min}\times N_2+60\text{min}\times N_3+30\text{min}\times N_4+20\text{min}\times N_5)\times 1.5}{60\text{min}\times 2}$$

3）存储区设计

仓库储存能力是指在计划期内可以安排的仓容或可以储存的货物总量，由仓库储存面积和仓容定额共同确定。其中仓容定额是仓库或货场单位面积可以存放货物的最高数量，取决于地坪承载能力和货物允许堆码高度。储存（保管）面积是可堆货面积，是从实际面积中减去干道、支道、墙距、柱距等占用的面积后，可用来存放物品的面积。

采用堆垛方式存储的储区，保管面积可按荷重法或堆垛法计算。荷重法是首先确定所需储存保管的各类货物的数量，然后按该类货物的单位面积存货量（仓容定额）求出其所需的占地面积，最后加总各类货物的占地面积得到总面积。堆垛法是首先确定所需储存保管各类货物的数量，然后根据各类货物堆垛的垛型计算出所需堆码的垛数，再根据每垛的占地面积确定该类货物所需的总占地面积，最后加总各类货物的占地面积得到总面积。

采用货架存储方式的存储区，首先要确定所需储存的各类货物的数量、每件货物的质量和包装尺寸，然后根据货位的长宽高和荷重参数确定每个货位所能储存的各类货物数量及该类货物所需要的总货位数，最后根据货架的长宽尺寸和排数确定所有货物所需的占地面积。

存储区设计要确定货架或货垛的布置方式。常用的布置方式有垂直式和倾斜式两大类。

垂直式布局是指货垛或货架的排列与仓库的侧墙互相垂直或平行，具体包括横列式布局、纵列式布局和纵横式布局。横列式布局是指货垛或货架的长度方向与仓库的侧墙互相垂直。这种布局的主要优点是：主通道长且宽，副通道短，整齐美观，便于存取查点，如果用于库房布局，还有利于通风和采光。纵列式布局是指货垛或货架的长度方向与仓库侧墙平行。这种布局的优点主要是可以根据库存物品在库时间的不同和进出频繁程度安排货位：在库时间短、进出频繁的物品放置在主通道两侧；在库时间长、进库不频繁的物品放置在里侧。纵横式布局是指在同一保管场所内，横列式布局和纵列式布局兼而有之，可以综合利用两种布局的优点。

倾斜式布局是指货垛或货架与仓库侧墙或主通道成 60°、45° 或 30°，具体包括货垛倾斜式布局和通道倾斜式布局。货垛倾斜式布局是横列式布局的变形，它是为了便于叉车作业、缩小叉车的回转角度、提高作业效率而采用的布局方式。通道倾斜式布局是指仓库的通道斜穿保管区，把仓库划分为具有不同作业特点，如大量存储和少量存储的保管区等，以便进行综合利用。这种布局形式，仓库内形式复杂，货位和进出库路径较多。

4）拣货区设计

当拣货单元与储存单元一致时，通常不需要设置单独的拣货区。当用大单元储存、小单元拣选时，则需要留出拆整为零的空间。这个空间可以是储存保管区的下层货架（拣货区包含在保管区内），也可以是独立设置的拣货区。独立拣货区的形状和面积取决于拣货作业的作业量和作业方式。

5）集货区设计

集货区设计要考虑的影响因素是每天平均发货订单数、发货车次、出车路线、每天拣货和出车时序安排、拣货作业方式。当采用单一订单拣取方式时，发货单元可能是储位箱、笼车、台车或托盘，可据此规划空间；当采用订单分区拣货方式时，发货单元可能是储位箱、笼车或托盘及其组合，可能需拼装、组合或贴标，因此需要较大空间；当采用订单批量拣货方式时，拣货后需分类，需要设置分类设备或人工分类的空间。

如图 6-5 所示，假设每天的发货方面数为 n_1，每一个方面宽度为 1.2m，面积利用率为 0.7，则该集货区所需面积为

$$S=12 \times (1.2n_1+3) \div 0.7$$

6）保管人员办公室设计

保管人员办公室可设置在库内或库外。库内办公地点应布置在靠近入口或出口的位置，以方便办公活动。库外设置可节省库内空间，危险品库的办公室必须设置在库外。办公室面积标准为：3 人以下，$5m^2/$ 人；3~5 人，$4m^2/$ 人；5 人以上，$3.25m^2/$ 人。

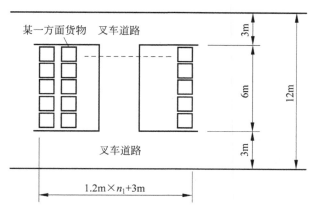

图 6-5　集货区空间设计

全部区域设计完成后要填制各区域面积分析汇总表，如表 6-3 所示，作为进行平面布置安排的依据。

表 6-3　各区域面积分析表

作业区域	基本预估面积		区域面积调整比例						调整后的面积	
	面积/m²	长×宽/（m×m）	作业活动空间	内部通道预留	外部通道预留	扩充空间预留	其他配合事项宽放	调整比例	面积/m²	长×宽/（m×m）
进货区										
储存区										
⋮										
发货区										
作业区域合计										
库区面积规划	作业区域或部门	库区通道	停车场	连接外部的道路区域	大门出入管制区域	库区扩充区域	其他美化区域	其他配合事务区域	库区面积合计	
大小/m²										
长×宽/（m×m）										

6.1.4　进货入库管理

进货入库作业是在接到货物入库通知单后所进行的进货计划准备、接运、卸货、拆装、分类标示、检查票据、验收货物、办理入库手续等一系列活动，其核心环节是接运、验收和建档。进货入库管理的基本要求是：保证入库商品数量准确，质量符合要求，包装完整无损，手续完备清楚，入库迅速。

1.进货计划准备

（1）掌握入库货物情况。根据入库单掌握进货对象的品种、规格、数量、体积、理化特性、包装状态、保管要求及存储期，以妥善安排存储计划。

（2）预先计划存放位置。根据入库货物的性能、数量和类别，结合仓库分区分类保管的要求，核算货位的数量，并根据货位适用原则严格验收场地，妥善安排货位，确定苫盖方案及堆垛方法等。

（3）确定验收方法。根据货物情况和仓库管理制度确定验收方法。

（4）安排作业时程。根据入库单估计到货日，并尽可能准确预测送货车到达时程，以安排各项作业时间。

（5）计划停车位置。了解送货车类型与台数，根据存放位置计划货车的停车位置，以方便卸货及搬运，并配合停泊信息协调进出货车的交通问题。

（6）确定搬运方案。根据货物、货位、设备条件和人员等情况，科学合理地制订搬运方案，确定搬运路线、搬运设备和搬运单元。

（7）估计所需的人员数量和设备。根据入库货物的数量、时间及入库作业流程确定各个环节所需要的人员和设备，安排好验收、搬运、堆码等需要的人员和设备。

（8）准备货位。清洁货位，清除残留物，清理排水管沟，必要时安排消毒、除虫、铺地，检查照明、通风等设备，发现损坏及时通知修理。

（9）准备设备、材料和工具。根据确定的苫垫方案，准备苫垫材料及所需用具；根据验收方法准备验收所需的点数、称量、测试、开箱装箱、丈量、移动照明等工具和用具；根据方案准备搬运设备和搬运工具。

（10）准备文件单证。准备入库所需的各种报表、单证和记录簿等，如入库记录簿、理货检验单、存卡、残损单等。

2.接运

货物接运是指对于通过铁路、水路、公路、航空等方式运达的货物，进行接收和提取的工作。接运的主要任务是准确、齐备、安全地从承运方或供货单位提取和接收商品，为入库验收和检查做准备。接运分为提货接运和到货接运两种类型，共有四种基本形式，即车站或码头提货、到供货单位自行提货、铁路专用线接车和本库内接货。

在接收货物的同时，还要接收相关文件和单证，包括：物资入库通知单、订货合同；供货单位提供的质量证明书或合格证、装箱单或磅码单、检尺单、发货明细表；运输单位提供的运单，如入库前或在运输途中发生残损等情况，还需有普通或商务记录；随货在运输单证上注明的相应文件,如图纸、准运证等。

3. 验收入库

验收是在货物正式入库前，按一定程序和手续，对货物进行数量点收和质量检验，以验证其是否符合相关标准的活动。验收时,将相关单证加以整理、分类并在实物检验过程中与实物对照、核实。

（1）数量检验。根据入库凭证，按照与供货方商定的计量方法进行数量检验，以准确地测定出全部货物数量，确定其是否与凭证相符。数量验收应在入库时一次完成。计件货物要全部清点件数；散装计重货物要全部过磅；大批量定量包装货物要按有关规定视具体情况确定抽验比率后进行抽验。

（2）质量检验。按照质量规定标准，对全部货物进行外形检查（外包装和外观质量），并对全部货物或按比例抽取的样品进行物理试验或化学分析，以确定货物的质量、规格和等级是否与标准符合，判定货物为允收、拒收或选用等，并出具检验报告。仓库一般只作物资的外包装和外观质量的检验，运用感官判断外包装是否存在破损、水渍、污染等问题，以及判断外观质量有无缺陷。对于技术性强，需要用仪器测定分析的商品，须由专职技术人员进行检验。进口物资或国内产品需要进行物理、化学、机械性能等内在质量检验时，应请专业检验部门进行化验和测定，并进行记录，以备发现问题时办理索赔。

（3）签收入库。签收时要严格做到五不收：凭证手续不全不收；品种规格不符不收；品质不符合要求不收；无计划不收；逾期不收。如在验收中出现问题，库管员与交货单位之间应进行商品的检查核对，事故的分析、判定，经双方认定，在交库单上签字。货物验收无误后，仓库给交货单位签发接收入库凭证，并将凭证交给财务部门入账登记。然后，对验收入库物资分类摆放和标识，安排仓位，提出保管要求。

4. 登账立卡

（1）登账。商品验收入库后，保管人员按货物的品种、规格、批次等填制保管账，并注明货位与档号，以便查找。保管账的主要内容有：物资名称、规格、数量、累计数或结存数、存货人或提货人、批次、金额，注明货位号或运输工具，接（发）货经办人。

（2）立卡。填制反映商品有关情况及收发动态的保留卡片，即料卡，直接拴挂在货物垛位上或货架下方。料卡内容包括：货物名称、规格、数量和出入状态、结存数量等。立卡要专人专责。

（3）建档。将货物接收作业全过程的有关资料证件进行整理、核对，并归档。货物档案应一物一档，同批次、同规格、同一生产厂家可归为一档。档案内容应包括：供货单位提供的全部资料、运输单位的凭证及记录、验收记录、磅码单、出库凭证等。档案应由专人保管，并建立档案的收集、保管和使用制度。

6.1.5　储存保管管理

货物保管是在一定的条件下，为保持货物的使用价值而进行的合理储存和科学养护。货物在仓库中的储存保管方式主要有就地堆码和置于货架两大类。而货物的具体储存位置则需要按照一定的储存策略和原则来确定。

1.储存策略

（1）定位储存，即固定货物的货位。每个货位只用于存放固定的货物，使用时严格区分，决不混用、串用。固定货位便于拣选、查找货物，且由于货物固定，可以对货位进行有针对性的准备，有利于提高货物保管质量。其缺点是仓容利用率较低。长期货源的计划库存、配送中心等大都采用这种策略。

（2）随机储存，即不固定货物的货位。货物任意存放在有空的货位，不加分类。不固定货位有利于提高仓容利用率，但是仓库内显得混乱，不便于人工查找和管理，而借助信息系统进行有效管理，则可克服此不足。对于周转极快的专业流通仓库，货物保管时间极短，大都采用不固定方式。

（3）分类储存，即分类固定货物的货位。对货位进行分区、分片，同一区内只存放一类货物，但在同一区内的货位则采用不固定使用的方式。这种方式有利于货物保管，比较方便查找货物，仓容利用率可以提高。大多数储存仓库都使用这种方式。

2.货位分配原则

（1）根据货物的尺寸、数量、特性、保管要求分配货位。货位的通风、光照、温度、排水、刮风、雨雪等条件要满足货物保管的需要；货位尺寸与货物尺寸匹配，特别是大件、长件货物要能存入所选货位，标准化的商品应放在托盘或货架上来保管；货位的容量与数量接近；选择货位时要考虑相近货物的情况，防止与相近货物相忌而互相影响；需要经常检查的货物，应存放在方便经常检查的货位。

（2）同一品种在同一区域保管，方便操作。为提高作业效率和保管效率，同一物品或类似物品应放在同一区域保管。所安排的货位能保证搬运、堆垛、上架的作业方便，有足够的机动作业场地，能使用机械进行直达作业。为使物品出入库方便，容易在仓库内移动，基本条件是将物品面向通道保管。

（3）出入库频率高的货物使用方便作业的货位。对于要持续入库或者持续出库的货物，应安排在靠近出口的货位，方便出入。流动性差的货物，可以离出入口较远。同样道理，存期短的货物安排在出入口附近。季节性物品则依其季节特性来选定放置的场所。

（4）小票集中、大不围小、重近轻远。多种小批量货物，应合用一个货位或者集中在一个货位区，避免夹存在大批量货物的货位中，以便查找。重货应离装卸作业区最近，以减少搬运作业量或者可以直接用装卸设备进行堆垛作业。使用货架时，重货放在货架下层，需要人力搬运的重货存放在腰部高度的货位。

（5）保证先进先出、缓不围急。"先进先出"是仓储保管的重要原则，尤其是机能易退化、老化的物品，应尽可能按先入先出的原则，加快周转，避免货物超期变质。在进行货位安排时要避免后进货物围堵先进货物。存期较长的货物不能围堵存期短的货物。

（6）作业分布均匀。尽可能避免仓库内或者同条作业线路上多项作业同时进行，以免相互妨碍。

3. 货物养护

货物的养护，即保养和维护，是针对入库货物的特性，结合仓库的具体条件，采取各种科学手段，防止和延缓货物质量变化的过程。养护的目的在于维护货物的质量和保护货物的使用价值，避免和减少库存损失。

影响仓储货物质量变化的因素很多，其中起决定作用的是货物本身的内在因素，包括货物的组织结构、化学成分、物理化学性质等。其次是外在因素，包括温湿度、日光照射、臭氧和氧的作用、有害气体的影响、微生物及虫鼠害的侵害以及卫生条件等。因此，本着"预防为主、防治结合"的原则，应积极采取有效的养护措施。

（1）严格验收入库货物。弄清货物及其包装的质量状况，防止货物在储存期间发生各种不应有的变化。对吸湿性货物要检测其含水量是否超过安全水分，对其他有异常情况的货物要查清原因，针对具体情况进行处理和采取救治措施，做到防微杜渐。如果是危险货物入库，必须包装完整，质量准确，并标有符合货物品名和危险性质的明显标记。

（2）适当安排储存场所。怕潮湿或易霉变、生锈的货物，储存在干燥的仓库内；易溶化、挥发的货物，储存在温度较低的仓库内；性能相互抵触或易串味货物不能在同一库房混存，以免相互产生不良影响。尤其对于化学危险物品，要严格按照有关部门的规定，分区分类安排储存地点。

（3）妥善进行堆码苫垫。根据各种货物的性能和包装材料，确定货垛的垛形与高度，并结合季节、气候等情况妥善堆码。库内货物堆垛时按"五距"规范要求留出顶距、灯距、墙距、柱距、垛距，对易燃货物留出适当防火距离。货垛周围要遮盖严密，以防雨淋日晒，视货物性质选择适宜的苫盖物料，做好货垛下垫隔潮工作。

（4）控制好仓库温湿度。根据库存货物的性能要求，适时采取密封、通风、吸潮和其他控制与调节温湿度的方法，把仓库温湿度保持在适合货物储存的范围内，以维护货物质量安全。

（5）认真对货物进行在库检查。对库存货物的质量情况进行定期或不定期的检查，及时发现货物质量变化，并采取措施进行救治，以免造成或扩大损失。

（6）保持好仓库清洁卫生。对仓库内外应经常清扫，彻底铲除仓库周围的杂草、垃圾等物，必要时使用药剂杀灭微生物和潜伏害虫。对容易遭受虫蛀、鼠咬的货物，要根据货物性能和虫鼠的生活习性及危害途径，及时采取有效的防治措施。

此外，要保证仓储安全，做好防火、排水防汛、防盗等工作，保障货物的安全。

4. 盘点

在仓储过程中，由于货物不断地进出库，经过长期累积，容易产生库存资料与实际数量不符的现象。与此同时，部分产品也可能因存放过久、养护不当而导致质量受到影响，难以满足客户的要求。为了有效地控制货物的数量和质量，要对各储存场所储存的货物进行清点，称之为盘点。

盘点分为账面盘点和实地盘点。账面盘点是在电脑或账簿上记录每天入库及出库货品的数量及单价，并不断累计加总，算出账面上的库存量及库存金额，又称永续盘点。其优点是可随时获取最新数据，缺点是准确性欠佳。实地盘点（实盘）就是到现场去实际清点调查仓库内的货物的库存数，再依货品单价计算出实际库存金额，亦称为现货盘点。其优点是数据准确，缺点是耗时多、难以把握最新数据。

盘点要检查的项目包括：货物的账面数量与实存数量是否相符；货物的

收发情况，以及有无按先进先出原则发放货物；货物的堆放及维护情况；各种货物有无超储积压、损坏变质；对不合格品及其呆废物品的处理情况；安全设施及安全情况。

盘点的目的是掌握准确的库存数量，修正料账不符产生的误差，使账实统一；确认库存的实际数量，以审核生产和销售计划的合理性；控制存货，以指导日常经营业务；准确掌握企业的损益，以评估总体经营绩效。

6.1.6 交货出库管理

交货出库是仓储业务的最后一个环节，是物流企业根据客户或业务部门开出的出库凭证，按其所列货物的名称、规格、数量和时间、地点等项目，组织验单、登账、分拣配货、包装、复核、提货发运、交付、销账等一系列工作的总称。

1．出库基本程序

（1）核对出库凭证。详细核对和审查领发凭证，准确掌握出库货物的名称、编号、型号、实发数量、印签及审批手续。若发现错误或有疑问，要及时同有关部门联系。在任何情况下，仓库部门均不得擅自动用、变相动用或者外借货主的库存商品。

（2）拣选备货。凭证核对无误后即可备货。按出库凭证查对料卡，把出库货物迅速拣选备齐，并配齐有关单证。

（3）复核。为防止差错事故，对所有出库货物要进行一次复核，保证实发货物准确无误。复核的内容为二查一核，即查外观质量是否完好，查技术证件是否齐全，核对出库凭证所列各项内容与所备商品是否相符。复核的形式可采取保管员自核、保管员之间相互交叉复核及专职人员复核，需要包装或交给运输部门托运的商品也可由包装人员与托运人员进行复核。复核无误后，复核人要签章。

（4）办理交货手续。库管员与领货人办理交接手续，当面验证货物，并在移交单上签字认定。采用提货方式出库的商品，可将货物连同有关资料向提货人员当面点交；采用代运方式发货的货物，要与负责托运的人员办清交接手续。

（5）善后处理。库管员在办完交接手续后，要整理现场，清理单据，调整账卡，核销存货归档资料。

出库管理的要求是：遵循先进先出及"收有据，出有凭"的原则，保证同种货物先进先出、近期失效先出，把好出库审核关，以完备的手续，将质量完好、数量准确、包装牢固、标志正确清晰的商品，及时准确地发运给收货单位。

2. 拣选备货

拣选备货是按照拣货单，使用人员、设备和传输装置等，从储存的货物中拣选出指定品种和数量的货物，并进行必要的组合和包装后，送入指定的发货区。

拣选作业的基本方式有拣选式（摘果式）和分货式（播种式）两种。

拣选式作业是分拣人员或设备以单一出货单为拣选单元，巡回于各个储位将客户所需货物取出，完成配货任务。因货位相对固定，而分拣人员或设备相对运动，所以此种作业是人到货前式，又被形象地称为"摘果式"。如图6-6所示，采用摘果式拣选时，拣货人员或设备针对一个出货单，以品类顺序或储位顺序为动线，到每种品类储位下层的拣货区拣取该出货单上所需数量的货品，放置在托盘上或拣货车上，再继续拣取下一个品类的货品，一直到该出货单所有货品拣出后，将拣好的货品与出货单置放于待运区指定的位置后，由出货验放人员接手。

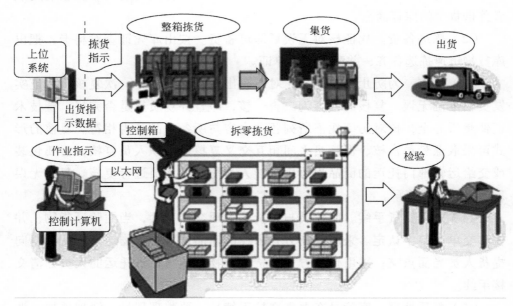

图 6-6 "摘果式"拣选流程示意图

　　分货式配货作业是拣选人员或设备以一组出货单为拣选单元，先将各品类货品按该组出货单的订货总量从储位一次性拣出，然后再逐一分配到各出货单，即整批拣取、二次分拣的拣货方式，又称为"播种式"。如图6-7所示，采用"播种式"拣货方式时，需首先按品类将所有出货单上的货品订货量进行汇总，形成各品类货品的"拣货总表"，之后再由拣货人员或设备将各品类货品按照"拣货总表"汇总的总数量，到指定储位下层的拣货区一次一类地取出。然后，每取出一个品类货品即拖至待验区，将其按照各出货单的代码（位置编号）和出货数量逐一分配放置，再去取下一个品类货品，直到完成所有品类和所有出货单的货品拣选，由出货验放人员接手。

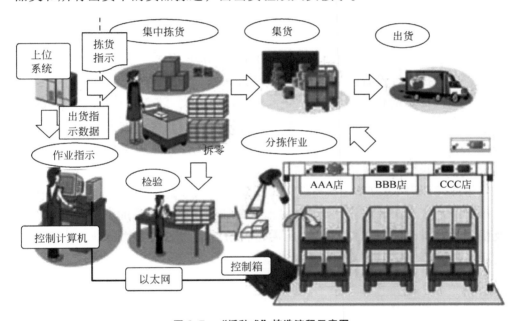

图6-7　"播种式"拣选流程示意图

　　批量拣选的订单分批方法有四种。①总合计量分批。合计拣选作业前所有累积订单中每一货品项目的总量，再根据这一总量进行分拣以将分拣路径减至最短。②时窗分批。当从订单到达到拣选完成出货所需的时间非常紧迫时，开启短暂而固定的时窗，如5min或10min，再将此时窗中所到达的订单做成一批，进行批量分拣。③固定订单量分批。按先到先处理的基本原则，当累计订单量到达设定的固定量时，再开始进行拣选作业。④智能型分批。将订单汇总后由计算机经过较复杂的计算，将分拣路径相近的订单分成一批同时处理，可大大缩短拣选行走搬运距离。

6.2　自动化仓储系统

6.2.1　自动化仓库的发展历程

自动化仓储系统（automatic storage & retrieval system，AS/RS），又称自动存取系统，是指不直接进行人工处理而使用自动化存储、拣选和搬运等设备进行货物存取的仓库系统。

伴随着科技的发展与进步，自动化仓库系统从诞生到现在已经发生了很大的变化，其发展经历了几个阶段。

第一代：机械式立体仓库。它产生于 20 世纪 60 年代的美国，操作人员通过电器开关按钮来控制机械设备进行出入库作业，实现了搬运的机械化。

第二代：自动控制立体仓库。20 世纪 70 年代末，随着 PLD、AS/RS、AGV、条码扫描等设备在立体仓库的应用，实现了控制自动化。

第三代：集成化立体仓库。20 世纪 80 年代末，随着计算机技术的应用，形成了由管理级、监控级、控制级组成的三级分布式控制结构，上位管理机协调控制整个仓库系统的出入库作业和库存管理，并且与下位工厂计算机信息关联网相联结，实现了管理微机化和集成化。

第四代：智能型立体仓库系统。20 世纪 90 年代，借助管理信息系统（MIS）、决策支持系统（DSS）等，实现了对出入库任务和仓库信息的全自动处理，以及根据生产计划报表分析、确定所需材料与劳动力，依据物资现有库存量提出适当建议等，实现了管理的智能化。

第五代：智慧型无人仓库系统。近年来，随着物流信息技术的迅猛发展和各类智能物流设备（特别是各类机器人）的研发与应用，自动化仓库正在向智能设备全覆盖的全流程、全系统智能化与无人化方向迈进。

2017 年 10 月，京东物流无人仓建成，实现了进货、存储、拣选、包装各环节的智能设备全覆盖，成为全球首个正式落成并规模化投入使用的全流程无人物流中心。

6.2.2　自动化仓储系统的构成

从本质上讲，AS/RS 包括一个集成的计算机控制系统，该系统将储存介质、运输机构和不同层次的自动控制结合在一起，从而能快速无误地随机储存物品。由此可见，AS/RS 是机械和电气、强电控制和弱电控制相结合的产物。它主要由货物储存系统、货物存取（S/R）和输送系统、自动控制系统、仓储管理系统等几部分构成，此外还包括其他辅助设施。

1. 货物储存系统

自动化立体仓库通过立体货架实现货物存储功能以充分利用仓库空间。货物储存系统由立体货架的货格（存储单元）组成，货格的地址由其在货架上的排、列、层唯一确定，并据此被管控系统所识别。货格承载的货物单元一般是托盘或货箱。立体货架按高度分为高层货架（12m 以上）、中层货架（5~12m）和低层货架（5m 以下），目前最高货架的高度已经可以达到 50m。存储的货物以及货架高度不同，对货架立柱、横梁的刚度和强度，以及安装的精度都有不同的要求。

2. 货物存取和输送系统

货物存取和输送系统承担货物存取、出入仓库的功能，它由有轨或无轨堆垛机、出入库输送机、装卸机械及其他周边设备等组成。巷道式堆垛机是自动化立体仓库的核心起重及输送设备，在高层货架的巷道内沿着轨道运行，实现取送货物的功能。输送系统与巷道式堆垛机对接，将货物输送到堆垛机上下料位置和出入库位置，配合堆垛机完成货物的搬运、输送等作业。常见的输送系统有传输带、穿梭车（RGV）、自动导引车（AGV）、叉车、拆码垛机器人等。装卸机械承担货物出入库装车或卸车的工作，一般由行车、吊车、叉车等装卸机械组成。周边设备包括自动识别设备、自动分拣设备、自动包装设备等，其作用是扩展自动化仓库的分类、计量、分拣、包装等功能。

3. 自动控制系统

自动控制系统是整个自动化立体仓库系统设备运行的控制核心。中央控制计算机控制和监视整个自动化立体仓库的运行，并根据管理计算机或自动键盘的命令组织流程。它向上连接物流系统的调度计算机，接受物料的输送指令；向下连接输送设备，实现底层输送设备的驱动、输送物料的检测与识别；完成物料输送及过程控制信息的传递，实现设备监控、数据采集、通信网络、控制接口的一体化控制和管理。

不同类型的自动化立体仓库采取的控制方式不同。有的仓库只采取对存取堆垛机、出入库输送机的单台 PLC 控制，机与机无联系；有的仓库对各单台机械进行联网控制；更高级的自动化立体仓库的控制系统采用集中控制、分离式控制和分布式控制，即由管理计算机、中央控制计算机和对堆垛机、出入库输送等进行直接控制的可编程序控制器组成控制系统。

4.仓储管理系统

仓储管理系统的功能是对订单、需求、出入库、货位、不合格品、库存状态等各类仓储管理信息进行分析和管理。管理计算机是自动化立体仓库的管理中心，承担出入库管理、盘库管理、查询、打印及显示、仓库经济技术指标计算分析等管理功能，包括在线管理和离线管理。

5.辅助设施

自动化仓库的辅助设施包括土建及公用工程设施（厂房及其他配套设施）、消防系统、照明系统、通风及采暖系统和动力系统，以及给排水设施、避雷接地设施和环境保护设施等。

6.2.3　自动化仓库的分类

自动化仓库系统可以从不同的角度加以分类。

（1）按建筑形式分类，可分为整体式仓库和分离式仓库。

整体式自动化仓库是指库房与货架合为一体的仓库，即货架不仅用于储存货物，而且作为库房建筑物的支撑结构。分离式自动化仓库是指货架与库房相互独立、将货架建于库房内部的仓库。后者可由现有的建筑物改建而成，也可将其中的货架拆除，使建筑用于其他用途。

（2）按货物存取形式分类，可分为单元货架式仓库和拣选货架式仓库。

单元货架式仓库是一种最为常见的结构，货物先放在标准容器或托盘上，再用带伸缩货叉的巷道堆垛机等搬运设备装入仓库货架的单元货格中，出入库都以整个单元为单位进行操作。拣选货架式仓库是根据出库提货单的要求从货物单元中拣选出一部分出库。

（3）按在生产和流通中的作用分类，可分为生产性仓库和流通性仓库。

生产性仓库是指工厂内部为了协调工序和工序、车间和车间、外购件和自制件间物流的不平衡而建立的仓库，它能保证各生产工序间进行有节奏的生产。流通性仓库是一种服务性仓库，它是企业为了调节生产企业和用户之间的供需平衡而建立的仓库。这种仓库进出货物比较频繁，吞吐量较大，一般都和销售部门有直接联系。

（4）按自动化仓库与生产联系的紧密程度分类，可分为独立型、半紧密型和紧密型仓库。

独立型仓库也称为"离线"仓库，是指从操作流程及经济性等方面来说都相对独立的自动化仓库。这种仓库一般规模都比较大，存储量较大，仓库系统具有自己的计算机管理、监控、调度和控制系统，又可以分为存储型和中转型仓库。配送中心也属于这一类仓库。半紧密型仓库是指它的操作流程、仓库的管理、货物的出入和经济性与其他企业（或部门，或上级单位）有一定关系，而又未与其他生产系统直接相联。紧密型仓库也称为"在线"仓库，是那些与企业内其他部门或生产系统直接相联的立体仓库，两者间的关系比较紧密。有些立体仓库可自动接收来自包装线的物品及信息，有些可在柔性生产线计算机的统一指挥下直接接送板材、半成品物料及其信息。

6.2.4　自动化仓储系统的优缺点

与传统的普通仓库相比，自动化仓库系统具有以下几个优点。

（1）存储区向高空的大幅发展，使仓库的空间得到充分利用，节省了库存占地面积，提高了空间利用率。

（2）使用自动设备存取货物不仅运行和处理速度快，而且降低了操作人员的劳动强度，提高了劳动生产率。

（3）运用计算机进行管理和控制，能够准确无误地对各种信息进行存储和处理，减少货物和信息处理的差错，及时准确地反映库存状况，为管理者决策提供可靠的依据。

（4）便于及时清点和盘库，合理调整库存，防止货物出现自然老化、生锈、变质等损耗。

（5）采用非人工直接处理的存取方式，能较好地适应黑暗、低温、易燃易爆及有污染等特殊场所货物存取的需要。

自动化仓库的缺点是投资和维护成本高，而且一旦安装完毕，很难再作改动。因此，要采用一个 AS/RS 系统，就必须在经济上进行合理可行的预算，而且在其设计安装时要经过周密详细的规划。

本节简要介绍了 AS/RS 系统的基本知识，详细内容可参阅相关教材或书籍。

6.3　智慧仓储

6.3.1　智慧仓储概念的产生

智慧仓储是仓储管理发展的高级阶段，是智慧物流的重要节点，仓配数据接入互联网系统，通过对数据的集合、运算、分析、优化、决策，再通过互联网发布到整个物流系统，从而支持对现实物流系统的智慧管理、计划与控制。

与传统仓储管理系统相比，智慧仓储系统能够实现非接触式货物出入库检验，问题货物标签信息写入，检验信息与后台数据库联动，从而显著提高货物出入库效率，改善库存管理水平。在智慧仓储系统中，库管员持移动式阅读器完成非接触式货物盘库作业，可以缩短盘库周期，降低盘库人工成本；盘库信息与后台数据库联动，自动校验，能够提高货物移库效率，实现仓储货物在调拨过程中的全方位实时管理，准确快速定位移库货物，提高移库工作灵活性；通过对移库货物的移库分析，找出最佳货物存放位置，实现仓储管理智能化。各类仓储单据、报表快速生成，问题货物实时预警，特定条件下货物自动提示，通过信息联网与智能管理形成统一的信息数据库，为供应链整体运作提供可靠依据。

作为智慧物流系统的重要组成部分，智慧仓储的发展主要是信息技术发展与仓储管理现实结合的重要产物。这些新型技术主要包括以下几种。

1. 物联网技术

物联网，在狭义上可指连接物品与物品间的网络，用来实现对物品的智能化识别和管理；而广义上的物联网则可以看作是信息空间与物理空间的融合，将一切事物数字化、网络化，在物品之间、物品与人之间、人与现实环境之间建立高效信息交互方式，并通过新的服务模式使各种信息技术融入社会行为，是信息化在人类社会综合应用达到的更高境界。国际电联报告提出物联网主要有四个关键性应用技术：RFID、传感器、智能技术以及纳米技术。这些先进技术都是为了使人与物之间能够更紧密地联系，方便人们的生活和工作，是促进社会生产发展的动力。近几年我国物联网市场规模持续走高，移动互联网与物联网等技术的应用，必将促进仓储信息化与电商仓储的融合发展，促进仓储互联网平台与各类商品电子交易平台的对接，以及仓储O2O与商品交易O2O的融合。

依托于物联网技术的智能仓储，能够有效提高仓储管理的效率和安全，从而促进现代物流的发展，体现现代物流的实用性和先进性。

2. 云概念与云仓储

广义的云仓储是指基于大数据平台的仓库储存；狭义的云仓储则是指根据以前的数据进行计算分析，得出结论，以恰当地安排货物的储存过程。在云仓储概念加持下的仓库，乃至整个仓储物流界，都将受到新的冲击，并不断进行改革：原来传统的仓储物流已经慢慢被互联网大数据所改变，以前的仓储物流公司仅仅为客户提供存储货物等低层次服务；在云仓储环境下，所有仓库都将掌握所有客户的资源流通、货物进出、财务进账等信息，并通过大数据计算分析得出客户货物的进出仓规律、销售规律、资金规律、现金流规律，进而推算出全国产品市场变化和行业兴衰规律。

3. 仓储机器人

智能仓储系统中的主要技术和装备是完成自动搬运和存取任务的仓储物流机器人。它采用可折叠机架、双 U 型框架新型结构设计，可方便地从货架底部穿行，空间利用率高，并可根据分布在工作区域的 RFID 标签、二维识别码和传感器检测集，准确计算和判断当前位置和预期任务，由相应的控制算法、位置估计和参考模型特征匹配而完成精确定位，在工位和仓库货架之间自主行走。仓储物流机器人代表着现代物流的发展方向，能够加快物流配送的反应速度，降低基建成本及服务成本，使传统物流企业的管理和业务流程得到根本性提升。

未来，以物联网技术为基础，以信息化、智能化设施为载体的智慧仓储，将会全面推动仓储配送业与制造业、商贸业的融合发展，从而提高效率、降低成本，提升仓储服务能力和整体发展水平。

6.3.2　智慧仓储的特征

智慧仓储系统具有管理系统化、操作信息化、储运自动化、数据智慧化、网络协同化、决策智能化六个特性。与普通仓库相比，它具有无可比拟的优势，具体如下。

（1）无人作业、节省人工。在人力资源成本逐年增高，人口红利逐渐消逝的时代，智慧仓储系统通过无人化作业，不仅能大幅节省人力资源，降低人力成本，还能够更好地适应黑暗、低温、有毒等特殊环境的需求，使智慧仓储系统具有更为广阔的应用前景。

（2）精确分仓、合理调拨。依托大数据及人工智能算法，智慧仓储通过开放、智能、共享的数据，做到精确分仓、合理调拨，降低仓储物流成本，力求在生产者与消费者之间维系一种微妙的平衡。

（3）机器管理、避免损失。采用计算机进行仓储管理，可以对入库货物的数据进行记录并监控，可以方便地做到"先进先出""呆料翻查""自动盘点"，避免货物自然老化、变质、生锈，也能减少货物搬运过程中出现的破损或货物的丢失等损失。

（4）账实同步、节约资金。智慧仓储系统可以做到账实同步，并可与企业内部网融合，企业只需建立合理的库存，即可保证生产全过程畅顺，从而减少不必要库存，节约库存占用资金，大大提高公司的现金流，同时也避免了人为因素造成的错账、漏账、呆账、账实不一致等错误。

（5）自动控制、提高效率。智慧仓储系统中物品出入库都是由计算机自动控制的，可迅速、准确地将物品输送到指定位置，减少了车辆待装待卸时间，也可大大提高仓库的存储周转效率，降低储存成本。

（6）系统管理、提升形象。智慧仓储系统的建立反映了一个企业的综合实力，不仅能提高企业的系统管理水平，提升企业整体形象和在客户心目中的地位，还能为企业赢得更大的市场，为公司创造更多财富。

6.3.3　智慧仓储管理系统的发展现状

20 世纪 60 年代初，自动化仓库已得到广泛应用，以日、美等国以及西欧最多。最早的自动化仓库仅仅是利用自动化设备进行货物的出入库操作，虽然还不能称之为真正的自动化仓库，但其与基础的仓库相比，人工成本大大降低，工作效率也得到提高。到了 21 世纪，随着科技的进步，自动化仓储技术日趋完善，自动化仓库的效率以及仓库内仓储空间的利用率都得到了很大的提高，但仓储的管理效率仍旧不高。齐恒经过研究发现，国外已有很多企业在对智慧物流仓储系统进行研究开发，广泛采用 RFID 技术或者条形码技术进行信息采集，支持无线网络进行数据传输，应用数据库服务能力或大数据处理能力实现仓储系统的智能化管理。如 Unified Barcode & RFID 公司开发了一款仓储管理系统，该系统支持无线（Wi-Fi）网络、RFID 货物识别，具有信息无线采集和接收、SQL 服务、货物跟踪等功能；IntelliTrack 公司推出了 IntelliTrack（智能追踪）仓储管理系统，该系统具有仓位信息管理、货物满载报警、进货冲突报警等功能，通过 RFID 识别货物，利用无线网络实现信息传输；美国第三方 Catepilla 物流公司开发了一款仿真模拟软件 CLS 智慧仓储系统，世界上最大的自动控制阀门生产制造商费舍尔在使用该系统后，仓库内货物的出入效率得到很大提高，同时也显著提升了客户的满意指数。

国内已有很多企业及研究机构开始对智慧仓储系统进行研究，致力于解决现代物流仓储管理中存在的各种缺陷，如人力资源耗费大、货物出入库效率低、人工记录数据繁琐易出错、仓储管理效率低等。目前，已形成很多相对成熟的智慧仓储解决方案。CD 软件公司设计的白沙物流管理系统在货物出入库、仓库盘点、货位调整等环节应用无线网络技术，首开国内仓储领域无线网络使用的先例。顺和达软件公司出品的大型央企应用产品，其解决方案基于物联网技术和互联网技术，运用物联网技术获取仓储内的各种货物信息并将相关信息发送至 Internet 服务器，工作人员可通过互联网登录服务器进行相应的任务操作，如动态盘点、动态库存、单据确认、库位管理等，该系列产品已在中石油、中石化、中铁、中水电等央企诸多下属机构成功应用。因此，黄丽莉、张智勇认为，随着物联网技术与无线网络技术的飞速发展，智能化、信息化成为物流仓储技术发展的趋势。

6.3.4　智慧仓储系统的功能与结构

智慧仓储系统具有仓储信息自动抓取、仓储信息自动识别、仓储信息自动预警、仓储信息智能管理等多项功能。其中，仓储信息自动抓取功能是指对贴有电子标签的货物、库位、库架信息自动抓取，包括货物属性、库位及库架分类等，无须通过人工——辨认。仓储信息自动识别功能是通过与后台服务器的连接，在自动抓取信息基础上，实现信息自动识别，快速验证出入库货物信息、库内货物正确堆放信息等。仓储信息自动预警功能是通过信息系统程序设定，对问题货物进行自动预警，提前应对。仓储信息智能管理功能是自动生成各类单据，为供应链决策提供实时信息。

智慧仓储项目的工作单元包括软件单元、硬件单元、网络单元、管理单元四大部分。其中，智慧仓储的软件单元为智慧仓储管理信息系统，主要包括：基本信息管理模块、货物出入库管理模块、货物盘库管理模块、标签、阅读器管理模块、货物预警模块与智慧仓储管理模块等 7 大模块。硬件单元包括 RFID 电子标签、读写器、阅读器、RFID 电子标签打印机、服务器、终端、仓库基础设施等。网络单元由计算机有线网络及无线网络组成。管理单元是指一套基于智慧仓储的管理业务流程与规范，主要包括出入库、盘库、移库作业流程及相应的规范要求。

图 6-8 所示为罗戈研究院提出的智慧仓储场景图，为未来智慧仓储管理提供了参考蓝图。

6.3.5　智慧仓储案例

1. 亚马逊

亚马逊是全球用户数量最大的零售网站，超过了沃尔玛、苹果、eBay 以

基于不同的应用场景（主要包括生产、存储、分拨中心三类），仓库的作业流程与使用工具不同

图 6-8   智慧仓储场景图

及中国的电子商务巨头阿里巴巴。同时，它也是全球商品品种最多的电商企业和全球第二大互联网企业。虽然在中国的发展势头不及淘宝和京东，但是亚马逊的自动化仓储系统却是国际闻名的。

面对日益忙碌的网购市场，单纯地依靠人工已经无法处理海量的网购订单，因此越来越多的企业都对智能仓储物流产生了浓厚的兴趣。而智能仓储物流的核心是处理订单、分拣和包装，这就牵涉到货物的上架方式和仓储机器人的抓取和移动。

1）随机存储系统

亚马逊的商品并非严格按照 SKU 区分货位仓储，而是基于一定原则，将商品混合存放于不同类型的货位内，使得单个货架的周转频率加快，从而达成空间和周转的双重提升，极大地降低了单位商品的存储成本。随机存储的关键体现在数据追踪管理上，无论是拣货还是收货，每个货位均有独立编码，亚马逊的信息数据管理系统会记录每个商品在不同转运流程中所处的位置，从而保证对数据的连续跟踪。

2）Kiva 分拣机器人

2014 年夏天，Kiva 机器人（见图 6-9）来到了亚马逊的仓库，彻底颠覆了之前负责仓储的亚马逊员工需要奔走在各个货架前的景象。Kiva 机器人时刻穿梭在库房内，通过识别地面的二维码标签进行定位，并通过自带探头判断前方障碍物，运用复杂的系统运算将货架精准地送到拣货员面前，拣货员根据计算机屏幕的提示从货架上挑出需要包装的商品。Kiva 智能机器人自身质量只有 145kg，但是它一次可以运送质量高达 340kg 的货物。正是由于这样

的设计，Kiva 使 10 万 m² 的运营中心达到了 25 万 m² 仓库的货物存储量，将传统的商品存储和处理能力提升 50% 以上。

图 6-9　Kiva 机器人

2. 京东"无人仓"

2016 年 5 月，京东成立了智慧物流开放平台"X 事业部"，自主研发无人机、无人车、无人仓、无人配送站等一系列尖端智慧物流项目。2017 年 10 月 9 日，京东物流首个全流程无人仓正式亮相上海，这是全球首个正式落成并规模化投入使用的全流程无人物流中心，也是全球首个大型绿色无人仓库。

京东无人仓建筑面积 40 000m²，房顶全部是太阳能电池板，白天充电，晚上供库房工作。无人仓由收货、存储、订单拣选、包装四个作业系统组成。存储系统由 8 组穿梭车立库系统组成，可同时存储商品 6 万箱。由于在整个流程中应用了多种不同功能和特性的机器人，智能设备覆盖率 100%，无人仓真正实现了全流程、全系统的智能化和无人化，预计正式运营后，日处理订单的能力将超过 20 万单，是人工仓库效率的 4~5 倍。

"无人仓"代表着京东全新的第三代物流系统技术，它是以无人仓作为载体的全新一代智能物流技术，其核心特色体现为数据感知、机器人融入和算法指导生产，可以全面改变目前仓储的运行模式，极大提升效率并降低人力消耗，是京东物流应用质的飞跃。

1）无人仓之眼——数据感知

由人、设备和流程等元素构成的仓库作业环境会随时随地产生大量的状态信息。过去，这些信息只能通过系统中数据的流转来进行监控，缺乏实时性，也难以对业务流程进行指导。而传感器技术的进步，带来了最新的数据感知技术（见图 6-10），让仓库中的各种数据都可以迅速、精准地获取。

图 6-10　数据感知技术

　　京东已经在图像处理、认知感知等领域进行了大量的基础研发，可以迅速将传感器获取的信息转化为有效数据，而这些数据将成为系统感知整个仓库各个环节状态的依据，通过京东仓储管理系统的大数据、人工智能等模块，更好地生成决策指令，指导库内作业单元工作。

　　2）无人仓的四肢——机器人

　　从商品入库、存储到拣货、包装、分拣、装车的环节都无须人力参与，形态各异的机器人成了无人仓的主角，机器人融入正是无人仓的重要特色之一。图 6-11 所示为京东无人仓中的这些智能分拣设备。占据仓库核心位置的立体货架可以充分利用空间，让仓储从"平房"搬进"楼房"，有效利用宝贵的土地面积。在狭窄货架间运转自如的料箱穿梭车（shuttle）是实现高密度存储、高吞吐量料箱进出的关键。它在轨道上高速运行，将料箱精准放入存储位或提取出来，送到传送带上，实现极高的出入库速度。

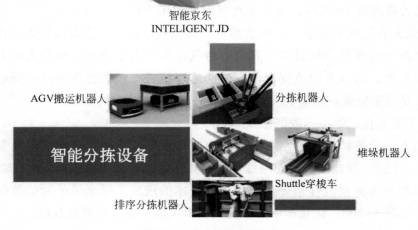

图 6-11　京东智能分拣设备

从立体货架取出的料箱会传送到一个机器人下面进行拣选，迅速把商品置入相应的包装箱内。这种灵巧迅捷的机械手是并联机器人，具备精度高、速度快、动态响应好、工作空间小等特色，能达到 3600 次 /h 的拣选速度。它用令人眼花缭乱的动作迅速进行拣货，保证了整个无人仓生产的高效率。

无人仓中有大量貌似"扫地机"的机器人托着料箱有条不紊地忙碌着，这种 AGV（自动导引小车）（见图 6-12）可通过地上的二维码定位进行导航，并结合系统的调度，实现对整个仓库合理安排生产。相较于传统的输送线的搬运方案，通过 AGV 实现"货到机器人"的方式具有更高的灵活性。

图 6-12　京东自动导引小车

六轴机器人（见图 6-13）可实现拆码垛，就是堆放和移动商品。在码垛算法的指导下，每种商品都可以自动生成个性化的垛型，由机器人自动适配对每种商品自动码垛。

图 6-13　京东六轴机器人

3）无人仓的大脑——人工智能算法

除了丰富、及时的数据和高效执行的机器人，基于人工智能的核心算法更是京东无人仓的"软实力"所在。例如在上架环节，算法将根据上架商品的销售情况和物理属性，自动推荐最合适的存储货位；补货环节，补货算法的设置让商品在拣选区和仓储区的库存量分布达到平衡；出库环节，定位算法将决定最适合被拣选的货位和库存数量，调度算法将驱动最合适的机器人进行货到"人/机器人"的搬运，并匹配最合适的工作站进行生产。

整个无人仓技术的实现，算法是核心和灵魂，能使库内作业效率得到极大提高。而这些算法的集合，将是人工智能在仓库的最好体现。随着京东大数据和人工智能技术的迅猛发展，无人仓的"智力"还将持续提高，让仓储的运营效率不断逼近最优值。

丰富的数据感知、人工智能算法决策和机器人系统组成了京东无人仓的眼睛、大脑和四肢，面对大量货品的流动，有条不紊地进行调配和操作。与传统的仓储模式相比，京东无人仓在运营效率、灵活性、吞吐量等方面跨上了一个新的台阶，不仅推动着京东自身物流技术的蜕变，更是树立了中国物流界的里程碑，成为行业引领者。

3. 苏宁

新的零售变化正在发生，与之相对应，新物流正在成为新零售形式演变的核心要素。在 2017 中国新零售与快递创新物流发展论坛上，苏宁物流提出了"迈进智慧零售，苏宁智能仓储解决方案"。在零售变革的大环境下，匹配智慧零售，结合业务类型，利用物联网和大数据等技术，聚焦供应链的仓储模式变革已经成为新物流实践的重要突破点。

1）"业务 + 仓储 + 技术"三位一体

具体表现为围绕零售场景的多元化，构建符合电商、零售商、品牌商等多类型业务需求的 DC（distribution center，配送中心）、RDC（regional DC，区域配送中心）、XDC（城市配送中心）、门店仓等多种仓储形式，如图 6-14 所示。

2）大数据管理平台驱动仓储网络智能化

苏宁全国仓储网络事实上变成了一个即时共享的云存储系统，配合精准的供应链计划，苏宁物流可在全国的各级仓库间实现智能分仓、就近备货和预测式调拨，同时，通过智能化作业，精准分析订单、库位、路径、区域，从而保证商品在全国范围内的高效流通。

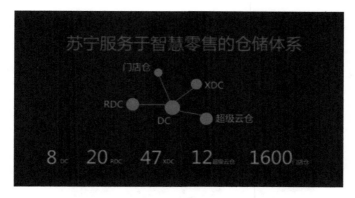

图 6-14　苏宁服务于智慧零售的仓储体系

2016 年，苏宁自主研发的 WCS 系统（仓库设备控制系统）指南针和大数据监控平台"天眼"上线运营。前者标志着苏宁物流研发软件平台从软硬件结合到硬件智能化的迈进，最终是为了给硬件解绑，实现自主化；后者则建立起了整个物流供应链条的监控，可以更好地协助客户管理，提升服务接收方体验。还有物流系统乐高平台以及 RF 支持、GPS 定位技术等，对仓库商品的每一个步骤、每一个环节进行精准分析、控制和监测，商品会自主完成从订单到包裹的全部转变。人在仓库中不是一个低价值作业者，而是扮演了智慧加成的角色，让仓库在稳定运行的同时具备灵活的自控力。

3）高密度自动存储系统

智能化的高密度存储是物流仓库发展的必然趋势，涉及稳定高效运行的 IT 系统，涉及对消费数据以及商品数据的分析应用，涉及仓库的科学合理布局，然后呈现出来的就是空间能力的最大化以及时间的精准和效率的可测算。

（1）AS/RS 自动托盘堆垛系统

这是一台高达 22m、纵深 90m 的"机械使者"（见图 6-15）。它有一个灵敏的机械触手，可在 90m 纵深空间里自由而准确地上下穿梭，像一个优雅而灵活的舞者，机械触手"认得"每一个存储位，根据指令进行每一次存取。它是专为存取完整的装载单元而设计的，主要用来存储中件整托以及小件大批量商品。

（2）Miniload 高密度自动箱式堆垛机

Miniload 自动堆垛机（见图 6-16）比 AS/RS 自动托盘堆垛机更精巧，因为它存取的是周转箱和硬纸箱，体积更小，灵活性更强，复杂度更高，能够实现双循环 1400 箱 /h（单循环 1800 箱 /h 左右）的存取，实现每天近百万件商品的补货出库功能。

图 6-15　AS/RS 自动托盘堆垛系统

图 6-16　Miniload 高密度自动箱式堆垛机

（3）SCS 旋转货架

苏宁的拣货是"货到人"，而不是传统仓储的"人找货"。这其中 SCS 旋转货架（见图 6-17）就在模式变革中起到了很大的作用。它是一种高度动态而且完全自动的仓储系统，看起来类似回转寿司店的餐台，几乎能够处理所有拆零品类的物品。

图 6-17　SCS 旋转货架

如果系统中提示有订单需要拣选，SCS 旋转货架能迅速并且准确地找到含有订单内商品的周转箱，并自动把周转箱送上传送带，传送带会把周转箱直接送到货到人拣选工作站，工作站则有人员操作，只要按工作站给出的灯光提醒取货即可。

不仅如此，SCS 旋转货架配合 WCS 系统，能够实现对产品的自动追踪、监控，并对产品进行时效、路径、商品批次的排序，对具有相同属性的产品，系统会自动排序并集中存储，需要时系统会自动控制这一批货物同时从 SCS 内出库。

在这一模式下，云仓的拣选速度可以达到 1200 件 /h。这种速度是传统的人找货拣选方式的 10 倍以上。在投入了大量新的科技系统，进行各环节的提效之后，在订单出库方面，除最后从料箱取货外，整个流程都无须人工操作，从拣配任务下发到装车发货，云仓将时间缩短到平均 40min，最快 30min 内出库，明显快于一般仓库的处理速度。

以一天 30 万件货计算，以往一条拣选线需要两班，每班 200 多人，现在利用 SCS 旋转库只需 2 班，每班 28 人。在这里，只需一两个管理人员，就可以控制大小件商品的全自动存储与补货操作，整个仓库相比以往可减少千人以上。

6.3.6　智慧仓储在中国发展的制约因素

目前我国自动化与智能仓储正在快速发展，其投资主要由几家大型电商企业引领，如京东的"亚洲一号"仓库建设、一号店物流仓储中心建设，凡客诚品连续几年不断加大物流仓储投资，阿里布局智能物流网络系统，苏宁继续加大仓储物流投资等，都预示着我国智慧物流的发展正进入一个新的时期。但是，受制于需求、人力成本、基础设施等因素，我国智慧仓储发展必须解决如下问题。

1. 人工成本低和智能化成本高的冲突

目前来看，与英美等发达国家相比，中国的人工成本相对较低。据圆通转运中心有关负责人透露，在公司包食宿的前提下，目前一个快递员或仓库的分拣员，每月大概能赚到5000~6000元。而相比之下，一个Kiva机器人的价格大概为30万元人民币，在亚马逊特雷西的物流中心就有3000个Kiva机器人在工作。假设每一个单品能赚60元，但是60元的利润之中单单拣选环节就需要占用一台30万元的奢华设备15~30min，估计全世界目前只有亚马逊这种大级别的财团才能享用得起如此高精尖的设备。因此，虽然智能化的仓储设备能大大提高工作效率，但随之带来的巨大成本支出在低价的人工面前显得竞争力不足，甚至不切实际。"如果人工成本便宜得多，那么我们暂时不需要引入过于智能的仓储设备，因为多加几个人也能达到同样的工作效率，而且总成本可能更低。"圆通转运中心负责人如是说。因此，加快相关技术的发展，降低研发和制造成本，是智慧仓储系统在中国普及的重要前提。

2. 库存规模与技术需要相互匹配

库存规模的大小与配套的技术与设施是密切相关的。试想，对于一个小型的转运中心，每天的物流量不多，利用目前现有的传送带、条码、RFID等技术，半天时间即能完成当天货物的分拣工作，剩下的时间可迅速进行异地转运或当地配送。因此，在我国，对于类似的规模较小但数量众多的下级物流网点来说，一方面，以目前的工作量确实不需要能够提高数倍工作效率的智慧仓储设施，传统的成熟技术已经足以支持每日的工作；另一方面，物流量的大小也反映了物流网点的经营效益，规模小的网点在经济上不足以支撑高价的智慧仓储基础设施。因此，考虑实际的库存规模来配套相应水平的库存技术，是国内较多的物流公司目前选择的方案。

以圆通公司为例，图6-18所示为圆通公司的组织结构图，总部按区域设置总加盟商，然后总加盟商下面继续划分给更小的加盟商分包，一

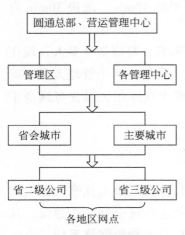

图6-18　圆通的组织结构

直分包到最基层网点。每一层级都设置了相应规模的物流网点和仓库。以目前的业务规模推算，在圆通的物流网点中，第三级（省会城市和主要城市）及其以下的转运中心的仓库规模都没有达到配备智能化设备的要求。而在全国，类似的较小型仓库占据很大比重，也是整个配送过程中影响配送效率的最后关键一环。因此，对于物流企业来说，应该先集中精力发展企业自身规模与实力，实现物流过程的系统化。然后才是智慧设施的采用。

3. 全套基础设施建设困难

一方面，物流自动化是个系统工程，从分拣到配送要实现全流程自动化，前提是订单和货物流信息的快速处理和无缝对接。但这个前提多数物流企业目前还没有真正实现。另一方面，高端技术的落地必然需要相应的基础设施支撑，就如同 AGV 的移动需要在地面上事先铺好导轨，货架的智能移动需要后台优化算法的支配，因此智能化仓储的完全实现需要整套基础设施的改造，尤其是管理流程的优化与再设计。但目前，由于管理水平或成本的限制，我国物流公司更多的是将整个物流环节割裂开来，只在个别环节上实现了一定程度的智能化，比如利用智能机械手拆码垛，其他环节仍采用传统的技术或者人工处理，这种改进对系统效率的提升非常有限。

4. "高峰" 时段硬件失灵

目前中国物流效率的提高，能否单纯依靠仓储的全面自动化、物流设备智能化来实现呢？物流中心就像高速公路，设计完善的高速公路是一个庞大的闭环系统，有入口有出口，有岔路有分流，硬件设施先进。然而，在中国，每到节日或取消收费时段，蜂拥而至的车辆会迅速让整条高速公路瘫痪，再先进的"硬件"都失去了意义。此时要是有紧急物资被堵在半路，只能在高速公路上砸开一个缺口将货运出去，除此别无他法。在我国"6·18""11·11"这样的特殊销售周期和时段，单日订单量超过美国订单峰值成百上千倍，电商企业面对洪水般涌来的订单，首要的任务是"把货发出去"。这时候，在一些特殊的环节，最好用的还是那些脑筋灵活、手脚麻利的熟练拣货员。电商规模之巨大、品类之复杂、需求之紧急，可以让一个精耕细作的机器人系统瞬间瘫痪。

6.3.7　智慧仓储未来发展预测

随着互联网＋物流快速发展，中国物流行业物联网发展将继续处于快速发展机遇期。在此基础上，智慧仓储的发展也会迎来新的机遇和挑战。

第一，制造业的转型升级和智能制造发展，将直接带动物流领域物联网技术的应用继续保持快速发展。2016 年国务院以及各部委陆续发布了多个"十三五"发展规划的重要文件。如：商务部发布了《商贸物流发展"十三五"规划》和《电子商务"十三五"发展规划》，其中智慧仓储体系建设是重要内容；国家邮政局发布了《快递业发展"十三五"规划》；国家发改委发布了《机器人产业发展规划》；工信部出台了推动中国智能制造的许多文件，等等。国家相关政策与文件的发布，对中国物流业物联网技术的应用与智慧仓储的发展将产生巨大推动作用。随着中国智能制造和电子商务的发展，工业 4.0、物联网、云计算、大数据技术的应用，在物流领域的采购、仓储、配送分拣、运输、协同等环节的传统供应链将重塑为高度智能化、服务化的智慧供应链，从而推动智慧仓储技术应用的快速发展。

第二，在电子商务物流领域，大型电商物流配送中心将继续向高度智能化和网络化方向发展，电商智能拣选系统继续保持快速增长；部分电商物流中心将使用各类物流机器人系统。在综合电商平台物流信息系统领域，大数据、云计算与物联网融合，物流互联网将成为引导电商物流配送、优化全国物流资源、建立智能物流骨干网的神经中枢，云仓储系统将得到较大发展。包括阿里、京东、苏宁在内的电商巨头们纷纷推进智慧仓储物流体系建设，并出台了仓储物流体系定位与建设规划，正是这一动态的具体体现。

第三，在商贸物流领域，随着新零售的快速发展，现代仓储业正在转型升级，智慧仓储技术也将得到应用与推广。预计智能穿梭车与货架系统将获得高速发展，按托盘进行货物定位与智能仓储管理快速增长，托盘与智能周转箱循环共用系统发展很快。这些都将促进商贸物流智慧仓储技术的应用实现快速增长。

需要指出的是，基于互联网的新零售从 2016 年开始出现爆发式增长。根据电商平台网购业务增长 25% 左右，快递业务量增长超过 51% 分析，电商网购平台以外的新零售业务增长量已经超过了网购业务增长量，商贸物流的这一变化必将促进新零售环境下智慧仓储技术在商贸物流中的应用。

第四，近两年中国仓储领域物联网产品继续保持较快发展，RFID、传感技术、射频技术、条形码技术等各项感知技术和自动识别技术的应用方兴未艾，仓储技术装备正在向智能化、可视化方向全面发展。

总之，未来的智慧仓储技术将继续保持高速发展，物联网技术应用的发展也将更理性、更健康。

参考文献

[1]　齐二石，方庆琯. 物流工程 [M]. 北京：机械工业出版社，2004.

[2]　齐二石，霍艳芳，等. 物流工程与管理 [M]. 北京：科学出版社，2016.

[3]　[英] 戴维·格兰特. 物流管理 [M]. 霍艳芳，等译. 北京：中国人民大学出版社，2016.

[4]　吴余龙，艾浩军. 智慧城市——物联网背景下的现代城市建设之道 [M]. 北京：电子工业出版社，2011：114.

[5]　STOLARCZYK M. Intelligent Logistics or Just Good Old Common Sense? [EB/OL]. (2006-12-08) [2013-10-30]. http://www.webpronews.com/intelligent-logistics-or-just-good-old-commonsense-2006-12.

[6]　Commission of the European Communities. Internet of Things-An action plan for Europe [M/OL]. 2009: 278. http://ec.europe.en/information_society/policy/rfid/documents/commiot2009.pdf.

[7]　王喜富. 物联网与智能物流 [M]. 北京：清华大学出版社，北京交通大学出版社，2014.

[8]　LAU H C W, CHOY K L, LAU P K H, et al. An intelligent logistics support system for enhancing the air freight forwarding business [J]. Expert Systems, 2004, 21 (5): 253-268.

[9]　POONA T C, CHOYA K L, HARRY K H, et al. A RFID case-based logistics resource management system for managing order-picking operations in warehouses[J]. Expert Systems with Applications, 2009, 23 (4): 8277-8301.

[10]　FERREIRA P, MARTINHO R. Io T-aware business processes for logistics: limitations of current approaches[J]. 2010, 23 (6): 611-622.

[11]　ZHENG M X, FU C C, YANG M G. The application used RFID in third party logistics[J]. International Conference on Solid State Devices and Materials Science, 2012, 13 (4): 2045-2049.

[12]　PRASANNN K R, HEMALATHA M. RFID GPS and GSM based logistics vehicle load balancing and tracking mechanism[J]. Procedia Engineering, 2012, 30 (23): 726-729.

[13]　黄丽莉，张智勇. 物联网技术在物流仓储管理体系中的应用 [J]. 中国集体经济，2012（31）：67-69.

[14]　齐恒. 基于物联网的物流企业智能仓储管理系统设计 [J]. 实验技术与管理，2013（12）：133-135.

[15]　刘媛，郗志刚. 基于 RFID 的智能仓储管理系统的研发 [J]. 天津工程师范学院学报，2006（3）：43-46.

[16]　张橙. 基于嵌入式的 ZigBee 无线网络智能仓储系统 [D]. 长沙：中南大学，2012.

[17]　中国仓储与配送协会. 智慧仓储是发展方向 [N]. 国际商报，2016-06-03（A06）.

[18] 吴菁芃 . 亚马逊仓库 Kiva 机器人的应用分析与前景展望 [J]. 物流技术与应用，2015（10）：159-164.

[19] 刘虹玉，王双金 . 大数据在仓储物流中的发展与应用——"大数据与智慧物流"连载之三 [J]. 物流技术与应用，2017（3）：134-136.

[20] 王继祥 . 2016 年中国智慧仓储应用技术分析与 2017 年展望 [EB/OL].（2017-04-01）. http://mt.sohu.com/it/d20170510/139439970_757817.shtml.

第 7 章

库存
管理

7.1　库存与库存控制

7.1.1　库存的概念与类型

　　库存是指企业在生产和流通领域各环节所储备的各种物品，包括原材料、在制品、产成品、备品备件、低值易耗品等，是企业为了满足未来需要而暂时闲置的资源。根据产生的原因和作用，库存一般可分为六种类型。

　　（1）周转库存，亦称经常库存。它是用来满足正常情况下企业日常生产经营需求所保有的库存，其规模取决于订货批量和单位时间消耗量的大小。

　　（2）在途库存，亦称中转库存。它是处于运输过程中的库存，其规模由运输时间和运输批量决定。

　　（3）安全库存，亦称缓冲库存。它是为应对不确定因素（如供应商交货延迟或客户的突发性订货需求等）所设立的库存。其规模主要取决于不确定性程度及企业的风险规避态度。

　　（4）投机库存，亦称时间效用库存。它是为规避价格上涨导致的成本上升而提前采购，或为获取价格上涨而带来的利润而延迟销售所囤积的库存。其规模取决于对持有成本和预期收益的均衡比较。

　　（5）季节性库存，亦称预期库存。它是由于生产与需求的季节性波动而产生的库存。季节性生产、全年性需求的产品在一个生产季结束后会形成较大量的季节性库存；对于季节性需求的产品，为维持生产的稳定性，应对旺季大量需求，企业在需求季到来前也会累积形成一定量的库存。其规模取决于生产或需求量及其波动程度。

　　（6）闲置库存，亦称沉淀库存。指各种无需求的呆废料库存，包括因质量问题发生货损而丧失使用价值的库存，因无市场需求而滞销的库存，因采购不当或生产计划变更导致的超量储存的库存等。其数量取决于企业的管理水平。

7.1.2　库存的两重性

1. 库存的积极作用

维持一定量的库存对企业生产经营具有积极的作用，具体如下。

（1）降低采购成本。即时按需采购虽然可以减少甚至无须库存，但由于采购批量小、次数多，会导致订货费用增加，且通常无法获得大批量订购的价格优惠，从而导致单位采购成本较高。因此，企业多采用经济订购批量采购，以降低采购成本。

（2）保持生产的连续稳定。维持一定量的原材料和零部件在库或在途库存可防止由于采购供应延迟而导致的停工待料；维持一定的在制品库存可均衡各工序作业能力并防止由于加工设备故障而导致的生产中断，从而保证作业的平稳连续。

（3）增强生产计划的柔性。维持一定量的成品库存可以克服供需不平衡的矛盾，减少需求波动对生产的影响，使生产计划具有相对的独立性和柔性，进而通过加大生产批量降低生产成本，并使昂贵的生产准备成本得以分摊。

（4）提高顾客响应速度。维持一定量的成品库存可以缩短交货期，使顾客更快获得其所需的物品，通过缩短客户的订货提前期获得一定的竞争优势。

2. 库存的消极影响

库存在发挥积极作用的同时，也有其消极影响，具体有以下几方面。

（1）增加企业成本。库存会占用企业资金和仓储空间，消耗仓储人员的劳动，增加企业的经营成本。

（2）带来企业的经营风险。库存使企业的现金固化在物料和产品上，消耗企业的现金流，降低资金的流动性，带来流动性风险。库存在保管过程中不仅存在损坏、丢失的可能性，还存在市场贬值的可能性，带来物质磨损或精神磨损的风险。

（3）增加企业的机会成本。库存产品占用了企业的资金、空间、劳动力等资源，可能使企业丧失其他方面发展的机会，使企业机会成本大大提高。

（4）掩盖企业的管理问题。库存的缓冲作用使企业的经营具有更大的柔性，但也使企业管理中出现的问题容易被掩盖，不利于企业的管理水平的提升。

7.1.3 库存管理的目标

库存管理，是对组织生产、经营全过程的各种物料、产成品以及其他资源进行管理和控制，使其储备保持在经济合理的水平上。库存管理具有以下目标。

（1）为内部和外部客户提供相应服务，并满足其订货数量和等级要求。

（2）了解目前及将来对各种类型库存的要求，防止过量存货和避免生产瓶颈现象。

（3）通过减少存货种类、实行经济合理的订购数量以及分析发生在库存获取和使用上的成本，将库存成本保持在一个最低的限度上。

（4）提高供应链上游和下游库存的可视性。

7.1.4 库存管理的基本问题

库存合理化的核心问题是确定合理的库存量，而影响库存量大小的重要因素是采购批量。因此，库存管理需解决下面两个问题：一是何时订货，即确定订购点；二是订多少货，即确定订购批量。两个基本库存模型——连续检查系统（也称经济订货批量系统或 Q 系统）和定期检查系统（也称为定期系统或 P 系统）为我们提供了解决该问题的方法。两者的区别如表 7-1 所示。在下一节中我们将具体介绍这两个模型。

表 7-1 定量订购系统和定期订购系统的比较

比 较 项 目	Q 系统（定量订购系统）	P 系统（定期订购系统）
订购点	订货点 R- 库存量	订货间隔 P- 时间点
订货批量	Q^*（是常量）	Q（是变量）
库存量	较低	稍高（安全库存更多）
数据库更新时点	每次库存变化时	每次库存检查时

7.2 库存管理技术

7.2.1 ABC 分析

ABC 分析是帕累托"二八原则"在库存管理中的应用，其核心思想是识别出对库存管理产生重要影响的关键库存品，并对其进行重点管理。具体而言，是将不同品目的库存品按某一指标（如资金占用额、销售额等）区分为重要性程度不同的 A、B、C 三类，进而按类别区别管理。

1. ABC 分析的一般步骤

（1）收集数据。按照分类依据指标收集所需的对应数据。如以库存品的平均资金占用额为分类依据，需要收集的数据为每种库存品的平均库存量及其单价；如以销售额为分类依据，则需收集的数据为销量及价格。

（2）处理数据。对收集的数据资料进行整理，计算分类指标数值。如以每种库存品的平均库存量乘以其单价，即可求得其平均资金占用额，以销量乘以单价可求得销售额。

（3）绘制 ABC 分析表。按照分类指标数值对所有库存品进行降序排序，计算分析如表 7–2 中第 1~8 栏的各栏数值，绘制 ABC 分析表。

表 7–2 所示为以某仓库的库存品以平均资金占用额指标为分类依据进行分类所得到的计算结果。

表 7–2 某仓库库存品 ABC 分析表

库存品名称	品目数累计	品目数累计百分比 /%	单价 / 元	平均库存数量	平均资金占用额 / 元	累计资金占用额 / 元	累计资金占用百分比 /%	分类结果
b	1	10	8	1200	9600	9600	48.4	A
j	2	20	3	2000	6000	15 600	78.7	A
h	3	30	2	700	1400	17 000	85.7	B
a	4	40	4	300	1200	18 200	91.8	B
f	5	50	2	150	300	18 500	93.3	C
c	6	60	1	290	290	18 790	94.8	C
d	7	70	2	140	280	19 070	96.2	C
e	8	80	1	270	270	19 340	97.5	C
i	9	90	5	50	250	19 590	98.8	C
g	10	100	6	40	240	19 830	100.0	C

（4）根据 ABC 分析表确定分类。综合考虑品目累计百分比和分类指标值（如平均资金占用额、销售额等）累计百分比两个参数得到库存品的具体分类。分类标准为：A 类库存品，品目数占总库存的 5%~15%，分类指标值（本例为平均资金占用额）占总库存的 60%~80%；B 类库存品，品目数占总库存的 20%~30%，分类指标值（本例为平均资金占用额）占总库存的 20%~30%；C 类库存品,品目数占总库存的 60%~80%,分类指标值（本例为平均资金占用额）占总库存的 5%~15%。

（5）绘制 ABC 分析图。为增强分类的直观效果，还可以绘制 ABC 分析图。以累计品目百分数为横坐标，以累计分类指标值（平均资金占用额、销售额）百分数为纵坐标，按 ABC 分析表的数据，在坐标图上取点，联结各点绘成 ABC 曲线。按 ABC 分析曲线对应的数据，在图 7-1 上标明 A、B、C 三类，制成 ABC 分析图。

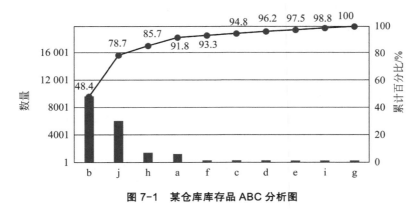

图 7-1　某仓库库存品 ABC 分析图

2. ABC 分类管理方法

对于 A 类库存品，应重点管理，严加控制。经常性检查库存，科学确定订货量，缩短订货周期和订货提前期，在尽量减少库存的同时避免缺货。

对于 B 类库存品，应正常管理，适度控制。周期性检查库存，合理确定安全库存，维持满意的缺货概率，保障正常供给。

对于 C 类库存品，应简单管理，简化控制。通常选择较长的订购间隔，采用一次性集中大量进货的方式，获得有利的交易条件，减少交易次数，以较高的库存来节约订货费用及避免缺货。

应用 ABC 分类法需要注意的是，采用单一分类指标（如资金占用额）划分类别有时会导致分类不合理。如有些 B、C 类库存品尽管占用金额不高，但对生产影响大，且采购周期较长，这类库存品按重要性程度也应归为 A 类予以重点管控。因此，在实际应用 ABC 分类时应兼顾多种因素，适当予以灵活掌握。

表 7-3 总结出了 ABC 分析法的关键要点。表中的"使用量"是指已消耗的货物用货币单位表示的价值。

表 7-3　ABC 分析法的关键要点

物品级别	物品品种数所占百分比	年度使用量价值百分比	采取行动
A 级品	大约 20%	大约 80%	日常严密控制
B 级品	大约 30%	大约 15%	定期检查
C 级品	大约 50%	大约 5%	偶尔检查

7.2.2 基本订购模型

1. 库存成本的构成

库存的两重性决定了库存控制的重要性。库存控制的目标就是从控制库存成本费用入手，用最经济的方法和手段从事库存活动，防止库存短缺与超储，实现库存的合理化，有效地发挥库存的作用。

计算库存总成本费用一般以年为时间单位，年库存总成本费用由以下四项构成。

（1）储存成本也称库存持有成本。即维持库存所必需的成本费用，包括资金成本、仓库及设备折旧、税收、保险、陈旧化损失等。这部分费用与物品价值和平均库存量有关。

（2）订货成本。指处理一次订货业务的平均成本费用，包括谈判、通信、簿记、人员等，一般与全年发生的订货次数有关，而与一次订多少无关。

（3）购买成本。指每次采购库存物品的购买费用，与价格和订货数量有关。

（4）缺货成本。指由于缺货导致失去销售机会带来的损失、企业信誉损失以及影响生产造成的损失，与缺货多少和缺货次数有关，其数额估算有一定的主观性。

上述总成本费用构成项目中，有些项目之间存在着此消彼长的负相关关系。因此，对库存进行优化时要考虑各项成本的均衡，以使总成本费用最小。

2. 定量订货模型

定量订货模型是订货点和订货量都固定的库存控制系统，如图 7-2 所示。当现有库存量降到订货点（R）及以下时，库存控制系统就向供应厂家发出订货，每次订货量均为一个固定的量 Q。经过一段时间（称为提前期（L）），发出的订货到达，库存量增加 Q。经济订货批量模型（EOQ）是最经典的定量订购模型。在 EOQ 模型下，订货批量取经济订货批量 Q^*。下面简单介绍基础 EOQ 模型的基本原理。

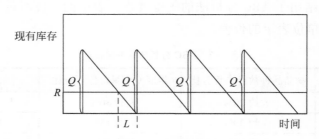

图 7-2　定量订购模型

EOQ 模型的基本假设是：

（1）产品需求固定，且在整个时间内保持一致。

（2）订购提前期（从订购到收到货物的时间）固定。

（3）单位产品的价格固定。

（4）存储成本以平均库存为计算依据。

（5）订购或生产准备成本固定。

（6）所有产品的需求都能满足（不允许延期交货）。

年总成本及其构成如图 7-3 所示，函数为

年库存总成本 = 年采购成本 + 年订购成本 + 年存储成本

即

$$T_C = DC + \frac{D}{Q} S + \frac{Q}{2} H$$

式中，T_C——年库存总成本；

　　　D——需求量（每年）；

　　　C——单位产品成本；

　　　Q——订购批量（最佳批量称为经济订购批量 Q^*）；

　　　S——生产准备成本或订购成本；

　　　H——单位产品的年平均存储成本。

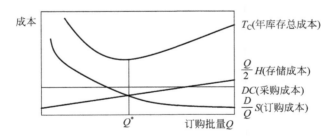

图 7-3　基于订购量的年库存总成本

于是，经济订购批量 Q^* 可由下式求得：

$$\frac{\mathrm{d}T_C}{\mathrm{d}Q} = 0 + \left(-\frac{DS}{Q^2} \right) + \frac{H}{2} = 0$$

$$Q^* = \sqrt{\frac{2DS}{H}}$$

由于该模型假定需求和提前期固定，且没有安全库存，所以再订购点 R 为

$$R = \overline{d} L$$

式中，$\bar{d}$——日平均需求量（常数）；

　　　L——用天表示的提前期（常数）。

3. 定期订货模型

定期订货法是按预先确定的订货时间间隔按期进行订货，以补充库存的一种库存控制方法。具体流程为：预先确定一个订货周期 T 和最高库存量 $Q_{\max}$，周期性地检查库存，根据最高库存量、实际库存、在途订货量和待出库商品数量，计算出每次订货批量，发出订货指令，组织订货。

下面讨论既定服务水平下的定期订货模型。图 7-4 所示为盘点期为 T，固定提前期为 L 的定期订货模型。在这种情况下，需求是随机分布的且均值为 $\bar{d}$。

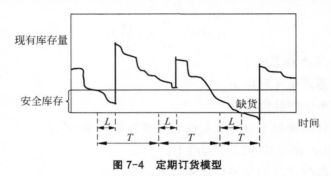

图 7-4　定期订货模型

在定期订货系统中，在盘点期（T）进行再订购，此时，安全库存为

$$安全库存 = z\sigma_{T+L}$$

订货量 Q 为

订货量 = 盘点期和提前期内的平均需求 + 安全库存 − 现有库存

即

$$Q = \bar{d}\,(T+L) + z\sigma_{T+L} - I$$

式中，Q——订购量；

　　　T——两次盘点的间隔期；

　　　L——提前期（订购与收到货物之间）；

　　　$\bar{d}$——预测的日平均需求量；

　　　z——既定服务水平下的标准差倍数（由服务水平保证的供货概率查正
　　　　　态分布表对应的 t 值）；

　　　σ_{T+L}——盘点周期与提前期内需求的标准差；

　　　I——现有库存（包括已订购尚未到达的库存）。

该模型中的需求量、提前期、盘点期等可以使用任意时间单位，只要整个公式中的单位保持一致即可。

7.2.3　物料需求计划

1. 独立需求与非独立需求

企业的物料需求分为独立需求和非独立需求两种类型。当对企业某种物料的需求与对其他物料的需求无关时，这种需求即为独立需求，如客户对成品或维修件的需求等。这种需求通常是不能由企业控制的，所以企业往往需要靠预测来估计需求量的大小。当对企业某种物料的需求与对其他物料或最终产品的需求有关时，则为非独立需求，也称相关需求。由于该需求是由与之相关的物料的需求及产品结构决定的，所以企业可以据此计算出其需求量的多少。物料需求计划计算的就是这种需求。对于具体的物料种类，有时可能既有独立需求又有非独立需求。

2. 物料需求计划的内涵与逻辑

物料需求计划（material requirements planning，MRP）是一种以计算机为基础的制造企业生产计划与控制系统，于 20 世纪 60 年代中期由美国 IBM 公司率先实现。

MRP 从最终产品的生产计划（独立需求）入手，根据产品结构层次的从属关系，以产品零件为计划对象，以完工日期为基准倒排计划，确定相关需求物料（原材料、零部件等）的需要量和需要时间（相关需求），以达到减少库存量和降低资金占用的目的。因此，MRP 的输入主要有主生产计划（MPS）、物料清单（BOM）、库存文件和计划订单等资料。图 7-5 所示为 MRP 系统的逻辑流程图。

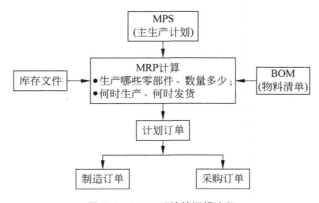

图 7-5　MRP 系统的逻辑流程

3. MRP 的处理过程

下面结合一个例子说明 MRP 的具体处理过程。

（1）准备 MRP 处理所需的各种输入，将 MPS 作为确认的生产订单下达给 MRP。

例如，按照主生产计划，第 5 周需要 50 个产品 A，假定产品 A 的 BOM 如图 7-6 所示（LT 为订货提前期），物料 A、B、E 的期初库存余额分别为 20、10 和 10，其他物料为 0。订货批量规则为 lfl（lot for lot，按需订货）。

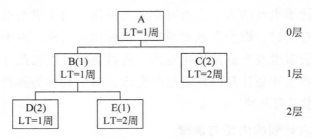

图 7-6　产品 A 的 BOM

（2）根据产品的 BOM，从第 0 层项目起，逐层处理各个项目直至最低层处理完毕为止。首先，根据父项的计划订单下达量来计算子项的总需求量，并保持时间上一致；然后，将总需求量减去预计可用库存余额得到净需求量；最后，利用订货批量规则（本例中订货批量即为净需求量）确定计划发出订货数量，利用提前期确定计划发出订货日期。各步骤计算结果如表 7-4 所示。

表 7-4　产品 A 的 MRP 计算结果

低层码	零件名称	项目	周				
			1	2	3	4	5
0	A	总需求量					50
		已安排接收量					
		预计可用库存余额　20	20	20	20	20	0
		净需求量					30
		计划订单接收量					30
		计划订单下达量				30	

续表

低层码	零件名称	项目	周				
			1	2	3	4	5
1	B	总需求量				30	
		已安排接收量					
		预计可用库存余额　10	10	10	10	0	0
		净需求量				20	
		计划订单接收量				20	
		计划订单下达量			20		
1	C	总需求量				60	
		已安排接收量					
		预计可用库存余额	0	0	0	0	0
		净需求量				60	
		计划订单接收量				60	
		计划订单下达量		60			
2	D	总需求量			40		
		已安排接收量					
		预计可用库存余额	0	0	0	0	0
		净需求量			40		
		计划订单接收量			40		
		计划订单下达量		40			
2	E	总需求量			20		
		已安排接收量					
		预计可用库存余额	10	10	0	0	0
		净需求量			10		
		计划订单接收量			10		
		计划订单下达量	10				

4. MRP 订购批量的确定

将净需求量作为订购批量只是确定 MRP 系统中订购批量的一种方法。由于订购批量一般可用来满足一个或多个时区的零件需求，考虑到与满足净需求相关的准备或订货费用、保管费用的平衡问题，也可采用其他一些方法确定订购批量，尽管这样会明显增加 MRP 系统生成计划的复杂性。

（1）按需确定批量法（L4L）。它是最常用的方法。将净需求量作为订购批量，不会产生剩余转到未来时区，保管费用最小。

（2）经济订购批量法（EOQ）。它是一种平衡准备费用和保管费用的方法。使用年需求总量、准备或订货费用以及年保管成本的估计值，确定使总成本费用最低的订货批量。

（3）最小总费用法（LTC）。它是一种动态确定订购批量的方法。通过比较不同订货量所对应的保管费用和准备（或订货）费用，从中选择使二者尽可能接近的订购批量。

（4）最小单位费用法（LUC）。它也是一种动态确定订购批量的方法。将每个试验批量的订货费用和库存保管费用相加，再除以该订购批量的单位总量，选择单位费用最小的那个批量作为订购批量。

7.2.4　配送需求计划

1. 配送需求计划的概念

配送需求计划（distribution requirements planning，DRP）是一种库存控制和调度安排的技术，它将 MRP 的原则运用于面向配送分销的库存。它也被看作在一个多梯级环境中进行库存补充的一种方法。"梯级"在《韦氏词典》中被定义为"对军队、船只、飞机等分级进行的安排"。对配送分销库存来说，"多梯级"意味着与在不同分销点对相同产品利用 EOQ 公式进行独立控制的方法不同，多梯级中的高梯级（例如，中心仓库）的非独立需求是由低梯级（例如，区域性仓库）的需求衍生出来的。DRP 既适用于制造业，也适用于纯粹的商业机构。前者典型的例子是汽车制造商，它通过由区域分销商和本地分销商构成的多级销售点进行汽车销售。后者典型的例子是超级市场，如图 7-7 所示。

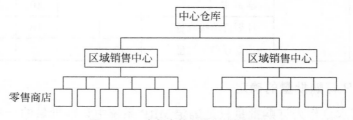

图 7-7　一个超市的多梯级销售系统

在 DRP 的多级结构中，除了直接服务于客户的那一级，即图中的零售商店外，其他梯级的需求都是非独立的。

2. DRP 与 MRP

DRP 被当作 MRP 的一个镜像。表 7-5 中列出了这两种方法之间的一些对比。但是，MRP 和 DRP 之间仍然有许多共同之处：①作为规划系统，这两者对库存的检查都是非定期的；②两者都是计算机化的系统；③与 MRP 发展成为 MRP Ⅱ 相似，DRP 也发展成为 DRP Ⅱ；④ DRP 所使用的记录格式和处理逻辑与 MRP 基本一致。

表 7-5　MRP 和 DRP 的比较

MRP	DRP
（1）物料清单将时间性逻辑方法运用到产品结构树上的零部件和组装配件上； （2）它是一个由主生产计划到具体部件物料需求计划的"外向型扩张"过程； （3）计划对象是正在制造过程中的物料	（1）配送分销清单运用时间性订货点的逻辑法决定该网络的补充需求； （2）它是一个由网络最低层开始到集中的配送分销中心的"内向型聚集"过程； （3）计划对象是成品

最后一点也是最重要的一点，就是 MRP 和 DRP 都提供了将整个供应链由采购到销售的所有数据进行综合处理的基础，因为它们都作用于一个共同的物流系统，如图 7-8 所示。正如沃尔曼（Vollman）等指出的：配送需求计划在协调厂内物流系统和运送货物到客户手中的物流系统中起着一个中心的作用，它为从公司到现场集成产品制造规划和控制系统奠定了基础。

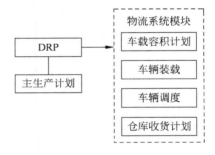

图 7-8　DRP 与物流

7.2.5　从 MRP 到 ERP

随着信息技术的发展以及企业计划范围的不断扩大，企业计划实现了全面集成，从最初只能对物料系统进行管理（MRP）到集成财务系统，实现企业中各制造资源的管理（MRP Ⅱ），再到整合整个组织机构乃至供应链，让所有职能部门的管理人员对整个企业正在发生的情况有一个完整了解（ERP），企业对计划的管理能力实现了突飞猛进的发展。

图 7-9 展示的是用于运营和物流管理的多种计划方法的层级图。从 MRP 经过 MRP Ⅱ 和 DRP 再到 ERP 的推进过程，依赖于越来越多的信息系统集成。随着这些方法的应用，信息系统集成对供应网络的影响日益增强，

已经跨越组织边界，向供应链上游和下游扩展，从而实现对整个供应链的计划和管理。

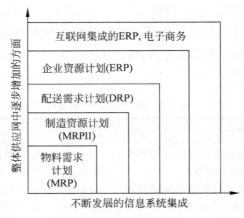

图 7-9 从 MRP 到 ERP

MRP 能生成企业对内外部零部件、组装件以及任何采购项的订单需求。MRP 始于 MPS 和 BOM，根据它们生成一个总的物料需求时间表。然后根据存货记录或库存水平、采购状态、在制品（work in process）等情况，计算出净需求和详细采购计划。MRP 的主要结果是物料供应计划和企业内部生产计划。

与传统的订货点法相比，MRP 具有以下特点：

（1）是面向未来的预测，而非仅仅是基于过去的趋势；

（2）提供了补货过程的时区概念；

（3）考虑了零部件和组装件之间的相互关系；

（4）面向最终产品而不是部件，这样可以最大限度地优化可用产品。

MRP 有许多好处，特别是对已知需求相关的存货管理问题。MRP 的一个优势是它实现了从原本的物料计划到资源计划的扩展。理论上，它可以用来安排组织内的所有活动。MRP 的思想很简单，但实践上必须要有大量的计算和相连的系统。这种复杂性是其面临的主要难题，并且有可能导致以下几方面出现误差：

（1）不准确的 MPS，通常由于预测偏差或临时的、计划外的资源再配置而形成；

（2）不准确的库存记录；

（3）不可靠的供应商交货期；

（4）内部原因或者外部原因导致的提前期波动。

MRP 的另一个缺点是缺少灵活性，这使得它对柔性制造缺乏足够的响应能力。因此，MRP 在一些情况下可以运转良好，但是它不是为所有机构设计的通用工具。它只适用于某些特定类型的过程以及批量生产的情况。

MRP Ⅱ 是 MRP 的延伸，它是一个组织内部跨越市场、财务、采购等相关职能的物料和资源集成计划，是 ERP 系统的前身。计算机技术的发展使 MRP Ⅱ 成为可能，它将这些不同的职能串联起来。通常，MRP 和 MRP Ⅱ 都被认为是"推"系统。

DRP 是在应对某些特殊情况时使用的方法，它适用于零售商或是其他诸如最终产品批发商一类的组织，这种组织没有加工或者生产需求。DRP 提供了一个确定库存需求的计划，该计划根据预测或者实际需求以及 MRP 系统生成的某一时期产品接收信息来制订，以匹配需求并协调客户生成的购买计划。

ERP 是一种包含了所有现代企业业务流程的信息系统，其核心思想是供应链管理。即在 MRP Ⅱ 的基础上，通过前馈的物流和反馈的信息流和资金流，把客户需求和企业内部的生产活动以及供应商的制造资源整合在一起，体现完全按用户需求制造的一种供应链管理思想。它强调企业间合作，强调对市场需求快速反应、高度柔性的战略管理，以及降低风险成本实现高收益目标，从集成化角度管理供应链问题。这是一个软件驱动的系统，主要的软件供应商有 SAP、Oracle、Infor Global Solutions 以及 Sage Group 等。

ERP 是从 MRP Ⅱ 发展而来的，以满足供应链管理的新需要。MRP Ⅱ 和 ERP 的主要区别在于，MRP Ⅱ 能够协同一个组织的信息系统并提供了一种深刻理解 MPS 和物料计划的方法，但仅仅关注内部运营。而 ERP 还具有许多新功能，诸如质量管理、现场服务、人力资源、维修管理、配送管理、营销和供应商管理等。此外，ERP 还是组织整个供应链的接口。本质上讲，ERP 是最新一代 MRP/MRP Ⅱ 系统，代表了 MRP 原理在供应链中的拓展应用。

除此之外，相对于 MRP Ⅱ 系统，ERP 还具有如下几方面的优势。

第一，在生产方式管理方面，MRP Ⅱ 系统把企业归类为几种典型的生产方式，如重复制造、批量生产、按订单生产、按订单装配、按库存生产等。针对某一种类型，都有一套管理标准。而 ERP 则能很好地支持、管理多品种小批量生产和看板生产，以及混合型制造环境，体现了精益生产、敏捷制造的思想，满足了企业多元化经营的需求。

第二，在管理功能方面，ERP 除了具有 MRP Ⅱ 系统的制造、分销、财务管理功能外，还增加了支持整个供应链上物料流通体系中供、产、需各个环节之间的运输管理和仓库管理，支持生产保障体系的质量管理、实验室管理、设备维修和备品备件管理。

第三，在事务处理控制方面，MRP Ⅱ 通过计划的及时滚动来控制整个生产过程。相对而言，它的实时性较差，一般只能实现事中控制。而 ERP 系统支持在线分析处理（online analytical processing，OLAP）、售后服务及质量反馈，强调企业的事前控制能力。它可以将设计、制造、销售、运输等通过集成并行地进行各种相关作业，为企业提供了对质量、适应变化、客户满意、效绩等关键问题的实施分析能力。此外，在 MRP Ⅱ 中，财务系统只是一个信息的归结者，它的功能是将供、产、销中的数量信息转变为价值信息，是物流的价值反映。而 ERP 系统则将财务计划功能和价值控制功能集成到整个供应链上，如在生产计划系统中除了保留原有的主生产计划、物料需求计划和能力计划外，还扩展了销售执行计划和利润计划。

第四，在跨国（或地区）经营事务处理方面，现代企业的发展使得企业内部各组织单元之间、企业与外部的业务单元之间的协调变得越来越多，越来越重要。ERP 系统运用完善的组织架构，可以支持跨国经营的多国家地区、多工厂、多语种、多币值的应用需求。

第五，在计算机信息处理方面，随着 IT 技术的飞速发展、网络通信技术的运用，ERP 系统得以实现对整个供应链信息的集成管理。ERP 系统采用客户服务器（C/S）体系结构和分布式数据处理技术，支持 Internet/Intranet/Extranet 电子商务、电子数据交换，此外，还能实现在不同平台上的互操作。

图 7-10 总结了从 MRP 到互联网 ERP（ERP Ⅱ）的功能扩展情况。

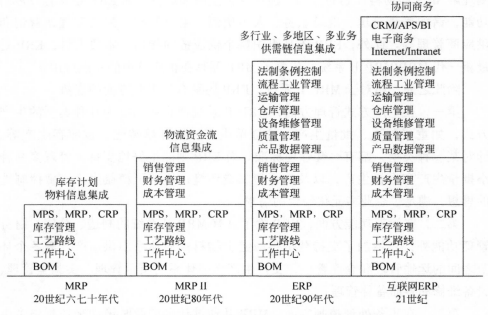

图 7-10　从 MRP 到互联网 ERP（ERP Ⅱ）的功能扩展

7.3　供应链环境下的库存控制策略

7.3.1　供应链库存管理概述

"牛鞭效应"是供应链中广泛存在的一种现象。所谓牛鞭效应是供应链上的一种需求变异放大现象，是指信息流从最终客户端向原始供应商端传递时，无法有效地实现信息共享，使得信息扭曲而逐级放大，导致需求信息出现越来越大的波动，此信息扭曲的放大作用在图形上很像一个甩起的牛鞭，因此被形象地称为牛鞭效应。

牛鞭效应是市场营销中普遍存在的高风险现象，是销售商与供应商在需求预测修正、订货批量决策、价格波动、短缺博弈、库存责任失衡和应付环境变异等方面博弈的结果，增大了供应商的生产、供应、库存管理和市场营销的不稳定性。牛鞭效应的后果是：超额的库存量；糟糕的客户服务；现金流量出现问题；频繁的缺货；提高了材料成本、超时费用和运输成本。

造成牛鞭效应的根本原因在于供应链各方分散管理造成需求信息从下游向上游传递过程中的失真和失实。规避或化解牛鞭效应的一个重要途径就是加强供应链库存管理，通过对整条供应链上的库存进行计划、组织、控制和协调，将各阶段库存控制在最小限度，从而削减库存管理成本，减少资源闲置与浪费，使供应链上的整体库存成本降至最低。

与传统库存管理相比，供应链库存管理不再是作为维持生产和销售的措施，而是作为一种供应链的平衡机制。通过供应链管理，消除企业管理中的薄弱环节，实现供应链的总体平衡。供应链管理理论是对现代管理思想的发展，其特点主要表现为以下几个方面。

（1）管理集成化。供应链管理将供应链上的所有节点看成一个有机的整体，以供应链流程为基础，物流、信息流、价值流、资金流、工作流贯穿于供应链的全过程。因此，供应链管理是一种集成化管理。

（2）资源范围扩大。在传统库存管理模式下，管理者只需考虑企业内部资源的有效利用。导入供应链管理模式后，企业资源管理的范围扩大，要求管理者将整条供应链上各节点企业的资源全部纳入考虑范围，使供应链上的资源得到最佳利用。

（3）企业间关系伙伴化。供应链管理以最终客户为中心，将客户服务、客户满意与客户成功作为管理的出发点，并贯穿于供应链管理的全过程。由于企业主动关注整条供应链的管理，因此供应链上各成员企业间的伙伴关系得到加强，企业间由原先的竞争关系转变为双赢关系。供应链的形成使供应链上各企业间建立起战略合作关系，通过对市场的快速反应，共同致力于降低供应链总体库存。

供应链库存管理的方法主要有 VMI、JMI、CPFR、多级库存优化控制等方法。

7.3.2　供应商管理库存

1. 供应商管理库存的基本思想

供应商管理库存（vendor managed inventory，VMI）是供应链环境下供需双方合作管理库存的一种新型库存控制策略。关于 VMI，国内外有两种不同的观点。一种观点认为，VMI 是一种在用户和供应商之间的合作性策略，以对双方来说都是最低的成本优化产品的可获得性，在一个相互同意的目标框架下由供应商管理库存。这样的目标框架被经常性监督和修正以产生一种连续改进的环境：VMI 就是供货方代替用户管理库存，库存的管理职能转由供应商负责。另一种观点则认为，VMI 是一种库存管理方案，是以掌握零售商销售资料和库存量作为市场需求预测和库存补货的解决方法，经由销售资料得到消费需求信息，供应商可以更有效地计划、更快速地对市场变化和消费者的需求做出反应；因此，VMI 可以用来作为降低库存量、改善库存周转，进而保持库存水平的最优化的一种集中式供应链库存控制策略。在 VMI 中，供应商与零售商分享重要信息，所以双方都可以改善需求预测、补货计划、促销管理和装运计划等。

根据中华人民共和国国家标准《物流术语》（GB/T 18354-2006）的定义，VMI 是指供应商等上游企业基于其下游客户的生产经营、库存信息，对下游客户的库存进行管理和控制。

VMI 的主要思想是供应商在用户的允许下设立库存，确定库存水平和补给策略以及拥有库存控制权。其目的是使制造商或配送分销商省去客户下达再订购的步骤，减少甚至消除库存，同时避免库存缺货。

VMI 打破了传统的各自为政的库存控制模式，体现了供应链的集成思想。在 VMI 模式下，供应商核查代管客户库存，物料被自动地"推"给客户，并按照市场需求安排生产和财务计划。制造商和零售商的紧密合作大大改善了整个流程，制造商不再依赖于零售商的订货而组织生产和供货，从而减少了不必要的系统成本、订货成本、固定资产，也降低了整个供应链的库存，提高了供应链效率。

2. VMI 的实施步骤

一个简单的 VMI 模型如图 7-11 所示。该模型是基于客户与配送分销商达成了合作协议或合作伙伴协议的假设基础上的。配送分销商同意为客户存储规定范围内的货项，并对客户按规定服务水平提供服务。作为交换条件，客户只从该配送分销商处购买规定的货项，而且不在仓库中保留这

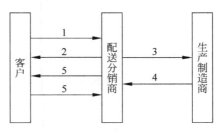

图 7-11　一个简单的 VMI 模型

些货项。可见这样的合作需要客户和配送分销商之间有高度的信任才行。

步骤 1　客户将要销售的货项的信息传送给分销商。这些信息可以通过条码和其他扫描技术收集起来，然后通过 EDI 或互联网传输给配送分销商。

步骤 2　分销商处理信息后向客户进一步确认有关细节，如要配送的商品数量、名称、种类、配送时间和目的地等，这样分销商即可发货。

步骤 3　分销商每天将所有客户已订购的货物详细资料收集汇总，然后通过 EDI 或互联网传送给制造商。

步骤 4　制造商及时给分销商补充库存。

步骤 5　分销商与客户完成付款和开具发票等财务手续。特大型客户可能会将他们的需求直接传送给制造商，并且从他们那里直接接收送货。

实施 VMI，生产制造商和配送分销商之间通常需要做好如下基础工作。

（1）建立客户信息系统。制造商要有效地管理库存，就必须获得顾客的有关信息。通过建立顾客信息库，制造商能够掌握客户需求变化的有关情况，把由分销商进行的需求预测与分析功能集成到制造商的系统中来。

（2）建立物流网络管理系统。制造商要很好地管理库存，必须通过解决保证自己产品条码的可读性和唯一性，产品分类、编码的标准化，商品存储运输过程中的识别等问题，建立起完善的物流网络管理系统，保证自己的产品需求信息和物流通畅。

（3）建立合作框架协议。制造商和零售商或分销商一起通过协商，确定订单处理的业务流程以及库存控制的有关参数，如补充订货点、最低库存水平、库存信息的传递方式（如 EDI 或 Internet）等。

（4）变革组织机构。这一点很重要，因为 VMI 策略改变了供应商的组织

模式，加入 VMI 后，在订货部门产生一个新职能，即负责控制客户库存，实现库存补给和高服务水平。

VMI 整合了制造和配送过程，交易伙伴可以共同决定如何适时、适量地将商品送达客户手中。比如应用于下游的零售点时，VMI 的补货信息可以从零售点的销售管理信息系统中获得，使备货更具效率。这是因为自动补货是根据消费者的实际消费情况得到的，而零售点的销售信息可以通过 POS 系统获得。

3. VMI 策略的关键措施

VMI 策略的关键措施主要体现在以下几个原则中。

（1）合作精神。在实施该策略时，相互信任与信息透明是很重要的，供应商和客户（零售商）都要有较好的合作精神，才能够保持较好的合作。

（2）双方成本最小原则。VMI 要解决的不是关于成本如何分配或谁来支付的问题，而是通过实施该策略以减少整个供应链上的库存成本，使双方都能获益。

（3）目标一致性原则。双方都明白各自的责任，观念上达成一致的目标。如库存放在哪里、什么时候支付、是否要管理费、要花费多少等问题都需要双方达成一致。

（4）连续改进原则。供需双方共同努力，逐渐消除浪费。

供应商管理库存是供应链管理理念要求的产物。它要求供应商对下游企业库存策略、订货策略以及配送策略进行计划和管理。所以，不同环境下采用什么模式实施 VMI 就成了当前要解决的问题。

4. 推动 VMI 运行的保证条件

企业在实施 VMI 前，应该对自己所处的环境和自身的条件加以分析与比较。主要考虑的因素有如下几个方面。

1）企业在供应链中的地位

即企业是否为供应链核心企业或者是否为供应链中至关重要的企业。实施 VMI 的企业必须拥有具备较高管理水平的人才和专门的用户管理职能部门，用以处理供应商与用户之间的订货业务、供应商对用户的库存控制等其他业务；必须有强大的实力推动 VMI，使供应链中的企业都按照它的要求来实行补货、配送、共享信息等目标框架协议。

VMI 一般适合于零售业与制造业，如沃尔玛的 VMI 系统，宝洁公司将货品放在沃尔玛出售，但所有权归宝洁公司，货物的补充供应由宝洁公司负责，实质是供应商宝洁公司在替沃尔玛管理存货。目前，VMI 已延伸到生产制造业，如在厦门设厂的戴尔，其自身并没有零部件仓库和成品仓库，零部件实行 VMI，成品则完全是订单式的，用户下单，戴尔就组织送货。由于以 VMI、CRM 等信息技术为基础的订单制的确立，在库存管理方面，戴尔实现了完全的零库存，这意味着在流通活动中，信息替代库存的效果得到了确认。美的空调在 2002 年度便导入 VMI 模式，开始实践"用信息替代库存"这一经营思想。美的空调作为供应链的核心企业，要求供应商实施 JIT 供货。上述企业有一个共同的特点，就是在供应链中所处的位置都很接近最终消费者，即处在供应链末端。

2）先进的信息系统

通过电子数据交换将销售点的信息和配送信息分别传送给供应商和零售商，可以减少数据传送时间和登录错误。同时利用条码和扫描技术来确保数据的准确性也是十分必要的。

（1）电子数据交换（EDI）。电子数据交换即按照统一规定的一套通用标准格式，将标准的经济信息通过通信网络传输，在贸易伙伴的电子计算机系统之间进行数据交换和自动处理。构成 EDI 的三个要素是 EDI 软件 / 硬件、通信网络以及数据标准化。此外，通信环境的优劣也是关系到 EDI 成败的重要影响因素之一。

（2）ID 代码。目前国外已建立了应用于供应链代码的多种标准系统，如EAN-13（UPC-12）、EAN-14（SCC-14）、SSCC-18 以及位置码等。目前国际上通行的商品代码标准是国际物品编码协会（EAN）和美国统一代码委员会（UCC）共同编制的全球通用的 ID 代码标准。供应商应尽量使自己的产品按国际标准进行编制，以便在用户库存中对本企业的产品进行快速跟踪和分拣。

（3）条形码技术。这是在计算机的应用实践中产生和发展起来的一种自动识别技术，是为实现对信息的自动扫描而设计的，是实现快速、准确而可靠地采集数据的有效手段。条形码技术为我们提供了一种对物流中的物品进行标识和描述的方法，借助自动识别技术、POS 系统、EDI 等现代技术手段，企业可以随时了解有关产品在供应链上的位置，并即时作出反应。在欧美等发达国家兴起的 ECR、QR、自动连续补货、CPFR 等供应链管理策略，都离不开条形码技术的应用。条形码是实现 POS 系统、EDI、电子商务和供应链管理的技术基础。

（4）连续补给程序。将零售商向供应商发出订单的传统订货方法，变为供应商根据用户库存和销售信息决定商品的补给数量，这是一种实现 VMI 管理策略的有力工具和手段。为了快速响应用户降低库存的要求，供应商和分销商、批发商或零售商建立合作伙伴关系，主动提高向用户交货的频率，使供应商从过去单纯地执行用户采购订单变为主动为用户分担补充库存的责任，这可加快供应商响应速度并降低用户库存水平。

3）零售商和供应商之间存在信誉良好的合作伙伴关系

在实施 VMI 过程中要求零售商（在制造业为生产商）提供销售数据，而供应商要按时准确地将货物送到客户指定的地方，生产商对这一点的要求尤其高。因此，零供双方必须具备良好的信任关系。供应商需要证明他们的确能够管理整个供应链，也就是不仅能够管理自己的库存，也能够管理零售商的库存，零售商也必须与供应商充分共享信息。此外，许多情况下战略合作会使零售商的店面库存明显减少，供应商需要确信库存减少所增加的有效空间不会用于使竞争者受益。

4）最高管理层的支持

因为原本由高层保密的信息现在不得不与供应商和客户共享，因此成本分配问题也必须从一个很高的层次予以考虑。此外，这种伙伴关系可能将组织内部的权力从一个群体转移到另一个群体。同时，在战略合作中，供应商往往比以前承担更多的责任，这可能迫使供应商增加员工以满足相关责任的要求。这一切都需要最高管理层的有效参与。

5）全体参与者的努力

用户和供应商之间的框架协议不可能包括所有可能发生的情况，因此需要根据 VMI 完成的情况定期调整和更新计划。

5. VMI 的运行模式

VMI 是由供应商替代需求方履行对需求方库存进行管理的职责。传统模式下的运营流程表现为需求方根据需求向供应商发出订单，供应商（如制造商）根据订单组织采购、生产和交货。在 VMI 模式下，供应商不再根据订单交货，而是根据销售分析和需求方库存情况组织发货。两者间的区别如图 7-12 所示。

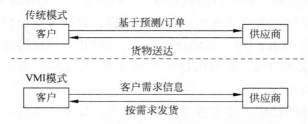

图 7-12　传统模式和 VMI 模式的运营流程比较

VMI 模式一方面节约了需求方的库存管理成本，另一方面使供应商能更好地掌握市场需求动向并根据实际的或预测的消费需求进行及时补货，因此是一种供需双方的合作性策略。在 VMI 中，供需双方共享销售和库存信息，对未来市场需求进行预测，提高了预测的准确性，在降低安全库存基础上减少了库存和运输风险，同时也缩短了订单生产供给滞后时间（提前期）。

在 VMI 系统中，核心企业既可以在供应链上游，也可以在供应链下游，当它在下游时既可以是供应链的中间环节，也可以是供应链的末端。显然，不同情况下企业 VMI 的运作模式都是不相同的，主要有 3 种情况：供应商—制造商（核心企业）、供应商—零售商（核心企业）、核心企业（一般为制造商）—分销商（或零售商）。这里主要讨论前两种运作模式，对后一种模式只在前两种模式的基础上进行一些补充。

1）供应商—制造商（核心企业）VMI 运作模式

在这种运作模式中，制造商除了需要是核心企业以外，一般还具有如下特点：生产规模比较大，生产比较稳定，即每天对零配件或原材料的需求量变化不是很大；要求供应商每次供货数量比较小，一般满足 1d 的零配件需求即可，有的甚至是几个小时；供货频率要求较高，有时甚至要求 1d 两到三次的供货频率；为了保持连续生产，一般不允许发生缺货现象，即服务水平要求达到 99% 以上。

由于这种模式下的制造商一般有几十家甚至上百家供应商为其供应零配件或原材料，如果让每一个供应商都在制造商附近建立仓库的话，显然是不经济的，因此，可以在制造商附近建立一个 VMI 枢纽仓库，如图 7-13 所示。

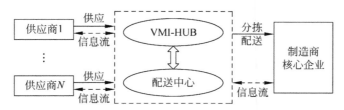

图 7-13　供应商—制造商 VMI 运作模式

加入 VMI-HUB 具有以下几个方面的效果。

（1）缓冲作用。由于一个客户要对应 N 个供应商，假如客户对供货频率要求较高，那么在可能会出现多个供应商同时将货物送达的情况下，由于事先没有安排，势必会出现混乱的卸货场面，严重影响生产秩序，给企业的正常工作带来不便。有了 VMI-HUB，可以采用专业的配送方式避免以上现象，起到了缓冲作用。

（2）增加了深层次的服务。在没有 VMI-HUB 时,供应商彼此都是独立的,送达的货物都是彼此分开的:有了 VMI-HUB 后,它会在发货之前先提供拣货的服务,VMI-HUB 会按照生产企业的要求把零配件按照成品生产计划按比例配置好,然后再发送给制造商,这样就提高了制造商的生产效率。

VMI 在正常实施的时候,不仅仅要求供应商与 VMI-HUB 之间交换库存信息,制造商也需要与 VMI–HUB 交换生产计划、需求计划、采购计划、历史消耗、补货计划、运输计划、库存情况等信息。

当需求突然发生变化时,如由于制造商的销售突增,VMI-HUB 中的库存不能及时满足制造商的需求,这时 VMI 的实施结构需要进行相应改变,如图 7–14 所示:VMI-HUB 直接把补货计划发给供应商信息系统,这时供应商直接向制造商补货,从而节约了时间与成本。这种供应商不经过 VMI-HUB 而直接向制造商进行补货的行为称为越库直拨（cross-docking）。

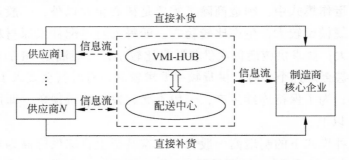

图 7-14　供应商—制造商 VMI 运作模式：越库直拨

2）供应商—零售商（核心企业）VMI 运作模式

该模式下零售商为核心企业。当零售商把销售等相关信息通过 EDI 传输给供应商后（通常是一个补货周期的数据, 如 3d, 甚至 1d）, 供应商根据接收到的信息对需求进行预测, 然后将预测的信息输入物料需求计划系统（MRP）, 并根据企业现有的库存量和零售商仓库的库存量生成补货订单, 安排生产计划, 并组织生产。生产出的成品经过仓储、分拣、包装,运送给零售商。

供应商 — 零售商（核心企业）VMI 运作模式与供应商—制造商（核心企业）VMI 运作模式有以下区别:

（1）供应商 — 零售商（核心企业）VMI 模式下, 在面对比较大的零售商时,有时候并不一定要有第三方物流企业的参与。通常当零售商"接收货物"后, 就产生了应付账款。不过, 大型零售商（如沃尔玛）通常要求只有供应商的货物真正被销售以后才向供应商付款, 否则不产生"应付账款"。

（2）供应商 — 零售商（核心企业）VMI 模式下, 一般不需要 VMI-HUB

这个中枢环节。因为对零售商来说，两个供应商所供应的产品是相互独立的，在同一段时间内它们不是同时需要的。而在供应商—制造商（核心企业）VMI模式下，同一加工步骤下需要的所有原材料、零部件必须同时获取，以保证生产加工过程的正常开展，避免生产延误。

3）核心企业—分销商运作模式

这种模式由核心企业充当 VMI 中的供应商角色，它的运作方法与前两种大致相同，由核心企业收集各个分销商的销售信息并进行预测，然后按照预测结果对分销商的库存进行统一管理与配送。由于这种模式下的供应商只有一个，所以不存在要在分销商附近建立仓库的问题。核心企业可以根据与各个分销商之间的实际情况，统一安排对各个分销商的配送问题，并且保证每批次都是以经济批量的方式发货，每次配送的路线都可以调整为最佳配送路线。

4）第三方物流企业的参与模式

在实际实施过程中，有时需要第三方物流服务提供商的参与，原因有以下几个方面。

（1）在供应商—制造商（核心企业）模式中，不论对制造商还是供应商来说，其核心竞争力主要体现在生产制造上，而不是物流配送上。显然，让供应商或者制造商去管理 VMI-HUB 是不经济的。

（2）在供应商—零售商（核心企业）模式下，由于零售商的零售品范围比较广，供应商和零售商的地理位置相距较远，直接从供应商处向零售商补货的提前期较长，不利于进行准确的需求预测和应付突发状况。解决这一问题的折中方案就是供应商在零售商附近租用或建造仓库，由这个仓库负责直接向零售商供货。

基于上述原因，让一家专业化程度较高的企业来管理 VMI-HUB 或仓库最合适不过，而最理想的对象就是第三方物流企业，其参与模式如图 7-15 所示。这种模式下，供应链上各企业可以充分发挥各自的特点和优势，符合供应链管理的基本要求。

6. VMI 的评价

1）VMI 的优点

实施 VMI 对供应商和客户都是有好处的。

对供应商的好处有：①需求的平滑。VMI 加快了信息交流反馈，这样制造商能改进对客户需求的预测，从而有计划地安排生产来满足客户需求。②由于客户更换供应商会付出昂贵的代价，因此实施 VMI 的供应商可以与客户保持长期合作关系。③提高了运作的灵活性，使得生产时间和生产数量的调整更适合供应商。

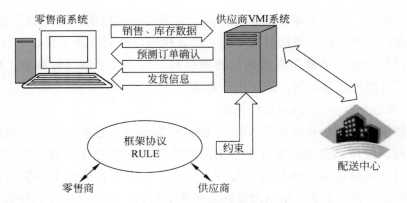

图 7-15　第三方物流企业的参与模式

对客户的好处有：①由于不需要对库存水平进行监测，计算机代替了纸张单据以及简化了订货手续，因此客户的库存管理费用大大降低；②由于降低了库存水平，减少了过时存货，加速了库存周转，从而加快了现金流转，客观上相当于增加了现金流量；③随着销售的加速，供货提前期也缩短了，同时也减少了挂牌销售而实际仓库缺货的现象，可以提高企业信誉，有效改善企业形象，有助于提高客户满意度和忠诚度。

2）VMI 的缺点

VMI 也会给供应商和客户带来一些不利之处。

对供应商的不利之处有：①客户的部分成本转移到供应商那里，包括与库存管理有关的成本和为了满足客户需求要增加库存的那一部分成本；②增加了库存和上述成本就相当于减少了现金流量。

对客户的不利之处有：①更多地依赖于制造商或配送分销商，导致风险加大；②一些敏感的商业信息暴露给供应商，供应商在掌握了这些信息后在合同的续签谈判中将处于强势地位；③客户在进行库存补充的决定上比供应商处于更有利的地位，但 VMI 下该优势被放弃。

乔（Chopra）和门德尔（Meindl）指出：VMI 的一个弊端已经显露出来了，零售商往往销售有竞争力的制造商的产品，在客户看来这是替代品。例如客户可以用 Lever Brothers 公司的洗涤剂来替代宝洁公司生产的洗涤剂。假如零售商与这两家公司都实施 VMI，则每家公司在决定库存时都会忽视替代品的影响，其结果就是零售商的库存量将高于最优水平。

7.3.3　联合管理库存

1. 联合管理库存的基本思想

联合管理库存（jointly managed inventory，JMI）是指供需双方同时参与、共同制定库存计划，使供应链管理过程中的每个库存控制者（供应商、制造商、分销商）都能从相互间的协调性来考虑问题，保证供应链相邻节点企业之间的库存管理者对需求的预测保持一致，并且所有的企业利益共享、风险共担的一种供应链库存管理策略。JMI 可以弱化供应链系统中由于各个节点企业的相互独立库存运作模式导致的需求放大，减弱牛鞭效应，是一种有效提高供应链同步化程度的库存控制方法。在 JMI 模式中，库存成为供需连接的纽带和协调中心。

地区分销中心体现了一种简单的联合库存管理思想。采用分销中心的销售方式后，各个销售商只需要少量的库存，大量的库存由地区分销中心储备，也就是各个销售商把其库存的一部分交给地区分销中心负责。通过把各个销售商的需求集合起来处理，可以显著降低需求的波动性，进而减少供应链的安全库存，也减轻各个销售商的库存压力。在这种模式下，分销中心就起到了联合库存管理的作用。从分销中心的功能得到启发，对现有的供应链库存管理模式进行拓展和重构，就得到了联合管理库存新模式——基于协调中心的联合管理库存系统，如图 7-16 所示。

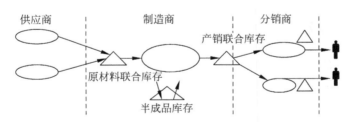

图 7-16　基于协调中心联合管理库存的供应链系统模型

联合管理库存系统把供应链系统进一步分解为上游和下游两个协调管理中心，从而部分消除了由于供应链环节之间的不确定性和需求信息扭曲现象而导致的供应链库存波动。通过协调管理中心，供需双方共享需求信息，因而协调管理中心起到了提高供应链运作稳定性的作用。

与传统库存管理模式相比，JMI 模式有以下优点。

（1）为实现供应链的同步化运作提供了条件和保证。

（2）减少了供应链中的需求扭曲现象，降低了库存的不确定性，提高了供应链的稳定性。

（3）库存作为供需双方信息交流和协调的纽带，可以暴露供应链管理中存在的缺陷，为改进供应链管理水平提供依据。

（4）为实现零库存管理、JIT 采购以及精细供应链管理创造了条件。

（5）进一步体现了供应链管理的资源共享和风险分担的原则。

2. 实施要点

（1）建立供应链共同愿景。供应链各方必须本着互惠互利的原则，在理解供需双方在市场目标中的共同之处和冲突点的基础上，通过协商形成共同的合作目标，建立共赢的共同愿景。

（2）明确联合库存的协调控制方法。协调管理中心担负着协调整个供应链的任务，需要明确库存优化的方法，包括进行需求预测，确定最高和最低库存量、安全库存量，以及库存如何在多个需求商之间调节与分配等。

（3）建立信息沟通渠道。基于互联网对条码和扫描技术、EDI 技术、POS系统等进行集成，构建库存管理网络系统，增加供应链各方需求信息获取的及时性，提高整个供应链需求信息的一致性和稳定性，减少由于多重预测导致的需求信息扭曲，提高协作效率，降低成本。

（4）建立利益分配与激励机制。充分考虑参与联合库存管理的供应链各方的贡献，建立公平的利益分配制度，构建有利于长期合作的激励机制，防止机会主义行为，增加供应链整体的协作性和协调性。

7.3.4 多级库存优化与控制

1. 基本思想

基于协调中心的联合库存管理是一种联邦式供应链库存管理策略，是对供应链的局部优化与控制，而要进行供应链的全局性优化与控制，则必须采用多级库存优化与控制方法。

多级库存的优化与控制是在单级库存控制的基础上形成的。多级库存系统根据不同的配置方式，可分为串行系统、并行系统、纯组装系统、树形系统、无回路系统和一般系统等。

多级库存优化与控制的方法有两种：一种是非中心化（分布式）策略，另一种是中心化（集中式）策略。非中心化策略是各个库存点独立地采取各自的库存策略。这种策略在管理上比较简单，但是并不能保证产生整体的供应链优化，如果信息的共享度低，则多数情况下产生的是次优的结果，因此非中心化策略需要更多信息共享。中心化策略下所有库存点的控制参数是同时确定的，考虑了各个库存点的相互关系，通过协调的方法获得库存的优化。但是中心化策略在管理上协调的难度大，特别是当供应链的层次比较多，即供应链的长度增加时，更增加了协调控制的难度。

供应链的多级库存控制应明确库存优化的目标和库存优化的边界（即供应链的范围），采用适当的库存控制策略。

2. 非中心化库存控制策略

非中心化库存控制是把供应链的库存控制分为三个成本归结中心，即制造商成本中心、分销商成本中心和零售商成本中心，各企业根据自己的库存成本优化制订出优化的控制策略，如图 7-17 所示。订货点的确定可完全按照单点库存的订货策略进行，即每个库存点根据库存的变化，独立地确定库存控制策略。

非中心化多级库存控制策略能够使企业根据自己的实际情况独立作出快速决策，有利于发挥企业的独立自主性和灵活机动性。但要取得整体的供应链优化效果，需要提升供应链的信息共享程度和企业之间的协调性，使供应链的各个部门都共享统一的市场信息，避免各自为政。

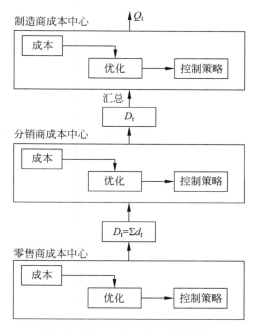

图 7-17 非中心化多级库存控制模式

3. 中心化库存控制策略

中心化库存控制策略是将控制中心放在核心企业上，由核心企业对供应链系统的库存进行控制，协调上游与下游企业的库存活动。这样核心企业也就成了供应链上的数据中心（数据仓库），担负着数据的集成、协调功能，如图 7-18 所示。采用中心控制的优势在于能够对整个供应链系统的运行有一个较全面的掌握，能够协调各个节点企业的库存活动。

中心化库存优化控制的目标是使供应链上总的库存成本最低，即

$$\min T_C = \sum_{i=1}^{m} (C_{hi} + C_{ti} + C_{si})$$

式中，C_{hi} 为库存维持成本，C_{ti} 为交易成本，C_{si} 为缺货损失成本。

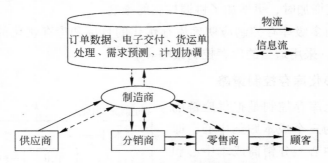

图 7-18　供应链中心化库存控制模型

以如图 7-19 所示的供应—生产—分销典型三级供应链模型为例，各个零售商的需求 D_{it} 是独立的，根据需求的变化做出订货量为 Q_{it}。各个零售商总的订货汇总到分销中心，分销中心产生一个订货单给制造商，制造商根据产品确定生产计划，同时对上游供应商产生物料需求。整个供应链在制造商、分销商、零售商三个层级存在三个库存，这就是三级库存。

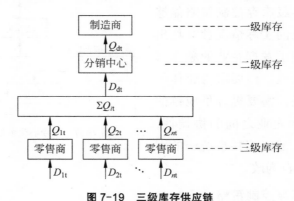

图 7-19　三级库存供应链

这里假设各零售商的需求为独立需求，需求率 d_i 与提前期 LT_i 为服从同一分布的随机变量，同时系统销售同一产品，即为单一产品供应链。这样一个三级库存控制系统是一个串行与并行相结合的混合型供应链模型，可建立如下的控制模型：

$$\min\{C_{mfg} + C_{cd} + C_{rd}\}$$

其中，第一项为制造商的库存成本，第二项为分销商的库存成本，第三项为零售商的库存成本。

对于该库存控制模型，连续检查或是周期性检查订货策略原则上都适用，只是各有特点。问题在于采用传统的订货策略时有关参数的确定和供应链环境下的库存参数应有所不同，为此，可采用级库存取代点库存解决这个问题，并定义：

级库存 = 该级现有库存 + 所有下游库存

这样检查库存状态时不但要检查本库存点的库存数据，还要检查其下游需求方的库存数据。这种多级库存策略的库存决策是基于完全掌握其下游企业库存状态的基础上形成的，因此避免了信息扭曲现象。建立在 Internet 和 EDI 技术基础上的全球供应链信息系统，为企业之间的快速信息传递提供了保证。因此，实现供应链的多级库存控制是有技术保证的。

例如，仓库的级库存等于仓库库存加上所有处于从仓库到零售商运输途中的产品和零售商的库存。同样，仓库的级库存状况是仓库的级库存加上所有仓库已经订购但尚未入库的产品，如图 7-20 所示。

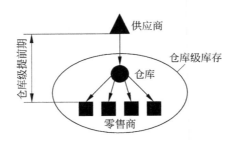

图 7-20　仓库的级库存状况

这表明可以用以下方法来管理单仓库多零售商系统。首先，各零售商可采用合适的（R，S）库存策略来进行管理。其次，根据仓库级库存状况进行仓库的订货决策。具体地，每个零售商都采用（R，S）的方法来计算订货点 R 和最高库存水平 S。同样，仓库也计算其订货点 R 和最高库存水平 S。但是在这种情况下，仓库策略控制其级库存状况，即无论何时，只要仓库的级库存状况低于 R，仓库将订货，使其库存状况提高到 S。

与仓库级库存状况有关的订货点为

$$R = L^e \times \overline{r} + \lambda \sqrt{L^e}\, \sigma_r$$

式中，λ——安全系数，因物资的重要程度不同而取值不同；

　　σ_r——所有零售商集合需求量的标准差；

　　$\overline{r}$——所有零售商的平均需求；

　　L^e——级提前期，定义为供应商与仓库之间的提前期加上仓库与零售商之间的提前期。

7.3.5　协同计划、预测与补货

1. 基本思想

协同计划、预测与补货（collaborative planning, forecasting and replenishment, CPFR）是一种协同式供应链库存管理技术，它应用一系列处理和技术模型，提供覆盖整个供应链的合作过程，通过共同管理业务过程和共享信息来改善零售商和供应商的伙伴关系，提高预测的准确度，最终达到提高供应链效率、减少库存和提高消费者满意度的目的。

CPFR 的形成始于沃尔玛所推动的 CFAR（collaborative forecasting and replenishment，协同预测与补货），即利用 Internet，通过零售企业与生产企业的合作，共同作出商品预测，并在此基础上实行连续补货的系统。后来，在沃尔玛的不断推动之下，CFAR 又向 CPFR 发展，合作企业不仅实行共同预测和补货，而且共同参与原来属于各企业内部事务的计划工作，如生产计划、库存计划、配送计划、销售规划等。

CPFR 有三个指导性原则：

（1）合作伙伴框架结构和运作过程以消费者为中心，并且面向价值链的成功运作；

（2）合作伙伴共同负责开发单一、共享的消费者需求预测系统，这个系统驱动整个价值链计划；

（3）合作伙伴均承诺共享预测并在消除供应过程约束上共担风险。

2. 业务模型

CPFR 通过 3 个阶段 9 个步骤辅助上下游成员协同规划销售、订单的预测以及例外（异常）预测状况的处理。

第一阶段：协同计划

协同计划的目的是让供应链成员间的计划活动取得一致，以利后续各项合作活动的进行。

步骤 1　建立合作关系。合作方应在协同活动之初一次性拟定一个合作的正式商业协议，其内容应包括合作目标与相关绩效衡量指标、协同合作的范围、共享的资料、合作计划可动用的资源（包括人员、信息系统、专业能力）、例外状况判定的法则、分歧解决方法、CPFR 的推动蓝图（如商业流程、互动的方式与技术、冻结订单检查流程与机制等）。

步骤 2　制定联合商业计划。根据纳入合作的产品项，分别制定清晰的合作策略，包括合作方交流营运计划以发展出合作产品的营运计划、共同定

义的品项定位、品项销售目标、达成目标的战术、拟定品项订单的出货最小订单量、品项出货的前置时间、订单的冻结期间、安全存量等。

第二阶段：协同预测

协同预测可细分为销售预测和订单预测两个阶段，前者单纯考虑市场需求，后者则以销售预测的结果，考虑产能状况预测可能的订单。

步骤 3 进行销售预测。使用最终消费者的消费资料、因果关系信息（销售相关影响因素）、已计划事件信息，采用相关回归分析、时间序列分析等方法，预测品项特定期间的销售量，并将预测结果区分为基本的需求与促销的需求两类。其中消费资料包括 POS 资料、仓储的出货资料、制造商的消费资料。已计划事件包括广告、促销、新品、改型、新店开张等。

步骤 4 识别销售预测中可能出现问题的例外品项。依据第一阶段确定的例外法则列出销售预测可能出现问题的例外品项，如爆发性需求产品等。对于异常的销售情形，特别要时时监控，以调整策略。

步骤 5 共同处理例外品项。通过查询共享数据、E-mail、电话、交谈、会议等调查研究销售预测例外情况。当异常发生时，上下游应设定一些做法来增加或减少销售以降低对库存的冲击，并将产生的变化提交给销售预测。

步骤 6 进行订单预测。结合销售预测或实际销售情况、因果关系信息和存货政策，考虑制造、仓储、运输产能等制约因素，拟定未来特定时间、特定地点品项的订单预测，提出分时间段的需求数量，并通过产品及接收地点反映库存目标。基于订单预测的结果，供应商可进行产能需求规划。

步骤 7 列出订单预测可能出现问题的例外品项。此步骤类似步骤 4 的过程，识别分布在订单预测约束之外的品项。特别要注意产品的销售预测 / 订单预测百分比，若比值高于 1，代表将会有库存发生，比值越高意味库存越多。比值高低与其合理性视各品项而定，根据对比值的监控掌握订单预测的异常状况。

步骤 8 共同处理例外品项。此步骤类似步骤 5，通过查询共享数据、E-mail、电话、交谈、会议等调查研究订单预测例外情况，并将产生的变化提交给订单预测。

第三阶段：协同补货

步骤 9 下单补货。根据事先议定的冻结期订单预测的结果产生订单，将订单预测转换为已承诺订单。冻结期的长短通常与制造、配送的前置时间有关。对供应商而言，冻结期的数量将被视为已确认需求量，零售商的实际订单传来后，供应商除去此部分产能。另外供应商也可采取 VMI 方式自动补充零售商的存货，并以冻结阶段总量作为补货依据。

上述 9 个步骤构成了一个贸易伙伴框架结构，可用于创建一个消费者需求的单一预测，协同制造厂和零售商的订单周期，最终建立一个企业间的价值链环境，在获得最大盈利和消费者满意度的同时减少浪费和成本。

参考文献

[1] 林强，彭岩．物流工程 [M]．北京：清华大学出版社，北京交通大学出版社，2009.

[2] 齐二石，霍艳芳，等．物流工程与管理 [M]．北京：科学出版社，2016.

[3] 肯尼斯·莱桑斯，布莱恩·法林顿．采购与供应链管理 [M]．9 版．胡海清，译．北京：机械工业出版社，2018.

[4] 斯蒂芬·查普曼，托尼·阿诺德，安·盖特伍德．物流管理入门 [M]．8 版．李秉光，霍艳芳，译．北京：清华大学出版社，2008.

[5] CHOPRA S, MEINDL P. Supply Chain Management strategy, planning and Operations [M]. 3rd ed. NJ.Pearson Education, 2007.

[6] VOLLMANN T E, BELLY W L, WHYBARK D C. Manufacturing planning and Control System for supply chain Management [M]. New York: McGraw-Hill, 2005.

[7] 齐二石，方庆琯．物流工程 [M]．北京：机械工业出版社，2004.

[8] 戴维·格兰特．物流管理 [M]．霍艳芳，等译．北京：中国人民大学出版社，2016.

8.1 供应链管理概述

21 世纪在商场中的竞争不是企业和企业之间的竞争，而是供应链与供应链之间的竞争。那些在零部件制造方面占有独特优势的中小型供应商企业，将成为大型的装配主导型企业追逐的对象。日本一名学者将其比喻为足球比赛中的中场争夺战，他认为谁能拥有独特优势的供应商，谁就能赢得竞争优势。

8.1.1 供应链与供应链管理

1. 供应链的概念

中华人民共和国国家标准《物流术语》（GB/T 18354—2006）对供应链的定义为：供应链是生产及流通过程中，涉及将产品或服务提供给最终用户所形成的网链结构。

图 8-1 所示为一条非常典型的供应链，它从供应商向制造工厂供货开始。每个工厂负责不同的部分，即不同区域的工厂生产的是不同型号的产品，或者生产产品的某一个部分，最后汇集到制造总部。制造总部完成之后，转给行销总部，行销总部把产品送到分公司，分公司经过经销商再卖给客户。例如，顾客到商店买鞋，商店货架里的鞋是通过成品仓库或分销商供应的，而鞋的制造商为分销商供货。鞋的制造商从供应商那里购买原材料，如鞋盒、皮料等，而鞋盒供应商又由更低层的供应商供货，如纸制造商，纸制造商由木材供应商提供原料。

对供应链定义的第一种理解：产品生产和流通过程中所涉及的原材料供应商、生产商、分销商、零售商以及最终消费者等成员通过与上游、下游成

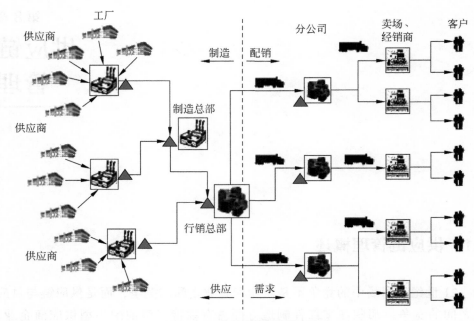

图 8-1 一条典型的完整供应链

员的连接（linkage）组成的网络结构，即由物料获取、物料加工、将成品送到用户手中这一过程所涉及的企业和企业部门组成的一个网络。

对供应链定义的第二种理解：围绕核心企业，通过对信息流、物流、资金流的控制，从采购原材料开始，制成中间产品以及最终产品，最后由销售网络把产品送到消费者手中的将供应商、制造商、分销商、零售商、最终用户连成一个整体的功能网链结构模式。它是范围更广的企业结构模式，包含所有加盟的节点企业，从原材料的供应开始，经过链中不同企业的制造加工、组装、分销等过程直到最终用户。它不仅是一条连接供应商到用户的物料链、信息链、资金链，而且是一条增值链，物料在供应链上因加工、包装、运输等过程而增加其价值，给企业带来收益。

2. 供应链管理及其内容

供应链管理（supply chain management，SCM）就是指在满足一定的客户服务水平的条件下，为了使整个供应链系统成本达到最小而把供应商、制造商、仓库、配送中心和渠道商等有效地组织在一起来进行产品制造、转运、分销及销售的管理方法。

供应链管理包括计划、采购、制造、配送、退货五大基本内容。

（1）计划：SCM 的策略性部分。需要有一个策略来管理所有的资源，以满足客户对产品的需求。好的计划是建立一系列方法监控供应链，使它能够有效地、低成本地为顾客递送高质量和高价值的产品或服务。

（2）采购：即购买产品和服务所需进行的一系列业务流程。管理者首先必须决定每一项任务是由具有响应能力的供应源完成还是由具有效率的供应源完成，然后决定是由企业内部来完成还是外包给第三方完成。

（3）制造：安排生产、测试、打包和准备送货所需的活动，是供应链中测量内容最多的部分，包括对质量水平、产品产量和工人的生产效率等的测量。

（4）配送：调整用户的订单收据、建立仓库网络、派递送人员提货并送货到顾客手中、建立货品计价系统、接收付款等。在竞争激烈的市场中，提高服务质量成为各个商家提高市场占有率的重要手段，服务质量主要体现在物流配送效率和产品供给能力等方面。构建物流配送网络能够提高产品的流通速度，使产品能够及时地送达客户手中，提升客户体验。

（5）退货：供应链中的问题处理部分。建立网络，接收由客户退回的次品和多余产品，并在客户应用产品出问题时提供技术支持。

8.1.2　供应链管理的关键问题

供应链管理是一个复杂的系统，涉及众多目标不同的企业，牵扯到企业的方方面面，因此实施供应链管理必须确保理清思路、分清主次、抓住关键问题。

1. 配送网络重构

配送网络重构是指采用一个或几个制造工厂生产的产品来服务一组或几组在地理位置上分散的渠道商时，当原有的需求模式发生改变或外在条件发生变化后引起的需要对配送网络进行的调整。这可能由于现有的几个仓库租赁合同的终止或渠道商的数量发生增减变化等原因引起。此外，需求模式的改变可能需要改变工厂的产量、新供应商的选择，以及货物在配送网络中的流动方式。因此，会产生一个复杂的优化问题，即如何选择仓库的位置和容量，确定每个厂商的生产批量，并设定设施之间的运输流，包括从工厂到仓库和从仓库到零售商等所有生产、库存和运输的成本最小化的有效控制，并满足必要的服务水平的优化问题。

2. 配送战略问题

在供应链管理中，配送战略也非常关键。采用直接转运战略、经典配送战略还是直接运输战略，需要多少个转运点，哪种战略更适合供应链中大多数的节点企业等问题都要经过商讨确定。

直接转运（cross docking）战略是指在这个战略中终端渠道由中央仓库供应

货物，中央仓库充当供应过程的调节者和来自外部供应商的订货转运站，而其本身并不保留库存。而经典配送战略则是在中央仓库中保留有库存。直接运输战略则相对较为简单，它是指把货物直接从供应商处运往终端渠道的一种配送战略。

3. 供应链集成与战略伙伴

由于供应链本身的动态性以及不同节点企业间存在着相互冲突的目标，因此对供应链进行集成是相当困难的。但实践表明，对供应链集成不仅是可行的，而且它能够对节点企业的销售业绩和市场份额产生显著的影响。显然，什么信息应该共享、如何共享，信息如何影响供应链的设计和作业，在不同节点企业间实施什么层次的集成，可以实施哪些类型的伙伴关系等就成了最为关键的问题。

4. 库存控制问题

库存控制问题包括终端渠道对特定产品应该持有多少库存，终端渠道的订货量应该大于、小于还是等于需求的预测值，终端渠道应该采用多大的库存周转率等。终端渠道的目标在于决定在什么库存水平上再订购一批产品，以及为了最小化库存订购和保管成本，应订多少产品等。

5. 产品设计

有效的产品设计在供应链管理中起着多方面的关键作用。那么什么时候对产品进行设计来减少物流成本或缩短供应链的周期，产品设计是否可以弥补顾客需求的不确定性，为了推广新产品，对供应链应该做什么样的修改等问题就变得非常重要。

6. 信息技术和决策支持系统

信息技术是促成有效供应链管理的关键因素。供应链管理的基本问题在于应该传递什么数据，如何进行数据的分析和利用，互联网对供应链管理的影响，电子商务的作用，信息技术和决策支持系统能否作为企业获得市场竞争优势的主要工具等。

7. 顾客价值的衡量

顾客价值是衡量一个企业对于其顾客的贡献大小的指标，这一指标是根据企业提供的全部货物、服务以及无形影响来衡量的。近年来，这个指标已经取代了质量和顾客满意度等指标。

8. 生产采购

在许多行业中，需要均衡运输成本与制造成本之间的矛盾。少品种大批量的生产能有效地降低生产成本，而运输成本可能会增加；降低运输成本通常需要每个工厂的生产具有柔性，即具有生产多数甚至是全部产品的能力，这就导致小批量生产增加了生产成本。

9. 供应合同

在传统的供应链战略中，链上的每一方只关注自身利润，供需双方的关系是通过定价、数量折扣、交货提前期、质量、退货等条款的供应合同确定的。而在当今考虑优化整个供应链绩效之际，作出决策时要考虑供应链上每个伙伴的利益与影响，比如供应商可以采取有利于需求方的政策，以激励需求方在一定时期内购买更多的产品，这样供需双方的利润都能有所提高。

10. 外包与离岸化策略

供应链战略中各个企业不仅要关注自身核心竞争力的提升，同时还要考虑将自己不擅长的业务活动外包的问题。而哪些业务外包、哪些业务自营以及外包的风险都是在协调供应链活动时必须面对的问题，即产品和部件是否需要从外部供应商购买、供应商能否按时供应货物、怎样将外包的风险降到最低、如何应对两个或多个供应源等问题；即使公司不外包，也要考虑如何将生产转移到成本更低的地区、离岸化对库存水平和资本成本将会产生怎样的影响等。

11. 智能定价策略

许多制造商、零售商和承运商都采用不同的技术和手段来提高供应链绩效，包括通过收益管理策略、回购策略、整合定价和库存控制来影响市场需求并提高财务绩效等。

8.1.3　供应链结构模型与流程

任何一条供应链的主要目的都是为了满足用户的需求，并在满足用户需求的过程中为企业创造利润。由此，供应链是产品或原材料从供应商到制造商到分销商再到零售商直至用户这一链条移动的过程，可以简单地归纳为如图 8-2 所示的模型。

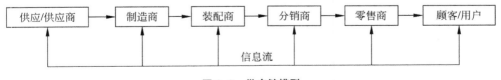

图 8-2　供应链模型

从图 8-2 中可以看出，供应链由所有加盟的节点企业组成，一般有一个核心企业（可以是产品制造企业，如华为公司；也可以是大型零售企业，如苏宁电器），节点企业在需求信息的驱动下，通过供应链的职能分工与合作（生产、分销、零售等），以资金流、物流或服务流为媒介实现整个供应链的不断增值。

1. 供应链的 4 个流

供应链是动态的，包括不同环节间的物流、商流、信息流、资金流 4 个流。4 个流有各自不同的功能以及不同的流通方向。

1）物流

物流是物料（商品）的流通过程，是一个发送货物的程序。该流程的方向是由供应商经由制造商、批发商与物流、零售商等指向消费者。由于长期以来企业理论都是围绕产品实物展开的，因此目前物流被人们广泛重视。许多物流理论都涉及在物资流通过程中如何在短时间内以低成本将货物发送出去。

2）商流

商流是买卖的流通过程，是接受订货、签订合同等的商业流程，是货物所有权的转移过程。该流程是在供应商与消费者之间双向流动的。目前，商业流通形式趋于多元化：既有传统的店铺销售、上门销售、邮购的方式，又有通过互联网等新兴媒体进行购物的电子商务形式。

3）信息流

信息流是包含商品及交易信息的过程流。信息流的质量、速度和覆盖范围可以影响并反映企业的生产、管理与决策各方面的水平。该流程也是在供应商与客户之间双向流动的。过去人们往往把重点放在看得到的实物上，因而信息流一直被忽视。现代物流的快速发展得益于对信息流的把握与获取，信息流代替物流是实现快速反映市场需求的必然保证。

4）资金流

资金流就是货币的流通，为了保障企业的正常运作，必须确保资金的及时回收，否则企业就无法建立完善的经营体系。该流程的方向是由消费者经由零售商、批发商与物流、制造商等指向供应商。

例如，美国沃尔玛公司不仅提供商品，实现所有权的转移，而且也为顾客提供定价和可获性方面的信息。顾客付款给沃尔玛公司，沃尔玛公司把销售信息和补充订单信息传达给仓库或分销商，仓库或分销商把补充订单所需要的货品送到商店，补货后沃尔玛公司付款给分销商，分销商也为沃尔玛公司提供定价信息，递交发货日程计划，沃尔玛公司还可以回收包装材料用于再循环。由此构成供应链间的物流、商流、信息流和资金流。

又如，当顾客在线购买戴尔计算机时，供应链包括顾客、戴尔销售网站、戴尔的装配商以及所有戴尔的供应商和供应商的供应商。网站为顾客提供定价、产品种类和产品信息。选择产品后，顾客输入订单信息并付款。随后，顾客可以返回网站来检查订单履行的状态。这个过程涉及供应链环节的信息流、商流、物流和资金流。

2. 供应链的流程循环

如图 8-3 所示，结合供应链运作流程的 5 个阶段，所有供应链流程都可以分解为 4 个流程的循环，即顾客订购循环、补货循环、制造循环和采购循环。每个循环都发生在供应链两个相邻环节之间的界面上。

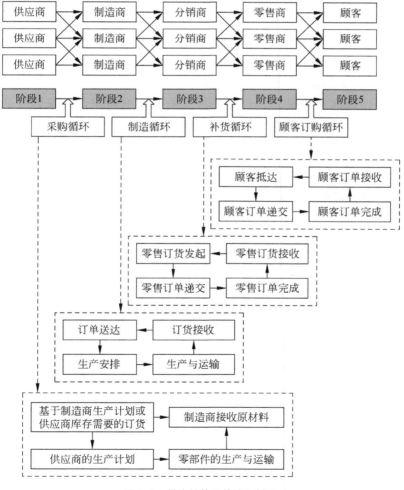

图 8-3 供应链管理的流程循环

1）顾客订购循环

顾客订购环节发生在顾客与零售商之间，它包括接受和满足顾客订购所直接涉及的所有过程：①顾客抵达是指顾客到达一个便于选择并作出购买决定的特定地点；②顾客订单递交是指顾客告知零售商他们需要的产品；③在顾客订单完成过程中，顾客的订购需求得到满足，货物被送至顾客处；④在顾客订单接收过程中，顾客接收所订购产品并成为物主，商家更新收据记录，启动现金支付。

2）补货循环

补货环节发生在零售商与分销商之间，包括补充零售商品库存清单所涉及的所有过程：①零售订货的发起；②零售订单的递交；③零售订单的完成；④零售订货的接收。

3）制造循环

典型的生产制造环节发生在分销商与制造商（或者零售商与制造商）之间，包括与更新分销商（或零售商）库存有关的所有过程。生产环节由顾客订单（如戴尔的例子）、零售商或分销商补充库存订单（如沃尔玛在宝洁公司的订单）引发，或者由顾客需求预测与厂家产成品仓库中既有产品数量之间的差额启动，包括：①订单到达；②生产安排；③生产与运输；④订货接收。

4）采购循环

原料采购环节发生在制造商与供应商之间，包括与确保原料获取相关的所有过程。在原料获取环节中，制造商从供应商那里订购原料，以补充原料库存。

零售商向分销商订货由不确定的顾客需求引发，而制造商在生产安排方面一旦作出决定，原料需求量就可以精确地计算出来。原料订单取决于生产安排，因此，将供应商与制造商的生产计划联系起来至关重要。如果供应商的原料生产必须比制造商的货物生产提前很多，则只能依据预测进行生产。

3. 供应链的推／拉流程模式

根据对最终顾客需求的执行时间，供应链中所有流程可分为两种类型：推式流程和拉式流程。其中，推式流程是指：订单的执行依据顾客需求预测，顾客订货需求是未知的，必须进行预测，是一种投机流程；而拉式流程是指：订单的执行依据顾客需求，顾客需求是已知的、确定的，是对顾客订货需求的反应，是一种反应流程。

1）推动模式供应链

在推动模式中，企业通常根据历史销售情况预测未来的需求情况，并根据市场预测和公司的发展目标制订有关生产和分销计划，即根据长期预测组织产品生产，而预测的基础是利用从零售商处接到的订单，如图 8-4 所示。

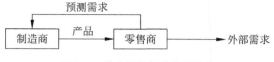

图 8-4　供应链的推动流程模式

推动模式的优点在于，能够稳定供应链的生产负荷，提高机器设备的利用率，缩短商品的交货周期，增加商品交货的可靠性等。缺点在于：①通常需要储备较多的原材料、在制品和成品库存，其中库存占用大量的流动资金；②对市场变化的反应比较迟钝，不能及时满足变化的需求；③当某些产品的需求消失时，会使供应链产生大量过时的库存；④由于市场需求变化和临时的紧急转产或送货，会导致生产成本、运输成本和库存的增加。

在推动式供应链中，生产和分销的决策都是根据长期预测的结果做出的。准确地说，制造商是利用从零售商处获得的订单进行需求预测。事实上企业从零售商和仓库那里获取订单的变动性要比顾客实际需求的变动大得多，这就是通常所说的"牛鞭效应"，这种现象会使得企业的计划和管理工作变得很困难。

2）拉动模式供应链

在拉动模式中，生产和分销是由市场需求而非需求预测确定的，所以企业通常不需要持有很高的库存。在拉动式供应链中，供应链必须有快速的信息传递能力和反应能力，供应链各成员企业可以及时获取客户的需求信息，并通过相互合作与协调，快速满足客户的需求。使用快速的信息流机制把顾客需求信息传送给制造机制，如 POS 系统，如图 8-5 所示。

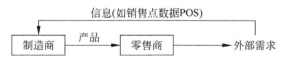

图 8-5　供应链的拉动流程模式

拉动模式供应链的优点是，大大降低了各类库存，减少了流动资金占用，从而降低了库存变质和失效的风险。缺点是，将面对能否及时获取资源和及时交货以满足市场需求的问题。当提前期不太可能缩短时，拉动模式供应链是很难实现的。此外，在拉动模式中，也比较难以实现生产和运输的规模优势。

从供应链的角度来看，拉动式供应链的驱动力产生于最终顾客，产品生产是受需求驱动的。生产是根据实际顾客需求而不是预测进行协调的。在拉动式供应链模式中，需求不确定性很高，周期较短，主要的生产战略是按订单生产、按订单组装和按订单配置。整个供应链要求集成度较高，信息交换迅速，可以根据最终用户的需求实现定制化服务。

因此，拉动式供应链运用的条件表现在：其一，必须有快速的信息传递机制，能够将顾客的需求信息（如销售点数据 POS）及时传递给不同的供应链参与企业；其二，能够通过各种途径缩短提前期。如果提前期不能随着需求信息缩短时，拉动式系统是很难实现的。

3）推 / 拉模式供应链组合战略

在推 / 拉模式中，供应链的某些环节以"推"的形式运行，其余的环节则采用拉动模式。推动与拉动的交界处称为推拉边界，如图 8-6 所示。在推 / 拉供应链中，推 / 拉边界位于从原材料采购开始到将产品交付给顾客的时间段中的某一点，即拉式流程与推式流程之间的分离点，也称为延迟策略中的顾客需求切入点或解耦点（customer order postponement decoupling point，CODP）。

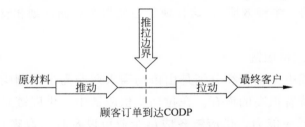

图 8-6　供应链的推 / 拉结合模式

推 / 拉模式供应链结合了推动和拉动模式的优点，同时规避了两种模式可能面临的风险，如表 8-1 所示。供应链的推动环节不确定性相对较小，服务水平不是主要问题，重点应当放到成本控制上；而拉动环节具有较高的不确定性，管理的重点是提高服务水平。

表 8-1　供应链推 / 拉环节的特点

内　　容	推动环节	拉动环节
目　　标	成本最小化	服务水平最大化
复杂程度	高	低
重　　点	资源配置	快速反应
提　前　期	长	短
关键流程	供应链计划	订单履行

如按照订单生产的戴尔公司，其制造公司不是通过零售商或分销商销售商品，而是直接面向消费者。需求不是通过成品库来满足，而是通过制造过程实现的。顾客订单引发了产品的生产，因此制造循环成为顾客订单循环中的一部分。戴尔供应链中有效的循环有顾客订单循环、制造循环和采购循环。顾客订单循环和制造循环中的所有流程都是在顾客订单到达后开始的，是拉动流程；而零部件订单不是由顾客订单决定的，其库存补货是建立在消费者需求预测基础上的，所以采购循环是推式流程。如戴尔这种实行推拉式结合战略的企业，既可以按照低成本、高效率以及规模经济的要求组织采购、生产或分销，又可以按照客户要求提高反应性。

案例：京东物流的"价值供应链"

8.2　供应链合作伙伴关系

8.2.1　建立供应链合作伙伴关系的意义

供应链合作关系（supply chain partnership，SCP）一般是指在供应链内部两个或两个以上独立成员之间形成的一种协调关系，也就是为保证实现某个特定的目标或效益，在一定时期内共享信息、共担风险、共同获利的协议关系。一般来讲，供应链合作伙伴关系就是供应商-制造商关系，或者称为卖主-买主关系，或者称为供应商伙伴关系（supplier partnership）。

供应链合作关系的形成原因通常是为了降低供应链总成本、降低库存水平、增强信息共享、改善相互之间的交流、保持战略伙伴相互之间操作的一致性、产生更大的竞争优势，以实现供应链节点企业的财务状况、质量、产量、交货期、用户满意度和业绩的改善和提高。供应链合作关系与传统供应商关系的比较如表 8-2 所示。

表 8-2　供应链合作关系与传统供应商关系的比较

比 较 项 目	传统供应商关系	供应链合作关系
相互交换的主体	物料	物料、服务
供应商选择标准	强调价格	多标准进行考虑（交货的质量和可靠性等）
稳定性	变化频繁	长期、稳定、紧密合作

比 较 项 目	传统供应商关系	供应链合作关系
合同性质	单一	开放合同（长期）
供应批量	小	大
供应商数量	大量	少量（少而精，可以长期紧密地合作）
供应商规模	小	大
供应商的定位	当地	国内和国外
信息交流	信息专有	信息共享（电子化连接、共享各种信息）
技术支持	不支持	支持
质量控制	输入检查控制	质量保证（供应商对产品质量负全部责任）
选择范围	招投标	广泛评估可增值的供应商

　　显然，战略合作关系必然要求强调合作和信任。实施供应链合作关系就意味着新产品／技术的共同开发、数据和信息的交换、市场机会共享和风险共担。在供应链合作关系环境下，制造商选择供应商不再是只考虑价格，而是更注重选择能在优质服务、技术革新、产品设计等方面进行良好合作的供应商。供应商为制造企业的生产和经营提供各种生产要素（原材料、能源、机器设备、零部件、工具、技术和劳务服务等）。供应者所提供要素的数量、价格直接影响到制造企业生产的好坏、成本的高低和产品质量的优劣。

8.2.2　供应链战略合作伙伴关系的形成

　　从历史来看，供应链战略合作伙伴关系的演变大致经历了四个发展阶段，如图 8-7 所示。

　　（1）买卖关系。是指以传统的产品买卖为特征的短期合同关系。买卖关系是基于价格的关系，买方在卖方之间引起价格的竞争并在卖方之间分配采购数量来对卖方加以控制。从传统的以生产为中心的企业关系模式向物流关系模式转化，JIT 和 TQM 等管理思想起着催化剂的作用。

　　（2）物流关系。以加强基于产品质量和服务的物流关系为特征，对物料从供应链上游到下游的转换过程进行集成，注重服务的质量和可靠性，对供应商在产品组织、柔性、准时性等方面的要求较高。但物流关系在信息共享（透明性）、服务支持（协作性）、并行工程（同步性）、群体决策（集智性）、柔

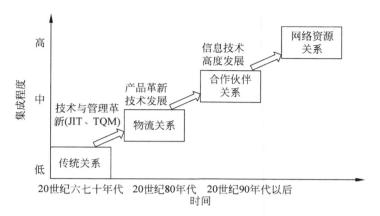

图 8-7 供应链合作关系发展的过程

性与敏捷性等方面都不能很好地适应越来越激烈的市场竞争的需要，供应链需要更高层次的合作与集成，于是产生了基于战略伙伴关系的企业模型。

（3）合作伙伴关系。企业与其合作伙伴在信息共享、服务支持、并行工程、群体决策等方面合作，强调基于时间（time-based）和基于价值（value-based）的供应链管理。

（4）网络资源关系。这是供应链战略合作伙伴关系的最高形式，体现了企业内外资源集成与优化利用的思想。基于这种企业运作环境的产品制造过程，从产品的研究开发到投放市场，周期大大地缩短了，而且顾客定制化（customization）程度更高，模块化、简单化产品以及标准化组件的生产模式使企业在多变的市场中柔性和敏捷性显著增强。虚拟制造与动态联盟促进了业务外包策略的利用，它以实现集成化战略合作伙伴关系和以信息共享的网络资源关系为特征。由于信息技术高度发展以及供应链节点企业间的高度集成，供应链节点企业间的合作关系最终集成为网络资源关系。

8.2.3 选择合适的供应链合作伙伴

合作伙伴的评价选择是供应链合作关系运行的基础。合作伙伴的业绩对制造企业的影响越来越大，在交货、产品质量、提前期、库存水平、产品设计等方面都影响着制造企业的绩效水平。传统的供应关系已不再适应激烈的全球竞争和产品需求日新月异的环境，为了实现低成本、高质量、柔性生产、快速反应的目标，企业的业务重构就必须包括对供应商的评价选择。合作伙伴的评价、选择对于企业来说是多目标的，包含许多可见和不可见的多层次因素。

1. 选择供应链合作伙伴的原则

供应链合作伙伴选择首先要考虑合作伙伴是否拥有各自的核心竞争力和拥有相同的价值观和战略思想。同时还要考虑以下方面，包括：工艺与技术的连贯性；企业的业绩和经营状况；有效的交流和信息共享；合作伙伴不要求多，而在于精等。美国供应链专家经过对来自世界 11 个不同国家和地区的 37 家厂商经理的 500 多次访问后，将建立供应链合作关系目标模式的特点概括为 "8 个 I"。

（1）个体优秀（individual excellence）。合伙双方都是有实力的，并且都有一些有价值的东西贡献给这种关系。加入这种关系的动机是积极的（追寻未来的机会），而不是消极的（遮盖弱点或逃避困境）。

（2）重要性（important）。合作是战略关系的需要。合作有利于实现合伙人的主要战略目标。在实现合伙人长期目标的过程中，这种合作关系扮演着关键角色。

（3）相互依赖（interdependence）。合伙人彼此需要，拥有互补的资源和技术，任何一方都无法单独完成双方一起才能完成的事情。

（4）投资（investment）。合伙人彼此投资（例如，通过等值交换、交叉物权，或相互提供服务等），通过把金融和其他资源投入这种关系显示出长期承诺迹象。

（5）信息（information）。交流是合理公开的，合伙人分享使关系起作用的信息，其中包括目标、技术数据、冲突的知识、麻烦的点或变化情况等。

（6）一体化（integration）。合伙人发展了作业的联结和分享利益的方法，以便能顺利地一起工作。合伙人在诸多层次的诸多人之间建立了广泛联系。合伙人既是老师，又是学习者。

（7）制度化（institutionalization）。这种关系具有明确的责任和精确的过程，它超越了形成这种关系的特定的人，不能因一时的冲动而将其破坏。

（8）完整性（integrity）。合伙人彼此间的行为采用使人尊敬的方式，以证明和强化相互间的信任，他们不滥用所得到的信息，彼此间也不搞破坏。

2. 选择供应链合作伙伴的方法

选择合作伙伴，是对企业输入物资的适当品质、适当期限、适当数量与适当价格的总体进行选择的起点与归宿。选择合作伙伴的方法较多，一般要根据企业的多少、对供应企业的了解程度以及对物资需要的时间是否紧迫等要求来确定。目前国内外较常用的方法综述如下。

（1）主观经验法，包括直观判断法（常用于选择企业非主要原材料的合作伙伴）、招标法（当订购数量大、合作伙伴竞争激烈时，可采用招标法来选择适当的合作伙伴）、协商选择法（在供货方较多、企业难以抉择时，也可以采用协商选择的方法，即由企业先选出供应条件较为有利的几个合作伙伴，同他们分别进行协商，再确定适当的合作伙伴）等。

（2）定量评价方法，包括采购成本比较法（对质量和交货期都能满足要求的合作伙伴，则需要通过计算采购成本来进行比较分析）、ABC 成本法（用于分析企业因采购活动而产生的直接和间接成本的大小，选择成本值最小的合作伙伴）、线性权重法、层次分析法、模糊评价法等。

（3）软件职能法，包括神经网络算法（应用于供应链管理环境下合作伙伴的综合评价选择，意在建立更加接近于人类思维模式的定性与定量相结合的综合评价选择模型）、遗传算法等。

3. 选择供应链合作伙伴的步骤

合作伙伴的综合评价选择可以归纳为以下几个步骤，如图 8-8 所示。其中包括：合作伙伴的需求分析，即从企业战略的角度来检验是否需要建立供应商合作关系，以及建立哪个层次的供应商合作关系；合作伙伴的评选，包括确定挑选合作伙伴的准则，评估潜在的候选企业；合作伙伴的精炼和确认，以正式建立合作伙伴关系；合作伙伴的跟踪评价，维持和精炼合作伙伴关系，

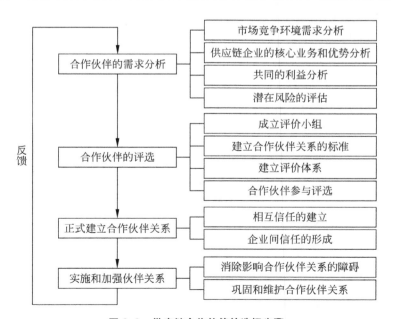

图 8-8　供应链合作伙伴的选择步骤

包括增强彼此间的合作关系或解除合作伙伴关系。同时，在建立供应链合作伙伴关系时也要注意几个问题：相互信任、信息共享、权责明确、解决合作伙伴之间问题的方法和态度等。

4. 集成化供应链管理环境下合作伙伴的类型

在集成化供应链管理环境下，供应链合作关系的运作需要减少供应源的数量（短期成本最小化的需要，但是供应链合作关系并不意味着单一的供应源），使相互的联结变得更专有（紧密合作的需要），并且制造商会在全球市场范围内寻找最杰出的合作伙伴。这样可以把合作伙伴分为两个层次：重要合作伙伴和次要合作伙伴。重要合作伙伴是少而精的、与制造商关系密切的合作伙伴；而次要合作伙伴是相对多的、与制造商关系不很密切的合作伙伴。供应链合作关系的变化主要影响重要合作伙伴，而对次要合作伙伴的影响较小。根据合作伙伴在供应链中的增值作用和他的竞争实力，可将合作伙伴分成不同的类别，如图 8-9 所示。

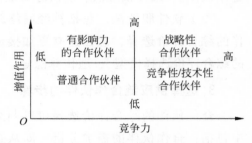

图 8-9　合作伙伴分类矩阵

纵轴代表的是合作伙伴在供应链中增值的作用，对于一个合作伙伴来说，如果不能对增值作出贡献，它对供应链的其他企业就没有吸引力；横轴代表某个合作伙伴与其他合作伙伴之间的区别，主要是设计能力、特殊工艺能力、柔性、项目管理能力等方面的竞争力的区别。

8.3　供应链信息管理方法

从 20 世纪 80 年代开始，利用信息技术有效管理供应链信息首先在零售业取得进展，先后提出了 QR、ECR 和 CPFR 等供应链管理方法。

8.3.1　快速反应

1. 快速反应的含义

快速反应（quick response，QR）是美国零售商、服装制造商以及纺织品供应商开发的整体业务概念，是零售商及其供应商密切合作的策略。零售商和供应商建立战略合作伙伴关系，利用 EDI 等信息技术，通过共享 POS 系统信息联合预测未来需求，发现新产品营销机会，用多频度、小批量配送连续补充商品，以缩短交货周期，对消费者需求作出快速反应。从运作角度来讲，零售商和供应商需要用 EDI 来加快信息流动，并共同重组他们的业务活动，以减少库存，提高供应链运作效率。

2. QR 的实施步骤

实施 QR 需要经过 6 个步骤，如图 8-10 所示，每一步骤都需要以前一个步骤为基础，并比前一个步骤有更高的回报。

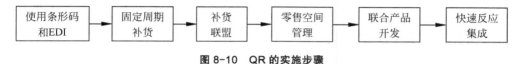

图 8-10　QR 的实施步骤

（1）使用条形码和 EDI。零售商需安装条形码（UPC 码）、POS 系统和 EDI 系统等技术设备，以加快收款速度、获得更准确的销售数据并使信息沟通更加通畅。

（2）固定周期补货。QR 采用自动补货方法，要求供应商更快、更频繁地配送商品，以保证店铺货源充足。自动补货基于过去和目前的销售数据，通过软件进行定期预测，同时考虑当前存货和其他因素，来确定订货量。

（3）补货联盟。零售商和制造商联合起来检查销售数据，制订关于未来需求的计划和进行预测，在不断货的前提下降低库存。

（4）零售空间管理。根据每个店铺的需求模式来规定其经营商品的花色品种和补货业务，消费品制造商也可参与甚至制定决策。

（5）联合产品开发。对于服装等生命周期很短的商品，制造商和零售商联合开发新品，并进行试销。

（6）快速反应集成。通过重新设计业务流程，将前 5 步工作与公司的整体业务集成起来，支持公司的整体战略。

3. QR 的实施条件

美国学者 Black Burn 在对美国纺织服务业进行研究的基础上，提出了实施 QR 的 5 个条件，如下所述。

（1）改变传统的经营方式、经营意识和组织结构。企业要树立与供应链成员建立合作伙伴关系，努力利用成员资源来提高经营效率的现代经营意识。必须改变传统的事务作业方式，通过利用信息技术实现事务作业的无纸化和自动化。

（2）开发和应用现代信息处理技术。这些信息技术包括条形码、POS 系统、EDI 系统、电子订货系统、电子资金转账、连续补货等。

（3）与供应链各方建立战略伙伴关系。通过合作实现削减库存，避免缺货，降低商品风险，避免大幅度降价，减少作业人员和简化事务性作业等目的。

（4）开放企业商业信息。包括销售信息、库存信息、生产信息、成本信息等。

（5）缩短生产周期和降低商品库存。供应商应努力缩短生产周期，实施多品种、小批量生产和多频度、小批量配送。

8.3.2　有效客户响应

1. 有效客户响应的内涵

有效客户响应（efficient consumer response，ECR）是在食品杂货业分销系统中，分销商和供应商为消除系统中不必要的成本和费用，给客户带来更大效益而进行的一种密切合作的供应链管理方法。

ECR 的最终目标是建立一个具有高效反应能力和以客户需求为基础的系统，使零售商及供应商以业务伙伴方式合作，提高整个食品杂货业供应链的效率，从而大大降低整个系统的成本、库存和物资储备，同时为客户提供更好的服务。

要实施有效客户响应，首先应联合整个供应链所涉及的供应商、分销商以及零售商，改善供应链中的业务流程，使其合理有效。然后再以较低的成本，使这些业务流程自动化，以进一步降低供应链的成本和时间。实施 ECR 需要将条形码、标签技术、POS 系统和 EDI 集成起来，在供应链（由生产线直至付款柜台）之间建立一个无纸系统，以确保产品能不间断地由供应商流向最终客户，同时信息流能够在开放的供应链中循环流动。

2. ECR 的四个功能要素

（1）有效产品开发。通过采集和分享供应链伙伴间时效性强的更加准确的销售数据，提高新产品销售的成功率。

（2）有效商店管理。通过有效利用店铺的空间和店内布局，来最大限度地提高商品的获利能力，如建立空间管理系统、有效进行商品品种管理等。

（3）有效促销。通过简化分销商和供应商的贸易关系，使贸易和促销的系统效率最高，如消费者广告（优惠券、货架上标明促销）、贸易促销（远期购买、转移购买）等。

（4）有效补货。从生产线到收款台，通过 EDI、以需求为导向的自动连续补货和计算机辅助订货等技术手段，使补货系统的时间和成本最优化，从而降低商品的售价。

3. ECR 的构建

ECR 作为一个供应链管理系统，需要把市场营销、物流管理、信息技术和组织革新技术有机结合起来作为一个整体使用，以实现 ECR 的目标，如图 8-11 所示。

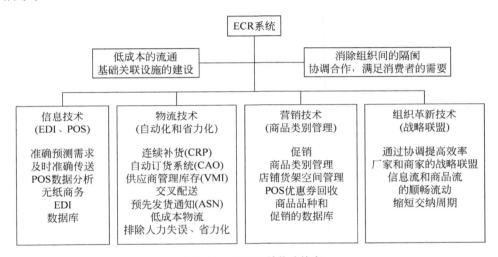

图 8-11 ECR 系统构建技术

（1）营销技术。在 ECR 系统中采用的营销技术主要是商品类别管理（category management）和店铺货架空间管理（store management）。

（2）物流技术。ECR 系统要求及时配送和顺畅流动，实现这一要求的方法有连续补货（continuous replenishment program，CRP）、自动订货（computer assisted ordering，CAO）、预先发货通知（advanced shipping notice，ASN）、供应商管理库存（vendor management inventory，VMI）、交叉配送（cross-docking）、店铺直送（direct store delivery，DSD）等。

（3）信息技术。ECR 系统应用的主要信息技术有电子数据交换（electronic data interchange，EDI）和销售时点系统（point of sale，POS）。

（4）组织革新技术。成功实施 ECR 需要对企业的组织体系进行革新。在企业内部的组织革新方面，需要把采购、生产、物流、销售等按职能划分的组织形式改变为以商品流程为基本职能的一体化组织形式。在组成供应链的企业间需要建立双赢的合作伙伴关系。

8.3.3 协同计划、预测与补货

协同计划、预测与补货（collaborative planning, forecasting and replenishment, CPFR）是一种协同式供应链库存管理技术，它能同时降低销售商的存货量，增加供应商的销售量。CPFR 最大的优势是能及时准确地预测由各项促销措施或异常变化带来的销售高峰和波动，从而使销售商和供应商都能做好充分的准备，赢得主动权。同时，CPFR 采取了双赢的原则，始终从全局的观点出发，制定统一的管理目标以及方案实施办法，以库存管理为核心，兼顾供应链上其他方面的管理。因此，CPFR 能实现伙伴间更广泛深入的合作，主要体现了以下几种思想。

（1）合作伙伴构成的框架及其运行规则主要基于消费者的需求和整个价值链的增值。由于供应链上各企业的运作过程、竞争能力、信息来源等不一致，在 CPFR 中就设计了若干运作方案供各合作方选择，一个企业可选择多个方案，各方案都确定了核心企业来承担产品的主要生产任务。

（2）供应链上企业的生产计划应是基于同一销售预测报告。销售商和制造商对市场有不同的认识，在不泄露各自商业机密的前提下，销售商和制造商可交换他们的信息和数据，来改善其市场预测能力，使最终的预测报告更为准确、可信。供应链上的各公司则根据这个预测报告来制订各自的生产计划，从而使供应链的管理得到集成。

（3）消除供应过程的约束限制。这个限制主要就是企业的生产柔性不够。一般来说，销售商的订单所规定的交货提前期比制造商生产这些产品的时间要短。在这种情况下，制造商不得不保持一定的产品库存，但是如果能延长订单周期，使之与制造商的生产周期相一致，那么生产商就可真正做到按订单生产及进行零库存管理。这样制造商就可减少甚至消除库存，从而大大提高企业的经济效益。

当然 CPFR 模式也不是在任何场合都可以使用的，它的建立和运行离不开现代信息技术的支持。CPFR 应用信息系统的形式有多种，但应遵循以下设计原则：现行的信息标准尽量不变，信息系统尽量做到具有可靠性、安全性、开放性、容错性、鲁棒性，以及易管理和维护等特点。

案例：三星手机供应链革新

有关 CPFR 的详细介绍请见 7.3.5 节。

8.4　智慧供应链管理

8.4.1　智慧供应链的概念与作用

"智慧供应链"的概念由复旦大学的罗钢博士于 2009 年首先提出。它是一种结合了物联网技术，现代供应链管理理论、方法和技术，在企业以及企业间构建的，能够实现供应链智能化、网络化和自动化的技术与管理综合集成系统（赵然，安刚，周永圣，2015；黄敦高，吴雨婷，2014）。

供应链的发展历程基本上可以分为五个阶段：初级供应链、响应型供应链、可靠供应链、柔性供应链和智慧供应链。近几年，随着新一代信息技术的广泛采用，尤其是互联网、人工智能、工业机器人、云计算等新一代信息技术迅速发展，商流、信息流、资金流和物流等"四流"得以高效连接。同时，在"工业 4.0"以及"中国制造 2025"浪潮的推动下，整个制造业供应链正在朝着更加智慧的方向迈进，成为制造企业实现智能制造的重要引擎，支撑企业打造核心竞争力。在智慧供应链的支持下，智慧供应链与生产制造企业的生产系统相连接，通过供应链服务提供智能虚拟仓库和精准物流配送，生产企业可以专注于制造，不再需要实体仓库，这将从根本上改变制造业的运作流程，提高管理和生产效率。在智能制造环境下，打造智慧、高效的供应链，是制造企业在市场竞争中获得优势的关键。

智慧供应链对智能制造的支撑作用主要体现在研发管理、生产管理、库存管理以及采购管理等方面，可以全方位帮助企业提升快速响应订单的能力。在产品研发管理上，可以帮助企业协同产品开发体系，让顾客参与产品开发过程；在需求与计划管理上，可以帮助企业智能地进行需求预测和制订计划；通过建立智能化的采购平台，可以帮助企业实现数字化、智能化物料采购，优化流程，提升效率，降低成本，比如德国凯撒空压机公司通过部署 SAP® Ariba® 采购解决方案，将所有采购相关业务集中到系统中，实现了供应商信息和合同的集中管理，节省了 30% 的成本，并保持灵活性，实现了透明化运营；而智能化的生产与调度能够帮助企业快速、合理地排产并对生产进度进行有效控制；智能化的仓储管理系统能够快速对物料进行智能识别、定位、分拣、配送，帮助企业减少库存，降低运营成本。最后，智慧供应链离不开物流与信息流的协同互动，供应链计划形成的信息流和供应链执行形成的实物流共同构成了智慧供应链的价值流，建立智能化的物流系统将打通供应链上下游企业，真正提升企业运营效率。

2017 年 10 月，国务院办公厅印发的《关于积极推进供应链创新与应用的指导意见》指出，供应链是以客户需求为导向，以提高质量和效率为目标，以整合资源为手段，实现产品设计、采购、生产、销售及服务全过程高效协同的组织形态。到 2020 年要形成一批适合我国国情的供应链发展新技术和新模式，基本形成覆盖我国重点产业的智慧供应链体系，中国成为全球供应链创新与应用的重要中心。由此，有关智慧供应链的政策风口正式形成。

8.4.2　智慧供应链的特点

相对于传统供应链，智慧供应链具有更多的市场要素、技术要素和服务要素。通常，智慧供应链应具有如下特点。

1. 技术渗透性更强，强调对客户需求的全过程精准分析与有效管理

在智慧供应链环境下，管理和运营者会系统、主动地吸收包括物联网、互联网、大数据、人工智能在内的各种现代技术，依靠这些技术对客户需求进行精准分析，并主动调整管理过程以适应引入新技术带来的变化。

事实上，大多数供应链都能做到超越客户需求，但问题的关键在于"客户需求"是什么。普通供应链主要与客户互动，进而提供及时、准确的交付品，而智慧供应链则在整个产品生命周期（从产品研发、日常使用到产品寿命结束）都与客户紧密联系。通过大量先进技术的使用，智慧供应链可以从源头获取需求信息，例如，从货架上抬起的货物、从仓库里运出的产品或显露磨损迹象的关键部件。智慧供应链还使用其智能来洞察与众不同之处，感知和预测用户需求、习惯、兴趣，经过深入分析，进行详细的客户画像与分类，并为其量身定做产品，同时指导产业链上游的采购、制造、定价、库存以及下游的销售、促销、仓储、物流和配送。

并且，企业也会更多地邀请客户进行体验式的开发、测试客户要求，进行符合客户个性化的产品和服务模式整合，以保证该产品或服务对于客户的"黏性"，从而反过来促进产品和服务的迭代升级。实际上，每次互动都是轻松与客户合作的机会，供应链也就能进行自我反馈、自我补偿，从而智能化迭代升级。

案例：Nuance 公司不断优化库存以更好地服务当前客户

Nuance 公司是全球顶级的机场零售商之一，其业务范围遍及五大洲。在 Nuance 的商业航线中，可能只有一次进行销售的机会，因此保持适当的库存至关重要。

　　然而不幸的是，公司位于澳大利亚的免税商店常常出现某些货品不够，而其他商品库存却很多的情况。为了更好地为客户提供服务，并实现更大增长，Nuance 公司决定将其手工库存跟踪和订购系统更换为更加智能的预测和库存优化系统。该解决方案可以分析实际销售数据、预测销售趋势、分析客户购买偏好、制订促销计划和预测航线客运量，从而计算和提交补货订单。

　　早在 2007 年 10 月，Nuance 公司就在悉尼机场设立了最大的免税商店，如今，该公司在澳大利亚的其他商店也装上了这个新系统。除了从根本上缩减补充库存所需的时间外，该解决方案还支持更准确的需求预测，可以使库存降低 10%~15%，并增加销售量。

　　案例思考题：

　　（1）影响库存补货决策的因素有哪些？

　　（2）Nuance 公司面临的问题是什么？原因在哪里？公司如何应用智慧供应链技术解决该问题？

2. 可视化、移动化特征更明显

　　管理者们都希望了解其供应链的各个环节，包括即将离港的货物情况、签约制造商组装线上正在生产的每个部件、销售中心或客户库房中正在卸载的每个货盘，等等。相较于传统供应链，智慧供应链更倾向于使用可视化手段来表现数据，用移动互联网或物联网技术来收集或访问数据。这种无所不在的可视性并不需要供应链合作伙伴付出任何额外的努力。换句话说，有了这种可视性后，共享会变得更加容易。

　　这就意味着在智慧供应链中，对象（而不是人员）将承担更多的信息报告和共享工作。关键数据将来源于供应链所涉及的货车、码头、货架和部件及产品。这种可视性不仅可以用于实现更佳的规划，而且还可以从根本上实现实时执行。

　　这种可视性还可以扩展到供应链运营领域。智慧供应链可以监控土壤情况和降雨量，优化灌溉，监控交通情况，调整运货路线或交货方式，追踪金融市场和经济指标来预测劳动力、能源和消费者购买力的变化。

　　更值得一提的是，制约可视性的因素不再是信息太少，而是信息太多。然而，智慧的供应链可通过使用智能建模、分析和模拟功能来获知一切。

案例：Airbus 的高可视性如同晴空一般万里无云

　　Airbus 是世界上最大的商务客机制造商之一，它担负着生产全球过半以上的大型新客机（超过 100 个座位）的重任。随着其供应商在地理位置上越来越分散，Airbus 发现它越来越难以跟踪各个部件、组件和其他资产从供应商仓库运送到其 18 个制造基地过程中的情况。

为提高总体可视性，该公司创建了一个智能感应解决方案，用于检测入站货物何时离开预设的道路。部件从供应商的仓库运抵组装线的过程中，它们会途经一个智能集装箱，这种集装箱专用于盛放保存有重要信息的 RFID 标签。在每个重要的接合点，读卡机都会审查这些标记。如果货物到达错误的位置或没有包含正确的部件，系统会在该问题影响正常生产之前向操作人员发送警报，促使其尽早解决问题。

Airbus 的解决方案是制造业中规模最大的供应链解决方案，它极大地降低了部件交货错误的影响范围和严重度，也降低了纠正这些错误的相关成本。通过精确了解部件在供应链中的位置，Airbus 将集装箱的数量降低了 8%，也因此省去了一笔数额不小的运输费用，而且还提高了部件流动的总体效率。借助其先进的供应链，Airbus 可以很好地应对已知的及意料之外的成本和竞争挑战。

案例思考题：

（1）提高可视性对企业有何意义？影响可视性的因素有哪些？如何提高可视性？

（2）Airbus 如何解决全球化过程中的供应链可视性问题？

（3）企业运营管理中有哪些过程可借鉴该方案？

3. 协同、配合更高效，供应链链主更凸显

由于主动吸收物联网、互联网、大数据、人工智能等各种现代技术，智慧供应链更加注重供应链上各环节的协同和配合，及时地完成数据交换和共享，从而实现供应链的高效率。

在管理体系上，往往由一个物流服务总包商（lead logistics service provider, LLP）来向供应链链主（一般是货主）直接负责，利用强大的智慧型信息系统管理整个门到门的供应链运作，包括由一些物流分包商或不同运输模式的承运人所负责的各个物流环节。

4. 更加强调以制造企业为切入点的平台功能

智慧供应链作为集成智能制造工厂规划设计各种功能的基础平台，其功能不再是单一维度，而是具有立体性，涉及产品生命周期、市场、供应商、工厂建筑、流程、信息等多个维度和要素，如图 8-12 所示。

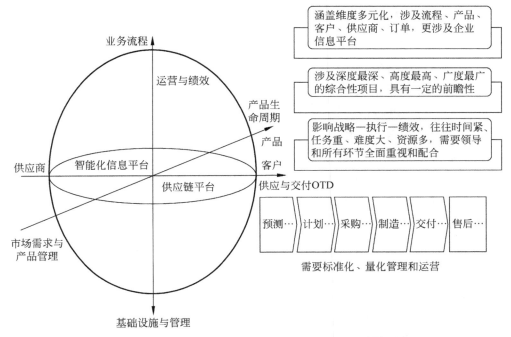

图 8-12　面向智能制造工厂规划设计的供应链维度和基本要素

从图 8-12 中可以看出，所谓智能制造企业供应链，不再是以某个单一功能实现为目标的暂时性项目，而是打造制造企业服务能力的综合系统，使企业具有"聚核"功能，从而提升核心竞争能力。该平台不但需要有良好的智能供应链基础，更需要有良好的智能化信息平台。

未来，智慧供应链将更加强调以制造企业为切入点的平台功能，重视基于全价值链的精益制造，从精益生产开始，到精益物流、精益采购、精益配送，实现全方位的精益管理。智慧供应链不再是企业的某个人或者某个部门在思考，而是整条供应链在思考。

因此，如果没有良好的智慧供应链基础，那么制造智能化基础也就变得零碎，不成系统，再好的智能产品也都可能变成"僵尸机器人"；而失去动态供应链全过程适时智能化监控的智能制造，也仅仅是解决了看得见的智能化，没有解决逻辑的智能化，于是供应链还是无法思考（对于过程中数据差异的自反馈、自补偿、自优化）；进一步地，如果没有智能化的供应链引导，智能制造仅仅是生产模式的转变，无法形成商业模式的创新和升级。

8.4.3　智慧供应链流程

在供应链上有四个主要流程，分别是物流、商流、信息流以及资金流。供应链上四流的畅通很大程度上影响着供应链的整体绩效表现。在高效的智慧供应链中，供应链的物流、商流、信息流和资金流都有着与传统供应链不同的特征。

1. 智慧物流

物流是实体物资（商品）的流通过程，包括货物的发送、运输、仓储和接收。物的运输和存储都需要成本，同时物是价值载体，运输和存储的时间越长意味着资金流动速度越慢，这对于企业来说是一种损失。

在智慧供应链中，由于信息透明度的提升，车辆、仓库等一般性物流资源在企业之间能够很好地实现共享，避免空载、回空车等现象的出现，在很大程度上避免了资源的浪费。智慧供应链的智能化系统还能够综合供应链上的所有数据，为企业选择最优的物流解决方案，保证物资能够以最快的速度安全、准确地送达目的地，整体物流效率与传统供应链相比有飞跃式提升。除此之外，企业专业化程度提升，第三方物流企业迅速发展。物流外包作为物流方案之一得到了更加广泛的应用，可以进一步提升企业绩效。

2. 智慧商流

商流主要是供应链上买卖的流通过程。网络和计算机的普及改变了原有的交易方式，供应链上的成员能够通过互联网便捷、迅速地签订合同，发送订单信息。网络销售成为了一种全新的销售方式，也催生了线上交易渠道。在智慧供应链中，线上和线下的交易能够更好地进行联动，不同销售渠道之间从原有的发生摩擦转变为重新进行融合。

除此之外，采购寻源也与传统供应链有所不同。在传统供应链上，由于物流能力和信息透明度的限制，企业只能在自身有限的供应商库中选择相对合适的供应商。但在智慧供应链中，物流能力和信息透明化使企业进行全球战略性采购寻源成为可能，企业能够在更大范围内选择适合自己的供应商以及合作伙伴，进一步降本增效。

在智慧供应链的销售过程中，企业能够与分销商、零售商进行深度合作和数据共享，一方面可以更加及时地收集市场需求信息，另一方面还能借助智能化的销售预测模型在计算机中以数据建模的方式寻找最优的产品组合和销售策略，以期获得更高的利润。

3. 智慧信息流

信息流是供应链全过程中相关信息的流动。信息的透明化和互联化是智慧供应链与传统供应链之间最大的特征区别之一，同时也是智慧供应链实现物流、商流、资金流优化运营的重要基础支撑。

在智慧供应链中，借助传感器、物联网等先进的科学技术手段，供应链能够实现全链状态数据的实时收集与更新，真正实现物与信息的统一。信息的高度透明化为企业实现精益管理奠定了坚实的基础。

不仅在企业内部，在供应链的各参与成员之间信息流也是保持畅通的。企业根据与合作伙伴之间的合作关系决定对其开放的数据权限，既保证自身数据安全，同时又能够实现与供应链成员之间的信息共享。这种共享不仅仅是在供应链某一个环节发生波动时其他供应链成员能够及时作出调整，更在于企业能够借助共享的多元化信息完成深层次的信息挖掘和数据分析，从而更好地控制风险，提升企业盈利能力。

4. 智慧资金流

在智慧供应链中，企业已经实现了完全电子化交易，使供应链上资金周转速度更快，以提升企业盈利能力与绩效。由于资金流动和交易都在线上完成，供应链系统信息的安全性也面临挑战。在智慧供应链中，完善的信息安全保障措施能够为企业网络交易安全提供强有力的保证。

8.4.4　智慧供应链管理体系

1. 智慧供应链管理信息系统——智慧供应链金字塔

智慧供应链管理信息系统的体系结构可以用图 8-13 所示的金字塔来表示，该体系从整个供应链管理的视角对智慧物流系统进行协通、全面监控和管理。该金字塔的使用者是供应链物流服务的总包商。

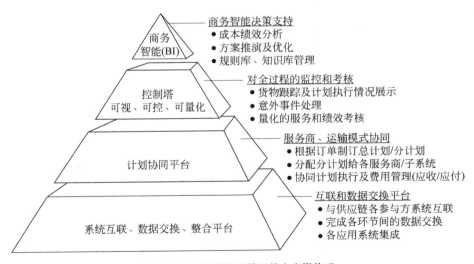

图 8-13　智慧供应链管理的金字塔体系

金字塔最底层的系统互联、数据交换、整合平台是与供应链各参与方或同一参与方的其他应用系统进行互联对接集成，完成数据共享协同的基础设施。企业内部各应用系统的集成主要通过 SOA 体系下的企业服务总线（ESB）和接口技术等实现，与外部企业（包括货主、制造商和物流分包商）的数据交换则通过系统互联和电子数据交换（EDI）实现。

计划协同平台根据各种订单和供应链上的资源情况，在商务规划的控制下，以智能化的方式制订总体物流计划，并分解成各具体环节或针对具体物流服务商的分计划，将这些分计划分配给各服务商或子系统，并根据总计划协调各分计划的执行。同时，平台的商务模块根据与各服务分包商的合同和完成的服务对应付费用进行核算管理，根据与货主的合同对整个供应链的费用进行应收核算管理，形成应收 / 应付凭证，并通过接口转发至财务系统。

控制塔是近年来针对复杂的供应链管理需求而发展起来的、对供应链全过程实行全面监视、异常事件控制和量化考核的体系，如同机场上居高临下、统观全局的控制塔台。

智慧供应链金字塔的顶端是商务智能和决策支持系统。目前用于物流行业的商务智能系统通常基于规则库、知识库和决策支持体系构建，可以完成诸如成本绩效分析、方案推演及优化等基本决策支持功能；可以通过建立数学模型或其他大数据分析方法，实现对整个供应链运作的更高层次的智慧化决策支持。

2. 智慧供应链图谱

罗戈研究院在 2017 年提出了智慧供应链图谱，根据管理层级将智慧供应链自上而下分为三个部分，包括智慧化平台（决策层）、数字化运营（管理层）、自动化作业（作业层），如图 8-14 所示。如果把智慧供应链比作人，那么智慧化平台是"大脑"，数字化运营是"中枢"，而自动化作业则是"四肢"。

图 8-14　智慧供应链图谱
来源：罗戈研究院

1）决策层

在供应链的决策层，主要包括预测与计划、供应链产销协同和控制塔，以及对这些决策功能支撑的大数据、云端和算法的优化。此外，与传统供应链主要依靠 ERP 总揽各项业务不同，智慧供应链正在开启全新的"大中台"概念。通过供应链中台，实现多资源组织和全生态管控与优化，以满足供应链整体的信息化、系统化、互联网化的发展需求。

图 8-15 显示的是阿里的供应链中台。它从不同的工作台的视角，把整个业务从商品到计划、采购、履约、库存、结算，全部包含进来。通过在数据应用架构上，设置不同的规则、应用模型和算法模型，为供应链运营提供全方位支持，实现多资源、多组织、全生态管控与优化。包括供应商、商品、订单、库存、结算、会员、模式在内的底层业务为供应链中台提供了实践场景，通过对这些业务场景产生的数据进行数字化处理，做成数据架构，再利用人工智能和大数据分析技术，面向不同的角色，形成能够支持供应链业务运营的有效决策，指导管理实践。

智慧供应链利用智慧化平台去计算、思考、决策，通过数字化运营平台评估供应商供货量、供货价格、仓储量、入仓位置，并对用户喜好、需求数量等作出精准预测，从而指导企业经营以及仓储、运输等自动化作业。

2）管理层

这一层是系统管理层面。通过管理系统来连接作业层，支持决策层。从管理层次上讲，这个系统层面基本上更偏于供应链执行，即更多关注物流和运营，包含车辆管理、运输管理、过程管理和仓储管理，未来会更多地涉及物联网。

3）作业层

底层主要是仓储作业和运输作业。基于不同的仓储配送需求，其涉及的内容和模式也各不相同。以零售为例，在典型的 B2C 电商这个领域，有快递公司和仓配公司，仓的布局主要是贴近消费端。面向新零售，则需要线上线下融合的仓店一体。门店既是仓，同时也越来越成为崭新的机会点。对于 B2B，仓的体系包括流通端的仓库分布与前置仓、门店仓，随着前置仓密度的提高，产地仓将会是新的机会点。

8.4.5　智慧供应链管理的关键支撑技术

随着互联网、物联网、云计算、大数据等技术的飞速发展，新的技术为实现智慧供应链管理提供了清晰的思路，从而推动供应链管理逐渐向可视化、

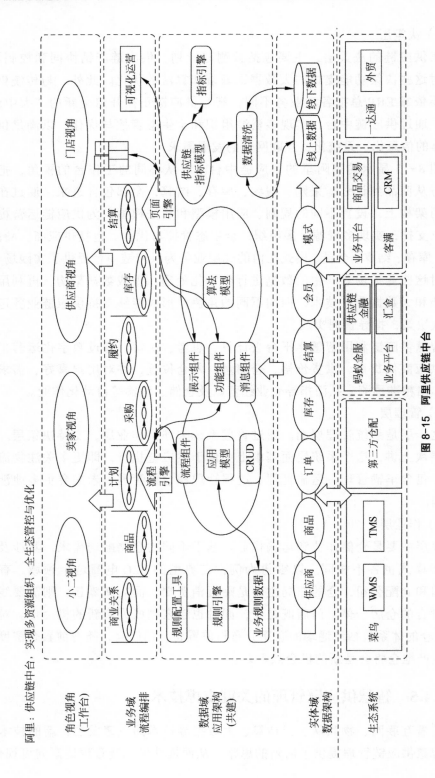

图 8-15　阿里供应链中台

智能化、自动化、集成化和云化的方向发展。

通常在供应链中会用到以下技术：①数据技术，包括数据收集、存储以及分析技术；②人工智能技术，包括机器学习技术、算法技术；③数学应用技术，包括运筹学与统计学；④信息技术，包括信息传输、网络通信技术；⑤流程管理技术，包括 JIT、TOC、BPR 等。

在智慧供应链时代，制造企业需要实现物流与信息流的统一，企业内部的采购、生产、销售流程都伴随着物料的流动，因此越来越多的制造企业开始重视物流自动化，自动化立体仓库、自动引导小车（AGV）、智能吊挂系统在制造企业得到了广泛的应用；而在仓储与配送环节，智能分拣系统、堆垛机器人、自动辊道系统日趋普及。WMS（warehouse management system，仓储管理系统）和 TMS（transport management system，运输管理系统）也受到普遍关注。

实现智慧供应链的关键技术还包括自动识别技术，例如 RFID 或条码、GIS/GPS 定位、电子商务、EDI（电子数据交换），以及供应链协同计划与优化技术等。

其中，EDI 技术是企业间信息集成（B2B integration）的必备手段。EDI 技术最重要的价值，就是可以在供应链上下游企业之间，通过信息系统之间的通信，实现整个交易过程无须人工干预。历经多年发展，主流的EDI 技术已经基于互联网来传输数据，而我国很多大型企业建立的供应商门户实际上只是一种 Web EDI，不能够与供应商的信息系统集成，供应商只能手工查询。

供应链协同计划与优化是智慧供应链最核心的技术，可以实现供应链同步化，真正消除供应链的牛鞭效应，帮助企业及时应对市场波动。虽然部分供应链已实现了信息的交互及业务上的协同，但是这种所谓的协同并没有智能的成分，仅仅提高了人为决策的同步性和反应性，还谈不上真正的智能。目前供应链决策层次的智能技术仍存在缺口，智能决策技术包括：智能需求预测技术（需要用到大数据挖掘、机器学习、神经网络等），智能供应链计划（生产与库存计划）决策（需要用到数学优化、智能算法技术、决策分析等技术），供应链运行智能预警监控技术（需要智能推理、专家系统和仿真技术等）。

案例：解密京东智慧供应链

京东集团 CEO 刘强东在 2017 年京东年会上表示：在以人工智能为代表

的第四次商业革命来临之际，京东将坚定地朝着技术转型。与此同时，正式发布了京东 YAIR SMART SC 智慧供应链战略，围绕数据挖掘、人工智能、数据再造和技术驱动四个原动力，形成京东的智慧供应链解决方案。四个月后，京东 6.18 大促，智慧化战略初露锋芒。

作为京东智慧供应链战略的主要推进者，京东 Y 事业部承担着包括供应链技术研发和库存管理两块主要工作内容。一方面负责供应链技术的整体打造，包括对外的赋能和输出；另一方面又围绕零售最核心的供应链库存管理进行提升周转率、拉升现货率、降低滞销这些关键库存 KPI 的优化。

1. 打造需求驱动的供应链

"需求驱动的供应链"对于电商平台来说是个比较良性的发展，这需要电商环境高度的数字化。但传统供应链因为本身在需求端的很多数据并没有在系统里，比如消费者的需求、市场的趋势、最新的动态等，因此很难分析在供应链应该准备多少货、放在什么地方、何时交付消费者。

正是基于这些传统供应链的痛点，京东构建了智慧供应链。随着电商的快速成长，京东拥有了大批高质量的用户，物流也拥有一套闭环的体系。作为一家技术驱动的公司，整个供应链上的数据已经实现了高度数字化，这让平台能够分析消费者的需求是什么，然后再通过消费者的需求分析，预测销售的地点、价格等一系列供应链需求侧的要求和需求，帮助供给侧生产与需求侧进行匹配，更高效和低成本地满足消费者的期望。目前京东智慧供应链的重点为大数据选品、动态定价、智慧预测计划和智能库存。

对内，京东实现了一定范围内的自动化补货，在部分品类使用大数据和人工智能进行商品的选品、合理定价，以及对相关供应链数据的分析和可视化。其中自动化补货分为两方面：一是智能库存系统自动下达采购单，解放运营人员的双手去做更有价值的工作；二是智能库存系统可以利用数据更准确而合理地下单，保证库存水平不用太高就能满足销售需求。目前京东各事业部正在积极推进智能库存系统的广泛应用。

对外，京东对人工智能平台进行深入打造和更具平台化的建设，在人工智能平台基础上抽离一些应用，并组建新的集成平台，如京东 YAIR 平台（YAIR Platform for Retail Business）（图 8-16），就是整合了预测平台、运筹优化平台、模拟仿真平台、舆情分析平台四大平台在内的新的集成平台。

2. 机器学习、深度学习助力智慧供应链

销售预测、动态定价是构建智慧供应链的两大重点，在这两方面京东使用机器学习方法、深度学习技术进行了很多尝试。

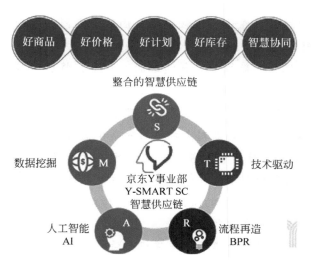

图 8-16　京东智慧供应链

在销售预测方面，以机器学习为主的预测模型主要是针对每一个 SKU 去进行特征值建模，看哪些特征值会影响销量，然后预测相对准确的销售额，利用智能化预测的销售量指导仓库下单和补货。这主要使用了机器学习特征值分析哪个模型的优化更准确。而需求驱动意味着在销售预测的时候需要考虑很多"现实"的因素，比如季节、地域等对商品的影响。京东目前的做法是通过预测指导补货，并在预测的过程中考虑前端消费者的因素，同时加入京东运营伙伴的卓越经验，将零售经验与机器学习算法相互结合。

在定价方面，京东使用了经济学中的量价关系价格弹性模型，针对上百万个差异化的 SKU 作出个性化建模，动态地为商品确定最优价格。建模过程也是人工智能使用最多的过程。同时，京东广泛收集外部市场情报数据，这其中也包括竞争对手的数据，整合到价格弹性模型里，根据商品品类定义多个价格影响变量。此外，动态定价系统还有一套比较强的风控体系，以保证定价不会错乱。

除了机器学习和深度学习，京东尝试将运筹学算法（如优化算法）与机器学习相互融合，从而进一步提高模型的合理性与有效性。

京东智慧供应链从数字化、大数据积累到算法演进过程也遇到了一些困难，比较典型的有三个方面：整体方案的迭代规划、对数据的整理和清洗、人工智能的对外赋能探索。

（1）京东本身有非常强的零售供应链管理经验，需要将这种经验抽离出来变成智慧供应链的整体蓝图规划，抽离经验并且将经验与技术进行关联是一个比较艰难的过程。在这个过程中整个团队在部门领导的带领下打磨了一年半到两年的时间，不断迭代，才有了现在的样子。

（2）在数字化、大数据和计算演进的过程中，将已经数字化的数据进行清洗并达到一个可用的状态，再基于这组相对干净的数据进行建模，这是个非常难的过程。为此，京东主要做了如下三方面的工作：

① 不断完善数据集市以及对大数据的分类和整理，定义清晰的大数据标准。

② 发现异常数据时，和业务方一起进行分析，将该清洗的数据清洗掉，该留下来的数据放到模型中，并通过特征标注异常情况出现的原因。

③ 对人工智能算法应用的实际效果进行持续的核对和跟踪，出现较大偏差时要首先从数据源检查问题原因。

目前京东已经通过大数据的清洗建模开展销售预测、指导选品、指导补货、指导定价。

（3）算法演进也是一个比较难的过程，京东在此过程中会更多地寻找相关的人才和适合的算法。此外，如何将人工智能的成熟应用对外赋能给合作伙伴，这也是 Y 事业部需要重点解决的一个问题。

3. 未来发展

京东智慧供应链是基于经验打造的零售供应链管理解决方案。在技术方面，京东在基于供应链管理的各个关键节点已经完成了算法和模型的技术布局，该布局已经在京东海量数据下进行验证。同时，京东拥有庞大的零售生态和供应链协同体系，与很多合作伙伴的供应链实现了系统级对接，这些正在构筑起京东的核心优势。

从零售行业的商业预测、供应链优化与运营自动化、营销与定价优化到图像识别与理解、自然语言理解等，我们已经看到了京东商城对于人工智能技术的探索与应用。关于京东智慧供应链下一步的计划，主要涉及两个方面。

（1）对内，下一阶段将不断对系统进行优化，让内部的业务人员有更好的使用体验。具体讲，在内部京东希望该系统能够支撑整个京东三个层面的工作：

① 智能决策，包括集团层面、部门层面和个人层面怎样预测销售、规划销售；

② 智能采销，包括如何购买，如何放在合适的地方，用合适的价格进行销售；

③ 智能运营，对每个仓库、每个配送站输入一些单据量的预测，帮助他们判断仓库应该怎么合理安排空间，如何进行财务预估等。

（2）对外，京东将把验证过的、好的供应链人工智能应用分享给合作伙伴，包括京东的卖家和大的品牌商、零售商等。希望将京东这么大体量数据下验证的技术采用更简单或者更组件化的方式向市场做一个展示，让其他品牌或厂商利用京东的技术将供应链管理得更好，但这还需要一段时间的准备，Y 事业部会在集团技术转型的战略指导下不断砥砺探索。

8.5　智慧供应链建设

随着"中国制造 2025"战略以及相关配套政策陆续出台，中国制造业正加速向智能制造转型升级，智慧供应链建设也由此成为制造业升级发展的必然趋势。汽车、家电等行业的领先企业在从"制造"向"智造"转型中，正努力构建智慧供应链生态圈。

不过，目前从中国制造行业供应链系统构建的总体情况来看，对智慧供应链认识不充分、缺少智慧供应链战略、物流信息化水平低、信息孤岛大量存在、专业人才缺乏等问题依旧十分突出。只有解决了这些问题，才能有效加快智慧供应链系统的构建，推动智能制造尽快落地。

对于制造企业该如何建设智慧供应链，主要包括哪些环节和步骤，采用怎样的对策与技术手段，上海天睿物流咨询有限公司总经理邱伏生认为应做到以下几点。

1. 重构企业个性化的智能战略，规划实现战略的路径

从政府层面而言，提供了企业构建智能制造、智慧供应链的环境和大平台；从企业层面而言，不同的企业有不同的产品、服务方式和客户，体现不同的核心竞争力，所以，他们需要具有个性化的供应链发展方向，比如智慧化等级、优化的重心、产品的流转效率设计、客户服务的响应等级、不同环节的数据敏感度设定等。所以，不可能让所有的企业都盲目追求"一样的智慧供应链"，也就是说，未来的智慧供应链只有趋势，没有定式。

既然如此，那么企业就必须由领导层授权提出能够支撑其核心竞争力的智慧供应链发展战略，以引领其智能化迭代升级的有效路径，适时作出战略和组织调整，之后才有采购策略、库存策略、制造策略、交付策略、成本策略等，然后在技术选择上作出精准的判断和导入，从而保证供应链运营目标、战略支撑、指标分解，达到最终的战略绩效。

供应链智能战略才是企业最首要的协同方向和准则。而没有智慧供应链

战略引导，再好的规划都没有依据、没有落点、没有升级路径；什么是对的，什么是错的，没有判断准则。

2. 建设智能物流系统，提高物流信息化水平

面对智能制造，整个智慧供应链体系下的智能物流系统应该是智能化的物流装备、信息系统与生产工艺、制造技术与装备的紧密结合。不过目前来看，制造企业的物流系统建设落后于生产装备建设，物流作业仍处于手工或机械化阶段，物流信息化水平不高，距离物流自动化、智能化还有很长的路程。

面对这些情况，制造企业需要不断强化智能物流系统建设，加强物联网技术、人工智能技术、信息技术以及大数据、云计算等技术在物流系统中的应用，提高物流信息化水平，实现整个物流流程的自动化与智能化，为智能制造和智慧供应链建设提供强有力的支撑。

3. 供应链上下游协同合作，打造智慧供应链平台

智慧供应链建设同样离不开供应链上下游企业的协同互动。当前，制造企业应该通过物联网、云计算等信息技术与制造技术融合，构建智慧供应链平台，实现与上下游企业的软硬件制造资源的全系统、全生命周期、全方位的联动，进而实现人、机、物、信息的集成、共享，最终形成智慧供应链生态圈。

智慧供应链平台需要将产品、客户、供应商、技术、服务、订单、物料、工厂、产能、库存、仓库、门店、计划等都整合到一起，服从和服务于企业供应链大数据的逻辑要求，从而保证供应链在运营过程中能够适时抓取标准、计划、执行之间的数据差异，然后进行自我反馈、自我补偿、自我优化和自我调整，形成智慧的行动。

4. 分析市场和产品流转趋势，提升智慧供应链差异化竞争能力

随着产品和服务的个性化需求的不断具体化，不同产品具有不同的制造、流转方式，其经历的智能化环节也有所不同，那么企业势必要分析消费者需求、市场变化、产品／服务模式的变化，从而提升企业需要的智慧供应链的差异化竞争能力。

5. 建立仿真能力，实现供应链预警

由于供应链过程的复杂性，影响因素过多，因此传统供应链强调应急解决方案，优秀的供应链则更加强调具有过程瓶颈的早期识别和预警，从而进行自我调整和预防，避免紧急情况的出现。

一般而言，早期预警能力的建设会采用流程模式。但是，智能化的供应链将采取仿真模式，针对任何一个特定的订单，率先在供应链平台系统中"跑"一遍，从虚拟订单流程开始全过程过一遍，在过程中快速发现瓶颈，提出预警，从而在生产期间解决瓶颈问题，保证供应链过程稳定、可靠，提供生产智能化的基础和可得性。数据双生技术为实现这种仿真能力提供了新的解决思路。

6. 合理的过程可视化

传统的供应链过程也提倡可视化，但是主要表现在现场的打印、书写表单和指标标识，先进一些的用上了与软件联系的显示屏，但主要还是人工输入相关数据。这种可视化体现的数据特点是静态的，或者说是滞后的，无法实时显示供应链过程的动态变化，更无法体现数据之间的逻辑关系和联动、协同关系，其中很多还是无效数据。

而智慧供应链不但需要将所有的有效数据显示出来，并且必须是同时、同一频率、同一事件、同一逻辑、可追溯地显示出来。所谓"同时"不仅仅是让管理者（人）监控，更多的是形成自我分析、自我反馈、自我调整、自我优化的过程。此时，管理者更多的是"看"，而不是干涉，由此企业大数据管理也就水到渠成了。

7. 引进和培养专业的供应链人才

专业的供应链人才是智能制造和智慧供应链系统构建的关键。企业的供应链系统建设需着重从人才建设角度出发，一方面，对现有的员工进行培训，使其掌握现代供应链系统构建的方法和知识，为供应链系统的构建提供保障；另一方面，要与各高校及科研院所进行深入合作，形成产学研用一体化的人才培养和引进模式，为智慧供应链系统的构建注入新鲜血液。

此外，企业建设智慧供应链还应多注重以下方面：一是产业研究与供应链创新；二是产品与市场的供应链相适性；三是大数据 - 信息化 - 软件 - 自动化的边界整理；四是避免"机器换人"的误区。不过，智能物流技术的进一步优化与应用应引起企业高度重视。

总之，智能制造需要制造企业供应链具备更智慧的能力，也对供应链体系中的物流系统提出了更智能的需求。在这种大趋势下，制造企业需要与供应链上下游深度协同合作，加强互联互通，加快智慧供应链建设步伐，不断完善企业的智能物流系统，切实推动中国制造向智能制造转型升级。

参考文献

[1] SUNIL C, PETER M. 供应链管理 [M].3 版 . 北京：中国人民大学出版社，2010.

[2] 马士华，林勇 . 供应链管理 [M]. 3 版 . 北京：机械工业出版社，2012.

[3] LEENDERS M R, JOHNSON P F, FLYNN A E, FEARON H E. 采购与供应链管理 [M]. 13 版 . 北京：机械工业出版社，2010.

[4] 王昭凤 . 供应链管理 [M]. 北京：电子工业出版社，2006.

[5] 大卫·辛奇 – 利维，菲利普·卡明斯基，伊迪斯·辛奇 – 利维，等 . 供应链设计与管理：概念、战略与案例研究 [M]. 北京：中国财政经济出版社，2004.

[6] 李菼，陈铭，于超 . 供应链与物流管理 [M]. 北京：电子工业出版社，2006.

[7] WISNER J. Principles Of Supply Chain Management: A Balanced Approach [J]. Cengage Learning Emea, 2015, 159 (1-2): 123-153.

[8] HWANG H J, Seruga J. An intelligent supply chain management system to enhance collaboration in textile industry [J]. International Journal of u-and e-Service, Science and Technology, 2011, 4 (4): 47-62.

[9] HÜLSMANN M, WINDT K, WYCISK C, et al. Identification, Evaluation and Measuring of Autonomous Cooperation in Supply Networks and other Logistic Systems [C] //Proceedings of the 4th International Logistics and Supply Chain Congress, Izmir, Turkey. 2006: 216-225.

[10] OUNNAR F, PUJO P, MEKAOUCHE L, et al. Customer-supplier relationship management in an intelligent supply chain network [J]. Production Planning & Control, 2007, 18 (5): 377-387.

[11] SHERVAIS S, SHANNON T T, LENDARIS G G. Intelligent supply chain management using adaptive critic learning [J]. IEEE Transactions on Systems, Man, and Cybernetics-Part A: Systems and Humans, 2003, 33 (2): 235-244.

[12] 邱伏生 . 面向智能制造的智慧供应链建设 [J]. 物流技术与应用，2017，22（3）：92-94.

[13] 张颖川 . 智能制造下的智慧供应链变革 [J]. 物流技术与应用，2018（4）：84-86.

[14] 强企阅闻 . 5 个顶级案例，教你实现智慧供应链管理 [EB/OL].（2017-06-22）.https://www.sohu.com/a/151028705_572698.

[15] 张宇，等 . 智慧物流与供应链 [M]. 北京：电子工业出版社，2016.

[16] 技术小能手 . 5 分钟读懂阿里零售通智慧供应链平台 [EB/OL].（2018-09-28）. https://yq.aliyun.com/news/213342.

[17] 邱伏生 . 智慧物流建设如火如荼，离智慧供应链目标还有多远？ [EB/OL].（2018-07-11）. http://www.myzaker.com/article/58eb4fac1bc8e0824900000c/.

[18] 摩方智享 . 制造业：智慧供应链是企业迈向智能制造的重要引擎！ [EB/OL].（2018-04-18）. https://mp.weixin.qq.com/s?__biz=MzI3MTgwMzU2Mw==&mid=100001392&idx=1&sn=e230cf05aabbe23de703141b95021245.

[19] 展恒基金 . 面向智能制造的企业智慧供应链特点及案例 [EB/OL].（2018-07-23）. https://
baijiahao.baidu.com/s?id=1606783321782304815&wfr=spider&for=pc.

[20] 罗戈研究院 . 2017 智慧供应链图谱 [EB/OL].（2018-03-23）. http://b2b.toocle.com/detail--
6441939.html.

第9章

物流与供应链
绩效管理
———

物流与供应链绩效管理的目的是根据物质资料实体流动的规律，应用管理的基本原理和科学方法，对包括运输、仓储、装卸搬运、流通加工等物流活动进行计划、组织、指挥、协调、控制和监督，使各项物流活动实现最佳的协调与配合，以降低物流成本，提高物流效率和经济效益。为了实现这一目标，需要综合考虑物流战略规划、物流客户服务管理、物流计划管理、物流质量管理、物流成本管理、物流需求量预测、运输调度规划、物料管理与控制、物流信息管理、物流绩效评价与分析，以及技术经济管理等，从而实现系统的整体优化。本章将就其主要问题进行论述。

9.1 物流客户服务管理

9.1.1 物流客户服务的内容

对不同的人群和企业，客户服务各不相同。从物流角度讲，客户服务是一个发生在买家、卖家和第三方之间的过程。该过程能够增加产品或服务交换的价值。这种交换过程的价值增值从短期上可能是对一项单个交易，长期上可能是对一种合同关系。这种价值增值也是共享的，因为交易或者合同的任何一方在完成这项交易之后都比交易发生之前表现得更加优秀。因此，以过程的观点来看，顾客服务就是一个在成本有效的方式下为供应链提供显著的价值增值收益的过程。该定义能够准确地反映物流存储和运输的本质。

由于物流系统能力的差异，物流服务的内容不尽相同。物流系统可提供功能性的或综合性的、环节性的或全过程的、标准的或个性化的物流服务，可替客户进行实际的物流运作，或为客户提供物流解决方案。但是，无论物流服务对象多么千差万别，也不管物流系统提供的服务内容多么复杂，我们都可以简要地将物流客户服务归结为传统物流服务和增值性物流服务两大类。物流系统应该从这两个方面考虑物流客户服务内容的设计。

1. 传统物流服务

如前所述，传统物流服务包括运输、存储、装卸搬运、包装、流通加工和信息处理等基本物流活动，属于基本的、功能性的物流服务，此处不再赘述。

2. 增值性物流服务

增值性物流服务是指根据客户需求，为客户提供的超出常规服务范围的服务，或者采用超出常规的服务方法提供的服务。创新、超出常规和满足客户需求是增值性物流服务的本质特征。

从物流增值服务的起源来看，增值服务一般是指在物流常规服务的基础上延伸出来的相关服务。有人将我国的现有物流增值服务类型归为五大类：承运人型、仓储型、货运代理型、信息型和第四方物流增值服务型。例如，从仓储、运输等常规服务的基础上延伸出来的增值服务。仓储的延伸服务包括原料质检、库存查询、库存补充及各种形式的流通加工服务等。运输的延伸服务包括选择国际、国内运输方式、运输路线，安排货运计划，为客户选择承运人，确定配载方法，货物运输过程中的监控、跟踪，门到门综合运输，报关，代垫运费，运费谈判，货款回收与结算等。配送服务的延伸包括集货、分拣包装、配套装配、条码生成、贴标签、自动补货等。

此外，物流增值服务可进一步深化。向上可以延伸到市场调查与预测、采购及订单处理等；向下可以延伸到配送、物流咨询、物流方案选择与规划、库存控制决策建议、货款回收与结算、教育与培训、物流系统设计与规划方案的制作等。物流企业还可以和金融企业合作，将物流增值服务延伸到金融领域，为中小企业提供金融担保服务。货物抵押融资可以增加企业的流动资金，为客户提供超出常规的服务。除了货物抵押融资外，保兑仓和融通仓等较为复杂的物流金融模式也越来越受到物流企业、银行和中小企业的青睐。

事实上，无论是海运、空运还是陆运，几乎所有和物流运输业有关的公司都在想方设法地提供增值服务。中外运敦豪（DHL）、联邦快递（FedEx）和联合包裹（UPS）等跨国快递公司都已经开始选择为客户提供一站式服务，他们的服务涵盖了产品从采购到制造、仓储入库、外包装、配送、回返及再循环的全过程。而由这些巨头们领跑的速递业已不再是简单的门到门、户到户的货件运送，而是集电子商务、物流、金融、保险、代理等于一身的综合性行业。

为了适应电子商务新的交易模式，需要发展增值性的物流服务：

（1）增加便利性的服务。一切能够简化手续、简化操作的服务都是增值性服务。在提供电子商务的物流服务时，推行一条龙的门到门服务、提供完备的操作或作业提示、免培训、免维护、省力化设计或安装、代办业务、一张面孔接待客户、24h 营业、自动订货、传递信息和转账（利用 EOS、EDI、EFT）、物流全过程追踪等都是对电子商务销售有用的增值性服务。

（2）加快反应速度的服务。快速反应（quick response）已经成为物流发展的动力之一。通过优化电子商务系统的配送中心、物流中心网络，重新设计适合电子商务的流通渠道，以此来减少物流环节，简化物流过程，提高物流系统的快速反应能力。

（3）降低成本的服务。发展电子商务物流，企业可以考虑的方案包括：采取物流共同化计划，同时，如果具有一定的商务规模，比如亚马逊这样具有一定销售量的电子商务企业，可以通过采用比较适用但投资比较少的物流技术和设施设备，或推行物流管理技术，如运筹学中的管理技术、单品管理技术、条形码技术和信息技术等，提高物流的效率和效益，降低物流成本。

9.1.2　物流客户服务要素

研究发现，物流客户服务的基本要素可以分为以下三个类别：交易前要素、交易中要素、交易后要素，这其中包含关系服务和关系质量两个不同的要素集合，如图 9-1 所示。这些要素不可能涵盖所有可能的物流客户服务要素，但是包含了研究和实践过程中出现频率较高的大部分重要元素。

1. 交易前要素

交易前要素是在订单命令发出之前，企业需要寻求的要素。由于这些要素必须由供应商提供给企业，所以它们有时被称为"订单资格要素"或者"保健因素"。可获得性是指企业以现有库存满足订单的能力，即该产品是现货。在线上购物的背景下，满足订单的能力是一项十分重要的能力，因为它是顾客实际体验的购买流程的唯一方面。研究表明，全球快消品零售商平均缺货（out-of-stock，OOS）概率是 8%，或者说平均货架产品可得率（on-shelf availability，OSA）为 92%。消费者对于 OOS 的反应有五种，分别为：在其他商店中购买相同的产品（31%），用其他品牌代替（26%），用相同的品

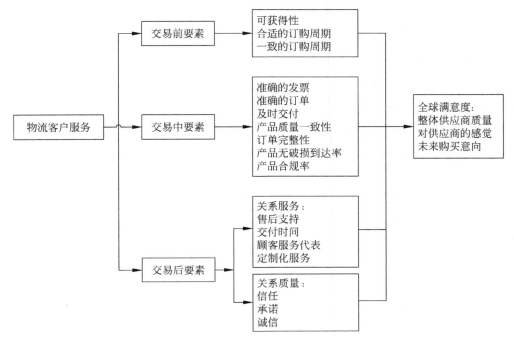

图 9-1　物流客户服务要素

牌代替（19%），推迟购买（15%），以及放弃购买（9%）。这些发现表明消费者不会再在该家零售商店铺购买商品的概率为 55%，与此同时 50% 的消费者将购买替代品或放弃购买该制造商的产品。

2. 交易中要素

交易中的基本要素是那些发生在从供应商到消费者的订单履行阶段的基本要素。这些基本要素能够区分不同的供应商，有时也被称为"订单赢得要素"，因为它们能够代表消费者的决策指标。准确的发票和订单能够衡量一个供应商实现订单以及发货给消费者的能力。及时交付是指消费者要求的订单能否在承诺日期进行交付。产品质量一致性是生产的产品能够满足每单中消费者对于产品的质量要求，即当前订单的产品质量和上一个订单的产品质量是相同的。订单完整性表明订单中需要在后面补交的缺货情况。产品无损毁到达意味着所有的产品都能够被立刻使用或再次出售，而不需要任何再次订购或者补偿。产品合规率反映了供应商通过一系列协议的标准和条件进行生产的能力。

3. 交易后要素

交易后要素是指那些在订单已经接收后发生作用的要素，并且与供应商和消费者二者的持续维系直接相关。这些基本要素可以分成两个子集：关系服务以及关系质量。关系服务与供应商提供售后支持的实际交易后要素有关，包括基于不断变化基础上的订单实际交付时间，供应商是否指派了能提供有益帮助的顾客服务代表以及是否能够提供定制化服务。关系质量体现的是不同主体之间关系的本质，即他们之间是否存在信任、承诺以及诚信。

9.1.3　物流客户服务的衡量标准

物流服务水平是指客户对所获得的服务要素以及这类要素的构成形态的一种心理预期和期待。从客观上看，物流服务水平是对物流服务人员水平、物流服务质量水平、物流服务品牌战略、物流服务流程、物流服务时效、物流服务态度等的综合评判。从主观上看，物流服务水平又表现为物流客户的实际感受与其心理预期之间的差距。物流服务水平通常通过如下指标进行衡量。

1. 存货可得性

存货可得性是指当顾客下订单时所拥有的库存能力。目前，存货储备计划通常是建立在需求预测的基础上的，而对特定产品的储备还要考虑该产品是否畅销、该产品对整个产品线的重要性、收益率以及商品本身的价值等因素。存货可以分为基本库存和安全库存。可得性的一个重要方面就是厂商的安全库存策略，安全库存的存在是为了应付预测误差和需求及供应、生产等各方面的不确定性。可得性的衡量指标主要有以下两个。

（1）缺货率，指缺货发生的概率。将全部产品所发生的缺货次数汇总起来，就可以反映一个厂商实现其基本服务承诺的状况。

（2）供应比率，用来衡量需求被满足的程度。有时我们不仅要了解需求获得满足的次数，而且要了解有多少需求量得到了满足，而供应比率就是衡量需求量满足的概率。如一个顾客订购 50 单位的货物，而只能得到 47 个单位，那么订货的供应比率为 94%。

高水准的存货可得性需要进行大量的精心策划，而不仅仅是在销售预测的基础上给各个仓库分配存货。比如，通过对存货实施 ABC 管理和对客户实施 ABC 管理，对提高服务水平和提高可得性具有重要作用。

2. 作业绩效

物流任务的完成情况可以通过以下几个方面来衡量。

1）订货周期

订货周期是指从客户发出订单、提出购买产品或服务的要求到收到所订购产品或服务所经过的时间，包括在客户收到订购货物所需经过时间内发生的所有相关活动。一个订货周期包括的时间因素有：订单传输时间、订单处理时间、生产时间、配送时间和送货时间。根据物流系统的设计不同，完成订单所需的时间会有很大不同，即使在今天高水平的通信和运输技术条件下，订货周期可以短至几个小时，也可能长达几个星期。但总的来说，随着物流效率的提高，完成周期的速度正在不断加快。

2）服务一致性

一致性是指厂商面对众多的完成周期而能按时递送的能力，是履行递送承诺的能力。虽然服务速度至关重要，但大多数物流经理更强调一致性。一致性是物流作业最基本的问题。厂商履行订单的速度如果缺乏一致性，并经常发生波动的话，就会使得客户摸不着头脑，使其在制订计划时发生困难。

3）作业灵活性

作业灵活性是指处理异常顾客服务需求的能力。厂商的物流能力直接关系到处理意外事件的能力。厂商需要灵活作业的典型事件有：修改基本服务安排计划；支持独特的销售和营销方案；新产品引入；产品衰退；供给中断；产品回收；特殊市场的定制或顾客的服务层次；在物流系统中履行产品的修订或定制，诸如定价、组合或包装等。

在许多情况下物流优势的精华就存在于物流作业的灵活性之中。

4）故障与修复

故障与修复能力是指厂商有能力预测服务过程中可能发生的故障或服务中断，并有适当的应急计划来完成恢复任务。因为在物流作业中发生故障是在所难免的，因此故障的及时修复就很重要。

3. 服务可靠性

物流质量与物流服务可靠性密切相关，物流活动中最基本的质量问题就是如何实现可得性以及提高作业完成能力。实现物流质量的关键是如何对物流活动进行评价。

9.1.4　物流客户服务水平评价

SERVQUAL 理论是 20 世纪 80 年代末由美国市场营销学家 Parasuraman、Zeithaml 和 Berry 依据全面质量管理（total quality management，TQM）理论

在服务行业中提出的一种新的服务质量评价体系，其理论核心是"服务质量差距模型"，即服务质量取决于用户所感知的服务水平与用户所期望的服务水平之间的差别程度（因此又称为"期望 - 感知"模型），用户的期望是开展优质服务的先决条件，提供优质服务的关键就是要超过用户的期望值。其模型为：

SERVQUAL 分数 = 实际感受分数 – 期望分数

SERVQUAL 将服务质量分为五个层面：有形设施、可靠性、响应性、保障性、情感投入，每一层面又被细分为若干个问题，通过调查问卷的方式，让用户对每个问题的期望值、实际感受值及最低可接受值进行评分，并由其确立相关的 22 个具体因素来说明服务质量水平。然后通过问卷调查、顾客打分和综合计算得出服务质量的分数。SERVQUAL 模型作为一种评价服务质量和提高服务质量行动的有效工具，已被管理者和学者广泛接受和采用。

物流活动作为一种服务，其服务质量取决于物流服务供应商，即专业的第三方物流企业或组织内部物流服务部门提供的物流配送是否能够满足顾客的要求，其质量好坏是从消费者角度进行评估的。简单来说，物流服务质量是指企业能在恰当的时间和正确的场合，以合适的价格和方式为客户提供合适的产品和服务，使客户的个性化需求得到满足，价值得到提高。

物流服务质量特征值包括物理、感官、行为、时间、人体功效、功能等，其中：①物理质量特性包括机械、化学或生物特性；②感官质量特性包括嗅觉、触觉、味觉、视觉、听觉；③行为质量特性，即物流服务态度；④时间质量特性包括物流服务准时性、可靠性等；⑤人体功效质量特性包括生理特性或人身安全特性；⑥功能质量特性包括汽车的技术速度、飞机的最高速度和高度等。

表 9-1 所示为我们参考 SERVQUAL 模型，结合物流企业客户服务的质量特征，建立的第三方物流客户服务评价指标体系，分别从可靠性、响应性、有形性、协作性、交互性和经济性六个维度对第三方物流公司的客户服务水平进行评价。每个维度具体分为相应的二级指标。根据这些指标，选择适当的评价方法对一个物流公司客户服务满意度水平进行评价，并发现不足和改进方向。

表 9-1　基于 SERVQUAL 模型的物流客户服务质量评价指标

维　度	测 量 项 目
可靠性	企业的外在形象与口碑
	货差、货损率低，安全指数高
	提供服务稳定性（如服务品质始终如一）

维　　度	测 量 项 目
响应性	交货手续简便高效
	响应迅速，交付时间短
	监管有效、力度大
有形性	设备设施先进（如包裹完整度好）
	订单可追踪，信息提供翔实准确
协作性	主动及时帮助顾客解决问题
	提供个性化服务（物流解决方案）
交互性	工作人员形象好，态度好
	服务人员专业水平高
	处理物流客户投诉快捷，答复令人满意
经济性	费用合理
	提供增值服务

9.1.5　物流客户服务战略制定

一个物流客户服务战略必须从顾客视角出发，以确保满足他们的需要并达到客户满意。图 9-2 给出了一个发展这种战略的框架。

制定物流客户服务战略的第一步是根据消费者的要求或者需要，确定本企业所提供的物流服务以及这些物流服务对顾客的相对重要程度。这一环节可以通过考察企业当前的顾客服务政策和顾客需求完成。这样一种方法要求企业按照营销理念所要求的那样，以客户为核心通过与竞争者的比较确定企业自身适合的领域，最后再决定企业的产品 – 服务框架。

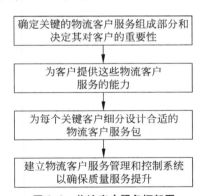

图 9-2　物流客户服务框架图

制定物流客户服务战略的第二步是识别企业在满足客户需要方面能够提供何种品质的服务。这一环节通过检查客户记录和投诉来确定，包括决定客户服务和成本之间的平衡点，这一环节可能包括关于公司提供的服务成本与产生的销售利润百分比之间的帕累托分析，也称为 80/20 分析。

制定物流客户服务战略的第三步是引入服务需求市场细分的概念，根据服务偏好的相似性划分顾客族群。

最后，制定物流客户服务战略的第四步要求企业建立一个顾客服务控制和管理体系，以确保服务的一致性和质量。

一家企业实施和改善物流客户服务策略的方法包括主动和被动两种类型。企业如果只是对服务失败作出响应，那么它采取的就是被动反应的方法。触发这种响应的原因可能来自负面的媒体报道，如经常性的飞机或铁路延迟到达，对突然到来的顾客投诉分析，以及源自心理学的关键事件法（critical incident technique，CIT）。

而如果企业能够以满足顾客需求为目标积极主动地采取战略手段进行分析和设计，那么它采取的就是主动策略。支撑企业实施主动策略的可能技术包括以下几种。

（1）标杆管理。对竞争对手的顾客服务绩效开展对标研究。

（2）供应链运作参考模型（SCOR模型）。它提供了一个独特的框架，将业务流程、度量标准、最佳实践以及技术特点结合成为一个统一的结构，并根据计划、采购、制造、配送及回收等五种要素分析内部流程。

（3）平衡计分卡（BSC）。这是用来制定战略性计划与管理系统的另一种方法，主要用于组织根据自身战略调整商业活动，提升内部及外部的沟通能力，以及针对战略目标控制组织绩效。

（4）服务质量距离模型。通过检验企业为顾客提供了什么样的服务和服务质量，发现企业存在的不足，并给出改进策略。

图 9-3 显示了这两种方法，并给出了每种方法能够采用的技术示例。

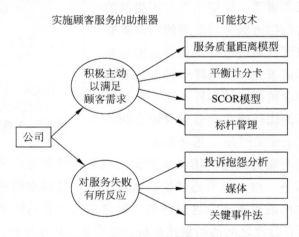

图 9-3　物流客户服务的可能技术

9.2　物流质量管理

9.2.1　物流质量的概念

物流质量（logistics quality）是物流商品质量、服务质量、工作质量和工程质量的总称。它不仅是现代企业根据物流运作规律所确定的物流工作的量化标准，更应该体现物流服务的顾客期望满足程度的高低。由于这一物流质量的概念既包含物流对象质量，又包含物流手段、物流方法的质量，还包含工作质量，因而是一种全面的质量观。

1. 物流质量包含的内容

（1）物流商品质量。物流活动的对象是具有一定物理形态的质量实体，有合乎要求的等级、规格、性质和外观。这些质量是在生产过程中形成的，物流过程在于转移和保护这些质量，最后实现对用户的质量保证。

（2）物流服务质量。整个物流的质量目标就是其服务质量。服务质量因用户不同而要求各异。用户的要求主要包括以下几个方面：商品狭义质量的保持程度；流通加工对商品质量的提高程度；批量及数量的满足程度；配送额度、间隔期以及交货期的保证程度；配送运输方式的满足程度；成本水平及物流费用的满足程度；相关服务（如信息提供、索赔与纠纷处理等）的满足程度。

（3）物流工作质量。工作质量是指物流各环节、各工种、各岗位具体工作的质量。物流服务质量水平取决于各个工作质量的总和，所以工作质量是物流服务质量的某种保证和基础。重点抓好工作质量，物流服务质量也就有了一定程度的保障。

（4）物流工程质量。物流质量不但取决于工作质量，而且取决于工程质量。在物流过程中，将对产品质量发生影响的各因素（人的因素、体制因素、设备因素、工艺方法因素、计量与测试因素、环境因素等）统称为"工程"。提高工程质量是进行物流质量管理的基础工作，能提高工程质量，就能做到"预防为主"的质量管理。

2. 物流质量管理的任务

物流工作内涵复杂，从总体来看，其质量管理的直接任务有以下三方面。

（1）质量保证。产品质量指标的实现必须有原材料、工人、操作方法、机器装备、环境条件等的共同保证。采购、供应及其他物流活动不仅要提供原材料的质量保证，而且也与提供机器装备、环境条件的质量保证有关。

（2）保护物流过程。要对产品的质量和数量予以保护，不使其发生（或尽量少发生）不利于用户需要的变化。

（3）为用户服务。保证按用户要求的质量、数量、交货期供货，为用户提供服务，并进一步提供维修使用服务，这也是物流工作应担负的任务。

以上三方面的任务是否能很好地实现，取决于物流工作人员、工作方法、体制制度、设备条件、环境条件及物资本身的质量。其中物资本身的质量取决于生产部门，它与不包含流通加工的物流工作没有直接关系。而工作人员、工作方法、体制制度、设备条件及环境条件等诸影响要素反映了物流工作本身的质量。将这些方面综合起来，就是物流管理的工程质量。物流管理工程质量的好坏决定了对物流全面质量保证能力的高低。例如不同的储存方式（反映物流管理工程不同），对产品缺损变质的防护程度便不同；不同的产需衔接方式（也属于不同的物流管理工程），产品的交货期保证程度则不同，等等。所以对物流工作而言，学习质量管理必须建立物流工程质量的观念。

物流管理工程在技术上可能比一般生产工程简单一些，但在组织方面则复杂得多。由于物流过程的跨度大并且不稳定，因此就不容易像生产工程一样，使对工程质量起决定作用的五大因素（人、机、料、法、环）都稳定下来，进入所谓的"管理状态"。如何建立稳定有效的物流管理工程，如何判断物流工作是否处于"管理状态"，这是在物流工作中推行质量管理需要研究解决的课题之一。

所以，物流工作中的全面质量虽然具体体现在产品的质量保证、保护和服务三个方面，而其内涵却是工程及工作质量。因此搞好物流工作中的质量管理，主要着眼点还在于提高工程及工作质量以及提高物流工作人员的素质。

9.2.2 物流质量管理的原则

在实施质量管理时，除了满足前面提到的总体工程质量、管理质量外，由于其组成物流工作的各项活动还有一定的特殊性，还需要对各项活动进行合理控制。这里就物流过程的采购活动、运输活动、接货验收活动、仓库管理活动等所应遵循的原则简述如下。

1. 采购活动的质量管理原则

采购活动涉及交易双方。这项活动的质量管理也由双方协作进行，是跨部门的质量管理活动。采购活动的质量管理应遵循下述 10 项原则。

（1）订货的供需双方要了解对方的质量管理活动，共同实施这一环节的质量管理。

（2）双方要保持本身的自主性，同时要尊重对方质量管理的自主性。

（3）要互相提供双方所需了解的事项，以使双方的质量管理协调一致。

（4）双方必须签订合理的契约，以使质量管理建立在法律的基础上。

（5）供货方应保证产品具有满足使用要求的质量。

（6）在契约中应规定能满足双方要求的评价方法。

（7）在契约中要规定解决纠纷的办法和手续。

（8）双方要交换为实施质量管理所必需的情报资料。

（9）双方应认真实施本企业的质量管理。

（10）双方在交易活动中，必须认真考虑最终消费者的利益。

这 10 项原则反映了全面质量管理应用于订货活动的总精神。产品的质量不是靠买方在进货后的检验得到的，而是在订货中订出来的。订货活动应当建立在充分了解对方质量系统的基础上，成功的采购活动对产品质量已起到了保证作用，这也是"预防为主"在订货购买活动中的体现。目前我国的一些企业在进货的检验上花费很大的力量，而不大重视做好基础的择优订货工作，不大重视对供货企业质量管理系统的了解，其结果往往是事倍功半，使质量管理处于被动的状态。

2. 运输活动的质量管理原则

运输活动往往是跨地区、跨行业、跨企业协作进行的，因此质量管理也必须协作实施才能取得成效。在运输活动中实施质量管理应遵循下述协作原则。

（1）必须建立有效的物流质量管理的协作模式，明确主要责任部门和委托分包等协作部门的质量管理责任。

（2）供货、接货部门应了解物流或运输部门等提供物流基本服务的企业为了组织物流所提出的要求，并且以此安排本身的工作。物流或运输部门等提供物流基本服务的企业也应了解供货、接货部门的要求，并以此安排工作。

（3）各方要共同防止质量不良的产品或包装进入物流过程。供货、接货部门要使订货活动处于"管理状态"，对质量不良或包装不良的企业应不予订货。运输等物流企业要做好检查工作。

（4）各方面为保证物流质量并取得最好的经济效果，应共同推行包装、装卸、运输等的标准化和规格化，使物流系统的各个环节都有合乎要求的工程质量，为此必须逐渐推行条码标准、包装强度标准、尺寸模数标准、材料标准、质量标准及作业基准；共同建立保管的先入先出系统、产品标示制度和单位储存制度；实行运输和仓库的环境基准、输送规模、输送方式的标准化；制定装卸的作业标准以及各种规章及责任制度。

（5）保证使用者的利益，建立对用户的赔偿制度。赔偿制度应着眼于两方面：一是损坏赔偿，二是交货期延迟赔偿。目前我国一般只重视对物资的损坏赔偿，而对于交货期延迟的赔偿，由于往往受不可抗力的影响，在执行上不太严格。这是一个很大的缺陷。

3. 接货验收活动的质量管理原则

接货验收活动基本上由接货部门单独进行，有时也由供货、接货部门双方共同进行。在进行质量管理时，应遵循如下原则。

（1）接货验收的质量管理不以检验为唯一形式。接货部门在充分了解供货企业质量管理系统的基础上，如果对供货企业工程能力及质量管理系统有足够的信心，或是对于免检对象，则可以不进行产品本身的质量检验，而仅验收数量、包装损伤、交货期等项目。

（2）接货单位应该实行预防前移。应在订货过程中投入较大的力量以减少进货检查的时间、人力和费用。要树立质量"不是检验出来的而是生产出来的"观点。

（3）在对进货质量和流通质量没有把握的情况下，要实施认真的检查。

（4）检查严格按标准或合同规定的项目和方法进行。

4. 仓库管理活动的质量管理原则

仓库管理活动是物流工作的重要组成部分，在生产企业中，仓库管理还是生产的辅助管理活动，其质量管理原则如下。

（1）有关管理人员要充分了解生产的要求和订货与进货的可能性，并结合仓库管理的经济性确定最优的库存量和平均订货时间。

（2）根据经济性原则确定管理要求、存放条件和存放方式，以及质量保证的程度。

（3）必须充分了解和掌握有关储存物的情报，在充分了解和掌握其性能、质量变化条件的基础上确定保管方式。

（4）对产品的质量保护应从两方面着手，一方面是进行技术处理，如温度及湿度的控制环境；另一方面是建立和健全仓库的收、发、存组织系统，设立"先入先出"的流程，设置商品包装和储存位置的明确标志，建立有效的收、发、存流程和制度。这两方面共同组成了仓库管理工程。必须明确：

对产品质量的有效保护取决于仓库管理工作的高质量。

（5）推行储存单位（SKU）、包装制度、标识制度、保管条件、维护方法、装卸搬运、堆垛操作方法的标准化。

（6）应用信息技术实现仓储管理精细化，不断提高仓库工作质量和工程质量。

5. 物流服务的质量管理原则

服务质量是物流领域重要的质量内容，它和物流活动的本质有关。很多学者认为，现代物流的本质是服务。物流企业所有的内部质量管理最终通过对客户的物流服务表现出来，客户总是希望用最低的代价取得最满意的服务，而物流企业总是希望在获取比较高的利益的同时又能够得到用户的满意。这是一个博弈的问题。博弈的结果有四种可能：用户更满意一些而物流服务企业难以取得满意的利益；企业更满意一些而用户不能实现所要求的服务水平；双方都感觉不满意；双方都取得有限程度的满意。最后一种可能就是所谓的"双赢"的结局。事实上"双赢"只能是有限程度的赢，双方都很难取得最大限度的满意。物流服务的质量管理就是这种"双赢"的权衡。

9.2.3　评价物流质量的主要指标

衡量物流质量的主要指标是根据物流服务的最终目标确定的，它们是目标质量的具体构成内容和各项具体工程的"分目标"。围绕着这些指标，各项工程又可以制定一系列实现"分目标"的质量指标，由此形成一个质量指标体系，如表9-2所示。具体可根据需要进行设定。

表9-2　物流质量指标体系

物流服务目标质量	
工　作　质　量	工　程　质　量
信息工作质量、运输工作质量、装卸工作质量、仓库工作质量、流通加工工作质量、包装工作质量	信息工程质量、运输工程质量、装卸工程质量、仓库工程质量、流通加工工程质量、包装工程质量

9.2.4　物流质量管理的统计分析方法

物流质量管理的统计分析方法主要有直方图、排列图、鱼刺图、控制图、相关图等，这里不作详细介绍，具体可参考相关质量管理书籍和资料。

9.3 物流成本管理

物流成本是企业总成本的重要组成部分。在第一利润源泉（降低生产成本）与第二利润源泉（提高劳动生产率）得到充分挖掘之后，企业将目光转向第三利润源泉——物流成本。近代物流研究的核心也是围绕着物流成本展开的。所有物流合理化手段的最终目的，都是以最少的物流成本实现预期的服务水平，或者以一定的物流成本实现最高的物流服务水平。

9.3.1 物流成本的基本概念与特点

1. 物流成本的定义与计算条件

物流成本或物流费用（logistics cost），是指流活动中所消耗的物化劳动和活劳动的货币表现，物流各项活动的成本是特殊的成本体系。现代物流将采购、生产、仓储、销售、运输、装卸搬运、分拣、加工、配送、物流信息管理等各个环节所支出的人力、物力、财力有机地结合起来。可以说物流成本就是完成各种物流活动所需的费用。

物流成本计算的条件是由物流活动范围、物流功能范围和会计科目范围决定的，这三方面的范围选择决定了物流成本的大小。企业在制定物流成本计算条件时应立足于企业实际情况来确定合理的物流成本计算范围。

物流活动范围，即物流的起点和终点的长短。物流活动的范围是相当大的，它包括原材料物流、工厂内物流、从工厂到仓库配送中心的物流、从配送中心到客户的物流等部分。从这些物流中选择不同范围，分别进行物流成本的计算，其成本的高低有明显的差异。

物流功能范围，是指在运输、储存、装卸搬运、包装、信息管理等众多物流活动中，以哪种或哪些种物流活动作为物流成本计算对象的问题。以所有的物流活动为对象计算出来的物流成本，与只以其中的运输、储存等部分活动为对象计算出来的物流成本当然是有差别的。

会计科目范围，是指在会计科目中，把其中的哪些科目列入计算对象的问题。在科目中，运费、保管费等企业外部支付的物流费，或人工费、折旧费、修缮费、燃料费等企业内部的费用支出，究竟其中的哪些部分列入物流成本进行计算，将直接影响到物流成本的大小。

2.物流成本的特征

作为企业成本的一个特殊的组成部分，物流成本除了具备一般成本所具有的消耗性、可量化、可比较等特征外，还呈现出如下几个特有的特征。

1）物流成本的隐含性

获得物流成本的困难在于，在目前的会计制度下，物流成本可能会被归类到一系列自然账户下面，而不是按照功能进行归集，以满足一般公认会计准则（GAAP）的要求，从而导致物流成本显著被低估。图9-4显示了目前各种物流变量两个传统会计报表之间的这种关系。

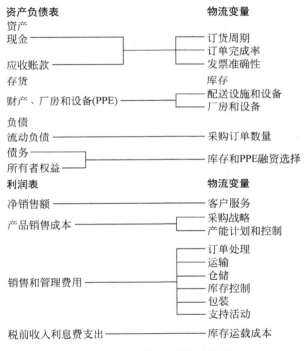

图9-4 物流变量与会计报表的关系

日本早稻田大学西泽修教授著名的"物流成本冰山说"指出：传统企业财务会计中所计算的外运费和外部储存费只是巨大物流成本冰山的一角，而企业内部占压倒性多数的物流成本则混入其他费用中，如不把这些费用核算清楚，很难看出物流费用的全貌。并且物流成本的计算范围各企业也各不相同，无法与其他企业进行比较，也很难计算行业的平均物流成本。因为委外物流成本是与企业向外委托的多少有关的。因此，航行在市场之海上的企业巨轮如果看不到海面下的物流成本的庞大躯体的话，那么最终很可能会得到与"泰坦尼克号"同样的厄运。而一旦物流所发挥的巨大作用被企业开发出来，它给企业所带来的丰厚利润也将是有目共睹的，如图9-5所示。

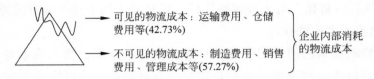

图 9-5　物流成本冰山理论示意图

2）物流成本的效益背反特征

物流成本的效益背反特征（tradeoff），也称物流成本的交替损益性。所谓效益背反，是指改变物流系统中的任一要素都会影响到其他要素；系统中任一要素的增益都将对系统其他要素产生减损作用。物流系统的效益背反主要包括物流成本与物流服务水平的效益背反、物流各项功能活动的效益背反、库存持有成本与缺货成本或订货成本之间的效益背反、运输方式之间的效益背反等。

物流管理的一个核心理念就是成本权衡，通过对物流成本的有效把握和成本权衡，利用物流要素之间的效益背反关系，科学合理地组织物流活动，"以尽可能低的成本为顾客提供最好的服务"，从而达到降低物流总成本，提高企业和社会经济效益的目的。

（1）物流成本与物流服务水平的效益背反。通常高水平的物流服务是由高物流成本来保证的，企业很难既提高服务水平，同时又降低物流成本，除非有较大的技术进步。一般来讲，提高物流服务，物流成本即上升，它们之间存在背反关系。并且物流服务水平与物流成本之间并非呈线性关系，如图9-6所示。物流服务处于低水平 x_1 时，追加成本 Δx，服务水平即可上升到 y；如处于高水平 x_2 时，同样追加 Δx，则物流服务水平就上升到 y'，于是有 $\Delta y' < \Delta y$。

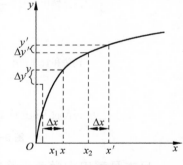

图 9-6　物流服务与成本

这提醒我们，与处于竞争状态的其他企业相比，在处于相当高的物流服务水平下，要想超过竞争对手，提出并维持更高的服务标准就需要更多的投入，因此企业在作出这种决策时就必须仔细地进行考虑和对比。

（2）物流各项功能活动的效益背反。在构成物流系统的各个环节（即活动之间）存在着"二律背反"状态。比如，就储存和运输两个环节而言，各自都有自己的最佳方案，追求储存的合理性，则会牺牲运输的合理性，就是说一方成本降低，而另一方成本增大，产生"成本二律背反"状态。

如图9-7所示，在考虑减少仓库数量时，显然是为了降低保管费用，但是，在减少仓库数量的同时，就会带来运输距离变长、运输次数增加等后果，从而导致运输费用增大。如果运输费用的增加部分超过了保管费用的减少部分，总的物流成本反而增大了，这样减少仓库数量这一措施就没有意义了。再比如从包装的

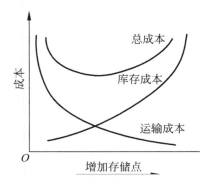

图9-7 确定仓库数量

角度考虑，经济效果较好的是简单包装，但简单包装在装卸和运输过程中容易损坏，而降低了装运环节的经济效果。因此，在决策时必须综合考虑所作选择对包装、装卸搬运和运输都比较合理的包装方案，才能降低物流成本。

物流系统各环节间的这种"成本二律背反"状态很多，如果不把所有相关的成本拿到同一场合用"总成本"来评价其损益，就得不出正确的结论。

（3）物流成本降低的乘数效应。物流成本的降低可以显著增加企业效益。具体如下：假定产品销售额为5000万元，物流成本为500万元，如果通过合理化建议使得物流成本降低10%，相当于间接增加500万元的销售收入（假设销售利润率为10%）。物流成本降低的乘数效应类似于物理学中的杠杆原理，物流成本的下降通过一定的支点可以使销售额获得成倍增长。

9.3.2 物流成本构成与分类

1. 物流成本的形成机制

销售部门和生产部门对物流总成本的高低具有决定作用，是物流成本决定者。由于物流系统的结构在很大程度上受销售和生产部门的制约，而结构状态又是决定物流成本的最大因素，因此物流系统结构一经确定，超过一半的物流成本就自行决定下来了。

2. 物流成本的构成

物流成本主要由以下几个部分构成：

（1）从事物流工作人员的工资、奖金及各种形式的补贴等；

（2）物流过程中的物质消耗，如包装材料、电力、燃料等消耗，固定资产的磨损与折旧等；

（3）物资在运输、保管等物流过程中的合理损耗；

（4）属于再分配项目的支出，如支付银行贷款的利息等；

（5）在组织物流过程中发生的其他费用，如进行有关物流活动所需的差旅费、办公费等；

（6）在生产过程中一切由物品空间运动（包括静止）引起的费用支出，如原材料、燃料、半成品、在制品、产成品等的运输、装卸搬运、储存等费用。

3. 物流成本的分类方法

目前企业对物流成本的分类主要是针对狭义物流成本的，根据不同的目的可以划分为不同的类别，如按经济内容分类、按物流功能分类、按物流范围分类、按作业类别分类、按成本性态分类、按是否可控分类，等等。下面主要介绍三种重要的分类方法。

（1）物流功能成本。以物流活动为基础，对物流成本进行分类和归纳。这种方法的优点在于：可以清楚地显示构成整个物流活动的各个环节的成本费用情况，有利于安排物流资金，协调各物流环节的关系。这种分类方法适用于综合性的物流部门。具体的分类标准如图9-8所示。

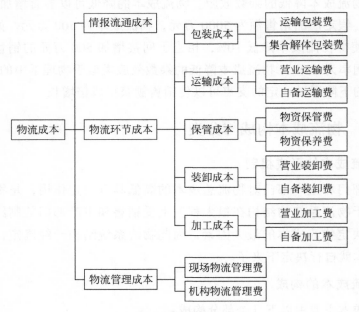

图 9-8　物流成本分类方法一

（2）物流范围成本。以物流范围为基础，对物流成本进行分类与归纳。这种分类方法有利于分析各个物流阶段中物流成本的分布情况，对于综合性和专业性的物流部门都比较适用。具体分类和包含的内容如图9-9所示。

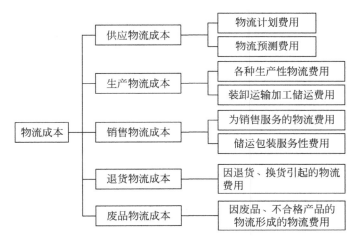

图 9-9 物流成本分类方法二

（3）物流支付形态成本。以费用支付形式为基础，对物流成本进行分类和归纳。这种分类方法下，物流成本大致可划分为运输费、仓库保管费等向企业外部支付的费用和企业内部物流活动的费用。而企业内部物流活动费用又可以进一步划分为材料费、人工费、折旧费、管理费、维护费等不同类型。具体分类标准如图 9-10 所示。这种分类方法与财务会计的分类方法一致，适用于生产企业和专业物流部门。

9.3.3 物流作业成本管理

企业的产品成本由直接材料、直接人工和制造费用三部分组成。传统的成本核算方法，不管是品种法、分批法，还是分步法，对制造费用的处理都采用的是"数量基础成本计算"，成本计算中普遍采用与产量关联的分摊基础——直接工时、机器小时、材料耗用等。这背后通常暗含着一个假定：产量增加，投入的资源也增加。但制造费用中存在着大量与产量无关的固定性制造费用（如订货作业、设备调试准备、物料搬运等费用），这种情况下用与数量有关的成本动因（如直接人工小时）去分摊，将使产品成本发生扭曲。当间接费用在全部成本中所占比重较小，或对成本管理精确性要求不高的情况下传统方法简便可行。但是，在 20 世纪 80 年代以后产品生产从大批大量模式转向多品种、小批量模式，产品的生命周期变短，市场逐渐细化，生产更加灵活，此时间接费用的比重与日俱增，这种分摊将使产品成本严重失真，以至于影响企业成本控制和经营决策。解决这种困境的一种方案就是作业成本法，它提供了一种获取相关和粒度化数据的技术。

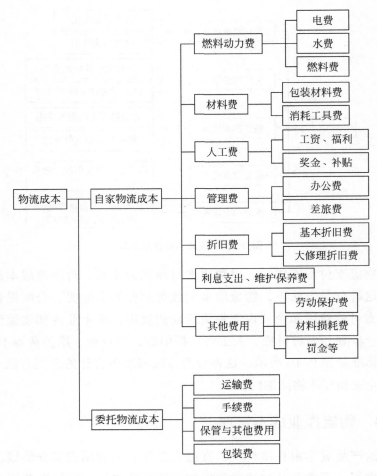

图 9-10　物流成本分类方法三

作业成本法（activity-based costing，ABC）能够识别并分配真正的职能性活动成本，被视为传统成本核算方法的适当替代方法，越来越多地用于财务分析和决策制定活动中。通过 ABC 法，企业能够以成本有效的方式实现更高的顾客服务水平。应用 ABC 技术分析并策划物流和供应链管理活动，正在成为总成本决策中明智的和让人心动的好选择。

ABC 概念背后的逻辑是产品和服务的生产与提供需要组织执行相关的作业，而作业会消耗资源并产生成本。ABC 法在使用时，首先将资源分配到作业，然后再根据作业的消耗情况将其进一步分配给成本对象（如产品、客户、服务和市场等），这样就可以识别出成本对象和作业之间的因果关系。因此，ABC 法是通过归总从制造产品到提供服务再到服务顾客全过程的相关作业成本的方式来确定成本对象应分摊的成本的。图 9-11 以"十字架"的形式详细描述了这些关系，在该结构中作业位于十字架的中心，表明它们以中央节点的身份同时向过程和成本对象汇报。十字架的纵轴是一条成本链，表示作业消耗的资源，反过来成本对象又消耗作业。横轴上显示的是各种商务过程，这些过程被视为能够为核心企业成本核算和绩效评估提供所需信息的作业网络。

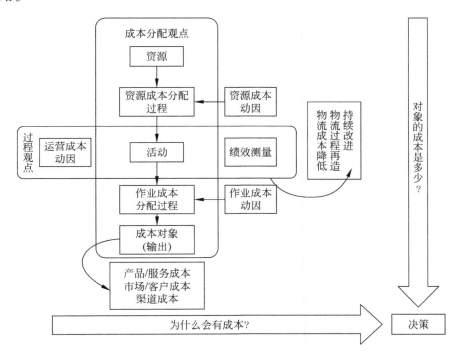

图 9-11　作业成本法十字架

　　供应链环境下 ABC 法的基本实施步骤详见图 9-12。审视这些步骤可以发现，实施 ABC 模型首先需要选择正确的执行团队。为了成功完成 ABC 项目，企业各部门中与了解、协调或执行消耗资源作业有关的人员都需要纳入到 ABC 团队中来，为 ABC 组织提供知识和经验的支持。

　　此后，ABC 小组需要对企业业务资源和绝大多数员工所执行的作业进行全面了解。组织需要细致地检查公司物流功能，以便对公司物流部门的主要过程进行分类。在明确了这些过程之后，组织需要识别每个过程中特定的作业，并将这些过程分解成一个个良好定义的作业，以便更好地分析过程成本。

　　接下来，将资源耗费分配到作业。通过识别财务系统中的费用，并将这些费用分配到作业中以揭示真正的成本。更细致的分析应该是将变动成本和

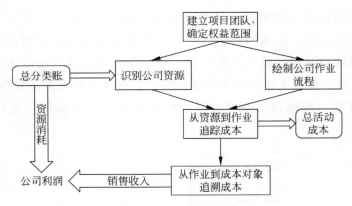

图 9-12　ABC 实施模型

固定成本分开，单独研究，以便组织能够清楚了解为支持某个产品和服务的完成而投入的各项作业的成本构成。

　　需要注意的是，在这个过程中确定恰当的成本动因非常重要，这些成本动因应该能够反映执行每项作业所发生的成本，以及资源消耗和作业执行之间的因果关系。这些动因虽然类型较少，但是却能够提供很多信息，它们通常可以分为单元级作业动因、批量级作业动因、产品级作业动因以及设施级作业动因。这种划分强化了资源及消耗资源的作业之间的因果关系，提高了透明度，加深了对公司成本结构的理解。

　　最后，是按照成本动因将作业追溯到相应的成本对象上，确定不同成本对象应该承担的相关成本。在这一过程中，也需要选择恰当的成本动因，计算动因分配率，根据动因分配率及作业发生的数量，确定成本对象在该作业上的消耗量。

　　所有上述数据都应该录入软件程序，并进行分类处理，以便形成所需的输出结果。一个简单的电子表格程序就能够满足这种要求，并且应该把工作簿数据表示成输入（资源分配给作业）和输出（单位作业或成本对象的成本）的形式，以便自动生成结果。当然，必要的复杂软件系统和服务（如 ERP）还是具有相当优势的，对于简单电子表格不能处理的大量财务数据，就可以借助这些系统来完成。

9.3.4　物流成本控制

1.物流成本控制的概念

物流成本控制是指根据计划目标，对成本发生和形成过程以及影响成本的各种因素和条件施加主动影响，以保证实现物流成本计划的一种行为。它通常包含事前、事中和事后对成本的成本计划、执行监督、信息反馈、纠正偏差等全过程的系统控制，是实现物流成本最小化目标的基本条件和保证。

物流成本控制的基本内容如下。

（1）运输成本的控制。主要是加强运输的经济核算，防止运输过程中的差错事故，做到安全运输等。

（2）仓储成本的控制。主要是加强仓储各种费用的核算和管理，降低隐性成本。

（3）装卸搬运成本的控制。如合理选择装卸搬运设备，减少无效作业，合理规划装卸方式和专业作业过程，提高物料活性，减少装卸次数，缩短操作距离，提高被装卸物资的纯度等。

（4）包装成本的控制。如选择包装材料时要进行经济分析，运用成本计算或价值工程手段降低包装成本，做好包装物回收和再利用，实现包装尺寸的标准化、包装设备作业的机械化，有条件时组织散装物流等。

（5）流通加工成本的控制。如合理确定流通加工的方式，合理确定加工能力，加强流通加工的生产管理，制定反映流通加工特征的经济指标等。

通过成本控制，可以及时发现存在的问题，并采取纠正措施，保证成本目标的实现。

2. 物流成本控制的因素

影响物流成本的主要因素有产品因素、竞争性因素以及环境因素、管理因素等。在制定成本控制策略时，必须考虑这些因素的影响。

1）产品因素

产品的特性就是产品本身的属性，包括质量、体积、价值、易腐性、易燃性、可替代性等。不同的产品特性也会影响物流成本。比如设定产品运价时要考虑多种因素，各种因素的基础就是货物的密度、积载能力、装卸的难易程度和运输责任的大小。这些特征对物流成本的影响方式为：

（1）产品价值。随着产品价值的增加，每一领域的物流成本都会增加。一般来说，产品价值越大，对所需要的运输工具的要求就越高，仓储和库存成本也随着产品的价值而上升，并且高价值的产品对包装也会有较高的要求。

（2）产品密度。在一定范围内产品的密度越大，每车装载的货物就越多，运输成本也越低；同样，仓库中一定空间领域存放的货物也越多，因此会降低库存成本。

（3）易损性。易损性对成本的影响是显而易见的。易损性高的产品对库存和运输都提出了较高的要求，这就增加了运输和仓储成本，也就增加了企业的物流成本。

（4）产品的可替代性。它体现的是竞争性产品之间的差异化程度。产品的可替代性强，意味着客户选择竞争品牌的可能性大，因而在缺货时会导致供应商产品失销。在这种情况下，企业提供的物流服务水平对竞争具有重要影响。在产品的分拨计划中，需要考虑通过运输服务的选择、仓储服务的选择或两者兼用来降低此类产品的失销成本，保持现有客户群。

（5）特殊搬运。某种产品对搬运提出了特殊的要求，如利用特殊尺寸的搬运工具，或在搬运过程中需要加热或制冷等，都会增加物流成本。

2）竞争性因素

顾客服务水平直接决定物流成本的高低，物流成本在很大程度上是由于激烈的顾客服务水平的竞争而不断提高的。这些因素主要有：

（1）订货周期。订货周期越短，通常物流成本越高。

（2）库存水平。合理的库存应保持在使总成本最小的水平上。

（3）运输方式。企业采用更快捷的运输方式，虽然会增加运输成本，却可以保证运输质量，缩短运输时间，甚至降低库存水平，进而减少库存持有成本，提高企业竞争力。

3）环境因素

环境因素包括空间因素、地理位置及交通状况等。空间因素主要指物流系统中制造中心或仓库相对于目标市场或供货点的空间关系等。地理位置主要指物流系统中制造中心或仓库、目标市场或供货地点的地理位置。交通状况主要指物流系统中制造中心或仓库、目标市场或供货地点间的交通方式及拥堵情况。若企业与多个目标市场有空间关联，且相互距离较远，交通状况较差，则必然会增加运输及包装等成本。若在目标市场建立或租用仓库，也会增加仓储及库存持有成本。因此环境因素对物流成本的影响是很大的。

4）管理因素

管理成本本身与企业的生产和流通没有直接的数量依存关系，但却直接影响企业物流成本的大小。如节约办公费、水电费、差旅费等管理成本，相应地可以降低物流成本总水平。另外，企业利用贷款开展物流活动，必然要支付一定的利息（如果是自有资金，则存在机会成本问题），资金利用率的高低影响着利息支出的大小，从而也影响着物流成本的高低。

3. 物流成本的控制策略

物流成本管理的对象是物流过程。因此对物流成本的控制主要是通过对物流活动与物流过程的合理控制来实现的，如表 9-3 所示。

表 9-3　物流成本控制过程与策略

过　　　程	主要管理指标	管　理　策　略
销售过程中的物流成本控制	运输成本 仓储保管成本 订货处理成本 退货成本 计算机信息处理费用 人工的直接、间接费用	选择运输设备、库存的最佳规模和最佳空间布置；合理确定仓储，选择物流手段使其功能配套互补；减少交货点，并与客户协商简化交货约束条款；鼓励客户尽可能大批量订货；合理扩大运输和仓储规模；以劳动生产率为中心制定人事政策
生产过程中的物流成本控制	人工费用（工作日、工时、人数）、准备费 原材料、半成品和包装物品的丢失 分厂内和跨工序转运费 搬运、仓储费和生产设备维修费 燃料动力费 备件备品成本	生产手段自动化，经常性进行生产投资，提高劳动生产率；以人工费最低为标准确定厂址、确定生产规模与批量；依靠工艺开发、技术创新，最大限度地提高各作业流程的效率；建立健全及时反映生产经营状态的会计活动和物流成本控制体系
采购供应过程中的物流成本控制	订货处理成本 原材料的验收、质检成本 搬运成本 运输成本 仓储成本 人工成本	以减少运输和搬运为目的，进行大批量订货供应；采购地点距离加工地点尽可能近；原材料、零部件标准化，以方便进行工艺技术处理；为减少人工，采用供应自动化管理；给供应任务的承担者集中尽可能多的任务；强化对采购供应活动的基础工作（记录）控制
售后服务过程中的物流成本控制	维修人员费用 维修的网点和实施费 技术文件编印费 操作者培训费 维修工程师培训费 售后服务信息系统运作费	调整售后服务网点的数量和布局；调整售后服务工作的范围和水平；在产品设计定型时，引进售后服务预测成本的概念，以便形成加强对售后服务成本的管理和控制；建立能够自动诊断、排除故障客户服务系统；发展维修中的快速替换，把维修工作集中为批量后处理

案例：SAP 软件帮助企业管理财务和物流问题

9.4 物流系统绩效评估

绩效评估是物流与供应链管理中的重要工作，对于衡量供应链目标的实现程度及提供经营决策支持都具有十分重要的意义。

9.4.1 物流系统绩效评估指标的选择

在绩效评估中一个最普遍的问题就是评估指标过多。有些企业甚至采用了几百个指标，过多的指标导致企业"分析疲劳"，且难以有效实施标杆管理。建立一个简洁有效的指标集对企业非常重要。Johnson 和 Scholes 在对物流企业进行调查后，得出如表 9-4 所示的企业常用物流绩效评估指标，对帮助企业有效评估物流绩效具有重要的参考价值。

表 9-4 公司常用的物流绩效指标（调查对象百分比）

常用绩效指标		调查对象百分比 /%
与贸易伙伴相关的有效性指标	顾客抱怨	75.6
	及时交付	78.6
	过量 / 短缺 / 受损	72.3
	回收和限额	69.1
	订货周期	62.3
	顾客整体满意度	60.8
	应收账款周转天数	58.7
	预测准确性	54.4
	发票准确性	52.1
	订单履行完好率	39.5
	查询响应时间	29.6
	平均值	**59.4**
内部有效性指标	库存盘点准确性	85.8
	订单完成情况	80.8
	缺货	70.5
	项目完成情况	68.5
	延期交货	64.4
	库存报废	62.7

续表

常用绩效指标			调查对象百分比 /%
内部有效性指标		来料质量	61.6
		加工精度	45.0
		订货满足率	39.1
		现金周转时间	32.2
		平均值	**61.1**
效率指标	成本	出厂运费	87.3
		入站运费	68.9
		库存持有成本	60.4
		第三方存储成本	58.6
		物流成本 / 单位 / 预算	52.4
		服务成本	37.4
		平均值	**60.8**
	生产率	成品库存周转	80.2
		处理的订单数（以劳动力单位衡量）	43.3
		每单位仓库劳动力平均处理产品数	47.6
		处理的产品数（以时间单位衡量）	37.2
		处理的订单数（以时间单位衡量）	36.1
		处理的产品数（以运输单位衡量）	21.8
		平均值	**44.4**
	利用率	空间利用率 / 能力	46.5
		设备停机情况	46.0
		设备利用率 / 能力	40.4
		劳动力利用率 / 能力	35.8
		平均值	**42.2**

Chris Caplice 和 Yossi Sheffi 开发了一种有关物流绩效评估的分类方法，如图 9-13 所示。该绩效评估体系从三个方面对物流活动绩效进行评估：利用率、生产率和有效性。

利用率评估是对投入变量的评估，通常表示为实际投入与预先设定的"标准"值之间的比率。例如，物流和供应链的投入可以是财务投入（如仓储成本利用率就是仓储成本与仓储总成本或物流总成本的比率）、资产投入（如货车利用率就是货车使用时间与包括维修在内总可用时间的比率），或者库存

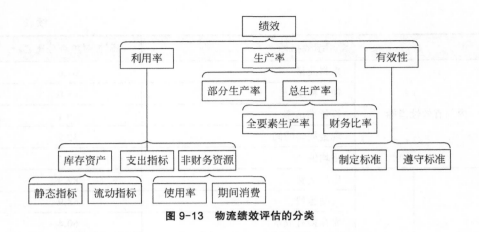

图 9-13　物流绩效评估的分类

（如库存周转率）。

生产率评估是对转换效率的评估，通常用生产的实际产出除以消耗的实际投入的比值来表示。例如，财务比率中的投资回报率（ROI）就是扣除成本后的净利润与总资产的比，以百分比方式表达。

有效性评估是对过程产出质量的评估，通常以实际达成的产出与预先设定的标准值之间的比率来表示。如在线零售商可以追踪两小时设定时间窗内实现送货的百分比，来评估送货上门服务的有效性。

所有这些类型的评估都各有其优缺点，管理者在使用时需多加注意。库存类型决定存货周转率的大小，例如，易腐食品和家用电器，两种产品性质不同，周转率也不应该相同。投资回报率的大小则会受到（管理费用）分配方式的影响，因为管理费用分配方式对决定投资回报率的两个因素——净收益（分子）以及总资产（分母）都会产生影响，这会导致企业的舞弊行为。再比如指定两小时内交付送货上门的服务可能受到外部因素如交通拥堵和天气的影响，这些外在因素在计算中可能不会纳入考虑的范围。总之，物流和供应链的评估需要具体问题具体分析。

9.4.2　物流绩效评估模型

传统意义上，绩效测评是面向财务指标的，如 ROI、资本收益率或总利润，这些指标反映了组织过去的经营情况，但并不能反映未来的情况。因此，虽然传统财务绩效测量方法发挥了很好的作用，但却难以满足企业努力追求技术和竞争力的需要。从 20 世纪 80 年代到 90 年代，学者们提出了多种绩效评价模型，其中，平衡计分卡、供应链运作参考模型是物流领域最常用的评估模型。

1. 平衡计分卡

平衡计分卡（balanced scorecard）试图在绩效管理过程中增加整体的清晰度，消除模糊不清的问题。管理者可以站在快速且综合的视角从四个方面观察企业的业务，即财务、客户、内部业务流程以及学习与成长（如图9-14所示）。该模型可以帮助管理者关注少数重要评价指标，这些指标与企业业务战略相吻合，既包含财务信息，也包含非财务信息。平衡计分卡的具体任务就是把企业的愿景与战略转化为具体的目标，然后由具体的企业目标再分解为具体的指标。由此平衡计分卡成为一种可以传播企业使命和战略的框架，企业据此制定绩效评价计划，激励企业员工的积极性。贝恩咨询公司的一项调查发现，来自五大洲708家被调查公司中，有62%的企业使用平衡计分卡方法测量组织的绩效。

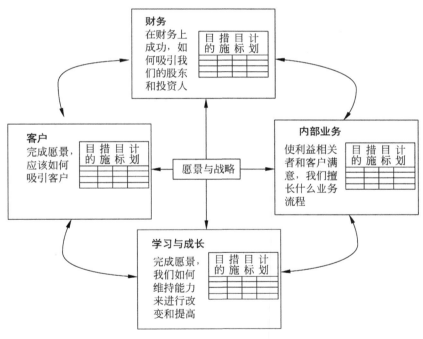

图9-14 平衡计分卡

案例：顺丰速运的平衡记分卡

2. 供应链运作参考模型

供应链运作参考模型（supply chain operations reference model，SCOR）由供应链协会（SCC）提出，它是一个过程参考模型，实现了业务流程、度量标准、最佳实践以及技术特点的有机集成，为开展供应链分析提供了一个独特框架。SCOR 模型基于五个管理过程对企业业务流程进行分析（如图 9-15 所示）。

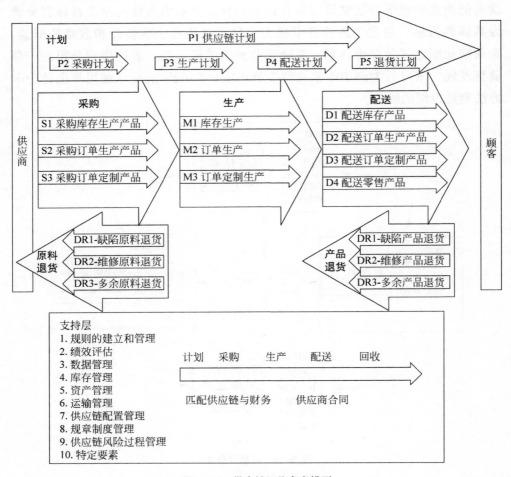

图 9-15　供应链运作参考模型

（1）计划——考虑总体需求和供应水平以及信息来源，以满足采购、生产和交付等需求。

（2）采购——考虑采购地点和产品，以满足需求。

（3）生产——考虑生产地点和方法，将产品转变成最终产品，以满足需求。

（4）配送——考虑渠道、库存调度以及提供最终产品满足需求的过程。

（5）回收——考虑与退货或者接收退货有关的地点和流程，并将这些过程扩展到产品交付后的顾客支持环节。

与传统财务评价方法不同，SCOR 是一种独立的、不以利润为唯一目标的工具，重点关注如何运用和提升供应链系统水平和实践供应链的最新技术。它提供了一个框架，是分析、设计和评估企业客户服务能力和供应链运作的有用工具。图 9-16 即为一个基于 SCOR 的企业供应链评估指标示例。根据该框架，可以对企业供应链运作进行评价并加以改善。

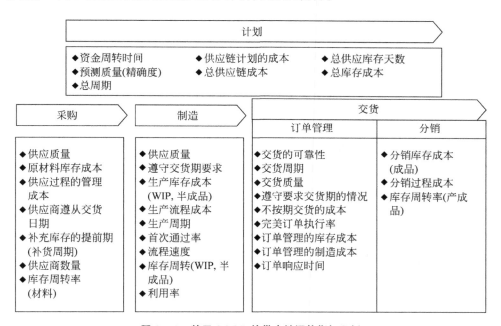

图 9-16　基于 SCOR 的供应链评估指标示例

但是，SCC 也指出 SCOR 并不适用于企业业务过程的所有方面，比如销售和营销、需求创造以及交付后的过程支持就很难用 SCOR 进行分析，虽然它们也都是企业客户服务策略的重要组成内容。

9.4.3　CSCC 物流绩效评价指标

前中国电子商务协会供应链管理委员会（CSCC）在供应链运作参考模型（SCOR）的基础上，针对中国供应链管理模式和中国企业供应链管理的现实需求，推出了"中国企业供应链管理绩效水平评价参考模型"，并于 2003 年 10 月正式发布（SCPR1.0）。

SCPR 由五大类指标组成，从五个方面科学、定量地评价企业的供应链管理水平。

（1）订单反应能力指标。因为供应链管理的最终目标是准确响应最终客户的需求，而订单就是客户需求的物理表达和集中体现，所以 SCPR 首先从订单反应能力角度评价企业对客户需求的反应水平，包括 3 个二级指标、10 个三级指标。

（2）客户满意度指标。对客户订单反应能力如何，最终还需要客户来判断，所以 SCPR 强调通过评价满意度来反映企业的供应链管理绩效，包括 4 个二级指标、10 个三级指标。

（3）业务标准协同指标。供应链管理是一个长期的工程，不仅要通过供应链管理平台奠定供应链管理工程的基础，更重要的是通过业务标准协同，规范供应链上不同产权主体的业务行为和具体操作。业务标准就是指导供应链上各节点企业在业务上协同作业的约束性条款和工作标准。有无业务标准、业务标准是否完整科学、业务标准是否得到坚决执行等因素是决定供应链管理绩效水平乃至整个供应链管理工程成败的关键。所以 SCPR 强调将业务标准作为评价企业供应链管理绩效的关键指标，包括 4 个二级指标、9 个三级指标。

（4）节点网络效应指标。供应链管理具有明确的网络效应，也就是加入供应链的企业越多，整个供应链的价值越大，为最终客户创造的价值也就越明显。同时，加入供应链的企业越多，整个供应链运作的复杂性越高，需要的供应链管理水平也就越高。所以 SCPR 非常重视通过评价加入供应链的企业数量、互动能力等因素，也就是通过节点网络效应来评价整个供应链管理绩效，包括 3 个二级指标、8 个三级指标。

（5）系统适应性指标。供应链管理的实现，乃至整个供应链管理过程的基础就是基于应用平台的系统功能。但系统功能必须与企业业务能力相适应。系统功能既不能落后于业务能力，更不能盲目超前于业务能力，否则就是削足适履。许多企业信息化项目的失败均是因为盲目超前。所以 SCPR 非常强调从建设方式、从业适应能力等角度评价企业供应链管理绩效，包括 4 个二级指标、8 个三级指标。

整个 SCPR 通过这五大类共 45 个三级指标，科学、定量地评价企业的供应链管理绩效，为准确评估现状、科学设计和管理供应链管理工程奠定了坚实的基础。

9.5　基于 CMM 的智慧供应链能力成熟度评价

供应链是一个网络结构，具有复杂性、动态性、响应性和交叉性等特点。因此对于企业来说，如果缺乏一个完整的、结构化的评价体系，则很难准确识别出供应链管理过程中存在浪费的环节，也无法制定具有针对性的改进方案与措施，难以快速适应市场发展需求。

本节在能力成熟度模型框架下对智慧供应链层级进行划分，建立智慧供应链能力成熟度模型（以下简称 SSC-CMM 模型），为系统和组织提供一个贴合现实状况的评价框架和发展路径。这对于指导企业明确自身定位、发现不足，并明确改善方向具有重要的实际意义。

9.5.1　智慧供应链能力成熟度等级

智慧供应链与传统供应链之间存在很大的不同。但是其作为供应链系统的本质不会改变，即供应链的基本构成、基础功能和最终目标并不会发生改变，区别仅仅在于供应链的运作模式、管理工具以及管理方法。所以在定义智慧供应链能力成熟度模型时，我们以具备完整供应链功能但不具备信息化、智能化功能的传统供应链系统作为基础，即智慧供应链能力成熟度模型中的原始级。

参照 CMM 模型，我们同样将智慧供应链能力成熟度划分为五个等级，分别是：原始级、信息化级、互联级、可分析级、优化级。这五个智慧供应链能力成熟度等级之间存在如下关系：低等级能力的实现是实现下一能力成熟度等级的基础，下一能力成熟度等级的实现则为智慧供应链系统智能化程度进一步提升准备了条件。智慧供应链系统的完整实现是建立在依次达成每一个成熟度等级的改良过程的积累之上的，最终实现从量变到质变的飞跃，如图 9-17 所示。各个层级的基本特征见图 9-18。

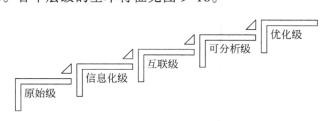

图 9-17　智慧供应链能力成熟度层级划分

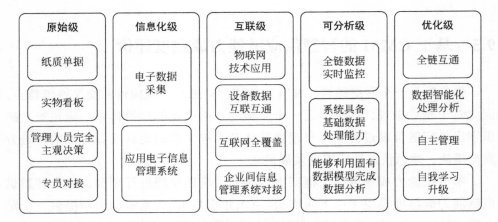

图 9-18　智慧供应链能力成熟度层级特征

1. 原始级

处在原始级的供应链系统具备完整的供应链结构并能够完成供应链基础功能。系统中数据信息的采集和传递依赖于工人和纸质单据以及实物看板完成。供应链上的决策由管理人员根据其从单据和看板中所获取的数据结合历史管理经验和主观判断进行，具有较强的不确定性。供应链上不同成员之间的沟通和业务对接依赖于双方所派遣的业务专员完成，信息透明度低、传递慢。

2. 信息化级

信息化级供应链系统已经具备了基础的电子数据采集录入系统和电子数据信息管理系统。每一个供应链成员都具有各自完整的电子数据信息存储标准。企业配备了基础电子信息数据收集终端，如条码、RFID、传感器以及无线网络等硬件设备。在实际运营过程中，企业采用纸质单据、看板与电子数据存储管理系统相结合完成供应链运营过程，数据管理和传递效率得到了大幅提升。

3. 互联级

在这一能力成熟度等级的供应链系统中物联网技术已经得到了应用，供应链上的设备之间实现了数据的互联互通，并且这种数据的互联互通不仅仅是简单的硬件之间的连接，而是覆盖全产品、全渠道、全流程、全生命周期的数据互通。供应链上的产品具备了可追溯性，使得企业能够高效而迅速地发现、调整并有效降低供应链的风险。同时，由于供应链整体可视性大大提升，供应链网络中的协作效率得到有效提升，同时管理者也能够借助供应链全链的数据进行更加全面的分析，进而作出更加科学的决策。

4.可分析级

智慧供应链系统此时已经具备供应链全链的实时监控能力，能够通过传感器、GPS、物联网技术等实时更新供应链系统内状态数据，此外智慧供应链系统还具备了数据分析能力。随着物联网等数据采集系统的应用和供应链规模的扩大，供应链上产生的数据呈爆炸式增长，对于职业经理人来说，对数据的分析变得越来越困难，这样，一个能够对数据进行整理、提炼和分析的智能化辅助决策系统开始变得越来越重要。"可分析级"强调供应链系统具备智能化数据分析能力，能够为供应链管理提供智慧化解决方案。

5.优化级

当智慧供应链达到优化级时，智慧供应链系统自身已经具备了成熟的全产品、全渠道、全流程、全周期的数据采集、储存、分析能力，实现了全链实时互联，极大地提升了供应链的透明度、灵敏度以及响应效率。达到这一能力成熟度等级的智能化供应链管理系统不仅具备对海量数据的整理、挖掘、提炼和分析功能，更应当具备自我学习、自我管理和自我升级的能力。此时智慧供应链系统能够借助历史数据以及网络共享数据，通过不断提升的建模和逻辑分析实力，对供应链中断风险以及供需变动作出更加准确的模拟和预测，尽可能消除供应链上存在的浪费，提升响应效率。除此之外，智慧供应链系统具备了一定的资源调用能力，能够在系统检测到波动发生的时候及时生成解决方案并调用相应资源进行自我调整。可以说此时的智慧供应链系统具备了思考、决策以及学习的能力，能够实现系统的持续改进。

9.5.2 关键过程域 KPA

与传统供应链不同，智慧供应链的关键特征体现在透明化、自主化、智能化以及协同化等方面。其中，透明化主要体现智慧供应链中信息流管理和共享，通过供应链信息的收集、传递和处理能力来保障。自主化是传统供应链不具备的关键能力之一，通过智慧供应链的自主管理得以实现。智能化则更加侧重智慧供应链的管理逻辑和升级优化过程，对智慧供应链的未来发展有着重大影响。协同化虽然不仅仅体现在智慧供应链当中，但是基于透明化的实现，智慧供应链的协同性与传统供应链相比无论是深度还是广度都有了根本性的飞跃。围绕这些特征，本节将数据管理、自主决策、智能优化以及协同管理作为 SSC-CMM 模型的关键过程域（key process area，KPA），每一关键过程域下又细分出若干二级关键过程。进一步地，面向企业业务实践，对每一、二级过程提出相应的三级评价指标，以指导企业业务的开展。

1. 数据管理

数据管理面向的主要是智慧供应链的信息流，其基本特征是透明化。与以往不同，在信息化时代，数据和信息本身就是具有价值的，在对协调性有很高要求的供应链领域，信息流的畅通显得尤为重要。在 SSC-CMM 框架中，实现全供应链的信息化也是智慧供应链建设的第一个阶段。在数据管理方面，本节将数据的收集能力、数据的传递能力以及数据的处理能力作为数据管理的二级过程域，进一步得到如表 9-5 所示的三级指标。

表 9-5　数据管理 KPA 指标下的二级指标以及三级指标

一级指标	二级指标	三级指标
透明化 A_1	数据收集能力 B_1	数据收集速度 C_1
		数据正确率 C_2
	数据传递能力 B_2	网络传输能力 C_3
		应用系统建设 C_4
		数据安全 C_5
	数据处理能力 B_3	数据处理效率 C_6
		数据处理范围 C_7

三级指标是二级指标的具象化体现，每个三级指标得分从低到高的体现如表 9-6 所示。

表 9-6　数据管理 KPA 三级指标的分级标准

三级指标	0	1	2	3	4
数据收集速度 C_1	手动输入	使用电子标签、二维码等，手动扫描	可实现读写过程全自动化	开始使用物联网和传感器技术	所有数据实时更新
数据正确率 C_2	需要定时进行盘库等活动修正数据	偶然出现无法识别或损毁的数据由工作人员进行人工校正	数据电子化、读写自动化，数据差错率进一步降低	数据与实际供应链状态和物资状态高度匹配	数据与实际供应链状态和物资状态完全匹配
网络传输能力 C_3	无网络覆盖	在工厂、仓库、转运中心等处有无线网络局部覆盖	各物流成员之间能够通过互联网保持信息畅通，物联网技术开始应用	物联网技术得到应用，物与物之间能够直接交换信息	高速稳定的网络覆盖全供应链所有成员以及设备

续表

三级指标	0	1	2	3	4
应用系统建设 C_4	不使用电子数据管理系统	开始引入基础的 ERP、WMS 系统，企业结构和系统能够良好适配	企业间具备数据传输接口以及数据传输协议，数据管理系统之间能够完成数据传输	系统开始具备一定的数据处理和分析能力，内嵌数据分析模型	系统实现智能化，能够排除数据杂音、进行数据分析，为管理者决策提供参考
数据安全 C_5	数据仍然存在于纸质载体	企业内部重要数据（如财务数据）系统以用户授权的方式进行保护	企业内部数据使用自有的算法进行加密	建立完备的数据防火墙，在数据传输过程中进行加密传输	全链数据加密处理，确保数据安全
数据处理效率 C_6	人工操作处理，效率低下	信息管理系统的应用使数据便捷、快速地调用成为可能	硬件升级，数据处理效率提升	具备数据分析能力，能够对大量原始数据进行筛选，整理可视化图表	有能力处理供应链底层传感器实时采集的海量数据，并进行分析
数据处理范围 C_7	仅限于交易合同、单据等	各节点数据采集量增加，包括如出入库具体时间点等较为详细的信息	有能力对合作伙伴传输的数据进行相应处理，以便为自己所用	能够采集更广阔范围内的数据，对企业外部数据进行必要的分析	能够完成纵向供应链全链数据分析，同时能够进行跨行业、跨供应链数据绩效分析，为自我改进过程所用

2. 自主决策

自主化主要面向智慧供应链的管理能力。与人类相比，计算机在运算速度和响应速度方面具有巨大的优势，同时计算机不需要像工作人员一样休息，因此可以极大地提升供应链管理能力和效率。我们将供应链的自主管理能力拆分为供应链中断时的自主修复能力和常规供应链管理能力两个二级指标。表 9-7 所示为自主决策 KPA 指标下的二级指标以及三级指标。表 9-8 所示为三级指标的分级标准。

表 9-7　自主决策 KPA 指标下的二级指标以及三级指标

一级指标	二级指标	三级指标
自主化 A_2	中断自主修复 B_4	中断响应速度 C_8
		可纠正范围 C_9
	常规管理能力 B_5	偏离感知灵敏度 C_{10}
		管理覆盖范围 C_{11}

表 9-8 自主决策 KPA 指标下三级指标的分级标准

三级指标	0	1	2	3	4
中断响应速度 C_8	依赖操作人员发现，逐级向上层反馈	无纸化管理提升了异常信息的纵向传递速度	供应链上某一成员发生重大异常时其他成员能够借助接收到的信息提前作出响应安排	系统能够对中断和当前其他部门状态进行综合分析，给出可选应对方案，响应速度得到大幅提升	智慧管理系统能够调用部分资源，在中断发生的第一时间提出最佳解决方案并作出响应
可纠正范围 C_9	供应链运营过程中经常会出现中断状态	供应链上发生意外或者中断时仍然依赖于管理人员进行人工修正	在个别设备发生异常时，如冷库温度异常，系统能够自动调整	在个别车辆或者托盘出现意外损坏时，系统能够及时调用替补资源进行调整	参考以往出现过的中断或意外案例，能够在相似的情况下，制定适用于当前状况的方案并实施
偏离感知灵敏度 C_{10}	仅在工人进行例行检查或供应链节点交接时才能够发现偏差	在每一次电子数据录入和输出的过程中都进行检查，数据更新频率提升	物联网技术的应用使供应链能够更加及时地了解当前仓库、生产线状态，如当前在库数量和货架状态	物联网技术进一步发展，感应器灵敏度和准确率提升	实现数据与真实情况的匹配，能够完成供应链各环节中精细化管理
管理覆盖范围 C_{11}	全部依赖物流工作人员进行	仅能进行简单的数据处理工作，无自主管理功能	能够按既定的程序完成机械化的管理工作，如冷库温度调整以及常规采购指令的下达	管理范围进一步扩大到包括所有常规性、重复性的管理和监控工作	各环节都能够自主学习，通过对以往事件的分析自主计划并发出指令

3. 智能优化

智能化是智慧供应链与传统供应链的核心区别，也是智慧供应链"智慧"特征的最重要体现。本节中我们站在供应链整体的角度考虑"智能化"特征，因此讨论的并非简单的单个环节或者设备的智能化，而是供应链整体的智能化。在我们的评价体系中我们认为供应链整体管理的智能化主要表现在系统预测能力以及自我改进能力两个方面，即智能化的两个二级指标。表 9-9 所示为智能优化 KPA 指标下的二级指标以及三级指标。表 9-10 所示为三级指标的分级标准。

表 9-9　智能优化 KPA 指标下的二级指标以及三级指标

一级指标	二级指标	三级指标
智能优化 A_3	系统预测能力 B_6	需求预测能力 C_{12}
		风险控制能力 C_{13}
	自我改进能力 B_7	盈利绩效改进 C_{14}
		方案生成能力提升 C_{15}

表 9-10　智能优化 KPA 指标下三级指标的分级标准

三级指标	0	1	2	3	4
需求预测能力 C_{12}	系统不具备需求预测能力	管理人员能够通过自身电子信息管理系统中的数据结合经验知识对下一个阶段的需求进行粗略预测	管理人员能够通过对接的数据管理系统获取下游的销售数据，进而作出更加准确的预测	数据管理系统内嵌需求预测数据模型，能够通过现有数据和固定算法完成下一阶段的市场需求预测	计算机能够获取与产品相关的各种因素数据，结合历史销售数据对下一阶段的市场需求进行综合分析判断，并提出准确可行的需求计划
风险控制能力 C_{13}	出现问题之后才开始解决问题	管理人员能够通过电子信息管理系统快速发现异常数据	管理人员能够通过互通数据了解到合作伙伴已经发生的数据异常波动，提前进行调整	数据管理系统能够通过历史数据发现可能发生的设备故障等潜在风险，在问题发生前进行控制	系统能够基于历史数据和外部环境数据对全链风险进行综合评估，制订控制方案
盈利绩效改进 C_{14}	完全依靠管理人员的管理经验进行决策改进，绩效改进幅度很小	管理人员能够通过电子数据管理系统更容易地发现可改进环节，改进更加有效	通过企业之间战略合作关系的构成以及数据共享，能够在合作关系中获取更多利润	智能化的数据分析能够帮助企业在内部供应链和外部供应链同时降低浪费，进而提升绩效	通过管理方法、逻辑的改进以及新技术的引入提升供应链绩效
方案生成能力提升 C_{15}	方案和计划完全由管理人员制订	对方案的改进完全基于管理人员的工作经验	管理人员能够借助相关供应链成员的反馈对运营方案进行改进	系统能根据历史数据和历史事件生成备选方案，并在每个订单或事件结束后对方案自动进行优化	能够综合历史数据、网络信息以及其他信息对自身方案生成逻辑进行不断优化

4.协同管理

在供应链管理中，高协同性对于供应链绩效的提升具有非常重要的意义。在实现透明化的基础上，智慧供应链上的成员能够产生更多的互动，建立更加具有整体视野的供应链。从产品的生命周期角度出发，我们选择了三个主要体现供应链成员之间协同性的能力作为二级指标：供应商参与开发、产品流通能力以及多渠道协同销售能力。

供应商参与开发对于制造商和供应商双方均有益处。对于制造企业来说供应商的早期参与能够缩短开发周期、降低开发成本，同时可以改进产品质量；而对于供应商来说，尽早介入新产品开发能够强化其在供应链中的地位，同时能够提升其自身的开发水平，使其保持行业领先水平。产品流通能力则主要指商品在运输过程中的成本控制能力。流通资源的共享和优化方案的制订能够有效控制企业物流成本。多渠道协同销售能力指的主要是线上销售和线下销售之间的产品协调、价格协调和促销协调，以避免渠道摩擦产生的损失。

表 9-11 所示为协同管理 KPA 指标下的二级指标以及三级指标。表 9-12 所示为三级指标的分级标准。

表 9-11　协同管理 KPA 指标下的二级指标以及三级指标

一级指标	二级指标	三级指标
协同管理 A_4	供应商参与开发 B_8	开发参与度 C_{16}
		供应商管理能力 C_{17}
	产品流通能力 B_9	流通方案优化能力 C_{18}
		流通资源共享度 C_{19}
	多渠道协同销售能力 B_{10}	销售战略协同制定 C_{20}
		渠道间协调能力 C_{21}

表 9-12　协同管理 KPA 指标下三级指标的分级标准

三级指标	0	1	2	3	4
开发参与度 C_{16}	供应商仅为企业提供有关原材料成本、规格、质量等方面的信息	供应商能针对产品设计和开发情况提出改进建议	供应商能够根据企业提出的要求，进行新产品零部件设计	供应商与企业共同进行产品开发，并按照新产品的组成结构分工合作、协同开发	供应商与企业达成战略合作伙伴关系，共同进行产品开发，并提供定制化供应服务

续表

三级指标	0	1	2	3	4
供应商管理能力 C_{17}	采购人员凭工作经验以及人脉关系完成采购寻源工作，与有限的供应商进行合作	将现有供应商信息录入电子数据管理系统，提升采购效率	通过互联网获取更多供应商信息，选择更适合本企业的供应商并且能够通过线上交易完成采购	能够对供应商的历史订单完成情况和相关信息进行分析，为供应商选择提供参考	能够在全球范围内对提供所需原材料的供应商进行综合分析，包括供应商资质、历史订单完成能力、价格、物流能力、开发能力等，为采购寻源和决策提供参考方案
流通方案优化能力 C_{18}	不进行任何优化，根据表层需求选择运输、存储方式，完成流通过程	运输、仓储信息录入电子信息管理系统，与电子标签内的相关信息进行关联，实现流通过程的信息追踪	能够通过网络了解更多运输资源和仓储资源信息，了解更多第三方物流服务提供商，为流通方案的选择提供参考	能够对局部流通过程进行分析，为某个过程或者环节提供最佳方案	能够通过人工智能计算生成门到门产品流通方案，并支持管理者设定方案偏好，并实时进行动态优化
流通资源共享度 C_{19}	无法进行资源共享	企业能够对自身流通需求进行整合，如充分利用运输车辆同时运输来自两个或多个供应商的小批量订单	企业能够与周边企业共享仓库资源以及运输资源，进行如"拼车"运输等活动	企业能够通过第三方物流服务企业或者物流服务平台在更大范围内选择廉价、高效的运输方案	全供应链能够实现运输和仓储资源的共享，避免资源浪费，同时能够保证运输和仓储质量
销售战略协同制定 C_{20}	企业和分销商分别独立确定产品策略和销售价格	分销商为企业提供销售反馈，帮助企业制定产品和销售策略	企业与分销商达成合作关系，企业给予分销商一定的数量折扣，分销商根据销售情况为企业的产品策略提出建议	企业与分销商在一定程度上达成战略合作关系，分销商参与制定销售策略，包括产品组合和具体定价	企业与分销商共享数据、共同决策。能够对销售数据进行分析，制定销售策略，按比例分配利润

续表

三级指标	0	1	2	3	4
渠道间协调能力 C_{21}	销售渠道单一	具备多销售渠道，线上线下销售渠道完全彼此孤立	线上线下销售渠道开始整合，客户能够通过线上交易进行购买，从最近的线下门店或仓库完成出货	企业能够通过对线上线下销售的分析优化线下门店布局和发货方案选择	多渠道整合统一，能够以利润最大化为目标生成供应链解决方案

9.5.3 评价方法

在建立评价指标与评价标准之后，下一步就是选择合适的评价模型对组织现有水平进行评价。比如常用的层次分析法（AHP）和模糊综合评判相结合的方法就是一种简单可行的方法。在本章智慧供应链的能力成熟度模型中，评价时以三级指标为直接评定项目，根据专家评定，使用 AHP 方法确定指标权重，从三级指标到一级指标逐层迭代计算，最终得到智慧供应链能力成熟度指标 F。根据分数，判断企业智慧供应链能力成熟度等级，如表 9-13 所示。具体评价过程这里不再赘述。

表 9-13　智慧供应链能力成熟度模型的评价集

能力成熟度指数 F	智慧供应链能力成熟度等级
$3.0 < F \leq 4.0$	优化级
$2.0 < F \leq 3.0$	可分析级
$1.0 < F \leq 2.0$	互联级
$0 < F \leq 1.0$	信息化级
$F = 0$	原始级

本书仅给出了智慧供应链评价与实施的一个基本思路，企业可根据自身的实际情况进行选择和修订，探索适合本企业的智慧化途径。

参考文献

[1] HARRISON A, van HOEK R, et al. Logistics management and strategy [M]. Beijing: CHINA MACHINE PRESS: London PEARSON EDUCATION, 2013.

[2] 格兰特. 物流管理 [M]. 霍艳芳，等译. 北京：中国人民大学出版社，2016.

[3] 齐二石，霍艳芳. 物流工程与管理 [M]. 北京：科学出版社，2016.

[4] 崔璐，王美英. 基于顾客需求的物流企业服务质量管理研究 [J]. 物流科技，2018（5）：31-34.

[5] 周正嵩，施国洪. 基于 SERVQUAL 和 LSQ 模型的物流企业服务质量评价研究 [J]. 科技管理研究，2012，32（6）：27-29.

[6] DRUCKER P. Management：Tasks, responsibilities, practices [M]. London: Butterworth-Heinemann, 1999.

[7] 黄福华. 现代企业物流质量管理的理论思考与途径分析 [J]. 科技进步与对策，2001，18（9）：95-96.

[8] 王殊涵. 平衡计分卡在物流企业绩效评价中的应用 [J]. 财税月刊，2017（12）：62-64.

[9] 易华，李伊松. 物流成本管理 [M]. 3 版. 北京：机械工业出版社，2014.

[10] 吉亮. 物流成本实务 [M]. 北京：北京大学出版社，2016.

[11] 张和平，张显东. 平衡计分卡法在供应链绩效评估中的应用 [J]. 物流技术，2002（12）：19-20.

[12] 高萍，黄培清，张存禄. 基于 SCOR 模型的供应链绩效评价与衡量指标选取 [J]. 工业工程与管理，2004，9（3）：49-52.

[13] 杨明雯. 供应链绩效评价 [D]. 上海：上海交通大学，2013.

[14] 中国电子商务协会供应链管理委员会（CSCC）. 中国企业供应链管理绩效水平评价参考模型（SCPR 1.0）构成方案 [EB/OL]. （2003-10）. http://www.docin.com/.

[15] 李媛，陆刚，张可，等. 低碳化供应链管理成熟度模型及评价研究 [J]. 统计与管理，2016（12）：125-126.

[16] 肖久灵，汪建康. 基于 CMM 的供应链管理成熟度架构研究 [J]. 科技管理研究，2010，30（10）：90-93.

[17] 李玉凤，邢淋淋. 智慧供应链绩效评价指标体系构建 [J]. 统计与决策，2017（3）：183-185.

[18] 何黎明. 中国智慧物流新未来 [J]. 中国物流与采购，2017（11）：24-25.

[19] LAHTI M, SHAMSUZZOHA A H M, HELO P. Developing a maturity model for Supply Chain Management [J]. International Journal of Logistics Systems & Management, 2009, 5 (6): 654-678.

[20] SCHUMACHER A, EROL S, SIHN W. A Maturity Model for Assessing Industry 4.0 Readiness and Maturity of Manufacturing Enterprises [J]. Procedia Cirp, 2016, 52: 161-166.